구원의 감격

모든 크리스천들을 위한 로마서

구원의 감격

ESP 좋은씨앗

R E C O M M E N D A T I O N

추천의 글

■ **안병호 목사(온마음교회 원로목사, ESF 전 이사장)**

한의수 목사는 40년지기 친구이자 내가 가장 사랑하고 존경하며 아끼는 후배 가운데 한 사람입니다. 그는 학생 때부터 남달리 성경을 사랑하여 깊이 연구해 왔고 캠퍼스에서 대학생들을 섬기는 간사로, 지역교회를 섬기는 목사로, 신학교에서 교수로 말씀에 충실한 사역을 40년 가까이 감당해 왔습니다. 그는 말씀 자체를 깊이 순수하게 연구해 왔을 뿐 아니라 훌륭한 교수들 밑에서 든든한 보수적인 신학 기초를 쌓았고 누구보다 성경의 권위에 충실해 왔습니다.

주일 밤 그의 원고를 받고 새벽 두시 반에 일어나 숨 돌릴 길 없이 읽어 내려갔습니다. 학문적으로 철저한 연구와 성령의 감동으로 가득한 강해는 내 영혼에 말로 다할 수 없이 큰 감동과 기쁨을 주었습니다. 십자가의 보혈이 성령의 역사로 약동하는 것을 느낄 수 있었습니다. 성경 자체를 풀어 강해해 말씀 자체에 힘이 있고, 그의 사역과 삶을 통해 경험한 진리가 녹아난 글이기 때문에 누가 읽더라도 감동받지 않을 수 없을 것입니다. 이 책이 목회자들과 대학생들은 물론 말씀을 사모하는 모든 사람들에게 영적으로 큰 성장을 가져다 줄 보물이 되리라고 확신합니다.

■ **김회권 교수(숭실대학교 기독교학과 교수겸 교목실장)**

한의수 목사님의 로마서 1-8장 강해서인 「구원의 감격」은 40여 년 이상 청년들에게 복음을 전한 청년선교사였던 저자의 열정과 신앙 고백의 결실입니다. 주해와 강해, 설교적 권면으로 구성된 이 책은 깊이와 감동을 갖추고 있으면서도 동시에 이해하기 쉽습니다. 현학적인 신학논리나 추상적인 담론보다도 독자의 가슴을 뜨겁게 하고 머리를 맑게 하는 실제적인 강해서입니다. 저자는 이 책을 단지 도서관에서 여러 책들을 참조해 각주를 달아 만들지 않고 지성인 선교의 최전선에서 이방인의 사도 바울 같은 심장으로 영혼을 얻기 위해 발품을 팔고 기도와 사랑의 눈물을 쏟으며 한 자 한 자 기록했습니다. 성령의 감동으로 격동된 저자가 잃어 버린 영혼을 찾아다니며 증거했던 복음의 육성을 고스란히 담아낸 것입니다.

세 가지 이유로 이 책을 강력하게 추천합니다. 이 책은 로마서 본문에 집중하도록 도와주는 참고서입니다. 로마서 자체를 대신하려는 독창적인 사상가의 글이 아니라 로마서의 복음을 재생하고 재현하려는 예수님의 제자가 쓴 증언록입니다. 둘째, 이 책은 한국인들의 영육간의 형편을 목자의 심정으로 살펴온 목자의 복음 초청문입니다. 이 책에 나오는 모든 사람들은 바로 우리 자신이요 우리의 이웃입니다. 초신자들에게 복음을 소개할 때 사용할 만한 전도용 저작입니다. 마틴 로이든 존스, 존 스토트의 로마서 강해서와 나란히 한국 크리스천들의 로마서 고전이 될 것이라고 믿습니다. 마지막으로, 이 책은 결신과 칭의의 수준에 머물며 교회 중심의 안일한 신앙생활에 머무는 모든 유아기 신자들을 성화와 영적 정진의 과업으로 불러내는 성화촉진용 제자도 매뉴얼입니다. 이 책을 읽는 독자들은 결신에 이르고 성화를 이루는 데 박차를 느끼게 될 것입니다.

■ 김성희 목사(ESF 대표)

힌의수 목사님은 복음을 삶으로 표현하는 목자요 설교자입니다. 일생 동안 변함없는 열정으로 청년 대학생들을 성경으로 양육하고 교회를 섬기면서 하나님나라를 몸소 이루어 왔습니다. 양심으로부터 나온 것이 양심에 닿을 수 있고, 삶의 경험으로부터 나온 것이 삶에 영향을 미칠 수 있습니다. 이 책은 그동안 수많은 청춘들의 삶을 바꾸어 놓은 탁월한 성경선생의 삶이 그대로 담긴 결정체입니다.

이 로마서 강해는 주해 부분이 각 장(Chapter) 앞에 놓여 있는데, 이는 성경을 진지하게 공부하려는 이들을 위한 애정과 배려입니다. 저자의 말대로, 이 책은 진리에 대한 현대의 피상주의를 극복하고 독자들을 복음 진리의 깊은 바다로 안내해 줄 것입니다. 더욱이 'ESF 로마서 성경공부' 의 참고서이기에, 특히 방황하는 청춘들이 로마서 성경공부를 통해 진리 안에서 자유를 얻는 길잡이가 될 것을 확신합니다.

C O N T E N T S

차 례

추천의 글 5

들어가는 글 10

로마서 소개 12

Ch 01 하나님의 복음 25
로마서 1:1–7

Ch 02 복음에 불타는 바울 45
로마서 1:8–15

Ch 03 믿음으로 살리라 71
로마서 1:16–17

Ch 04 인간의 타락과 죄 103
로마서 1:18–32

Ch 05 자기 의를 주장하는 사람들의 죄 143
로마서 2:1–16

Ch 06 유대인의 죄 181
로마서 2:17–3:8

Ch 07 모든 인간은 죄인이다 231
로마서 3:9–20

Ch 08 복음에 나타난 하나님의 의 269
로마서 3:21–31

Ch 09 믿음으로 의롭게 됨 315
로마서 4:1-25

Ch 10 의롭게 된 자가 누리는 복 349
로마서 5:1-11

Ch 11 시간과 공간을 초월한 구원 375
로마서 5:12-21

Ch 12 그리스도와 연합한 삶 395
로마서 6:1-14

Ch 13 거룩함에 이르라 423
로마서 6:15-23

Ch 14 율법과 성화 447
로마서 7:1-25

Ch 15 성령으로 인도함 받는 삶 489
로마서 8:1-30

Ch 16 감격의 찬양 551
로마서 8:31-39

참고문헌 588

P R O L O G U E

들어가는 글

"성경이 바로 베스트셀러다. 대학에 들어가면 꼭 성경을 읽으라!"는 선배의 충고를 듣고 그러리라 결심했지만 잊어 버리고 있었습니다. 그러다 "좋은 모임이 있는데 가보자"는 중학교 동창의 권유로 허름한 건물 2층의 어느 공부방 같은 곳에 들어갔습니다. 그곳에서 성경공부를 시작했습니다. 처음에는 무슨 말인지 알아듣기 어려웠으나 1-2년이 지나면서 익숙해졌고 어느새 로마서를 공부하게 되었습니다. 깜짝 놀랐습니다. "와! 성경이 진리라더니 이래서 그 말이 나왔구나!" 깊은 감동을 받았습니다. 그 뒤 40여 년간 수십 번 강의를 하고 일대일로 성경을 가르치면서 사람이 변화되는 기적을 체험했습니다. '하나님의 능력'을 눈으로 목도하고 귀로 들으며 직접 체험했습니다. 그것은 단순한 사상이 아니라 살아 역사하는 진리였습니다. 말씀 배후에 강한 성령의 힘이 활동하고 있었습니다.

현대인의 고민을 분석해 보면 피상주의의 문제가 있습니다. 수박 겉핥기식으로 지나치니 복음의 핵심에 이를 수 없는 것입니다. 해결책은 피상주의를 극복하는 진리에 있습니다. 오늘날 기독교가 위기에서 벗어나는 길은 진리의 말씀으로 돌아가는 것입니다. 목회 현장에서 이런 요구에 직면합니다. "기독교의 진수를 보여주세요." "진짜 신앙생활다운 신앙생활을 하고 싶어요." "성경이 하나님의 진리라고 하는데 그 진리가 무엇인지 알고 싶어요." "천국의 기쁨을 맛보고 싶어요." 이런 수많은 질문에 대한 답이 로마서에 있습니다. 로마서에서 하나님의 진리의 빛을 보고 인생 전환점을 맞은 사람들이 많습니다. 목사로, 선교사로, 사모로, 학생 복음운동가로 새 출발하는 사람들을 많이 보았습니다. 어거스틴, 마틴 루터, 요한 칼빈, 요한 웨슬리 등 교회사의 별과 같은 사람들뿐만 아니라 우리 시대의 수많은 사람들이 로마서를 통해 신앙과 인생을 새롭게 했습니다. 그런 로마서를 보다 깊고 보다 충실하게 읽고 이해하기 원하는 이들을 위해 로마서 강해를 준비했습니다. 이 책을 통해 '성경의 재발견' 이 일어나길 기도합니다.

이 책의 깨달음은 저의 영적 고향인 ESF(기독대학인회)에서 얻었습니다. 탁월한 성경교사인 선배들과 영롱한 눈빛으로 매일 3-5시간씩 7일간 긴 강의를 경청한 제자들이 이 책을 탄생케 한 장본인들입니다. 이 책이 나오기까지 기도하고 격려해 준 수많은 믿음의 가족, 동료, 제자들에게 감사드립니다. 특히 큰 힘이 된 아내와 원서 번역을 도와준 요셉, "아빠 힘내세요" 하며 기도하던 지현에게 감사합니다. "목사님 책은 언제나 환영합니다"라고 격려하며 흔쾌히 출판에 힘써 준 임영국 형제와 늘 기도와 사랑을 베풀어준 ESF 임종학 이사장, 김성희 대표에게 감사합니다.

— *한의수*

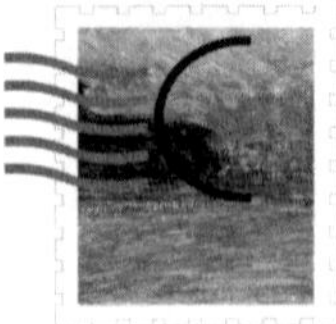

P R E V I E W

로마서 소개

"오, 로마서! 하나님의 인류 구원을 시원하게 밝힌 하나님의 말씀!" 로마서는 사도 바울이 로마교회의 성도들에게 쓴 편지입니다(1:1). 로마서는 성경의 핵심 주제인 '예수 그리스도 안에 있는 구원'을 가장 체계적으로 기록했기 때문에 '성경 중의 성경'이라 불립니다. 로마서 말씀을 통해 하나님의 위대한 구원을 발견하고 변화된 새 인생을 산 사람들이 많습니다. 변화된 새사람들은 교회와 나라를 변혁시켰고 세계 역사를 바꾸었습니다.

저자

두 세계의 인물, 바울

바울은 '성경문화권'과 '비성경문화권' 두 세계의 인물이었습니다. 성경문화권과 비성경문화권 모두에 해박한 지식을 가지고 있었습니다. 먼저, 그는 성경문화권의 핵심 사상을 꿰뚫고 있는 사람이었습니다. 유대인 부모 사이에서 태어나 어려서부터 율법 교육을 받았습니다. 난 지 8일 만에 할례를 받았고 디아스포라(외국에 흩어져 사는 유대인)로 살면서도 모국어인 히브리어를 사용했습니다. 그는 하나님의 선택 받은 민족으로서 긍지와 열정을 가지고 있었습니다(빌 3:5, 롬 9:1-2). 본국 이스라엘에 유학 와서 당대 석학 가말리엘 문하생으로 히브리 종교, 율법, 신학을 깊이 배웠고(행 22:3) 연갑자(다른 문하생)보다 뛰어났습니다(갈 1:14). 그는 바리새인이었고 율법에 대한 열심이 특이하고 흠이 없는 자였습니다(빌 3:5).

또한 바울은 비성경문화권에 대해서도 정통한 인물로서 길리기아 다소에서 태어나 거기서 살면서 헬라 문화를 배웠습니다(행 22:3). 헬라 철학과 시에 능통했고(행 19:8), 헬라어를 자유롭게 구사했습니다(행 21:37). 당시 다소는 아덴, 알렉산드리아와 더불어 헬라의 3대 문화 중심지였습니다. 그는 태어날 때부터 로마 시민권을 가지고 있었으며(행 22:28) 로마법에 정통했고 로마 시민의 특권을 사용할 줄도 알았습니다(행 16:37). 성경문화권과 비성경문화권 모두에 해박한 지식을 가진 바울은 온 세계에 복음을 전할 아주 적합한 인물이었습니다.

이방인의 사도, 바울

바울은 이방인을 멸시하는 전통적인 유대교인이었습니다. 그러나 주님을 만나 변화되어 유대교에서 기독교로 개종했습니다. 그리고 주님의 명령에 따라 이방인의 사도가 되었습니다. 그는 예수님을 믿기 전에는 율법에 대한 열심이 넘쳐 교회를 핍박했습니다. 크리스천들이 율법을 숭상하지 않는다고 생각해 교회를 없애 버리려 했고, 스데반 순교 시 살인자 편에 가담하기까지 했습니다(행 8:1-3, 딤전 1:13-15). 그러다 시리아 다메섹까지 성도들을 체포하러 가던 중에 부활하신 그리스도를 만났습니다. 주님은 그를 이방인의 사도로 부르셨습니다. 그러나 그는 과거 경력 때문에 성도들에게 외면 당했습니다.

바울은 숱한 어려움을 겪은 후 바나바의 도움을 받아 선교사로 파송되었습니다. 바울 사도는 1, 2, 3차 선교 여행을 통해 비시디아 안디옥, 루스드라, 빌립보, 고린도, 에베소 등 많은 교회를 개척했습니다(행 13-20장). 그러다 예루살렘에서 유대인들의 고소로 체포되었고 감옥에 갇히게 되자 로마에 복음을 전하고자 하는 열정으로 가이사에게 상소해 죄수의 신분으로 쇠사슬을 차고 로마에 가서 복음을 전했습니다(행 21-28장). 그후 잠시 석방되어 복음을 전파하다가 다시 투옥되어 순교했습니다.

위대한 하나님의 종 바울 사도는 복음에 감동을 받아 평생 복음을 위해 헌신했으며, 하나님은 그를 귀하게 사용해 온 세계에 복음 선교의 기초를 놓게 하셨습니다.

수신인

로마서의 수신인은 로마교회 성도들입니다(롬 1:7). 바울 사도는 로마서를 쓸 당시 아직 로마를 방문한 적이 없었기 때문에 로마교회를 그가 세운 교회로 볼 수 없습니다. 로마교회가 어떻게 세워졌는지는 명확하게 알 수 없지만, 오순절 날 예루살렘에 왔던 로마인들이 복음을 듣고 돌아가서 세운 것으로 알려져 있습니다(행 2:10).

그러나 바울에게 복음을 듣고 거듭난 신자들이 상당수 로마에 가서 살고 있었습니다(롬 16:3-15). 바울 사도가 로마 선교에 강한 집착을 보인 것은 로마가 당시 세계 정치, 경제, 군사, 문화의 중심지였기 때문입니다. 바울 사도는 세계의 중심지에 하나님의 복음을 심어 온 세계를 구원하시려는 하나님의 뜻을 이루어 드리고자 했습니다.

저작 시기

로마서의 저작 시기를 알 수 있는 성경구절은 로마서 15장 22-29절, 사도행전 19장 21절, 20장 22-24절입니다. 바울 사도는 제3차 선교 여행 도중 에베소에서 놀라운 복음의 능력을 체험하고 로마 선교의 꿈을 꾸기 시작했습니다(행 19:21). 로마에 가서 하나님의 복음을 증거하고 더 나아가 땅 끝 서바나(스페인)에도 복음을 증거한 뒤에 삶을 마치겠다는 계획을 갖고 있었습니다(롬 15:28). 마지막 선교 사역을 위해 구제헌금도 모았습니다. 당시 예루살렘 교회가 경제적으로 어려움을 겪고 있었으므로 이방 교회들로 하여금 구제헌금을 하여 이방 교회와 예루살렘 모교회가 하나 되게 하고, 자기는 로마 선교와 서바나 선교에 남은 생을 바치고자 했던 것입니다.

그래서 바울은 제3차 선교 여행을 마친 후 자신이 개척한 교회를 돌아보고 예루살렘 교회를 위한 구제헌금을 모으며 예루살렘을 향해 가고 있었습니다. 이러한 정황을 종합해 볼 때 "헬라에 이르러 거기 석 달 동안 있다가 배 타고 수리아로 가고자 할 그때에"(행 20:2-3) 약 석 달 동안 로마서를 집필했음을 알 수 있습니다. 이때가 A.D. 58년으로 추정됩니다.

저작 장소

로마서를 로마교회에 전달한 뵈뵈가 고린도 옆 겐그레아교회의 일꾼이며(롬 16:1), 로마서를 집필할 때 바울 일행에게 숙식을 제공한 사람이 고린도 교인인 가이오(롬 16:23, 고전 1:14)인 것을 고려하면 로마서를 쓴 장소는 고린도임이 명백합니다.

저작 목적

로마서의 집필 동기 혹은 목적을 알면 로마서 연구에 많은 도움이 됩니다.

선교를 위하여

바울 사도는 오래 전부터 로마 선교의 꿈을 가지고 있었습니다(행 19:21). 제3차 선교 여행을 마친 후 자신이 예루살렘에서 일루리곤까지 복음을 편만하게 전파한 결과 이 지역에서는 더 이상 복음을 전할 곳이 없다고 생각해(롬 15:19, 23) 선교사역을 총 정리하고 남은 생을 로마 선교와 서바나 선교에 바치고자 계획했습니다(롬 15:28). 로마와 가까운 고린도에 왔다가 다시 먼 예루살렘으로 가면서 로마에 미리 복음의 핵심을 알려 주고자 편지를 쓴 것입니다(롬 1:10-15). 그래서 로마서를 세계선교의 교과서라고도 부릅니다.

이단을 예방하기 위하여

바울은 이단 사상을 걱정했습니다. 당시 벌써 이단들이 나타나기 시작했습니다. 그래서 이단 사상을 예방하려는 목적으로 편지를 썼습니다(롬 16:17-19). 이단들이 하나님의 자녀들을 미혹해 실족시키고 복음을 변질시킬 것을 우려했고 이를 예방하고자 했던 것입니다. 바울은 세계의 중심지인 로마에 진리의 반석 위에 터를 잡은 하나님의 교회가 세워지기를 바랐습니다. 복음의 진리 위에 굳건히 서서 이단을 분별하고 물리치는 교회가 세워지기를 간절히 바라면서 로마서를 기록한 것입니다. 그러므로 로마서를 공부하면 복음의 진리와 이단을 구분할 분별력이 생깁니다.

사명을 완수하기 위하여

예루살렘에 가고자 하는 바울에게는 순교의 위험이 도사리고 있었습니다. 완고한 유대인들이 바울을 율법의 파괴자로 몰아 죽이고자 했습니다. 성령님께서도 여러 사람들을 통해 이 위험을 경고했습니다(행 20:22-23, 21:11). 그러나 바울 사도는 이방 교회와 예루살렘 교회가 하나 되는 일을 이루어 그 동안의 선교 사역을 총 정리함으로써 하나님의 뜻을 이루고자 했기 때문에 위험을 무릅쓰고 예루살렘 여행을 고집했습니다. "내가 달려갈 길과 주 예수께 받은 사명 곧 하나님의 은혜의 복음을 증언하는 일을 마치려 함에는 나의 생명조차 조금도 귀한 것으로 여기지 아니하노라"(행 20:24). 바울 사도는 사명감이 투철했습니다. 하나님께서 주신 복음 전파의 사명을 완수하고자 생명을 바치려는 모습이 보입니다. 죽기 전에 하나님께서 주신 사명을 다 이루겠다는 의지를 가지고 로마서를 기록한 것입니다.

주제

로마서 주제가 잘 나타난 요절은 로마서 1장 17절입니다.

> 복음에는 하나님의 의가 나타나서 믿음으로 믿음에 이르게 하나니 기록된 바 오직 의인은 믿음으로 말미암아 살리라 함과 같으니라.

주요 단어는 다음과 같습니다. '의'(17회), '믿음'(37회), '그리스도'(39회). 로마서의 주제를 한마디로 요약하면 '복음에 나타난 하나님의 의'입니다. 즉 "복음에는 하나님의 의가 나타났다. 그 의는 오직 믿음으로 얻는다"입니다.

'하나님의 의'란 하나님께서 주시는 의입니다. 비록 죄인이더라도 복음을 믿으면 죄를 용서받고 의롭다는 선언을 들을 뿐만 아니라 마침내 의롭게 변화되게 하는 하나님의 은총입니다. 복음을 믿을 때 하나님과 올바른 관계에 놓이고 죄를 용서받아 의롭다함을 얻는 길입니다. 하나님께서는 예수 그리스도 안에서 하나님의 의를 나타내셨습니다. 예수 그리스도 안에 있을 때 의롭지 않은 죄인을 의롭다고 여겨 주시고 마침내 의롭게 만드시는 것이 바로 하나님의 의입니다. 그 '의'는 오직 믿음으로만 얻을 수 있습니다.

믿음이란 하나님의 계시를 겸손히 영접하는 것입니다. 나의 주장을 버리고 겸손히 하나님의 구원을 받아들이는 것이 믿음입니다. 그런데 사람들은 하나님보다 자기를 더 신뢰하고 자기 생각을 하나님의 뜻보다 더 앞세우므로 하나님의 구원을 깨닫지 못합니다. 믿음은 내 생각보다 하나님의 말씀을 더 앞세우고 겸손히 하나님의 뜻에 순종하는 것입니다. 그러므로 믿음은 철저히 하나님 중심적인 태도입니다. 인간은 부패했고 인간의 구원은 오직 하나님께만 달려 있다는 생각으로 하나님께 전적으로 의지하는 것이 믿음을 가진 자의 태도입니다.

하나님의 구원, 곧 예수 그리스도에 의해 완성된 구원을 믿고 순종하면 모든 죄를 용서받고 타락한 옛사람은 사라지고 하나님의 의로운 새사람으로 변화됩니다. 로마서 말씀을 믿음으로 공부하고 순종하여 변화된 새사람이 되기를 기도합니다.

<u>내용 구분</u>

1:1- 1:16	서론
1:17-15:13	하나님의 복음
1:17	주제(의)
1:18-3:20	죄
3:21-5:21	칭의
6:1-8:39	성화(영화)
9:1-11:36	하나님의 주권
12:1-15:13	의를 가진 신자의 삶
15:14-16:27	맺는 말

공부 가치

그리피스 토마스(W. H. Griffith Thomas)는 로마서가 구원의 진리를 가르쳐 줄 뿐만 아니라 다음과 같은 가치가 있다고 말했습니다.

첫째, 지적인 가치

논리적 배열, 논리적 방법, 종교와 신앙의 문제점 지적, 토론 방법에 있어 탁월하다.

둘째, 역사적인 가치

위대한 기독교 사상, 역사 철학, 세계적 관점을 담고 있다.

셋째, 신학적인 가치

신학적 원리, 기독교 교리, 죄, 의, 은혜, 율법, 사랑, 공의에 대해 얘기한다.

넷째, 영적인 가치

영적 생활의 비밀, 죄의 실재, 하나님과 화목함, 거룩함의 비밀, 충성, 사랑, 순종에 대해 얘기한다.

다섯째, 실제적인 가치

전도, 선교, 교회의 부흥, 교회의 개혁 운동이 나타나 있다.

공부 목적

첫째, 기독교의 진리를 함양하기 위하여

우리 주위에 방황하는 영혼들이 의외로 많습니다. 신비주의, 방종주의, 혼합주의, 율법주의 등 잘못된 신앙으로 인생을 허비하는 사람들이 많습니다. 안타까운 일이 아닐 수 없습니다. 이런 방황하는 영혼들을 어떻게 구원할 수 있을까요? 로마서에 성경의 핵심 진리가 담겨 있습니다. 그러므로 로마서를 진지하게 공부하면 성경의 핵심 진리를 파악하고 그 진리 위에 기초한 바른 신앙생활을 할 수 있습니다.

"진정한 신앙생활, 로마서에!"

둘째, 신앙 성장을 위하여

신앙생활을 오래 했지만 천국의 기쁨을 맛보지 못한 사람들이 있습니다. 이런 무미건조한 신앙생활에 염증이 나 있다면 로마서 공부에서 돌파구를 찾을 수 있습니다. 목회자들은 교회 성장을 위해 고민합니다. 성도들의 신앙을 한 단계 끌어올리고 천국의 은혜에 흠뻑 빠져 살도록 도울 길을 찾습니다. 그 해답은 바로 로마서에 있습니다. 로마서의 진리를 제대로 가르칠 수 있다면 교회는 참 신앙 생활의 감격을 맛보며 성장하게 될 것입니다.

"놀라운 신앙 성장, 로마서에!"

셋째, 선교를 위하여

진실한 크리스천은 예수님을 닮을 뿐만 아니라 예수님을 위해 헌신합니다. 그 헌신의 기본은 복음 증거입니다. 그런데 선교도 힘이 있을 때 제대로 할 수 있습니다. 내 생명을 유지하는 데만 급급한 사람이 선교를 잘할 수는 없습니다. 그렇다면 성령의 능력을 덧입어 힘있게 선교할 수 있는 길은 무엇입니까? 바로 로마서 공부입니다. 로마서는 왜 선교를 해야 하는지 정확한 이유를 보여 주고, 나아가 선교할 수 있도록 하나님의 은혜와 능력을 공급해 줍니다. 로마서 말씀 공부를 통해 새사람으로 변화되고 놀라운 복음 전도자가 되시길 간절히 기도합니다.

"놀라운 선교, 로마서에!"

Chapter 01 하나님의 복음

로마서 1:1-7

1 예수 그리스도의 종 바울은 사도로 부르심을 받아 하나님의 복음을 위하여 택정함을 입
었으니
2 이 복음은 하나님이 선지자들을 통하여 그의 아들에 관하여 성경에 미리 약속하신 것이라
3 그의 아들에 관하여 말하면 육신으로는 다윗의 혈통에서 나셨고
4 성결의 영으로는 죽은 자들 가운데서 부활하사 능력으로 하나님의 아들로 선포되셨으니
곧 우리 주 예수 그리스도시니라
5 그로 말미암아 우리가 은혜와 사도의 직분을 받아 그의 이름을 위하여 모든 이방인 중
에서 믿어 순종하게 하나니
6 너희도 그들 중에서 예수 그리스도의 것으로 부르심을 받은 자니라
7 로마에서 하나님의 사랑하심을 받고 성도로 부르심을 받은 모든 자에게 하나님 우리 아
버지와 주 예수 그리스도로부터 은혜와 평강이 있기를 원하노라

Exegesis

주해 (註解)

'종' (1절)

당시에 종은 노예를 가리킵니다. 노예는 개인의 자유가 없고 오직 주인의 뜻에 따라야 했으며 주인의 재산 취급을 받았습니다. 그런데 바울이 서신 첫 머리에서 자기를 예수 그리스도의 종이라고 말한 이유는, 자기는 오직 그리스도에게 소속되어 그리스도의 뜻에 복종하며 그리스도께 충성을 다하는 사람임을 강하게 부각시키기 위해서였습니다. 로마서가 그의 주인이신 그리스도의 말씀임을 강조하고 있는 것입니다.

'사도' (1절)

'보냄을 받은 자' 라는 뜻을 가지고 있습니다. 예수 그리스도가 자기를 사도로 임명해 보내셨다는 말입니다. 사도란 그리스도로부터 복음 전파의 사명을 부탁 받은 특별한 사람입니다. 사도행전 1장 21-22절에 근거한 사도의 자격은 다음과 같습니다. 첫째, 그리스도가 친히 임명하신 자 둘째, 그리스도와 동행하던 자 셋째, 그리스도의 부활을 목격하고 증언할 자입니다. 사도는 그리스도의 명령을 따라 교회를 세우고 성도를 가르치며 성경을 기록하는 대단히 권위 있는 직분입니다. 바울은 처음부터 그리스도와 동행했던 제자는 아니었으나 그리스도의 특별한 부르심으로 사도가 되었습니다.

'하나님의 복음' (1절)

보통 예수 그리스도의 복음이라고 부르는 것이 상례인데, 바울 사도가 복음에 관한 첫 언급에서 '하나님의' 복음이라고 부르는 것은 복음의 신적 기원을 밝히고

자 함입니다. 복음이 하나님에게서 나왔다는 신적 기원을 확신하게 될 때 우리는 복음 안에 구원의 능력이 있고(복음의 능력), 시대가 바뀌어도 복음은 변치 않으며(복음의 불변성), 복음은 그것을 믿는 모든 사람을 구원하며(복음의 보편성), 오직 복음을 믿어야만 구원을 얻을 수 있으며(복음의 유일성), 복음은 완전한 구원을 보장한다(복음의 절대성)는 사실을 깨닫게 됩니다. 복음은 창조주 하나님께서 당신의 아들을 통해 이루신 절대적인 하나님의 복음입니다. 하나님의 복음을 받은 사람은 영의 세계에 눈을 뜨고 영적 환희와 감격의 삶으로 나아가게 됩니다. 그래서 바울 사도는 로마서가 하나님께서 친히 계시하신 복음임을 강조하기 위해 '하나님의' 복음이라는 말을 쓰고 있습니다.

'그의 아들' (2절)

'아들'이라는 용어에는 거대한 신학적 배경이 담겨 있습니다. '창조—타락—구속—완성'으로 이어지는 인류 구속 역사 속에서 하나님의 구원 언약은 항상 '아들'이라는 단어와 관계되어 왔습니다. 창세기 3장 15절에서 하나님께서는 '여자의 후손'을 통해 인류를 구원하겠다고 언약하셨습니다. 창세기 22장 18절에서는 아브라함에게 '네 씨'로 말미암아, 사무엘하 7장 12-14절에서는 다윗에게 '네 몸에서 날 씨'를 통해 인류를 구원해 주겠다고 언약하셨습니다.

신약성경의 맨 첫 문장은 그 하나님의 언약이 성취되었음을 감격적으로 말하고 있습니다. "아브라함과 다윗의 자손 예수 그리스도의 계보라"(마 1:1). 이 말씀은 이렇게 번역할 수 있습니다. "아브라함에게 언약하신 그 아들, 다윗에게 언약하신 그 아들, 예수 그리스도의 족보는 다음과 같습니다!" 바울은 인류를 구원하겠다는 하나님의 언약이 성취된 결과로 마침내 그 약속의 아들이 오셨다는 감격에 차서 그 '아들'이라는 용어를 사용하고 있습니다.

'성결의 영'(4절)

3절 '육신으로는'과 4절 '성결의 영으로는'이 대조되어 있습니다. 과거에는 이를 그리스도의 인성과 신성 두 성품으로 해석해 왔으나 최근에는 구속사적 관점으로 해석함이 세력을 얻고 있습니다. 2절 끝의 하나님 약속의 성취로 오신 메시아가 약속대로 다윗의 혈통에서 탄생함으로써 인류 구속의 새 장을 열었고, 더 나아가 그리스도의 부활로 놀라운 인류 구속의 새 장을 열었던 것입니다. 그리스도는 언제나 하나님의 아들이었으나 부활로 인해 온 천하에 하나님의 아들임이 밝히 드러났으며 모든 믿는 자를 구원하는 새로운 지위(status)에 임명되셨습니다. (존 머레이[John Murray]의 The International Commentary on the New Testament Romans와 더글러스 무[Douglas J. Moo]의 The NIV Application Commentary 참조)

'은혜와 사도의 직분'(5절)

헬라어 카이(kai)는 두 가지를 뜻할 때도 사용되었고 '즉'과 같이 동일한 것을 나타낼 때도 사용되었습니다. 여기서는 동일한 뜻으로 사용되었습니다. '은혜 곧 사도의 직분' 혹은 '사도 직분의 은혜'로 읽을 수 있습니다. 바울 사도는 자신이 구원받게 된 것이 이방인에게 복음을 전파하는 사도직과 깊은 관계가 있다고 보았습니다(15:15, 16).

여기서 직분 사상을 배울 수 있습니다. 직분은 하나님의 은혜의 결과요, 하나님의 은혜를 확정하고, 증폭하고, 증언하기 위한 도구라는 것입니다. 훌륭한 크리스천들이 작은 직분이라도 생명처럼 여기는 이유가 바로 여기에 있습니다. 직분을 통해 하나님의 은혜를 체험하고, 직분 감당을 통해 은혜를 갚으며 더 큰 은혜를 체험하는 것입니다. 그러므로 직분은 곧 은혜입니다.

'믿어 순종하게 하나니'(5절)

로마서에서 다루는 중요한 주제 중 하나는 믿음입니다. 믿음을 얼마나 잘 이해하느냐에 따라 로마서를 얼마나 깊이 이해할 수 있는가가 결정됩니다. 본문에서 '믿게 하나니'라고 해도 되는 대목에서 '믿어 순종하게 하나니'라고 믿음 위에 순종을 강조하고 있습니다. 바울 사도가 생각하고 있는 믿음은 순종이 따르는 믿음입니다. 순종이 없는 믿음은 진짜 믿음이 아닙니다. 주님에 대한 절대적 신뢰와 사랑으로 인해 자연스럽게 순종으로 이어지는 믿음이 진짜입니다. 단순한 지적 동의는 진짜가 아닙니다. 지, 정, 의가 조화를 이룬 믿음, 곧 순종이 뒤따르는 믿음이 진짜 믿음입니다. 순종이 없는 믿음은 그리스도의 은혜를 받지 못하며 변화의 축복을 받지 못합니다. 믿음은 곧 순종입니다.

하나님의 복음 (로마서 1:1-7)

"예수 그리스도의 종 바울은 사도로 부르심을 받아
하나님의 복음을 위하여 택정함을 입었으니"(1절).

바울 당시 편지를 쓸 때의 관례는 발신인과 수신인이 누구인지에 대한 언급과 함께 인사말로 시작하는 것이었습니다. 바울은 하나님의 복음을 받은 은혜가 차고 넘쳤습니다. 그 때문에 바울은 당시의 관례를 따르면서도 신앙적인 표현들을 사용하여 수준 높은 인사말로 편지를 시작하고 있습니다. 바울 사도는 인사말에서부터 하나님의 복음을 강조하고 있습니다. 바울 사도의 인사말에서 '바울의 자기 이해' 와 '신자란 누구인가' 에 대한 정의, 그리고 '복음의 개요' 에 대해 배울 수 있습니다.

바울의 자기 이해

바울은 하나님의 복음을 통해 자기를 발견하고 자기 이해를 새롭게 했습니다. 인사말에서 그가 스스로를 어떻게 이해하고 있는지 읽을 수 있습니다.

로마교회는 바울 사도가 개척한 교회가 아니었습니다. 오순절에 로마로부터 예루살렘에 와 있던 사람들이 성령강림 사건을 보고 사도들이 증거한 복음을 들은 후에 로마로 돌아가 세운 교회였습니다. 그래서 바울 사도는 로마교회에 자기를 소개할 필요가 있었습습니다. 특히 어떤 자격으로 이 편지를 쓰는지 알리고 싶었을 것입니다. 바울 사도는 예수 그리스도의 종, 예수 그리스도의 사도, 그리고 하나님의 복음을 맡은 자의 자격으로 로마서를 쓰고 있음을 강조하고 있습니다.

'종' 은 헬라어로 둘로스(dulos)라고 표현되는데 노예를 가리킵니다. 바울은 자신을 '종' 이라고 표현함으로써 자신의 소속과 충성도를 나타내고 있습니다. 특별히 바울 사도가 편지 첫머리에 자신을 예수 그리스도의 종이라고 밝힌 것은 그리스도와의 관계를 강조하고자 함입니다. 로마서를 쓰고 있는 자신은 오로지 자기의 주인이신 예수 그리스도에게 소속되었고 오직 그분의 뜻에 충성을 다해 로마서를 기록하고 있음을 강하게 표현하고 있는 것입니다. 그러므로 로마서는 예수 그리스도의 말씀이며 그분의 뜻이 담겨 있는 권위 있는 하나님의 말씀이라는 것을 은연중에 강조하고 있습니다.

'사도' 는 헬라어로 아포스톨로스(apostolos)로서 '보냄을 받은 자' 라는 뜻입니다. 오늘날 한 나라를 대표하는 대사(ambassador)와 같은 말입니다. 사도라는 호칭에는 보낸 자를 대신하는 자로서의 권위와 책임감이 담겨 있습니다. 특히 바울 사도는 이방인에게 복음을 전파하도록 주님께 직접 부르심을 받은 '이방인의' 사도입니다(1, 5절).[1)]

---

1) 사도행전 9:15. "주께서 이르시되 가라 이 사람은 내 이름을 이방인과 임금들과 이스라엘 자손들에게 전하기 위하여 택한 나의 그릇이라."

사도는 그리스도가 특별히 세우신 직분으로서 복음의 진리를 전파하고, 교회의 기초를 세우며, 성경을 기록한 사람들입니다. 그러므로 사도는 대단히 권위 있는 직분입니다. 그리스도를 대신해 그리스도의 뜻을 전하면서 그리스도의 일을 하는 사람입니다. 바울은 이방인의 사도로서 대단한 자긍심과 책임 의식을 갖고 있었습니다. 그는 그리스도의 대사로서 갖는 권위와 이방인의 사도로서 짊어진 막중한 책임감을 느끼며 로마서를 기록하고 있습니다. 하지만 바울 사도가 인사말에서 정말 강조하고 싶은 것은 다음 문장입니다.

하나님의 복음을 위하여 택정함을 입었으니(1절).

'택정함을 입음'이란 헬라어 아포리스메노스(aporismenos)인데 이는 '엄격하게 구별된다'는 의미를 갖습니다. 그리스도가 그를 사도로 부르신 목적도 하나님의 복음을 위해서였습니다. 바울은 이방인들에게 하나님의 복음을 전파하라고 하나님께서 특별히 택하신 그릇이었습니다. 이를 위해 바울 사도는 다메섹 도상에서 그리스도를 만난 후 아라비아 사막에 들어가 3년 동안 하나님의 복음에 관한 계시를 받았습니다.[2]

복음 속에 나타난 놀라운 하나님의 계시에 바울은 감격했습니다. 그 복음은 바울 사도의 인생을 완전히 바꾸어 놓았습니다. 복음은

---

2) 사도행전 9:1-22. 바울 사도가 다메섹에 성도들이 모여 있다는 정보를 입수해 그들을 체포하러 가던 도중 부활하신 그리스도가 나타나 바울을 부르고 사명을 주신 사건이다. 갈라디아서 1장 15-19절을 참조해 볼 때 그 후 바울은 아라비아 사막으로 가서 3년 동안 복음 계시를 받고 묵상했음을 알 수 있다.

그의 인생뿐만 아니라 그가 전한 복음을 믿는 사람들의 인생까지 변화시켰습니다. 복음의 능력을 체험한 바울은 하나님의 복음을 온 세계에 전하는 데 생명을 바치고자 결심했습니다. 어떤 고난과 박해가 따르더라도 기쁘게 복음을 전했습니다. 이방인들에게 하나님의 복음을 전파하기 위해 선택받은 바울은 큰 기쁨과 책임감을 가지고 로마서를 기록하고 있습니다.

사명을 감당하는 사람에게 자기 이해는 중요합니다. 하나님의 부르심을 받았으면서도 정작 부름 받은 자로서 자기 이해가 없으면 사명인으로 살지 못합니다. 중요한 일을 하고 있으면서도 항상 피해의식에 시달리며 살 수밖에 없습니다. 천사도 흠모할 만한 일을 하면서도 '언제나 이 일을 그만 두나' 하는 바보 같은 생각에 빠지기 쉽습니다. 자기 이해가 안 되어 있으면, 도무지 인생의 의미를 찾지 못하고 강물에 떠내려가는 나무 조각처럼 살 수밖에 없습니다. "나는 누구인가?" "나는 무슨 일을 하는 사람인가?" 이런 분명한 자기 이해가 있을 때 인생의 의미를 찾으며 확신을 품고 일할 수 있습니다. 거기서 진짜 기쁨이 일어납니다.

로마서를 쓰고 있는 바울은 자기 이해가 분명했습니다. "저는 예수님을 주인으로 모시며 오로지 예수님만 섬기는 사람입니다. 저는 주인이신 예수님에게 충성을 다하는 종입니다." "저는 예수 그리스도께서 이방인들에게 복음을 전파하라고 부르신 이방인의 사도입니다." "저는 하나님의 복음을 땅끝까지 전하라고 택정함을 입은 자입니다." 이처럼 분명한 자기 이해가 있었기에 바울 사도는 담대하게 복음을 증거할 수 있었습니다. 모진 박해와 어려움 앞에서도 굴하지 않고 자기 사명을 감당할 수 있었습니다. 교회를 반대하고 핍박하던 자신을 이방인의 사도로 불러 주신 그리스도의 은혜에 감격하며 기쁘게 사명을 감당했습니다.

바울 사도는 어떻게 바른 자기 이해를 가질 수 있었습니까? 그는 "하나님 앞에서 나는 누구인가?" "사람들 앞에서 나는 누구인가?" "나는 무슨 일을 하도록 부르심을 받았는가?" 이 질문을 함으로써 바른 자기 이해를 얻을 수 있었습니다. 우리도 동일한 질문을 함으로써 스스로를 새롭게 발견하고 하나님 앞에서 사명감과 확신을 붙잡을 수 있습니다. 하나님 앞에서 자기를 발견하고 기쁘게 사명을 감당할 때 하나님께서 매우 기뻐하실 것입니다.

"하나님 앞에서 나는 누구인가?"
"사람들 앞에서 나는 누구인가?"
"나는 무슨 일을 하도록 부르심을 받았는가?"

신자의 정의

신자는 하나님의 복음을 받은 사람입니다. 그렇다면 하나님의 복음을 받은 사람은 어떤 삶을 살며 어느 길을 걸어갑니까? 바울 사도는 로마에 있는 신자들을 다양한 표현으로 부르고 있습니다. '예수 그리스도의 것으로 부르심을 입은 자,' '하나님의 사랑을 입은 자,' '성도로 부르심을 입은 자.' 그 말 한마디 한마디에 깊은 뜻이 담겨 있습니다.

'예수 그리스도의 것' 이라는 말에는 예수 그리스도의 소유가 되어 그분의 뜻대로 살아가는 사람이라는 뜻이 담겨 있습니다. 과거에는 사탄의 소유였는데 이제는 그리스도의 것이 되었다는 감탄이 섞인 말입니다. 어둠 속에서 온갖 죄를 짓던 사탄의 자녀였다가 이제 그리스도의 구속으로 새 생명을 얻어 빛 아래서 진리의 길을 걷는 하나님의 자녀가 되었음을 강조하고 있습니다. 예수님을 믿는 우리는 그리스도의 것입니다. 아직도 그리스도의 것이 되지 못한 채 사탄의 것으로 남아 있는 사람이 있습니까? 속히 사탄에게서 벗어나 그리스도의 것이 되십시오.

'하나님의 사랑을 입은 자.' 크리스천은 누구나 하나님의 사랑하심을 입은 자입니다. "하나님이 세상을 이처럼 사랑하사 독생자를 주셨으니…" (요 3:16). 하나님께서는 독생자를 주실 만큼 우리를 사랑하십니다. 우리를 지극히 사랑해 창세 전에 선택하셨고 구원해 주셨습니다. 가난하든 부요하든 그것은 아무 상관이 없습니다. 우리는 동일한 하나님의 사랑하심을 입은 자입니다. 이 한 가지 사실이 우리를 자유롭게 하고 기쁘게 합니다.

'성도로 부르심을 입은 자.' 성도(saints)란 거룩한 자, 성자, 성인이라는 말입니다. 거룩하신 하나님께서는 우리를 성자로 부르셨습니다. 우리는 구원받을 때 거룩한 성령을 받았으므로 이미 거룩한 사람이 되었습니다. 하나님께서는 또한 우리를 온전한 성자가 되도록 부르셨습니다. 사탄의 노예로 비천하게 살던 사람들을 불러내어 거룩한 하나님의 백성으로 살도록 부르셨습니다. 크리스천은 그리스도의 것이 되도록 부르심을 입은 자요, 하나님의 사랑을 입은 자요, 성도로 부르심을 입은 자입니다. 이 얼마나 은혜로운 일입니까?

복음의 개요

바울을 그토록 감동케 한 복음은 무엇입니까? 복음(福音)이란 복된 소식(Good News)을 말합니다. 우주를 창조하신 하나님께서 독생자 예수 그리스도를 보내어 인류를 구원한 복된 소식이 곧 복음입니다. 그러므로 예수님이 곧 복음입니다. 바울 사도는 짧은 인사말 속에서 복음을 자랑하지 않을 수 없었습니다. 복음의 기원, 증거, 내용, 목적, 효력, 범위, 결과를 말하고 있습니다.

복음의 기원

복음의 기원은 하나님이십니다. "하나님의 복음…"(1절). "이 복음은 하나님이… 약속하신 것이라"(2절). 바울은 연속해서 복음의 기원이 하나님이심을 강조하고 있습니다. 실제로 복음은 하나님의 아이디어였고 하나님께서 시작하셨고 순전히 하나님께서 이루셨습니다. 복음의 기원이 하나님이라는 사실은 왜 그렇게 중요합니까? 인간의 모든 사상과 철학은 시대가 바뀌면 변합니다. 그러나 복음은 그렇지 않습니다. 복음은 영원불변하신 하나님의 계획에서 나왔기 때문입니다. 영원불변하신 하나님께서 시작하신 복음이기에 그것은 그분의 계획이 완성될 때까지는 결코 변하거나 취소되지 않습니다.

또한 하나님께서 시작하신 이 복음은 모든 인류에게 적용되는 복음입니다. 온 인류를 창조하신 하나님께서 온 세계 모든 민족에게 보편적으로 적용되는 복음으로 시작하셨습니다. 즉 전능하신 하나님께서 어떤 인간이라도 구원할 수 있는 능력이 있는 것으로 복음을 시작하셨습니다. 복음의 기원이 하나님이라는 사실로 인해 복음의 기초를 이루는 영원불변성, 세계적인 보편성, 구원의 전능성이 확보됩니다. 그러므로 바울 사도는 처음부터 복음은 인간이 고안해 낸 작품이 아니라 창조주 하나님께서 이루신 하나님의 작품임을 강조하고 있습니다.

복음의 증거

복음은 하나님께서 주신 것이라는 분명한 증거가 있습니다. 복음은 어느 날 우연히 땅에 뚝 떨어진 것이 아닙니다. 수천 년 동안 하나님께서 약속해 오신 예언의 성취로 이루어졌습니다.[3)]

> 이 복음은 하나님이 선지자들을 통하여 그의 아들에 관하여 성경에 미리 약속하신 것이라(2절).

하나님께서는 수천 년 전부터 메시아를 보내어 인류를 구원하겠다는 약속을 해오셨습니다. 그리고 그 약속 그대로 드디어 메시아를 보내셨습니다. 하나님께서 성경에 미리 약속하고 예언을 성취하신 사실은 어떤 의미를 갖습니까?

첫째, 사람들에게 믿음을 갖게 한다는 의미가 있습니다. 어느 날 갑자기 메시아가 나타났다고 하면 사람들이 참으로 하나님께서 보내신 메시아인지 의심하게 되므로 수천 년 전부터 약속하신 그 예

---

3) 창세기 3장 15절에서부터 시작해 말라기에 이르기까지 약 680개의 메시아 예언이 있다. 그 예언이 오직 한 사람 예수 그리스도에게서 성취되었다.

언을 성취하심으로 확실히 믿을 수 있는 증거를 남기신 것입니다.

둘째, 거짓 그리스도와 구별할 수 있게 한다는 의미가 있습니다. 많은 거짓 그리스도가 나타나 자기가 메시아라고 현혹하고 있습니다. 그러나 성경에 예언된 내용을 살펴보면 그들이 거짓말을 하고 있음을 알 수 있습니다. 하나님께서는 복음의 증거를 성경에 남기심으로 사람들이 확실한 믿음의 근거를 가질 수 있게 하셨습니다.

복음의 내용

복음의 핵심 내용은 예수 그리스도입니다. "이 복음은 하나님이… 그의 아들에 관하여… 약속하신 것이라"(2절). "그의 아들에 관하여 말하면…"(3절). '그의 아들' 이 복음의 내용입니다. 여기서 '아들(Son)' 이라는 단어는 하나님의 인류 구속사에서 대단히 중요합니다. 창세기 3장 15절에 나오는 최초의 복음 약속 '여자의 후손(the seed of woman)' 과 아브라함에게 약속했던 '네 씨(your seed),' 그리고 다윗에게 약속했던 '네 아들(your son)' 이 모두 '그의 아들' 을 가리키고 있습니다.

하나님께서는 에덴동산에서 아담과 하와에게 약속하시고 아브라함에게 약속하시고 다윗에게 약속하신 그의 아들을 드디어 '때가 차매' (갈 4:4) 여자의 몸에서 나게 하셨습니다. 마태 사도는 하나님의 언약이 성취된 것을 장엄하게 고백하며 그의 복음서를 시작하고 있습니다(마 1:1, 17). "아브라함에게 주셨던 언약과 다윗에게 주셨던 언약의 성취로 그리스도가 탄생했습니다. 하나님께서 오랫동안 약속해 오신 그의 아들을 마침내 보내 주셨습니다!"

3, 4절에서 바울 사도가 예수님의 인성과 신성을 설명한다고 볼

수도 있지만[4] 그보다는 인류 구속사적 흐름에서 언약이 성취되었음을 언급한다고 보는 편이 맞습니다.[5] 하나님께서 약속하셨던 메시아, 곧 '그의 아들' 이 약속대로 다윗의 혈통에서 나셨고, 그뿐 아니라 십자가에 죽으시고 부활하신 사건을 통해 예수님이 하나님의 아들이자 온 인류의 구세주인 것이 온 세상에 밝히 드러났다는 내용입니다. '그의 아들' 예수 그리스도는 어떻게 인류를 구원했습니까? 그 방법을 세 단어로 요약할 수 있습니다. '나셨고' (3절), '죽은' (4절), '부활' (4절)입니다. 그리스도의 탄생, 죽음, 부활을 통해 하나님께서는 인류를 구원하셨습니다. 그리스도의 성육신, 십자가 죽음, 영광의 부활이 어떻게 인류를 구원하는지 설명하고자 한 것이 바로 로마서 내용의 골자입니다. 지구상에 그 어떤 사상과 철학도 인간을 구원하지 못했습니다. 지구상에 최고의 법이라 일컫는 율법도 인간을 구원하지 못했습니다. 율법은 연약한 인간을 구원하지 못했는데 성육신한 그리스도는 연약한 인간을 구원하셨습니다.

율법은 범죄한 인간을 구원하지 못하고 다만 정죄할 뿐이나 십자가에서 죽으신 그리스도는 죄 사함 받도록 해주셨습니다. 율법은

---

4) 예수님은 지구상에 인성과 신성을 가지신 유일한 분이시다. 인성은 동정녀 마리아의 몸에 탄생하심으로 얻게 되었다. 마리아의 몸에 탄생한 이유는 그녀가 하나님께서 언약하신 다윗의 후손, 요셉과 정혼한 여인이며 아직 결혼하지 아니하고 약혼한 여인(몸은 처녀이며 법적으로는 결혼한 것과 같은 신분)이기 때문이었다. 신성은 그분이 성자 하나님이심(요 1:1-3, 빌 2:6, 골 1:15-17)에서 비롯된다. 그래서 성령으로 마리아의 몸에 잉태한 것이다(마 1:18, 20). 그러므로 예수 그리스도는 완전한 인간이요 완전한 하나님이시다. 메시아가 되려면 하나님을 완전히 알고 그의 뜻을 온전히 전할 수 있는 신성, 인간의 연약함을 알고 체휼할 수 있는 인성, 인간의 죄를 속죄할 수 있는 무죄성, 3대 조건이 필요한데 이 모든 조건을 완전히 충족시킬 수 있는 분은 오직 예수 그리스도뿐이다.

5) 존 머레이(J. Murray)의 성경주석 뉴 인터내셔널 로마서 상권(The New International Commentary on the New Testament - Romans (Vol. I, p.37-46) 참조.

인간에게 죄의식을 심어 주고 죽음의 공포와 형벌의 두려움을 가지게 했지만, 부활하신 그리스도는 인간에게 영원한 생명을 공급하며 영생의 소망을 주셨습니다. 율법은 인간을 온전히 의롭게 하지 못했으나 그리스도는 인간을 온전히 의롭게 만들어 주셨습니다.

복음의 목적

복음의 목적은 하나님께 영광을 돌리고 인간을 구원하는 데 있습니다. 5절의 '우리' 라는 표현은, 이방인을 위한 사도 직분에 대해 이후에 언급한 바를 생각하면 다른 사도들을 가리키는 것이 아니라 바울 자신과 함께 있었던 사람들을 가리킨다고 볼 수 있습니다. '은혜와 사도의 직분' 은 두 가지가 아니라 하나의 의미를 담고 있는 것으로 해석해야 합니다. '은혜 곧 사도의 직분' 혹은 '사도의 직분인 은혜' 입니다. 그리스도가 바울에게 이방인의 사도라는 은혜를 주신 까닭은 '그 이름을 위하여' 입니다.

'그 이름을 위하여' (5절)는 그리스도의 이름을 말합니다. 이름은 인격과 속성, 명예를 나타냅니다. 바울은 그리스도의 이름을 선포하기 위해 사도의 직분을 받았다고 했습니다. 이는 그리스도가 하나님의 아들이심과 만민의 구주이심을 선포해 하나님께 영광을 돌리는 것을 의미합니다. 은혜를 받은 사도는 그 이름을 위해 헌신해야 했습니다. 바울은 자신의 목적을 달성하기 위해 그리스도를 이용하는 것이 아니라 그리스도의 은혜에 감복해 그분에게 자신의 삶 전체를 바쳤습니다. 그리스도와 인격적 관계를 맺었기에 가능했던 일입니다. 하나님께서 우리 인간들에게 복음을 주신 까닭은 먼저는 우리를 죄와 사망에서 구원하기 위함이요, 궁극적으로는 우리가 하나님과 인격적 관계를 맺고 하나님께 영광 돌리는 삶을 통해 참 행복을 누리게 합니다.

복음의 효력

복음은 믿음이라는 조건 아래서 효력이 발생합니다. 물론 사람들이 믿든지 믿지 않든지 복음은 여전히 복음입니다. 그러나 인간 각자에게 복음의 효력이 미치기 위해서는 각자의 믿음이 필요합니다. 이것은 환자가 약을 먹든지 먹지 않든지 약은 여전히 약인 것과 같습니다. 그러나 환자가 약효를 보려면 반드시 약을 복용해야 합니다. '그리스도를 믿는 것' 은 구원의 절대적 조건입니다. 그리스도를 믿음으로써 인간은 죄 사함을 받고 영생을 얻습니다.

그런데 많은 사람들이 믿음을 오해합니다. 단순한 지적 동의를 믿음이라고 착각합니다. 진정한 믿음은 그런 것이 아닙니다. 진정한 믿음에는 순종이 동반됩니다(5절). 지, 정, 의가 조화된 믿음입니다. 그러므로 참 믿음인지 거짓 믿음인지 분별하는 기준은 그리스도에게 순종하는가 불순종하는가에 있습니다. 그래서 바울 사도는 이방인들이 '믿게 하려 한다' 고 말하지 않고 이방인들이 '믿어 순종하게' 한다고 말합니다(5절). 어떤 사람들은 순종이 없는 믿음 생활로 인해 천국의 은혜를 체험하지 못하고 있습니다. 예수님을 배우지 못하고 있습니다. 변화된 기쁨과 감격을 누리지 못하고 있습니다. 이런 사람은 믿음에 대해 다시 공부해야 합니다.

그리스도의 참 사랑을 알고 그리스도와 진정 사랑의 관계를 맺고 그리스도에게 순종하면 놀라운 변화가 일어납니다. 예수님을 배우게 됩니다. 천국을 체험하게 됩니다. 바울 사도가 로마서에서 밝히고 있는 믿음은 순종이 따르는 믿음입니다. 참 믿음, 곧 순종이 뒤따르는 믿음을 가져 하나님의 놀라운 은혜를 체험하시기 바랍니다.

복음의 범위

복음의 범위는 온 인류입니다. '헬라인이나 유대인이나' (16절), 곧 성경 문화권 밖에 있는 사람이나 안에 있는 사람 모두에게, 그리고 '헬라인이나 야만인이나' (14절), 곧 당대 최고의 문명을 누리는 사람이나 누리지 못하는 사람 모두에게 복음은 절대적으로 필요하고 차별 없이 임합니다(3:22). 복음은 그 어떤 세대, 그 어떤 지역, 그 어떤 인종에게도 제한되어서는 안 됩니다. 복음을 전하는 데 어떤 식으로든 조건이나 제한을 둔다면 잘못입니다. 배운 자와 못 배운 자, 가진 자와 못 가진 자, 건강한 자와 건강하지 못한 자, 힘 있는 자와 힘 없는 자 모두에게 복음은 절대적으로 필요합니다.

복음의 결과

복음을 영접하면 은혜와 평강이 임합니다. 하나님의 온갖 사랑과 축복이 임합니다. 특별히 바울 사도는 당시 헬라인들의 인사말인 카리스(karis)와 히브리인들의 인사말인 샬롬(shalom)이라는 표현을 사용합니다. 일상적인 인사말에 신앙적인 의미를 둠으로써 차원 높은 인사를 하고 있는 것입니다. '은혜' 라는 표현은 기독교의 진리를 함축하고 있습니다. 헬라어 카리스는 원래 선물이라는 뜻입니다. 특히 받을 자격이 없는 자에게 주어지는 분에 넘치는 큰 선물을 가리킵니다. 죽어 마땅한 죄인에게 구원을 선물로 주고 자녀로 삼아 주시는 하나님의 사랑이 곧 은혜입니다.

하나님께서는 그리스도를 믿는 자에게 죄 사함, 양자 됨, 천국, 영생, 성령, 사랑, 천국의 기쁨, 동행하심 등 온갖 선물을 베풀어 주십니다. 우리가 그리스도를 잘 믿어 당신으로부터 온갖 선물을 풍성히 받아 누리기를 바라고 계십니다. 히브리어 샬롬으로 표현되는 평강은 하나님 품에 돌아와 올바른 관계에 이른 사람의 마음 상태를 가리킵니다. 시편 23편 1절에서 "여호와는 나의 목자시니 내게 부족함이 없으리로다"라고 고백하는 다윗의 마음과 같습니다. 어거스틴은 주님 품에 돌아와 중생을 체험한 후 이런 유명한 고백을 했습니다. "내 영혼에 쉼이 없었더니 이제 내 영혼이 쉬나이다."

바울 사도는 로마교회 성도들에게 그런 은혜와 평강이 넘치기를 기원하고 있습니다. 그러므로 복음을 영접한 사람은 누구나 은혜와 평강이 풍성하게 임합니다. 바울 사도는 복음을 몰랐을 때는 율법이 최고인 줄 알고 율법에 거치는 것이라면 모두 배척했습니다. 그런데 복음을 알고 보니 복음이야말로 참 진리였습니다. 복음은 하나님께서 인간을 구원하기 위해 수천 년 전부터 준비해 오신 것이었습니다. 복음은 하나님께서 당신의 아들을 보내 친히 이루신 인류 구원이었습니다. 복음은 유대인이든 이방인이든 차별 없이 온 인류를 구원하겠다는 그야말로 기쁜 소식이었습니다. 이 놀라운 복음의 진리를 깨닫고 바울은 변화되었습니다. 자기 같은 것을 이방인의 사도로, 복음 전파자로 삼아 주신 하나님의 은혜에 감격해 생명도 기꺼이 바치고자 했습니다. 우리는 이 놀라운 복음을 접할 수 있는 축복을 받았습니다. 진정 복음의 참 진리를 깨닫고 창조주께서 인간에게 베풀어 주신 놀라운 복을 누리시기 바랍니다.

Chapter 02 복음에 불타는 바울

로마서 1:8-15

8 먼저 내가 예수 그리스도로 말미암아 너희 모든 사람에 관하여 내 하나님께 감사함은 너
희 믿음이 온 세상에 전파됨이로다
9 내가 그의 아들의 복음 안에서 내 심령으로 섬기는 하나님이 나의 증인이 되시거니와 항
상 내 기도에 쉬지 않고 너희를 말하며
10 어떻게 하든지 이제 하나님의 뜻 안에서 너희에게로 나아갈 좋은 길 얻기를 구하노라
11 내가 너희 보기를 간절히 원하는 것은 어떤 신령한 은사를 너희에게 나누어 주어 너희를
견고하게 하려 함이니
12 이는 곧 내가 너희 가운데서 너희와 나의 믿음으로 말미암아 피차 안위함을 얻으려 함이라
13 형제들아 내가 여러 번 너희에게 가고자 한 것을 너희가 모르기를 원하지 아니하노니 이
는 너희 중에서도 다른 이방인 중에서와 같이 열매를 맺게 하려 함이로되 지금까지 길이
막혔도다
14 헬라인이나 야만인이나 지혜 있는 자나 어리석은 자에게 다 내가 빚진 자라
15 그러므로 나는 할 수 있는 대로 로마에 있는 너희에게도 복음 전하기를 원하노라

Exegesis

주해 (註解)

'먼저' (8절)

일의 순서를 나타내는 표현이지만 본문에서는 둘째, 셋째가 없는 것을 보아 강조를 나타내는 말로 보입니다. '무엇보다 먼저' 혹은 '우선'의 뜻으로 볼 수 있습니다. 바울 사도가 최우선으로 하는 것은 감사였습니다.

'예수 그리스도로 말미암아' (8절)

세상 사물을 보는 바울의 관점이 예수 그리스도였음을 알 수 있습니다. 로마 성도들도 인간적으로 보면 그와 아무 상관없는 남이라고 할 수 있습니다. 아니 남의 나라를 침략한 원수로 볼 수 있습니다. 그러나 바울 사도는 예수 그리스도를 통해 로마 성도들을 보았습니다. 예수 그리스도의 눈으로 보니 그들은 형제였습니다(13절). 그래서 그들에게 감사할 수 있었습니다.

'너희 믿음이 온 세상에 전파됨' (8절)

당시 "모든 길은 로마로 통한다"는 말처럼 정치, 경제, 군사, 무역, 문화가 로마에 집중되어 있었습니다. 그 로마에 예수 그리스도를 믿는 신자가 있다는 소식은 온 세계 신자들에게 고무적인 뉴스가 아닐 수 없었습니다. 그래서 바울 사도는 가는 곳마다 로마교회 소식을 나누었습니다. 그는 이 사실에 감사하고 있습니다.

'내 심령으로 섬기는 하나님' (9절)

바울은 항상 하나님을 섬기며 살았습니다. 하나님은 영이신데 어떻게 섬겼을까요? 심령으로 섬겼습니다. 하나님 아들의 복음을 전파하면서 하나님을 섬겼습니다. 온 마음을 다해 섬겼습니다. 하나님께서 증언해 주실 만큼 진실하게 하나님을 섬겼습니다.

'항상 내 기도에 쉬지 않고'(9절)

바울 같은 석학이 항상 쉬지 않고 기도했다는 것은 주목할 만한 일입니다. 바울은 철학자요 신학자였습니다. 누구보다 냉철한 이성의 소유자였고 학문에도 뛰어났습니다. 그러나 그리스도의 사랑에 감동된(고후 5:14) 그는 사랑의 사도가 되었습니다. 뿐만 아니라 뜨겁게 기도하며 기도의 유익함을 날마다 체험했습니다.

바울의 이런 기도 생활의 특징을 다섯 가지로 정리해 보면, 그는 하나님 앞에서 기도했고, 양을 살리기 위한 기도를 드렸고, 항상 쉬지 않고 기도했으며, 어찌하든 이루고자 하는 간절한 기도를 드렸고, 구체적으로 기도했습니다. 사상이 투철하고 이성적인 사람일수록 기도를 많이 해야 합니다. 그래야 인본주의에 빠지지 않고 영성을 갖춘 신령한 사람이 될 수 있습니다.

'신령한 은사'(11절)

'어떤'은 미지 세계의 그 어떤 것을 가리킵니다. 호기심과 관심을 불러일으키는 말입니다. '신령한 은사'에는 여러 가지 해석이 있습니다. 구원, 사도의 안수로 주어지는 이적적 성령의 은사 등의 해석이 있으나 15절과 비교해 보고, 뒤에 나오는 견고케 함을 생각해볼 때 신령한 은사는 바로 복음임을 알 수 있습니다. 하나님의 복음처럼 신령한 은사도 없습니다. 하나님의 복음은 신자들의 신앙을 견고하게 합니다.

'피차 안위함'(12절)

피차(彼此, mutually)는 '서로'라는 뜻입니다. 안위함은 격려, 위로, 칭찬, 힘을 준다는 의미입니다. 이미 사도는 신령한 은사를 나눠 주어 로마 성도들을 견고하게 하려 한다고 했습니다. 복음을 통해 서로 위로하고 격려하여 새 힘을 얻고자 함을 가리킵니다. 복음 안에서 믿음으로 교제할 때 서로 큰 힘을 얻습니다.

'열매'(13절)

헬라어로 카르포스(καρποσ)인데 일의 결과를 말합니다. 여기서 열매는 전도의 열매, 곧 결신자를 가리킵니다. 또한 제자 양육을 통해 복음의 일꾼이 양성되고 성령의 열매인 영적 성장이 일어나는 것을 가리킵니다. 바울 사도는 강한 목적의식을 가지고 일했습니다. 과정도 중요시했지만 목적을 이루는 것, 곧 열매에 많은 관심을 기울였습니다.

'내가 빚진 자라'(14절)

바울 사도는 이방인들에게 자신이 빚진 자라고 했습니다. 이방인들에게 빚진 것이 없었을 텐데 왜 자신을 빚진 자라고 했을까요? 바울은 예수님께 빚진 자였습니다. 교회의 핍박자인 그는 지옥 형벌을 받아 마땅한데 예수님께서 그를 구원해 주시고 이방인의 사도로 세워 주셨습니다. 예수님께 빚진 것을 갚을 대상은 이방인이었습니다. 그는 이방인에게 복음을 전하지 않고는 견딜 수 없었습니다. 빚진 자는 빚을 갚기 전까지는 마음이 편치 않습니다. "내가 복음을 전할지라도 자랑할 것이 없음은 내가 부득불 할 일임이라 만일 복음을 전하지 아니하면 내게 화가 있을 것이로다"(고전 9:16). "죄인 중에 내가 괴수니라 그러나 내가 긍휼을 입은 까닭은 예수 그리스도께서 내게 먼저 일체 오래 참으심을 보이사 후에 주를 믿어 영생 얻는 자들에게 본이 되게 하려 하심이라"(딤전 1:15-16). 바울은 복음에 빚진 자의 심정으로 위대한 선교사가 되었습니다. 복음의 참 맛을 본 사람은 복음에 불타오르며 선교의 열정으로 가득 차게 됩니다.

복음에 불타는 바울 (로마서 1:8-15)

"그러므로 나는 할 수 있는 대로 로마에 있는 너희에게도 복음 전하기를 원하노라"(15절).

하나님의 복음을 받은 바울은 감격했습니다. 천지를 창조하신 하나님께서 그 아들 예수 그리스도를 보내어 인류를 구원하고 새로운 세계를 여신 사실을 생각할 때 감격하지 않을 수 없었습니다. 바울은 복음을 받은 즉시 복음 전파에 헌신했습니다.[6] 그는 제3차 선교여행을 통해 소아시아와 헬라의 광범한 지역에 복음을 전파했습니다. 그리고 이제 세계의 심장부 로마를 향해 복음을 전파하고자 정열을 불태우고 있습니다. 로마 선교는 바울 사도가 일찍부터 가졌던 비전이었습니다.[7]

바울은 당장이라도 로마에 가서 복음을 전하고 싶었습니다. 그러나 갈 수 없는 형편이었습니다. 지금은 예루살렘에 가서 할 일이 남아 있었습니다.[8] 바울은 그 일을 마치고 로마로 바로 달려갈 작정이

6) 사도행전 9:19-22 참조. "사울이 다메섹에 있는 제자들과 함께 며칠 있을새 즉시로 각 회당에서 예수가 하나님의 아들이심을 전파하니 듣는 사람이 다 놀라 말하되 이 사람이 예루살렘에서 이 이름을 부르는 사람을 멸하려던 자가 아니냐 여기 온 것도 그들을 결박하여 대제사장들에게 끌어 가고자 함이 아니냐 하더라 사울은 힘을 더 얻어 예수를 그리스도라 증언하여 다메섹에 사는 유대인들을 당혹하게 하니라."

7) 사도행전 19:21. "이 일이 있은 후에 바울이 마게도냐와 아가야를 거쳐 예루살렘에 가기로 작정하여 이르되 내가 거기 갔다가 후에 로마도 보아야 하리라 하고."

었습니다. 우선은 로마에 가기 전에 복음을 요약해 보내어 로마 성도들의 신앙을 굳건히 하고자 했습니다. 본문에는 이러한 바울의 심정이 잘 나타나 있습니다. 복음에 충만한 바울은, '로마 성도들의 믿음에 감사하고' '로마 성도들을 위해 기도하며' '로마 선교에 대한 자신의 간절한 심정을 토로하고' 있습니다. 우리는 본문에서 복음에 충만한 사람의 참 모습을 접하게 됩니다.

무엇보다 먼저 감사

간단한 인사를 마친 바울은 바로 이어서 로마 성도들을 인해 하나님께 감사합니다. "하나님 아버지, 감사합니다. 정말 감사합니다." 하나님 앞에서 머리 숙여 감사하는 바울의 모습을 상상할 수 있습니다.

> 먼저 내가 예수 그리스도로 말미암아 너희 모든 사람에 관하여 내 하나님께 감사함은 너희 믿음이 온 세상에 전파됨이로다(8절).

바울은 '먼저(first)' 감사하고 있습니다. 여기서 '먼저' 의 뜻은 다음에 둘째, 셋째가 없는 것을 보아 순서를 나타내는 말이 아니라 강조를 나타내는 수식어임을 알 수 있습니다. '무엇보다도 먼저' 혹

---

8) 로마서 15:25, 26. "그러나 이제는 내가 성도를 섬기는 일로 예루살렘에 가노니 이는 마게도냐와 아가야 사람들이 예루살렘 성도 중 가난한 자들을 위하여 기쁘게 얼마를 연보하였음이라." 사도행전 20:22-24 참조.

은 '우선' 의 뜻입니다.

사도 바울이 로마 성도들에게 가장 먼저, 최우선으로 한 일은 감사였습니다. 하나님을 마음 중심에 모신 사람의 현저한 특징은 무엇보다 감사입니다. 마찬가지로, 마음에 하나님이 없는 사람의 현저한 특징은 감사가 없는 것입니다(1:21). 복음을 받은 사람의 마음속에는 언제나 하나님이 계시기에 감사가 계속됩니다. 괴롭고 힘든 일이 많아도 하나님의 은혜와 사랑을 생각하면 기쁘고 감사할 수 있습니다.

감사가 삶의 습관으로 자리잡을 때 그것은 모든 일을 순조롭게 풀어 가는 지혜로 연결됩니다. 불평하는 태도는 일을 해결하기는커녕 어렵게 만듭니다. 실제로 믿음으로 살아가는 동안 '감사' 가 얼마나 중요한지 모릅니다. 감사는 하나님 중심의 사고를 길러 주고 하나님 중심의 삶을 살게 해줍니다. 그래서 모든 일을 하나님의 뜻 안에서 해결할 능력을 얻게 됩니다. 죄인들은 불평이 습관화되어 있습니다. 그러나 복음을 받은 사람은 '우선 먼저' 감사하면서 시작할 수 있습니다. 바울 사도는 '첫째' '무엇보다도 먼저' 감사하며 로마서를 쓰고 있습니다.

감사하는 생활에서 중요한 것은 '하나님 앞에서' 의 태도입니다. 먼저 하나님을 생각하고 그분의 사랑과 은혜를 생각하면 저절로 감사가 나오게 마련입니다. 그런데 하나님을 생각하기보다 먼저 문제부터 생각하면 불평이 싹트기 시작합니다. 복음에 충만한 바울은 만사를 '하나님 앞에서' 생각하는 것이 습관화되어 있었습니다. 또한 모든 것을 예수 그리스도라는 렌즈를 통해 보았습니다. 이렇게 무슨 일이든 '하나님 앞에서' 그리고 '예수 그리스도를 통해' 바라보면 긍정적인 눈이 뜨이고 희망이 보여 감사함으로 해결책을 찾아갈 수 있습니다. 반면에 항상 '나' 중심으로 생각하는 습관에 빠지면 어려운 일을 해결할 능력을 상실하게 됩니다. 복음을 받았다면, 늘 그 은혜를 생각하며 하나님 중심으로 살고 하나님께서 무엇을 원하시는지 여쭈십시오. 그러면 우리 아버지 되신 하나님께서 선한 길로 이끌어 주십니다.

바울 사도가 하나님 앞에서 감사한 내용은 "너희 믿음이 온 세상에 전파됨이라" 였습니다. 바울 사도의 주 관심사는 로마 선교였습니다. 주요 관심사는 그 사람의 가치관을 반영합니다. 바울은 복음의 가치를 잘 알았기 때문에 복음에 깊은 관심을 가지고 있었습니다. 특히 로마 선교에 깊은 관심을 가지고 있었습니다. 그 이유는 로마의 위치 때문입니다. 로마제국은 당시 세계에 막대한 영향력을 끼치고 있었습니다. 당시 로마는 세계를 지배하고 있었고 세계의 심장이라고 해도 지나친 말이 아니었습니다. 복음 전파를 효과적으로 하기 위해 대도시 중심의 사역을 펼치고 있던 바울의 입장에서는, 세계에서 가장 큰 도시이자 막강한 영향력을 가진 로마제국의 중심 도시에 복음을 전파하는 일에 깊이 관심을 가지지 않을 수 없었습니다.

그런데 바로 그 거대한 도시 로마에 신자들이 모여 예배를 드린다는 소식을 듣고 바울은 흥분했습니다. 비록 자기가 세운 교회가 아니라 할지라도 로마에 크리스천이 있다는 소식이 들릴 때마다 그는 하나님 앞에 엎드려 감사했습니다. "오 하나님, 감사합니다. 복음이 로마에 뿌려진 것을 감사합니다. 이를 계기로 온 세계에 복음이 전파되게 하소서!"

복음에 감격한 기도

복음을 받은 바울은 하나님의 사랑에 감격했습니다. 하나님만 생각하면 기쁨이 솟았습니다. 모든 것이 감사하기만 했습니다. 기쁨과 감사는 자연스럽게 기도로 연결되었습니다. 바울 사도는 철학자요 신학자였습니다. 또한 냉철한 이성을 가진 학자이기도 했습니다. 그런데도 그는 열심히 기도했습니다. 이성이 발달한 사람들은 대개 기도를 소홀히 하는 경향이 있습니다.

그러나 복음을 받은 바울은 그렇지 않았습니다. 기도가 얼마나 필요한지 알았습니다. 그래서 열심히 기도했고, 기도의 능력을 많이 체험했으며, 기도에 대해 자주 가르쳤습니다. 바울은 로마교회 성도들을 위해 기도했을 뿐만 아니라 기도하는 심정으로 로마서를 쓰고 있습니다. 바울 사도의 기도에서 배울 점이 무엇입니까?

하나님 앞에서 행하는 기도

바울은 하나님의 존전에 나아가 기도했습니다.

> 내가 그의 아들의 복음 안에서 내 심령으로 섬기는 하나님이 나의 증인이 되시거니와 항상 내 기도에 쉬지 않고 너희를 말하며(9절).

하나님 앞에 나아가 엎드려 기도하는 바울의 모습은 상상만 해도 은혜가 됩니다. 경건한 자세로, 복음에 감격하고 기쁨에 충만한 모습으로, 선교 비전에 불타서 기도하는 그의 모습을 그려 보십시오. 바울 사도는 하나님을 증인으로 내세울 만큼 항상 하나님 앞에서 기도했습니다.

기도는 하나님께 하는 것입니다. 바른 기도는 '하나님 앞에서' 하는 기도입니다. 아주 당연한 말 같지만 실상 그렇지 못한 기도가 많습니다. 하나님 앞에서 기도하기보다 사람에게 보이려고 기도하는 경우가 많이 있습니다. 기도 잘한다는 말을 들으려고 기도하는 경우가 있습니다. 이런 기도는 생명을 잃어 버린 외식적 기도가 되기 쉽습니다. 아무리 어휘가 아름다워도 생명 없는 기도가 되고 맙니다. 그래서 주님은 골방에 들어가서 은밀히 보시는 하나님 앞에서 기도하라고 가르쳐 주셨습니다.[9)]

바울은 주님의 말씀에 순종해 '하나님 앞에서' 기도했습니다. 그는 평소에 하나님을 섬기는 생활을 잘했습니다(9절). 그는 하나님을 '내 하나님(My God)'이라고 불렀습니다(8절). 하나님을 하나님으로 모시고 영혼 깊이 사랑했기에 그렇게 부를 수 있었던 것입니다. 하나님과 이런 인격적 관계에서 기도하면 기도가 즐거울 수밖에 없습니다. 나보다도 나를 더 잘 아시는 나의 하나님, 나를 생명처럼 아끼고 사랑하시는 나의 하나님, 내가 나를 걱정하는 이상으로 나의 장래를 걱정하며 인도하시는 내 하나님 앞에 나아가 기도해 보십시오. '하나님 앞에서' 마음을 열고 기도하면 그분의 임재를 느끼게 되고 기도하는 자체로 큰 위로를 얻게 됩니다. 하나님을 인격적으로 만나는 것보다 더 큰 기쁨은 없습니다.

---

9) 예수님께서는 사람을 의식하지 말고 순전히 하나님 앞에서 기도하라고 가르치셨다. 마태복음 6:5, 6. "또 너희는 기도할 때에 외식하는 자와 같이 하지 말라 그들은 사람에게 보이려고 회당과 큰 거리 어귀에 서서 기도하기를 좋아하느니라 내가 진실로 너희에게 이르노니 그들은 자기 상을 이미 받았느니라 너는 기도할 때에 네 골방에 들어가 문을 닫고 은밀한 중에 계신 네 아버지께 기도하라 은밀한 중에 보시는 네 아버지께서 갚으시리라."

항상 쉬지 않는 기도

바울 사도는 쉬지 않고 항상 기도했습니다. 이는 날마다 정해진 기도 시간에 규칙적으로 기도했음을 말합니다. "항상 내 기도에 쉬지 않고 너희를 말하며"(9절). 하나님께서는 기도에 빨리 응답해 주시기도 하고 늦게 응답해 주시기도 합니다. 하나님께서 보시기에 가장 좋은 것을, 가장 좋은 때에 주시기 위함입니다.

그러므로 기도는 장기간 지속적으로 해야 합니다. 쉬지 않고 계속 기도할 때 하나님의 살아 계심을 맛볼 수 있습니다. 하나님께서 어떻게 일하시는지 깨닫게 됩니다. 바울 사도는 가보거나 알지도 못하는 사람들이지만 그들을 위해 항상 쉬지 않고 계속 기도했습니다. 구약 성막과 성전의 성소에 일곱 금 촛대의 불이 항상 꺼지지 않았듯이 마음의 지성소에 기도의 등불을 끄지 않으면 살아 계신 하나님께서 동행해 주시고 은혜를 베풀어 주십니다.

양을 살리고자 한 기도

바울 사도는 8-15절에 '너희'라는 말을 13번이나 반복하고 있습니다. "항상 내 기도에 쉬지 않고 [로마 사람] 너희를 말하며"(9절). '너희'를 모두 '로마 사람, 너희'로 바꾸어 읽어 보면 얼마나 로마 성도들을 간절히 사모하며 기도했는지 느낄 수 있습니다. 바울은 심심한데 기도나 하자는 식으로 기도하지 않았습니다. 정말 양들을 살리고 싶은 간절한 심정으로 기도했습니다. 양을 살리고자 목자가 마음으로 드리는 눈물의 기도는 매우 중요합니다.

출애굽한 이스라엘 백성들이 광야에서 전쟁을 벌일 때 모세가 팔을 들고 기도하면 이스라엘이 이기고, 팔이 아파 내리면 이스라엘

이 지는 장면이 나옵니다. 하나님께서 모세와 백성들에게 기도가 얼마나 중요한지 가르쳐 주는 사건이었습니다. 양을 살리고자 눈물로 밤을 새워 간절히 드리는 기도는, 기도하는 사람의 영성(spirituality)을 살아나게 합니다.

바울 사도가 깊은 영성으로 살 수 있었던 것은 무엇보다 하나님의 은혜로 말미암은 것이지만, 또한 그가 양을 살리고자 간절히 기도한 덕분이었습니다. 목자가 양을 위해 드리는 기도는 양을 살리며 동시에 목자 자신을 살립니다. "나는 왜 영성이 약할까" 고민하지 말고 정말 양을 살리기 위해 눈물의 기도를 드리십시오. 그러면 놀라운 변화를 체험할 것입니다.

어떻게 하든지 이루고자 하는 간절한 기도

바울은 성격이 매우 적극적이었습니다. 무슨 일이든 손을 댔다하면 뿌리를 뽑는 사람이었습니다. 하나님의 사명을 받은 이후에는 더욱 그랬습니다. 어떻게든 주님을 기쁘시게 하고 영광을 돌리고 싶다는 소망을 품고 있었습니다. 그는 로마 선교를 이루기 위해 참으로 온갖 노력을 기울이며 간절히 기도했습니다. 그리하여 마침내 그 꿈을 이룰 수 있었습니다.

> 어떻게 하든지 이제 하나님의 뜻 안에서 너희에게로 나아갈 좋은 길 얻기를 구하노라(10절).

로마 선교가 이루어져도 좋고, 그렇지 못해도 어쩔 수 없다는 식의 뜨뜻미지근한 자세가 아니었습니다. 그에게 로마 선교는 하나님의 뜻이기 때문에 목숨을 걸고 꼭 이루어야 하는 과업이었습니다. 사람들이 자기 영광을 위한 사업을 할 때도 온갖 지혜를 짜내어 성공하려고 애쓰는데 내 생명의 주, 내 하나님의 일을 설렁설렁할 수는 없습니다. 특히 믿음을 가졌다고 하면서도 "인간은 애써 봐야 소용없어! 하나님의 뜻이라면 그분이 이루실 것" 이라는 식으로 자기 방어막을 쳐놓고 별다른 노력을 하지 않는 사람들이 있습니다. 이것은 대단히 잘못된 믿음입니다. 아니 믿음이 아닙니다.

하나님의 뜻을 발견했으면 그 뜻이 이루어지기를 위해 간절히 기도할 뿐만 아니라 모든 노력도 기울여야 합니다. 바울은 로마 선교가 이방인 선교를 하라는 하나님의 뜻임을 알았고 그 뜻을 '어떻게 하든지' 이루고자 항상 기도하며 노력했습니다.

그런데 여기에도 주의해야 할 함정이 있습니다. 하나님의 뜻을 이루기 위해서라는 미명 아래 '어떻게 하든지' 수단과 방법을 가리지 않다 보면 심각한 결과를 초래할 수 있습니다. 그러므로 '어떻게 하든지' 에 반드시 '하나님의 뜻 안에서' 라는 족쇄를 채워야 합니다. 바울은 참으로 믿음의 사람이요, 지혜의 사람이었습니다. '하나님의 뜻 안에서' '어떻게 하든지' 로마 선교로 나아갈 길을 찾고 있었습니다.

구체적인 기도

바울 사도는 위대한 사상을 품은 비전가이면서 동시에 매우 현실적인 지혜의 소유자였습니다. 로마 선교라는 거대한 과업을 위해 기도하면서도 구체적으로 편지를 쓰고 로마로 나아갈 길이 열리기를 강구했습니다. 장차 로마에 갈 것을 기대하면서 미리 로마서를 써서 보냄으로 그날을 대비하는 지혜는 놀랍습니다. "꿈은 크게, 행동은 구체적으로!" 이것이 바울의 모습입니다. 꿈과 비전이 큰 사람일수록 행동이 구체적이어야 합니다. 그렇지 않으면 몽상가로 전락해 버릴 위험이 있습니다. 로마 선교의 비전을 품은 바울은 구체적으로 로마서를 써 보내며 자신이 로마에 갈 것을 대비해 놓고 기도하고 있습니다.

뜬구름 잡는 식의 두루뭉술한 기도는 기도의 생명력을 약하게 만듭니다. 그러나 큰 비전 속에서 구체적으로 드리는 기도는 가슴을 설레게 하고 성령님의 인도하심을 받게 합니다. 살아 계신 하나님의 손길을 보게 합니다. 바울은 에베소 두란노 서원에서 했던 대로 로마에 가서도 제자 양육을 통해 복음이 각 사람들의 심령에 심기도록 섬길 때 성령의 역사가 일어날 것을 꿈꾸면서 동시에 로마에 갈 구체적인 길을 모색하면서 기도했습니다.

뛰어난 석학인 바울이 그토록 힘써 기도했다는 사실은 시사하는 바가 큽니다. "그렇게 이성적으로 탁월한 사람이 기도에 매달린단 말인가? 매우 비이성적인 행동이 아닌가?" 이렇게 반문할 수도 있습니다. 그러나 바울 사도가 남들이 한다고 해서 아무 생각 없이 따라서 기도했을 리 없습니다. 그렇다면 뛰어난 지식의 소유자가 그토록 힘써 기도하고 또한 기도의 중요성을 강조한 까닭은 무엇입니까?

기도는 하나님과의 대화입니다. 영을 가진 인간 존재에게 하나님과의 관계는 생명과 같습니다. 하나님과의 관계를 긴밀히 해주는 것이 기도입니다. 그리고 하나님께서는 기도를 기뻐하십니다. 기도에 응답해 주십니다. 기도는 성령 충만의 길입니다. 인간 이성으로 이해하기 어려운 초자연적인 진리를 기도를 통해 깨달을 수 있습니다. 기도를 통해 영적 세계에 대한 이해를 넓혀 갈 수 있습니다. 기도를 통해 다른 성도와 영적 교제를 풍성히 갖게 됩니다. 기도를 통해 다른 사람들을 도울 수 있습니다. 기도를 통해 인간 능력으로 해결할 수 없는 일들을 해결 받습니다. 기도를 통해 하나님과 시공간을 초월해 대화할 수 있습니다.

이렇게 소중하고 유익이 큰데 어찌 기도를 소홀히 하겠습니까? 기도가 어찌 비이성적이라 하겠습니까? 기도는 이성적으로 생각해 봐도 꼭 필요하고, 이성을 초월한 진리를 다루는 영적 세계에서는 두말할 나위 없이 필요합니다. 그래서 신앙 체험을 한 사람들이 "기도하라, 기도하라, 기도하라!" 고 외치는 것입니다.

기도에 관한 가장 좋은 교훈은 실제로 기도생활을 하는 것입니다. 그리고 기도의 능력을 체험해 보는 것입니다. 기도의 능력을 체험하고 나면 계속 기도하지 않을 수 없게 됩니다.

불타는 선교의 열정

하나님의 복음을 받은 바울은 감격했습니다. 복음에 감격한 바울은 주님을 진정 사랑하게 되었고 주님을 위해 헌신하고 싶었습니다. 주님을 사랑하는 마음, 주님께 헌신하고자 하는 마음은 곧 선교로 이어졌습니다. 바울은 정말 열심히 선교를 했습니다. 불신자들도 감동할 만큼 열심히 선교했습니다. 베스도 총독이 전도하는 바울을 보고 외쳤습니다. "바울아, 네가 미쳤도다!" 바울은 미쳤다는 소리까지 들으며 전도했습니다.[10] 얼마나 열심히 전도했으면 그런 말을 들었겠습니까? 이것은 그가 하나님의 복음을 깨달았기 때문입니다.

하나님의 복음에 사로잡혀 미치도록 복음을 전하는 바울, 복음 전파에 자신을 불사르는 바울, 선교의 열정에 불타고 있는 바울의 모습에서 큰 일을 할 사람은 모름지기 열정(熱情, passion)이 있어야 함을 깨닫습니다. 바울은 무엇을 위해 그토록 선교의 열정을 불태웠습니까?

신령한 은사를 나누고자

바울은 왜 그렇게 로마에 가고 싶어 했습니까? 로마 관광을 위해서였습니까? 아닙니다. 로마에 복음을 전하기 위해서였습니다.

> 내가 너희 보기를 간절히 원하는 것은 어떤 신령한 은사를 너희에게 나누어 주어 너희를 견고하게 하려 함이니(11절).

'신령한 은사'란 무엇입니까? 방언, 치유, 통역의 은사입니까? 그렇지 않습니다. 15절 말씀과 연결시켜 생각해 볼 때 '신령한 은사'는 바로 복음임을 알 수 있습니다. 복음이야말로 하나님의 가장 큰 은사(恩賜, gift)입니다. 복음, 곧 복음 안에 있는 구원, 하나님의 사랑, 구속의 은총, 복음의 진리를 가리킵니다. 또한 '견고하게 하려 함'

---

10) 사도행전 17:6, 24:5, 26:24, 25, 고린도후서 5:13 참조.

과 연결지어 볼 때 그 뜻이 더욱 확실합니다.

무엇을 나눠 주어야 신자의 신앙이 견고해집니까? 복음의 진리입니다. 바울 사도는 세계의 심장부 로마에 있는 신자들에게 복음의 진수를 가르쳐 주어 복음의 반석 위에 그들의 신앙을 굳게 세우기를 소원했습니다. 즉 로마 성도들이 확실한 복음 진리의 신앙 위에 서고 그 신앙으로 말미암아 온 세계에 복음이 전파될 것을 기대했습니다. '어떤' 은 미지의 그 무엇을 가리키는 말입니다. 앞으로 로마 성도들의 삶을 근본적으로 뒤바꿀 그 어떤 신령한 은사를 나눠 주고자 한다는 말입니다.

신앙생활은 오래했으나 신앙의 참맛을 모르고 습관적으로 살아가는 사람들이 있습니다. 이런 사람들은 근본적인 치유의 복음이 필요합니다. 근본적인 회개가 있어야 합니다. 진실한 믿음이 있어야 합니다. 하나님의 큰 은혜에 대한 깨달음이 있어야 합니다. 새로운 생명을 공급하는 진리의 복음을 받아야 합니다. 그 길이 바로 로마서 성경공부입니다. 로마서를 통해 복음을 제대로 알고 그 진리로 말미암아 철저히 회개하고 그 말씀에 순종함으로 새로워져야 합니다. 묵은 땅을 기경하면 옥토가 되듯이 능력 없던 신자들도 참 복음을 받고 새로워지면 놀라운 복음의 일꾼이 됩니다.

피차 안위함을 얻고자

성도들에게는 위로와 격려, 칭찬이 필요합니다. 아름다운 공동체일수록 격려와 칭찬이 넘쳐납니다. 반대로 경직된 모임일수록 판단과 비방이 많습니다. 이를 거꾸로 풀어 보면, 판단과 비방을 계속할 때 공동체는 경직될 수밖에 없고 서로 격려하고 칭찬하기를 계속할 때 공동체는 아름답게 변모할 것입니다.

바울 사도는 로마 성도들에게 복음을 나눠 주어 피차 안위함을 얻고자 한다고 말했습니다. 이것은 사실입니다. 하나님의 종이 능력 있게 말씀을 증거한 결과로 성도들이 변화되는 모습을 보게 되면, 말씀을 증거한 종은 누구보다 큰 힘을 얻습니다. 과거 바울 사도는 여러 곳에서 복음의 능력을 체험했고 그때 말로 다 할 수 없는 큰 힘을 얻었습니다. 특히 에베소에서 복음의 능력을 체험한 후 로마 선교의 비전을 얻게 되었습니다. "하나님의 복음은 참으로 놀라운 능력이 있구나! 이 능력의 복음이라면 로마에 가서도 능히 영혼을 구원하고 사람들을 변화시킬 수 있겠구나!" 하는 확신을 가졌습니다.

신자는 어디에서 가장 큰 감동과 위로를 받습니까? 능력의 말씀을 받을 때가 아닙니까? 살아 역사(役事)하는 능력의 말씀을 들을 때 성령의 감동하심과 함께 온몸에 전율이 옵니다. 성도들이 학수고대하는 것이 바로 그런 능력의 말씀이 아닙니까? "하나님 아버지, 제 인생을 변화시킬 수 있는 말씀을 듣게 해주소서!" 신자들이 능력의 복음을 들으면 분명 감격할 것입니다. 바울 사도는 이미 수없이 그런 감격을 맛보았고 이제 로마교회에 가서 하나님의 복음, 신령한 은사를 나눠 주어 피차 안위함을 맛보고자 한 것입니다.

사랑하는 믿음의 형제 자매여, 이 로마서 강해를 통해 우리도 그런 감격을 맛보길 간절히 기도합니다.

열매를 맺고자

바울 사도는 로마 성도들을 '형제들아' 라고 부릅니다. 매우 정감 있는 어투입니다. 예수 그리스도 안에서 형제와 자매가 되었으므로 자연스럽게 그런 호칭을 사용한 것입니다. 11절에 "너희 보기를 간절히 원하는" 바울은 13절에서 "내가 여러 번 너희에게 가고자 한 것을" 고백합니다. 바울이 이처럼 로마를 방문하고자 한 목적은 "너희 중에서도 다른 이방인 중에서와 같이 열매를 맺게 하려 함"이었습니다. 여기서 열매란 먼저 전도의 열매를 가리킵니다. 바울 사도는 어디를 가든 그곳에서 복음을 전파하고 그 결과로 예수님을 믿어 거듭난 결신자를 얻고자 했습니다.

또한 바울 사도가 말한 열매란 성령의 열매인 영적 성숙과 제자 양육을 통한 복음의 일꾼 양성도 가리킵니다. 씨를 뿌리고 키우는 과정도 중요하지만 무엇보다 열매가 중요합니다. 바울은 언제나 열매를 맺고자 애쓰는 복음 증거자였습니다. 전도할 때 가장 중요한 것은 당연히 결신자입니다. 그밖에도 복음 사역의 열매를 한 가지 더 들라면 복음의 일꾼 양성입니다. 착실하게 복음을 증거한 결과 복음에 감격해 일생 동안 복음을 위해 헌신하는 일꾼이 세워진다면 그것 역시 복음 사역의 열매입니다. 성숙한 주의 종 바울은 그런 열매를 맺고자 했습니다. 목적 있는 삶을 살았습니다. 결승점을 향해 뒤돌아보지 않고 달리듯, 분명한 목표를 정하고 열정적으로 달려갔습니다.

빚진 자의 심정으로

'헬라인이나 야만인이나'는 온 인류를 가리킵니다. 헬라인은 당시 헬라어를 사용하며 당대 최고의 문명을 누리던 자들을 가리키고, 야만인은 그런 문명의 혜택을 누리지 못하는 변방의 사람들을 가리킵니다. 현대어로 표현해 보자면 "소위 문명권에 있는 사람이든 문명권 밖에 있는 사람이든 구분 없이 모든 인류에게 내가 빚진 자입니다"라고 할 수 있습니다. 바울은 모든 이방인에게 빚진 자의 심정으로 다가갔습니다. 빚진 자는 빚을 갚을 때까지는 편하게 쉴 수 없습니다. 빚을 갚아야 하는 무거운 책임감이 가슴을 짓누르기 때문입니다.

바울은 이방인의 사도로서 복음을 전해야 하는 강한 사명감이 차고 넘쳤습니다. "내가 복음을 전할지라도 자랑할 것이 없음은 내가 부득불 할 일임이라 만일 복음을 전하지 아니하면 내게 화가 있을 것이로다"(고전 9:16). 그는 주님에 대한 충성심, 복음 전파에 대한 사명감, 이방인에 대한 강한 연민과 책임감이 어우러져 빚진 자의 심정을 가지고 있었습니다.

로마에 복음을 전하고자

바울 사도는 이 모든 심정을 한마디로 요약합니다.

> 그러므로 나는 할 수 있는 대로 로마에 있는 너희에게도 복음 전하기를 원하노라(15절).

이방인의 사도로서 빚진 자의 심정을 가지고 있는 바울은 '어떻게 하든지' '할 수 있는 대로' 로마에 복음을 전하고자 했습니다. 이러한 표현을 사용하는 걸 보면 그의 마음에 로마를 향한 선교의 열정이 사무쳤음을 알 수 있습니다. 그에게 로마 선교는 '해도 좋고 안 해도 좋고'가 아니었습니다. '어떻게 하든지' 이루어야 하는 당위였습니다. 그러므로 '할 수 있는 대로' 로마에 복음을 전해야 했습니다. 자신의 모든 시간, 모든 재산, 모든 정열, 모든 능력, 모든 아이디어를 바쳐서 꼭 이루어야 할 일이었습니다.

"로마에 복음을!" 로마 선교는 주님의 뜻이자 명령이었습니다. 처음에는 마음에 내키지 않아도 순종하는 마음으로 시작했지만 지금은 선교가 너무 좋고 신바람 나는 일이 되었습니다. 선교를 해야만 하는 이유를 알게 되었기 때문입니다. 선교의 가치를 알게 된 것입니다. 왜 주님께서 선교 명령을 내리셨는지 깨달은 것입니다. 그것은 하나님께서 복음을 통해 온 인류를 구원하고자 하심이었습니다. 복음으로 온 세상을 변화시켜 새 세상으로 만들고자 하심이었습니다.

하나님의 나라를 이 땅에 건설하는 그 귀한 일에 나 같은 것을 부르셔 사용하고자 하시니 얼마나 큰 영광입니까? 바울 사도는 "주님, 제가 여기 있나이다. 나를 보내소서!"라는 외침과 함께 선교를 향한 열망에 불타올랐습니다. "로마에 있는 형제 자매님, 제가 곧 가겠습니다. 어떻게 하든지 길을 찾아가겠습니다. 먼저 편지를 보냅니다. 로마에 어서 가서 하나님의 복음을 마음껏 선포하도록 기도해 주십시오. 로마에 복음을!"

바울 사도가 그토록 선교 열정에 불탔던 이유는 무엇입니까?

첫째, 복음을 주신 하나님 때문입니다. 바울은 어려서부터 하나님을 경외해 왔습니다. 하나님께서 주신 율법을 지키고자 온갖 노력을 기울였습니다. 그러나 인간의 노력으로는 온전한 의(義)를 이루는 것이 불가능했습니다. 그런데 하나님께서 당신의 독생자를 보내셔서 인류를 구원해 주셨습니다. 이것이 복음입니다. 바울 사도도 처음에는 복음을 몰라서 배척했지만, 창조주 하나님께서 당신의 아들을 보내신 사실을 알고 난 후에는 형언할 수 없는 기쁨과 감격을 느꼈습니다. "창조주 하나님께서 독생자를 보내셨습니다. 창조주 하나님께서 인류를 버려두지 않으시고 우리를 구원하려고 당신의 아들을 보내셨습니다. 참으로 놀라운 일이 일어났습니다! 들어보십시오. 이 복음을!"

천지를 창조하신 하나님께서 당신과 함께 있던 아들을 보내셨다면 굉장한 일이 아닐 수 없습니다. 그것은 천지 창조만큼이나 큰 사건입니다. 이 하나님의 복음에 깊이 감동한 바울은 귀한 복음을 세계의 심장부 로마에 전파하고자 했습니다.

둘째, 복음 때문입니다. 예수님의 성육신, 십자가, 부활은 선교에 크나큰 동기부여(motivation)가 됩니다. 바울 사도는 하늘의 보좌와 영광을 버리고 이 세상에 오신 주님의 사랑과 낮아지심을 깨닫고 난 후에 가치 있는 삶이 무엇인지 알게 되었습니다. 낮은 곳으로 성육신하신 주님을 닮아 인생을 가치 있게 보내고자 한다면, 우리도 바울 사도처럼 영혼 구원의 역사에 뛰어들지 않을 수 없습니다. 예수님의 십자가와 보혈로 말미암은 죄사함의 은총을 받고 난 후 얼마나 많이 울었던가요? "더러운 이 죄인을 깨끗케 하시려고 하나님의 독생자께서 그 잔혹한 형벌을 다 받으셨단 말입니까? 오, 사랑의 주님, 그 귀하신 보혈을 흘려 이 미천한 인간의 죄를 다 씻으신 은혜로 내가 새 인생을 사나이다."

바울 사도도 십자가의 구속으로 말미암은 은혜에 감격해 새로운 삶을 살았습니다. 그리스도의 부활은 인간의 죄 문제와 사망 문제를 완전히 해결했다는 승리의 나팔이요, 하나님의 인(印)치심(sealed)입니다. 인간을 완전히 새롭게 하시는 신비한 능력입니다. 주님의 부활로 천국 문이 활짝 열렸습니다. 주님의 부활로 천국에 들어갈 수 있게 되었습니다. 천국에 가서 주님 앞에 설 것을 생각하면 선교하지 않을 수 없습니다.

셋째, 주님에 대한 사랑과 충성심 때문입니다. 바울은 그리스도를 만난 후부터 진실로 주님을 사랑했습니다. 주님에 대한 사랑은 곧 충성심으로 나타났습니다. 주님께서 맡겨 주신 이방인의 사도라는 직분을 사명이자 큰 축복으로 여기고 충성을 다했습니다. 사람들은 그가 이방인에게 복음을 증거하려 한다는 이유로 핍박하고 멸시하고 차가운 시선을 보냈지만 바울 사도는 아랑곳하지 않고 오직 주님께서 맡기신 사명에 충실했습니다. 진실로 사랑하는 누군가를 위해 자기 삶을 기꺼이 희생하는 것은 행복입니다. 진실로 주님을 사랑하는 사람이라면 주님께서 원하시는 일을 합니다.[11] 주님이 맡겨 주신 일을 큰 축복으로 여기고 기쁘게 일합니다.

'복음에 불타는 바울'은 우리 크리스천들에게 진실한 믿음이 무엇인지 가르쳐 줍니다. 진실한 믿음은 기쁨과 감사로 나타납니다. 예수님의 생명을 받았는데 어찌 기쁨과 감사가 없겠습니까? 하지만 예수님을 믿는다고 하면서도 기쁨과 감사가 드러나지 않는 사람들이 있습니다. 잘못된 신앙입니다. 진흙덩이에 불과한 내가 창조주 하나님을 알았다는 한 가지 사실만으로도 기쁨이 넘칠 일인데 창조

---

11) 요한복음 21:15. "그들이 조반 먹은 후에 예수께서 시몬 베드로에게 이르시되 요한의 아들 시몬아 네가 이 사람들보다 나를 더 사랑하느냐 하시니 이르되 주님 그러하나이다 내가 주님을 사랑하는 줄 주님께서 아시나이다 이르시되 내 어린 양을 먹이라 하시고."

주 하나님께서 독생자를 보내어 내 죄를 다 사하시고 자녀 삼아 주셨는데 감격이 없을 수 있습니까?

예수님을 바라보십시오. 독생자를 보내신 하나님을 생각하십시오. 그리고 기뻐하고 감사하십시오. 예수님 때문에 춤추면서 사십시오. 기쁨과 감사 그리고 감격이 있는 삶, 그것이 복음적인 삶입니다. 아무것도 없어도 예수님만 생각하면 그저 기쁘고 감사할 수밖에 없습니다.

바울 사도는 무엇보다 먼저 감사했습니다. 그것이 진짜 신앙입니다. 무엇보다 먼저 감사하십시오. 어떤 형편에 있든지 나를 구원하신 하나님께 감사하고 기뻐하십시오. 그것이 참 신앙인의 모습입니다. 신자라고 하면서도 늘 불평하고 남의 흠이나 보고 남을 괴롭히며 사는 것은 심히 부끄러운 일입니다. 나를 구원하신 주님의 은혜 생각하고 평생 기쁨과 감사를 드러내며 사는 것, 그것이 바로 참 신앙인의 모습입니다.

복음에 불타는 바울은 복음 전파에 각별한 관심을 가지고 기도했습니다. 항상 쉬지 않고 기도했습니다. 이 세상에는 우리 마음과 뜻대로 안 되는 일들이 많습니다. 하지만 절망할 필요가 없습니다. 우리를 너무 사랑하시는 주님이 계시기 때문입니다. 그러므로 신자는 기도를 생활화해야 합니다. 기도를 호흡하듯 해야 합니다. 모든 일을 주님의 눈으로 바라보고 주님과 상의하고 주님의 마음으로 처리하는 것입니다. 이렇게 기도하며 사는 삶이 바로 주님과 동행하는 삶입니다. 내가 주님과 친밀하게 동행할 때 두려움 따위는 문제가 되지 않습니다. 주님께서 보호하고 인도하시므로 겁낼 이유가 사라졌습니다.

기도하십시오. 주님의 복음을 전하기 위해 온 마음으로 기도하며 애쓰는데 어찌 주님께서 듣지 않으시겠습니까? 복음의 가치를 아는 사람은 복음 전파에 각별한 관심을 갖게 됩니다. 영혼 구원은 너무나 중요합니다. 아직도 복음을 듣지 못하고 죽어 가는 영혼이 얼마나 많습니까? 그들에게 복음 전해야 하지 않겠습니까? 참된 크리스천이라면 선교에 관심을 갖는 것은 당연합니다. 우리 모두가 선교사로 나가서 복음을 전한다면 얼마나 좋겠습니까? 그러나 나갈 수 없다면 복음 전하는 사람들을 위해 기도하고 도와야겠습니다.

또 우리 주위에 복음을 모르고 구원을 받지 못한 사람들이 얼마나 많습니까? 그들에게 생명의 복음을 전해야겠습니다. 복음을 받았지만 아직도 신앙의 초보 단계에 머물러 있는 사람들도 많습니다. 그들에게 신령한 은사, 복음을 나눠 주어 신앙을 견고케 해야겠습니다. 신앙생활은 오래했지만 불꺼진 난로처럼 되어 버린 사람들, 경건의 모양은 있으나 경건의 능력은 상실한 사람들이 주위에 보인다면 그들을 살려야 합니다. 그들을 도와야 합니다.

복음에 불타는 바울은 로마에 있는 성도들의 가슴에 이러한 복음의 불길이 타오르길 소원하면서 로마서를 쓰고 있습니다. "할 수 있는 대로 로마에 있는 너희에게도 복음 전하기를 원하노라"(15절).

Chapter 03 믿음으로 살리라

로마서 1:16-17

16 내가 복음을 부끄러워하지 아니하노니 이 복음은 모든 믿는 자에게 구원을 주시는 하나
님의 능력이 됨이라 먼저는 유대인에게요 그리고 헬라인에게로다

17 복음에는 하나님의 의가 나타나서 믿음으로 믿음에 이르게 하나니 기록된 바 오직 의인
은 믿음으로 말미암아 살리라 함과 같으니라

주해 (註解)

'부끄러워하지 아니하노니' (16절)

바울 사도가 로마서를 쓸 당시 복음을 부끄러워 할 요소가 있었습니다. 전 세계를 정복한 로마인들은 자부심이 대단했습니다. 그런데 그들이 정복한 소국에서 발생한 종교를 믿는 것은 그들의 자존심을 상하게 할 수도 있었습니다. 그리고 십자가에서 처형을 당한 사형수를 믿는 것도 미련한 것으로 보일 수 있었습니다(고전 1:23). 바울은 복음을 부끄러워하는 사람들을 부끄럽게 하고 복음을 자랑한다는 것을 과시하기 위해 '복음을 부끄러워 아니한다'고 말했습니다. 부끄러워 아니한다는 것은 매우 자랑한다는 뜻입니다.

'구원을 주시는 하나님의 능력' (16절)

로마인들은 군사력으로 서구 세계를 지배했습니다. 그들은 힘(power), 능력을 최고의 가치로 여겼습니다. 그러나 거대한 로마의 군사력으로도 인간의 영혼을 구원할 수 없었습니다. 그런데 복음은 영혼을 구원했습니다. 복음은 하나님의 능력이기 때문입니다. 영혼까지 구원하는 하나님의 능력인 복음을 왜 부끄러워한단 말입니까?

구원이란 무엇입니까? 보통 구원은 지옥 형벌을 받지 않고 천국에 가는 것을 말합니다. 그러나 좀더 깊이 살펴보면 구원이란 하나님께서 죄와 사망에 버려진 인간을 건져서 당신의 백성으로 삼아 주시는 행위입니다. 즉 하나님의 죄 사함, 하나님과 생명의 관계 회복, 영생을 받아 하나님의 백성이 되는 것, 그리스도와 연합해 새사람으로 변화되는 것, 하나님의 영광이 되는 것, 지옥 형벌을 면하고 영원한 천국을 소유하는 것이 곧 구원입니다.

인간의 뿌리 깊은 죄성, 마음의 불안, 죄책감, 좌절을 벗어 버리고 평화와 환희에 가득 찬 새 인생을 살게 할 수 있는 것이 무엇입니까? 하나님의 저주와 지옥 형벌에서 건짐 받아 하나님과 생명의 관계를 맺고 영생의 은혜를 누리며 완전히 새로운 인생을 살게 할 수 있는 것이 무엇입니까? 오직 복음뿐입니다. 다른 것은 없습니다. 그래서 바울은 복음을 전혀 부끄럽게 생각하지 않습니다. 온 천하를 다니며 하나님의 복음을 자랑하고 싶어 합니다.

'하나님의 의'(17절)

로마서의 대 주제는 '복음에 나타난 하나님의 의'입니다. 그런데 이 '하나님의 의'라는 개념이 쉽게 이해되지 않습니다. 공동번역에서는 '하나님의 의'를 '하나님과의 올바른 관계'로 번역했습니다. 헨드릭슨은 '믿는 죄인에게 값없이 주어지는 의'로 주석했습니다.

로마서의 '의'는 '죄'와 대조를 이룹니다. 로마서에서 '죄'란 도덕적 차원이 아닌 영적 차원에서 이해해야 합니다. '죄'란 도덕적 범죄의 개념을 넘어 '하나님의 버림을 받고 저주와 진노의 심판에 처한 인간의 상태'를 가리킵니다. 역시 '의'도 도덕적 차원이 아닌 영적 차원에서 이해해야 합니다. '의'란 도덕적으로 선하고 의로운 행위의 개념을 뛰어넘어 '하나님과 생명의 관계가 회복되어 하나님 앞에서 의롭게 살 수 있으며 하나님의 기쁨이 된 상태'입니다.

'하나님의 의'는 '자기 의'와 구분됩니다. '자기 의'는 타락한 인간이 내세우는 자기의 선함과 의로움입니다. '자기 의'는 하나님의 뜻이나 판단은 아랑곳하지 않은 채 스스로 의롭다고 하는 자의적 의입니다. 한마디로 말해 엉터리입니다. 자기 억지입니다. 하나님 보시기에 전혀 의롭지 않은데 자기 스스로 의롭다고 여기는 착각입니다. 실제로 '자기 의'로 살아가는 사람은 양심의 고통과 죄책감에서 벗어나지 못한 채 위선과 거짓 평화 속에서 무서운 형벌을 쌓아 가고 있습니다.

한편 '하나님의 의'는 하나님께서 내세우시는 의입니다. 하나님께서 그리스도의 의로 덮어 주시는 의입니다. 예수 그리스도의 의로 감싸고 예수 그리스도와 연합시켜 그분을 닮게 하시는 의입니다. 처음에는 도덕적으로 흠이 많으나 그리스도의 감화하심과 성령님의 인도하심으로 온전히 의로운 사람으로 변화시키시는 의입니다. 하나님께서는 이 놀라운 의를 복음을 통해 주십니다. 참으로 놀라운 하나님의 은혜가 아닐 수 없습니다.

'믿음으로 믿음에'(17절)

'믿음으로 믿음에(from faith to faith)'라는 말에는 크게 두 가지 뜻이 함축되어 있습니다. 먼저, '처음부터 끝까지 오직 믿음으로'라는 믿음의 유일성을 가르쳐 주고 있습니다. 즉 복음에 나타난 하나님의 의는 오직 믿음으로만 얻을 수 있다는 말입니다. 믿음이란 하나님의 계시를 영접하고 순종하는 것인데 복음에 나타난 하나님의 의를 영접하고 순종함으로 그 의를 받을 수 있는 것입니다. 하나님의 계시를 의존하지 않고서 다른 인간의 행위로 그 의를 받을 수는 없습니다. 오직 믿음으로만 그 '하나님의 의'를 받을 수 있습니다.

둘째, '믿음에서 믿음으로'는 '처음부터 끝까지 계속 믿어야 한다'는 믿음의 계속성을 가르쳐 주고 있습니다. '믿음에서 믿음으로' 계속 믿어야 하나님의 의를 영속적으로 누릴 수 있는 것입니다. 처음에는 믿음으로 나아가다가 나중에는 믿음이 아닌 인간적인 다른 것에 의지해 살면 하나님의 의를 받을 수 없습니다. 하나님의 계시를 의존해야 하는 그 신앙의 본질은 처음부터 끝까지 계속 되어야 합니다. 많은 사람들이 믿음의 계속성을 잘 몰라 신앙의 혼돈 속에 빠져 방황하고 있습니다. 참된 신자는 처음부터 끝까지 계속 믿음으로 살아가는 자입니다.

믿음으로 살리라 (로마서 1:16-17)

"복음에는 하나님의 의가 나타나서 믿음으로 믿음에 이르게 하나니 기록된 바 오직 의인은 믿음으로 말미암아 살리라 함과 같으니라"(17절).

바울은 하나님의 복음을 받고 감격했습니다. 천지를 창조하신 하나님께서 친히 그 아들을 보내어 인류를 구원하신 사실을 깨닫고 감격했습니다. 부자든 가난한 자든, 유대인이든 이방인이든, 학식 있는 자든 무식한 자든 누구든지 예수님을 믿으면 차별 없이 구원하는 복음의 신비에 감동했습니다. 특히 이 복음은 세계를 호령하던 로마 사람들도 능히 구원할 것이기에 가슴이 뜨거워졌습니다. 그래서 바울 사도는 "할 수 있는 대로 로마에 있는 너희에게도 복음 전하기를 원하노라"(15절)고 담대히 외쳤습니다. 지금이라도 달려가서 복음을 증거하고 그들이 구원을 얻도록 돕고 싶다는 심정이 잘 나타나 있습니다.

이렇게 간단히 편지의 서두를 마친 바울 사도는 드디어 편지의 본론으로 들어갑니다. 먼저 주제를 선포하고(16-17절), 이어서 반대 주제를 논합니다. 하나님의 구원이 없는 사람들의 죄악과 하나님의 의의 필요성을 예리하게 설파합니다(1:18-3:20). 그리고 다시 주제인 복음, 곧 복음에 나타난 하나님의 의를 논증합니다(3:21-11:36). 그 하나님의 의를 소유한 사람들의 은혜로운 삶을 증거한 후(12:1-15:13), 마지막으로 개인적인 인사와 부탁의 말을 쓰고 편지를 마칩니다(15:14-16:27).

주제 부분은 이중 구조로 되어 있습니다. 16절에서 주제를 말하고 다시 그 골자를 17절에서 언급합니다. 로마서의 주제는 복음입니다(1-4, 15-17절). 복음이 무엇입니까? 하나님께서 그 아들 예수 그리스도를 통해 인류를 구원하셨다는 소식입니다. 우리는 어떻게 구원을 얻습니까? 복음을 듣고 믿는 자에게 하나님의 의가 주어집니다. 하나님의 의는 인간의 자기 의와 다릅니다. 하나님께서 은혜로 주시는 것이기 때문에 믿음이 필요합니다. 그 하나님의 의를 받고 믿음으로 살 때 영원한 생명을 누리며 천국을 맛보는 것입니다. 복음은 다시 세 단어로 요약됩니다. '의', '믿음', '삶.' 이것이 로마서에서 공부할 핵심 내용입니다.

인사말을 마치고 본격적으로 주제를 다루기 시작하면서 바울은 "내가 복음을 부끄러워하지 아니하노니"(1질)라고 말합니다. 인사말과 주제를 매우 자연스럽게 연결짓습니다. 복음을 부끄러워하는 사람들에게 경고를 보내는 동시에 자신은 복음을 부끄러워하기는 커녕 지극히 자랑하고 있음을 드러냅니다. 그리고 사람들의 관심을 로마서의 주제인 '복음' 으로 이끌어 갑니다.

내가 복음을 부끄러워하지 아니하노니

1-15절에서 인사말을 마친 바울 사도는 "내가 복음을 부끄러워 아니하노니"라는 말로 로마서 주제를 선포합니다. '부끄러워하지 아니한다' 는 말 속에는 두 가지 의도가 담겨 있습니다. 먼저 부끄러

워하는 사람들을 부끄럽게 하려는 것입니다. 다음으로는 적극적으로 자랑하고 기뻐하려는 목적이 있습니다. 사실 바울 사도는 이렇게 표현함으로써 복음을 엄청 자랑하고 있는 셈입니다.

그렇다면 당시에 복음을 부끄러워할 만한 이유가 있었습니까? 전 세계를 지배한 로마인들은 그들이 정복한 작은 속국으로부터 온 복음을 부끄럽게 여길 수도 있었습니다. 또한 복음의 내용이 십자가에 처형당한 사람의 이야기여서 '미련한 것'(고전 1:23)으로 여겨질 수도 있었습니다. 그러나 바울은 복음을 부끄러워하기는커녕 온 세계에 소리 높여 자랑하고 있습니다. 그는 주님의 다음 말씀을 기억하고 있는지도 모르겠습니다. "누구든지 이 음란하고 죄 많은 세대에서 나와 내 말을 부끄러워하면 인자도 아버지의 영광으로 거룩한 천사들과 함께 올 때에 그 사람을 부끄러워하리라"(막 8:38).

복음을 부끄러워하면 안 됩니다. 교회 출석하는 것을 친구들에게 숨기면 안 됩니다. 불신자들과 한 자리에서 식사할 때 기도하는 것을 부끄럽게 생각하면 안 됩니다. 어려운 말을 쓰는 지식인들 앞에서 자신이 크리스천이라는 사실을 숨기며 기가 죽어서는 안 됩니다. 믿지 않는 가족이나 친척 앞에서 예수님 믿는 것을 부끄럽게 여기거나 숨기지 마십시오. 당당하게 복음을 말하십시오. 비난을 받더라도 당당하게 말하기 시작하면 믿음이 단단해집니다.

불신자 앞에서 복음을 스스럼없이 말하기 시작하면 믿음이 성장합니다. 바울 사도는 당시 세계를 지배하던 사람들에게 "내가 복음을 부끄러워하지 아니하노니"라고 당당하게 말했습니다. 바울 사도가 복음을 부끄러워하지 않은 이유는 무엇입니까?

첫째, 하나님의 복음이기 때문입니다(1, 2, 16절).

복음의 기원이 하나님이기 때문에 바울은 복음을 부끄러워할 수 없습니다. 영광스러운 하나님으로부터 온 것을 감히 부끄러워할 수 있겠습니까? 앞서 설명했지만 그는 창조주 하나님께서 당신의 아들을 보내 인류를 구원하신 놀라운 복음을 혼자만 알고 있을 수 없었습니다. 신실한 하나님께서 시작하고 성취하신 구원의 소식이 자신을 어떻게 변화시켰는지 생각해 보면서 그것을 부끄러워하기는커녕 목소리 높여 자랑하고 싶었습니다.

둘째, 복음은 하나님의 능력이기 때문입니다(16절).

복음은 단순한 이론이나 교훈이 아닙니다. 하나님의 능력입니다. '능력(power)' 이라는 표현은 바울 사도가 자주 사용하는 특징적인 단어입니다.[12] 이 단어는 로마서에서도 의미심장하게 쓰였습니다. 이미 4절에서 그리스도가 부활해 능력으로 하나님의 아들로 인정되었음을 밝혔습니다. 그리스도가 부활하심으로 그분이 하나님의 아들임이 온 천하에 드러났습니다. 그 결과 그리스도가 믿는 자들에게 능력을 베푸실 길이 활짝 열렸습니다.

기독교의 특징은 무엇보다 영적 능력에 있습니다. 다른 종교에서는 찾아볼 수 없는 하나님의 능력이 있습니다. 그 '능력' 은 영의 눈을 뜨게 하며 하나님과 교제할 영을 갖게 합니다. 위대한 사상과 윤리를 낳으며 인간을 변화시킵니다. 그리스도의 속죄, 사랑, 은혜, 성령으로 대변되는 기독교의 능력은 죄인들을 새사람으로 변화시킵니다.

로마인들은 힘(power)을 자랑했습니다. 군사력으로 세계를 정복했

12) Griffith Thomas, St. Paul' s Epistle to the Romans, page 60.

습니다. 그러나 그들이 갖고 있던 힘은 인간의 목숨을 위협하고 죽일 수는 있어도 인간의 영혼을 구원할 수는 없었습니다. 인간을 속박하고 노예로 삼을 수는 있어도 인간을 죄와 타락한 삶에서 해방시킬 수 없었습니다. 남들이 갖고 있는 새것을 빼앗아 소유할 수는 있어도 하나님께서 기뻐하시는 새것, 즉 새로운 사람을 만들어낼 수 없었습니다.

인간에게 가장 절실한 것은 무엇입니까? 죽어 버린 영혼을 되살리고 하나님과의 참된 관계를 회복하는 것 아니겠습니까? 로마인들에게 그런 힘은 없었습니다. 그러나 복음에는 그런 능력이 있습니다. 사람을 근본적으로 변화시켜 하나님께서 기뻐하시는 새로운 인간으로 만듭니다. 타락한 삶에서 건져내 완전히 새로운 삶을 살도록 만듭니다. 복음에는 로마의 그 어떤 힘으로도 불가능한 인간을 구원하는 능력이 있기 때문입니다. 그러니 그 복음을 부끄러워할 수 없는 것입니다.

셋째, 복음은 인간을 구원하기 때문입니다(16절).

구원(salvation)은 신약 성경에 가장 많이 나오는 단어 중 하나입니다. 구원이란 무엇입니까? 소극적으로는 최악의 상태에서 해방되는 것이며, 적극적으로는 최선의 상태를 소유하는 것입니다.[13] 즉 죄와 사망으로부터 벗어나는 것이며 그리스도의 생명을 받아 하나님과 화목하게 되는 것입니다.

구원은 과거, 현재, 미래에 걸쳐 이루어집니다. 즉 죄의 형벌, 죄의 세력, 죄의 실재로부터 해방되는 것입니다. 더 나아가 구원은 칭

---

13) 헨드릭슨(Hendriksen), 성경주석 로마서 상, 86.

의(justification), 성화(sanctification), 영화(glorification)를 이룹니다.[14] 즉 그리스도를 닮아 온전한 하나님의 형상을 회복한 상태에 이르는 것입니다. 아담의 범죄 이후 잃어 버린 하나님의 형상을 회복해 의로운 새 인간으로 변화되는 것입니다. 인간에게 이러한 구원을 가져다 주는 것은 복음뿐입니다. 그런데 그 귀한 복음을 부끄러워할 수 있겠습니까?

넷째, 복음은 모든 믿는 자를 구원하기 때문입니다(16절).

복음은 어느 민족에 한정된 것이 아닙니다. 어느 계층, 시대, 장소에 한정된 것이 아닙니다. 창조주 하나님께서 모든 피조물을 창조하셨듯이 복음은 모든 피조물, 모든 인간을 구원합니다. 보편성은 기독교의 특징입니다. 구원은 믿는 모든 사람에게 주어집니다. 구원은 모든 종류의 죄로부터 해방시켜 줍니다. 구원은 모든 시대, 모든 장소, 모든 믿는 사람에게 차별이 없이 베풀어집니다. 그런데 왜 "먼저는 유대인에게요 그리고 헬라인에게로다"라는 말이 있습니까? 이 말은 차별을 둔다는 뜻이 아닙니다(3:22).

이 말은 바울 사도의 특징적인 말인데(2:9-10) 신학적인 큰 그림 속에서 나왔습니다. 일차적으로는 복음 전파의 순서를 나타냅니다(행 1:8). 또한 이 말은 복음 전파의 책임을 나타냅니다(행 13:46). 하나님께서는 율법을 이스라엘 민족에게 주셨고 그리스도를 이스라엘 백성에게 나게 하심으로 일차적으로 그들에게 복음을 주셨습니다(마 10:5-6, 15:24). 그들은 복음을 먼저 받은 자로서 선교의 사명이 있었습니다. 그러나 그 사명을 감당치 않음으로 복음은 이방인

---

14) Griffith Thomas, Romans, 61.

에게 흘러갔고(행 13:46), 이방인의 구원으로 유대인들이 시기심을 갖도록 하여 온 인류를 구원케 하려는 것이 하나님의 계획입니다(11:11-12, 25-26). 이제까지의 모든 사상과 종교는 자기 민족 혹은 제한된 특수 계층만을 위한 것이었습니다. 유대인들은 선민사상을 가지고 다른 민족을 멸시했습니다. 그런데 하나님의 복음은 온 인류를 차별 없이 평등하게 구원해 주니 복음이 아닐 수 없습니다. 온 인류를 구원해 세계 만민을 하나의 인류 공동체로 만드시려는 하나님의 계획을 생각할 때 결코 복음을 부끄러워할 수 없습니다.

다섯째, 복음에는 하나님의 의가 나타났기 때문입니다(17절).

복음에는 인간의 그 어떤 노력으로도 도달할 수 없었던 하나님의 의가 나타났습니다. 복음이 전하는 예수 그리스도를 영접하는 모든 사람에게는 하나님의 자녀가 되는 권세가 주어진다는 것입니다. 창조주 하나님으로부터 온 이 복음은 실로 엄청난 소식입니다. 그런데도 사람들이 부끄러워하는 이유는 복음을 잘 모르기 때문입니다. 진실로 복음이 무엇인지 안다면 부끄러워하기는커녕 온 세상에 목소리 높여서 자랑할 수 있습니다. 바울이 그러했습니다. 처음에는 복음을 몰라서 반대하고 핍박했지만 복음이 하나님으로부터 온 것을 안 후에는 즉각적으로 복음을 전파했습니다. 그리고 평생을 바쳐 온 세계를 다니며 복음의 전도사가 되었습니다. 바울 사도의 심정으로 16절 말씀을 힘차게 외쳐 봅시다.

> 내가 복음을 부끄러워하지 아니하노니 이 복음은 모든 믿는 자에게 구원을 주시는 하나님의 능력이 됨이라 먼저는 유대인에게요 그리고 헬라인에게로다.

로마서 공부를 통해 위대한 복음의 깊이를 알고 긍지와 자부심을 가지시기 바랍니다. 복음을 부끄러워하지 말고 자랑하십시오. 예수님의 위대한 사랑을 힘써 증거하십시오. 예수님의 십자가와 부활을 소리 높여 외치십시오. 복음을 자랑하고 힘써 증거할 때 하나님께서는 기뻐하십니다. 죽은 영혼들이 살아납니다. 하나님의 나라가 이 땅에 확장되어 갑니다.

복음에 나타난 하나님의 의

16절 말씀은 1-15절의 인사말과 본론을 연결시키는 연결 구문(transition)이면서 주제입니다. 연결 구문에서 주제를 선포한 바울은 17절에서 복음의 골자를 선포하고 있습니다. 이를 몇 개의 문장으로 나누어 표현해 보면 다음과 같습니다.

"복음에는 하나님의 의가 나타났다."
"하나님의 의는 믿음으로 얻는다."
"하나님의 의를 얻은 사람은 믿음으로 산다."

바울 사도가 로마서에서 힘써 증거하고자 한 내용은 바로 이 세 문장입니다. 하나님의 인류 구원이라는 심오한 진리를 깨닫길 바라는 사람은 바로 이 세 문장을 이해하고 받아들여야 합니다. 세 문장을 세 단어로 더욱 짧게 요약하면 '의', '믿음', '삶' 입니다. 성령님께서 이 말씀을 대하는 모든 이에게 세 문장의 깊은 뜻을 확실히 깨닫게 해주시길 기도합니다.

> 복음에는 하나님의 의가 나타나서 믿음으로 믿음에 이르게 하나니 기록된 바 오직 의인은 믿음으로 말미암아 살리라함과 같으니라(17절).

먼저, 17절 말씀에 "복음에는 하나님의 의가 나타났다"고 선포하고 있습니다. 하나님의 의(the righteousness of God)란 무엇입니까? 이에 대해서는 학자들로부터 나온 여러 가지 견해가 있으며, 다음과 같이 요약할 수 있습니다.

첫째, 하나님의 의로운 속성이다.

하나님의 의, 곧 하나님의 의로운 속성인 의라는 주장입니다. '공의를 행하시는 분' '세상을 심판하시는 분' 인 하나님께서 복음 안에 하나님의 성품인 의를 나타내셨다는 것입니다. 하나님께서는 그리스도의 십자가에서 의를 나타내셨습니다. 바울 사도도 하나님의 의로우신 속성과 행동을 변호하기에 힘쓰고 있기 때문에 윌리엄 캠벨(William Campbell)은 하나님의 의로운 성품인 의를 나타냈다고 주장합니다.[15)]

둘째, 하나님께서 주시는 의로운 지위다.

하나님의 의는 하나님으로부터 온 의(righteousness from God)라는 것입니다. 즉 그리스도를 믿는 하나님의 백성들에게 하나님께서 주시

---

15) John Stott, Romans, 62. Campbell 162.

는 지위(a status given to people by God)라는 것입니다. 하나님께서 죄인을 의롭다(justify)고 하실 때 그것은 새로운 법적 지위를 준 것입니다. 이 견해는 종교개혁자들과 개신교 신학자들, 찰스 크랜필드(Charles Cranfield), 존 스토트(John Stott) 등이 지지하고 있습니다.[16]

셋째, 하나님께서 행하신 의다.

하나님의 의는 하나님께서 행하신 의(righteousness done by God)라는 주장입니다. 하나님께서 행하시는 의로, 바르게(right) 바로잡는 행위라는 것입니다(an action of 'putting in the right' being done by God). '의' 라는 말이 고정된 의미보다 동적인 의미를 풍기고 있어 동적으로 해석해야 한다는 것입니다. 즉 하나님의 의란 잘못되고 있는 피조물을 바로잡기 위한 하나님의 개입입니다. 최근에는 이 견해를 지지하는 학자들이 많아지고 있으며 더글라스 무도 이 견해를 취합니다.[17]

넷째, 하나님의 언약을 신실하게 지키는 행위다.

의를 윤리적 의미로 해석하지 말고 언약적 의미로 해석해야 한다는 것입니다. 예를 들어 보면 창세기 38장 26절에서 유다가 며느리 다말에게 "그는 나보다 옳도다(의롭도다)" 하는 것은 며느리가 도덕적으로 흠이 없다가 아니라 의무와 책임을 다하고자 했다는 뜻입니다. '신실하게 약속을 지키는 것' 이 바로 의인 것입니다. 즉 하나님의 의란, 하나님께서 당신과 언약을 맺은 백성들을 대하시는 신

16) 앞의 책, 63.

17) Douglas Moo, The NIV Application Commentary-Romans, 52.

실하심(covenantal faithfulness)입니다. 즉 인자와 성실로도 번역이 된 헤세드와 비슷한 표현이라는 것입니다. 라이트(Wright), 던(Dunn) 등이 이런 견해를 주장합니다.[18)]

다섯째, 하나님과의 올바른 관계다.

공동번역을 보면 복음에는 하나님과 올바른 관계가 나타났다고 기록하고 있습니다. 죄가 하나님과의 관계 단절이라면 의는 하나님과의 관계 회복이라는 것입니다.

여섯째, 칭의에 이르게 하는 의다.

하나님의 의는 구원으로 인도하는 의라는 측면을 강조할 때, 그것은 하나님의 공의로운 속성 이상의 의라는 주장입니다. 즉 하나님의 의는 신자를 칭의에 이르게 하는 의라는 것입니다. 그 의는 하나님께서 소유하고 계신 의이며 인간의 불의나 인간의 의와도 대조를 이루는 것으로서 하나님의 전 인격과 전 행위에 속하는 완전성의 특징을 가진 의라는 것입니다. 존 머레이가 이를 주장합니다.[19)]

일곱째, 종합적으로 해석할 수 있다.

의를 한 가지로만 해석하지 않고 여러 가지를 고려해 종합적으로 해석하는 시도가 있습니다. 그리피스 토마스는 하나님의 빵(the bread of God), 하나님의 선물(the gift of God)이라고 했을 때 '하나님의 속성이

---

18) 홍인규, 로마서 어떻게 읽을 것인가, 35, 36.
19) 존 머레이, 성경주석 뉴인터내셔널 로마서 상, 67, 68.

시며', '하나님이 소유하시며', '하나님께서 주시는' (God is, has, and gives)이라는 뜻이 다 들어 있으므로 하나님의 의도 그렇게 해석해야 한다고 주장합니다.[20] 즉 하나님의 속성인 의이자 하나님께서 가지고 계신 의이며 하나님께서 선물로 주시는 의라는 것입니다. 존 스토트도 비슷한 주장을 했습니다.

이와 같이 하나님의 의에 대한 해석이 여러 가지입니다. 정확한 답을 내리기가 어려운 만큼 이에 대해 보다 균형잡힌 해석을 하려면 다음과 같은 사항들을 주의해서 볼 필요가 있습니다.

- 단어에 집착하지 말고 로마서 전체 흐름 속에서 조명하고 저자의 입장에서 해석해야 합니다.[21]
- 앞에 나오는 '복음'과 다음에 나오는 '믿음'과 연결지어 '하나님의 의'를 해석해야 합니다.
- 16절의 '구원'과 17절의 '하나님의 의'를 비교하며 해석해야 합니다.
- 의의 반대 개념인 죄와 대조하고, 율법의 의와 대조하며 해석해야 합니다.

---

20) Griffith Thomas, Romans, 62.

21) 성경해석의 원칙 — 첫째, 성경해석은 성경으로. 즉 다른 성경과 비교해 해석하라. 둘째, 1차로는 문자적으로 해석하되 문법과 문맥을 존중하며 해석하라. 셋째, 저자의 입장에서 해석하라. 성경 전체에서 저자가 주장하고자 하는 바를 중심으로 해석하라. 넷째, 덜 밝은 부분(상징, 비유)은 더 밝은 부분(그리스도의 말씀, 성경 저자의 해석, 십자가, 부활)에 비추어 해석하라. 다섯째, 당시 지리, 역사, 풍습, 문화배경 속에서 해석하라. 여섯째, 최초의 독자가 어떻게 받아들였을까를 생각하며 해석하라. 일곱째, 하나님의 구속사적 관점에서 해석하라.

- 성경 전체, 구속사적 관점과 바울 신학 체계 속에서 해석해야 합니다.

그런데 어려운 것일수록 단순한 해석이 오히려 정확할 수 있습니다. 16, 17절 말씀을 몇 번이고 되뇌다 보면 '하나님의 의'와 '구원'은 거의 비슷하게 쓰였음을 알 수 있습니다. "복음에는 하나님의 의가 나타나서…"를 "복음에는 구원이 나타나서…"라고 해석해도 무방합니다. 16절과 17절이 별개의 사실을 말하는 것이 아니라 같은 사실을 다른 각도에서 설명하고 있는 것입니다.

구원도 믿음으로 받고 하나님의 의도 믿음으로 받습니다. 구원도 전적인 하나님의 은혜로 주신 선물이요, 하나님의 의도 전적인 하나님의 은혜로 주신 선물입니다. 구원도 인간에게는 없는 것이요, 하나님의 의도 인간에게 없는 것입니다. 구원도 인간에게 전적으로 필요한 것이요, 하나님의 의도 인간에게 전적으로 필요한 것입니다. 하나님의 의를 구원과 동일하게 해석해도 무방합니다. 그런데 왜 "복음에는 구원이 나타나서…"라고 쓰지 않고 "복음에는 하나님의 의가 나타나서…"라고 설명했을까요? 거기에 깊은 뜻이 있습니다. 그것은 바울 사도의 깊은 신학 체계를 밝힐 수 있는 시발점으로서, 바울은 이를 통해 구원의 성격을 설명하고자 했습니다.

구원이란 무엇입니까? 일반적으로는 '죽어서 천국에 가는 것', '하나님과의 관계를 회복함', '하나님의 백성이 되는 것', '하나님의 형상을 회복함', '죄사함을 받고 죄와 사망에서 해방됨', '멸망치 않고 영생을 얻음', '최악의 상태에서 벗어나 최선의 상태에 이름', '모든 악과 불행에서 해방되어 완전한 선과 최고의 행복에 도달함', '완전한 사랑, 지혜, 선, 능력, 참 자유, 만족에 이름', '완전한 사랑이요 선인 신의 경지에 도달함' 등 여러 가지 정의를 내릴 수 있습니다.

그런데 바울 사도가 계시로 받은 구원의 개념은 무엇입니까? 구원이란 하나님의 의를 소유하는 것입니다. 구원의 본질을 의로 본 것입니다. '구원은 하나님께서 요구하시는 의의 수준에 도달하는 것' 입니다. 하나님께서 요구하시는 의가 무엇입니까? 율법에 기록되어 있습니다. 하나님과 인간을 사랑하는 일에서 완전함을 이루는 것입니다. 하나님께서 보실 때 "주 너의 하나님을 사랑하라" 든가 "네 이웃을 네 몸과 같이 사랑하라"는 계명을 완전히 지켜 의로운 상태에 도달하는 것입니다.[22] 바울을 포함한 많은 사람들이 이 의에 도달하기 위해 율법을 지키며 몸부림쳤습니다.

그러나 결과는 어땠습니까? 인간은 결코 율법을 완전히 지킬 수 없다는 절망감이었습니다(7:24).[23] 다시 말해 인간은 하나님과 인간을 완전히 사랑하는 수준에 이를 수 없다는 것입니다. 인간은 근본적으로 타락한 존재이기 때문입니다. 그런데 그 하나님께서 요구하시는 수준의 의에 도달할 수 있는 길이 복음에 나타났습니다. 하나님께서 그리스도를 믿는 죄인들을 의롭다하시고, 믿고 순종하는 그들을 실제로 의롭게 만드는 기가 막힌 길을 열어 놓으신 것입니다.

그러므로 "복음에는 하나님의 의가 나타났다"는 선언은, 율법의

---

22) 로마서 3:31, 8:4, 10:4, 13:8, 10.
23) 로마서 7:24. "오호라 나는 곤고한 사람이로다 이 사망의 몸에서 누가 나를 건져내랴."

행위로는 결코 불가능했던 완전한 하나님의 의에 도달하는 길이 나타났다는 기쁜 소식입니다. 우리의 불의를 문제 삼지 않고 의로운 자로 받아 주시며 마침내는 우리를 의롭게 만들어 하나님의 영광에 이르게 하는 기가 막힌 길이 나타났습니다. 그 하나님의 의는 하나님의 속성인 의도 포함하고, 거룩한 하나님의 백성의 지위도 포함하며, 하나님께서 행동하시는 의도 포함합니다.

하나님께서는 죄인을 어떻게 의롭게 만드셨습니까? 그리스도의 십자가 대속의 죽음으로 얻은 의를 그리스도를 믿는 사람에게 덧입혀서 의로운 자라는 신분을 주시고 그리스도를 믿고 순종하는 사람을 의롭게 변화시켜 주셔서 율법으로는 도저히 할 수 없는 일을 성취하셨습니다. 그러므로 복음에는 하나님의 의가 나타났다는 말은 복음에는 하나님께서 죄인을 의롭게 해주시는 길이 나타났다고 해석하는 것이 가장 좋습니다. 그리스도가 이루신 의를 받을 수 있는 길이 나타난 것입니다.

하나님의 의는 율법에서 난 의가 아니라 하나님으로부터 온 의입니다(3:21). 율법을 잘 지켜서 거룩하고 의롭다 할 때의 의가 아니라 예수님을 믿는 사람에게 "너는 내 백성이며 나의 자녀다"라고 하나님께서 선포해 주시는 의입니다. 즉 예수 그리스도가 십자가에 죽기까지 순종하심으로 이룬 그 의를 우리에게 덧입혀 주시는 것입니다. 우리는 죄인이요 불의한 자이지만, 하나님께서는 믿는 우리에게 그리스도의 의를 덧입혀 주심으로 우리를 의롭다고 여겨 주셨습니다. 더불어 그리스도를 믿고 순종하는 사람들이 그리스도를 닮아가게 하심으로 완전히 의로운 하나님의 백성이 되게 하는 신비로운 길을 여셨습니다. 이것이 바로 복음입니다. 이 놀랍고도 기쁜 소식을 바울 사도는 로마 성도들에게 전해 주고자 한 것입니다.

믿음에서 믿음으로

복음은 항상 믿음을 수반합니다(1-5, 16-17절). 믿음이 있을 때 복음은 능력을 발휘합니다(16절). 복음은 인간의 힘으로 불가능한 구원을 하나님께서 이루어 주신 것입니다. 그러므로 인간에게 필요한 것은 하나님께서 행하신 일(구원)을 순수한 마음으로 받는 것입니다. 그것이 바로 믿음입니다. 그러므로 복음에는 믿음이 강조됩니다. 로마서는 '믿음의 복음' 이라고 불릴 만큼 믿음을 강조하고 있습니다.

> 복음에는 하나님의 의가 나타나서 믿음으로 믿음에 이르게 하나니(17절).

'믿음에서 믿음에 이르게 하나니' 는 무슨 의미입니까? 이 구절 역시 학자들에 따라 '초보적인 믿음(그리스도를 고백한 믿음)에서 성숙한 믿음(성화된 믿음)으로' (칼빈), '하나님의 믿음(신실하심)에서 우리의 믿음으로' (벵겔, 바르트), '한 신자에게서 다른 신자에게로' '처음부터 끝까지 믿음으로' (NIV) 등 여러 가지 해석이 있습니다.[24] '믿음에서 믿음에 이르게 하나니' 의 가장 분명한 뜻은, 바울 신학체계와 로마서 전체를 고려해 볼 때 '오직 믿음으로' 입니다. 그렇다면 '오직 믿음으로' 하지 아니하고 '믿음으로 믿음에 이르게 하나니' 라고 했을까요? '오직 믿음으로' 와 함께 '계속 믿음으로' 를 강조하기 위함입니다.

오직 믿음으로

'믿음으로 믿음에 이르게 하나니' 의 뜻은 '오직 믿음으로' 입니다. NIV 성경에 보면 '처음부터 끝까지 믿음으로' (by faith from first to last)라고 번역되어 있습니다. 즉 '오직 믿음으로' 라는 뜻입니다.[25] 하나님의 의를 어떻게 받습니까? 오직 믿음으로 받습니다. '오직 믿음으로' 는 '율법의 행위가 아닌 믿음으로' 라는 뜻을 강조하고 있습니다.

로마서 전체적으로 보면 '율법의 행위로 의롭게 되는 것' 이 아니라 '오직 하나님의 구원의 은혜를 믿음으로 의롭게 되는 것' 을 강조하고 있습니다. 이것을 이신칭의(以信稱義, Justification by faith)라고 합니다. 왜 '율법의 행위' 로는 의에 도달할 수 없습니까? 이것이 로마서에서 밝히고자 한 큰 쟁점입니다. 한마디로 말하면 율법이 나빠서가 아니라 인간에게 근본적으로 죄성이 있어 율법을 다 지킬 수 없기 때문입니다. 그래서 인간은 율법의 행위로는 도저히 의롭게 될 수 없습니다. 그러면 근본적인 죄성을 가진 인간을 어떻게 의롭게 만든다는 말입니까? 예수 그리스도가 죄인인 인간이 의롭게 되는 길을 다 만들어 놓았으므로 이를 믿기만 하면 됩니다.

그렇다면 믿음이란 무엇입니까? 믿음이란 하나님의 계시를 영접

---

24) John Stott, Romans, 64.

25) '오직 믿음으로' 를 라틴어로는 솔라 피데(sola fide)라고 한다. 종교개혁 당시 솔라 피데는 종교개혁의 구호가 되었다.

하는 것입니다(요 1:12). 믿음이란 하나님께서 이루신 구원 계시적 사건을 나의 구원 사건으로 영접하는 것입니다. 즉 하나님의 아들 예수 그리스도가 십자가에서 죽으신 것은 나의 죄를 씻고 나를 구원한 사건임을 영접하는 것입니다. 또한 그리스도가 부활하신 것은 나에게 부활의 생명을 주어 영생하도록 한 사건임을 영접하는 것입니다. 그것이 믿음입니다. 그리스도의 구원 사건을 믿으십니까? 확실히 믿으시기 바랍니다.

믿음이란 순종입니다(1:5). 믿음이란 단순히 지식으로 알고 그치는 것이 아닙니다. 그리스도가 나를 위해 죽으셨음을 믿는다 해놓고 그리스도와 전혀 상관없이 살면 그리스도의 구속의 은혜는 아무런 효력을 발휘하지 못합니다. 너무나 많은 신자들이 이런 실수를 하고 있습니다. 그러고 나서 "나는 교회를 5년이나 다녔는데도 천국의 기쁨을 맛보지 못했습니다"라고 말합니다. 이는 믿음이 없기 때문입니다. 믿음은 순종입니다. 그리스도를 진정으로 믿으면 순종하게 마련입니다.

예수 그리스도를 마음속에 주님으로 모시고 주님 말씀에 순종해서 살면 천국의 기쁨을 맛볼 수 있습니다. "우리가 살아도 주를 위하여 살고 죽어도 주를 위하여 죽나니 그러므로 사나 죽으나 우리가 주의 것이로다"(14:8). 주님을 나의 왕으로 모시고 순종할 때 주님께서 내 안에 들어와 천국을 이루어 주십니다.

믿음이란 연합입니다(6:5). 참된 믿음은 그리스도의 구원 사건과 나를 연합시켜 줍니다. 믿음은 그리스도와 나를 동일시(identify)하게 만듭니다. 그리스도가 나를 위해 죽으셨고 나를 대신해 죽으셨고, 더 나아가 그리스도와 연합한 나는 그리스도와 함께 죽었음을 믿는 것입니다. 즉 옛사람인 나는 그리스도와 함께 죽은 것입니다. 그리고 그리스도가 부활하셨을 때 나를 위해 부활하셨을 뿐만 아니라 그리스도와 연합한 나, 곧 새사람인 나는 그리스도와 함께 부활한 것을 믿는 것입니다. 그리스도와 함께 연합해 성육신의 삶을 살 때 나는 작은 예수가 되어 변화된 새사람으로 살게 됩니다. 이것이 믿음이고 기독교 신앙입니다.

그리스도와 함께 죽고, 그리스도와 함께 살고, 그리스도와 함께 성육신의 삶을 살 때 옛사람인 나는 사라지고 새사람인 내가 탄생하여 하나님께 영광을 돌리며 사는 것입니다. 그리하여 "이제는 내가 사는 것이 아니요 오직 내 안에 그리스도께서 사시는 것이라"(갈 2:20)고 고백할 수 있는 것입니다. 그런데 그리스도와 아무 상관없이 살면서 교회만 다닌다고 믿음 있는 것으로 착각해 은혜 없는 삶을 살고 있다면 이는 안타까운 일이 아닐 수 없습니다.

믿음의 주체는 분명히 '나' 입니다. 내가 예수님을 믿는 것입니다. 내가 예수님을 구주로 모셔들이는 것입니다. 그래서 믿지 않는 책임은 나에게 있습니다. 그러나 크게 보면 하나님께서 여러 환경을 조성해 놓고 나로 하여금 믿게 해주심을 알 수 있습니다. 또한 하나님께서는 내 속에 성령을 보내어 영의 눈을 뜨게 하시고 인류 구원 사건을 깨닫게 해주시기도 합니다. 그래서 믿음도 하나님께서 주시는 선물이라고 합니다.

계속 믿음으로

'믿음으로 믿음에 이르게 하나니' 라는 말씀 속에는 '오직 믿음으로' 와 함께 '계속 믿음으로' 라는 뜻이 내포되어 있습니다. 즉 어느 한 순간에 고정된 정적 상태를 가리키는 것이 아니라 계속되는 동적 상태를 가리킵니다. 예수님을 한 순간에만 믿고 중단하는 것은 믿음이 아닙니다. 처음에도 믿음으로, 중간에도 믿음으로, 마지막에도 믿음으로, 계속 믿어야 합니다. 즉 그리스도를 믿는다고 하면서, 믿음의 자세로 나가지 않고 율법의 행위를 의지하는 태도로 나간다면 구원의 감격은 사라지고 고달픈 삶이 계속될 것입니다. '계속 믿음으로'는 '계속 그리스도를 의지하는 것'을 의미합니다.

많은 사람들이 예수님을 처음 믿을 때는 무척 기뻐합니다. 거듭난 기쁨을 체험합니다. 그런데 얼마 가지 못해 구원의 기쁨은 사라지고 예수님을 믿기 전과 같은 상태에 빠지고 맙니다. 그런 사람의 문제점이 무엇입니까? 이전에는 그리스도를 의지하고 그리스도의 생명을 받았으나 후에는 그리스도를 의지하지 않고 다시 자신을 의지하고 있는 것입니다. 이전에는 율법의 행위를 의지하며 살다가 그리스도를 의지함으로 구원을 받았는데 다시 율법의 행위로 돌아가 버리고 구원의 감격이 사라지고 만 것입니다.

우리는 처음에도, 중간에도, 마지막에도 계속 그리스도를 의지해야 합니다. 포도나무 가지가 접붙임을 당했다가 다시 떨어져 버린다면 포도나무의 생명을 공급받을 수 없습니다. 포도나무 가지는 처음부터 끝까지 계속 가지에 붙어 있어야 합니다. "내 안에 거하라 나도 너희 안에 거하리라 가지가 포도나무에 붙어 있지 아니하면 스스로 열매를 맺을 수 없음 같이 너희도 내 안에 있지 아니하면 그러하리라"(요 15:4). 가지는 계속 포도나무에 붙어 있어야 합니다. 마찬가지로 신자도 계속해서 그리스도를 의지하며 살아야 합니다. 계속해서 믿음을 가져야 합니다. 처음에는 믿음으로 살다가 나중에는 믿음의 태도를 버리고 자기를 의지하면 안 됩니다. 그런 사람은 참 믿음이 없는 것입니다.

믿음으로 살리라

바울 사도는 '의'와 '믿음'을 말하는 데서 그치지 않고 한 가지를 더 말합니다. 그것은 '삶'입니다. 이 세 가지를 연결짓는 말씀이 하박국서에 나옵니다.

하박국 2장 4절

먼저 하박국서에 이 말씀이 어떤 뜻으로 쓰였는지 살펴보고, 그 다음 바울 사도가 어떤 의도로 이 말씀을 인용하는지 살펴보겠습니다. 하박국 선지자는 정의감에 불타는 선지자였습니다. 그는 자기가 살고 있는 사회의 불의를 보고 분노를 터뜨렸습니다. 하나님께 항의가 담긴 첫 번째 기도를 합니다. "불의가 판치고 있는데 하나님은 어찌하여 침묵하고 계십니까?" 이에 하나님은 답변하십니다. "갈대아(바벨론) 사람들을 일으켜 타락한 자들을 응징할 것이라." 하나님의 응답에 하박국은 불만을 품고 두 번째 기도를 합니다. "불의한 자들(갈대아인)을 쓰셔서 그들보다 의로운 자들(유대인)을 치는 것이 옳습니까?" 그때 하나님께서는 "그들(갈대아인)도 치리라. 그들의 종말이 속히 이르겠으므로 기다리라"고 응답하십니다. 그러면서 "의인은 그 믿음으로 말미암아 살리라"고 말씀하셨습니다.

하나님을 경외하는 사람들은 비록 이해가 되지 않을지라도 하나님께서 하시는 일을 믿음으로 받아들여야 하며, 최종적으로는 하나님께서 모든 일을 완전하게 처리하실 것을 바라보며 기쁘게 살리라는 뜻입니다. 과연 그 말씀대로 하박국 선지자는 믿음으로 하나님의 경륜을 깨닫게 되었습니다. 하박국 자신보다 사회의 불의를 더 잘 알고 계시는 하나님께서 이러한 불의를 어떻게 처리하실지 모두 강구해 놓고 계실 뿐만 아니라, 결국 그분의 뜻대로 모든 일을 완전하게 마무리하신다는 사실을 깨닫고 지금은 비록 아무것도 없을지라도 여호와의 구원으로 인해 감사하고 기뻐하리라고 고백합니다.

오직 의인은 믿음으로 살리라

바울 사도가 하박국서를 인용한 이유는 '이신칭의'의 진리가 자신이 고안해낸 어설픈 사상이 아니라 하나님께서 오래 전에 이미 말씀하신 진리임을 밝히고자 함입니다. 하나님께서는 믿음으로 의롭게 되는 법을 구약 시대에도 이미 계시하셨습니다.

바울은 하박국 2장 4절의 말씀 속에서 믿음으로 사는 모습을 발견했습니다. 자기 생각을 버리고 하나님의 말씀을 전적으로 의지하는 모습을 본 것입니다. 즉 자기 생각으로 사회를 바라보면 하나님의 선지자라 할지라도 답답하고 불만스러울 수밖에 없지만, 자기 생각을 버리고 하나님을 전적으로 믿고 의지하면 감사가 차고 넘칠 것을 알았습니다. 하나님께서 하시는 일을 전적으로 믿고 사는 것이 의인의 모습임을 발견한 것입니다. 그 믿음의 자세로 예수 그리스도의 십자가와 부활 사건을 대할 때에도 마찬가지로 구원의 감격을 맛볼 수 있음을 바울 사도는 알았습니다.

여기서 중요한 것은 '믿음'과 '삶'의 관계입니다. 믿음은 생각이 아니라 삶입니다. 그리스도를 모시고 그리스도에게 순종하는 삶이 믿음입니다. 그러므로 믿음은 삶으로 표현되어야 합니다. 또한 삶은 믿음을 활성화시켜 줍니다. 믿음의 삶은 더 큰 믿음을 낳습니다. 자동차 배터리에 축적된 전기로 엔진 시동을 걸어 차를 운행하고, 차를 운행하면서 발전기를 돌려 배터리에 전기를 축적하는 것과 같습니다. 믿음으로 산다는 것은 나의 의지와 노력으로 율법을 잘 지켜 의에 도달하려 하지 않고 하나님의 구원의 은혜를 믿고 감사하며 순종하는 삶을 말합니다.

그러므로 '믿음으로 살리라' 는 말은 '은혜로 살리라' 혹은 '예수님으로 살리라' 는 뜻입니다. 지금까지는 나의 의지와 나의 능력, 나의 선함으로 완전함에 이르려고 살아 왔다면 그리스도를 믿은 이후에는 그리스도의 은혜와 사랑에 감사하고 오직 주님만 바라보고 주님 말씀에 순종하면서 완전한 사람으로 변화되는 것입니다. 그 삶 속에 천국의 기쁨이 있습니다. 옛사람인 '나' 는 사라지고 새사람으로 변화되어 갑니다. 변화된 자신을 바라보면 다시금 더욱 주님을 사랑하게 됩니다. 더욱 진실하게 주님의 말씀에 순종하게 됩니다. 그리하여 더 큰 은혜를 체험하고 더 큰 변화를 누리게 됩니다. 그리하여 자신도 모르는 사이 하나님께서 기뻐하시는 의로운 사람으로 변화됩니다.

자력 구원체계와 은혜 구원체계

로마서가 어렵다는 말을 많이 합니다. 용어가 어려운 것이 사실입니다. 그러나 그것보다도 로마서 전체를 꿰뚫는 바울 사도의 신학 체계를 알지 못하고 부분적인 것에 매달리기 때문에 어렵게 느껴지는 것입니다. 장님이 코끼리 다리를 만지며 "이 짐승은 기둥 같다" 고 말하는 것과 흡사합니다. 그렇다면 로마서 전체를 꿰뚫고 있는 바울 사도의 신학 체계란 도대체 무엇입니까? 그 비밀을 밝혀 주는 것이 로마서 10장 2-3절입니다.

> 내가 증언하노니 그들이 하나님께 열심이 있으나 올바른 지식을 따른 것이 아니니라 하나님의 의를 모르고 자기 의를 세우려고 힘써 하나님의 의에 복종하지 아니하였느니라.

이 말씀은 과거 바울 사도의 모습이며 로마서를 기록할 당시 유대인들의 모습이기도 했습니다. 바울은 '하나님의 의' 와 '지기 의' 를 대비시킵니다. '하나님의 의를 따른 신앙체계' 와 '자기 의를 따른 신앙체계' 를 대조하고 있습니다. 이것은 계시 종교체계와 자력 종교체계를 나타낸 것입니다.

먼저, 자력 종교체계란 자기 힘으로 절대자(하나님)을 찾아가며 자기 노력과 힘으로 구원을 얻고자 하는 체계입니다. 세상 철학과 종교가 거의 대부분 이 범주에 해당합니다. 자력 종교에서는 노력, 업적, 공로가 매우 중시됩니다. 사실 하나님의 계시에 의존하지 않는 모든 종교, 철학, 사상들은 다 이 체계(system)를 따를 수밖에 없습니다. 불교의 탑은 상징적으로 이것을 나타내 줍니다. 선한 업적을 쌓아 올라가 구원에 도달하려는 인간의 노력을 상징적으로 보여 줍니다. 그러면 수양을 쌓아 선한 업적을 남기고, 구원받을 만한 공로를 쌓지 않으면서도 구원 얻을 수 있는 길이 있다는 말입니까? 그 길이 바로 복음입니다. 하나님께서 영적으로 무지한 인간들에게 자기를 계시해 주셨습니다. 그리고 구원 얻기에 무능력한 인간들에게 구원의 길을 만들어 주셨습니다. 이것이 바로 계시 종교입니다. 계시 종교에서는 하나님께서 모두 계시하고 이루어 놓으셨기 때문에 이를 겸손히 받아들이면 됩니다. 그래서 계시 종교에서는 '믿음'을 강조합니다.

그러면 유대인들의 종교는 자력 종교입니까, 계시 종교입니까? 분명 구약 성경이 하나님의 계시이므로 계시 종교입니다. 그런데 유대인들이 열심은 있지만 제대로 알지 못했습니다. 하나님의 계시를 자력 종교체계로 변질시키고 말았습니다. 하나님의 율법을 자기의 노력으로 지켜 하나님께서 요구하시는 의에 도달하려 했습니다. 그리스도를 만나기 전 바울의 모습이 그랬습니다. 그는 율법을 지켜서 의롭다는 말을 들으려고 피나는 노력을 했습니다. 그런데 그것은 잘못된 노력이었습니다.

인간은 근본적으로 죄성이 있어 자기 노력으로 율법을 온전히 지킬 수 없습니다. 그런데 근본적으로 불가능한 일을 이루려고 몸부림쳤습니다. 그래서 내면으로는 율법을 수없이 어기면서도 외면적으로는 의롭다는 말을 들으려고 위선을 저질렀던 것입니다. 바울은 구원을 얻은 후 자신을 돌아보고는 그동안 자신이 얼마나 추악한 위선자로 살았는지 깨닫고 통탄했을 것입니다. 그런데 유대인들은 여전히 하나님의 구원을 알지 못하고 자기 의를 세우려고 저리도 열심을 내고 있으니 안타까운 일이 아닐 수 없었습니다. 그들은 계시 종교 안에 있으면서도 은혜 구원의 체계를 따르지 않고(믿음),

자력 구원의 체계를 따르며 살았습니다(율법 행위).

그러면 어떻게 해야 합니까? 하나님의 계시를 겸손히 의지해야 합니다. 하나님께서 이루신 구원 사건을 겸손히 받아들여야 합니다. 자기 의를 버리고 하나님의 의를 따라야 합니다. 하나님께서 보내신 구주를 겸손히 믿어야 합니다. 오늘날 교회 안에도 유대인들과 비슷한 삶을 살아가는 이들이 제법 많습니다. 예수님을 믿는다고 하면서도 그리스도를 의지하기보다 자기 의를 쌓으며 살아 간다면 그리스도가 주시는 자유, 평안함, 해방감, 만족감, 환희, 감격을 결코 누릴 수 없습니다.

그리피스 토마스는 "믿음은 우리 자신의 무능력을 깨닫는 것이자 또다른 분의 능력을 깨닫는 것"이라고 했습니다. 나에게는 죄를 없앨 능력이나 하나님의 의에 다다를 능력이 전혀 없지만 하나님께는 그런 능력이 충분함을 겸허히 인정하고 받아들이는 것이 믿음입니다. 율법의 행위로는 도저히 하나님께서 요구하시는 의의 수준에 도달할 수 없지만 하나님께서 만드신 의의 길을 믿음으로 걸어간다면 하나님의 의에 도달할 수 있습니다. 그러므로 사람이 의롭게 되는 것은 '오직 믿음으로' 입니다. 그리고 '계속 믿음으로' 입니다. '오직 믿음으로', '계속 믿음으로' 사는 삶이 곧 은혜 구원체계에 속한 삶입니다.

바울 사도가 왜 그렇게 복음을 자랑하는지, 또 왜 그렇게 하나님의 복음을 강조하는지 이제 조금 알 것 같습니다. 인간들이 잘못된 체계 속에서 되지도 않을 일을 이루겠다고 죽을 고생하고 있음을 그는 깨달았던 것입니다. 하나님께서는 더할 나위 없이 좋은 새로운 체계를 만들어 주셨습니다. 아주 편하고 기쁜 구원의 체계입니다. 그야말로 은혜입니다. 잘못된 체계 속으로 들어가 버리면 무엇이 잘못인지도 모르고 모순과 시행착오만 반복하다 실패하고 말 것입니다.

예전에는 은행에 가면 줄을 서서 기다려야 했습니다. 바쁜 사람은 슬쩍 새치기를 하는 일도 있었습니다. 그러면 뒤에서 누군가가 소리를 칩니다. "누구는 새치기할 줄 몰라 몇 시간씩 줄서 있는 줄 아세요? 우리나라 사람들은 공중 도덕의식이 없어 문제야!" 그러다가 더러는 큰 싸움이 벌어지기도 했습니다. 그런데 몇 년 전부터 새로운 체계(시스템)가 도입되었습니다. 은행에 온 순서대로 번호표를 받아서 앉아 기다리다가 자기 차례가 되어 일을 보면 됩니다. 덕분에 새치기도, 공중도덕 타령도, 싸움도 일거에 사라졌습니다.

체계가 중요합니다. 바울 사도가 로마서에서 힘써 증거하고자 하는 것은 하나님께서 주신 신앙의 새로운 체계입니다. 즉 자력 구워 체계를 포기하고 하나님께서 마련해 주신 은혜 구원체계 속으로 들어오라는 것입니다. 우리도 로마서에서 가르쳐 주는 은혜 구원의 체계 속으로 들어가 참으로 놀라운 하나님의 은혜를 체험해 봅시다.

Chapter 04 인간의 타락과 죄

로마서 1:18-32

18 하나님의 진노가 불의로 진리를 막는 사람들의 모든 경건하지 않음과 불의에 대하여 하
늘로부터 나타나나니
19 이는 하나님을 알 만한 것이 그들 속에 보임이라 하나님께서 이를 그들에게 보이셨느니라
20 창세로부터 그의 보이지 아니하는 것들 곧 그의 영원하신 능력과 신성이 그가 만드신
만물에 분명히 보여 알려졌나니 그러므로 그들이 핑계하지 못할지니라
21 하나님을 알되 하나님을 영화롭게도 아니하며 감사하지도 아니하고 오히려 그 생각이
허망하여지며 미련한 마음이 어두워졌나니
22 스스로 지혜 있다 하나 어리석게 되어
23 썩어지지 아니하는 하나님의 영광을 썩어질 사람과 새와 짐승과 기어다니는 동물 모양
의 우상으로 바꾸었느니라
24 그러므로 하나님께서 그들을 마음의 정욕대로 더러움에 내버려 두사 그들의 몸을 서로
욕되게 하게 하셨으니
25 이는 그들이 하나님의 진리를 거짓 것으로 바꾸어 피조물을 조물주보다 더 경배하고 섬
김이라 주는 곧 영원히 찬송할 이시로다 아멘
26 이 때문에 하나님께서 그들을 부끄러운 욕심에 내버려 두셨으니 곧 그들의 여자들도 순
리대로 쓸 것을 바꾸어 역리로 쓰며
27 그와 같이 남자들도 순리대로 여자 쓰기를 버리고 서로 향하여 음욕이 불 일듯 하매 남
자가 남자와 더불어 부끄러운 일을 행하여 그들의 그릇됨에 상당한 보응을 그들 자신이
받았느니라
28 또한 그들이 마음에 하나님 두기를 싫어하매 하나님께서 그들을 그 상실한 마음대로 내
버려 두사 합당하지 못한 일을 하게 하셨으니
29 곧 모든 불의, 추악, 탐욕, 악의가 가득한 자요 시기, 살인, 분쟁, 사기, 악독이 가득한 자
요 수군수군하는 자요
30 비방하는 자요 하나님께서 미워하시는 자요 능욕하는 자요 교만한 자요 자랑하는 자요
악을 도모하는 자요 부모를 거역하는 자요
31 우매한 자요 배약하는 자요 무정한 자요 무자비한 자라
32 그들이 이같은 일을 행하는 자는 사형에 해당한다고 하나님께서 정하심을 알고도 자기

들만 행할 뿐 아니라 또한 그런 일을 행하는 자들을 옳다 하느니라

주해 (註解)

'불의로 진리를 막는 사람들' (18절)

죄악론의 핵심 요절이 18절입니다. 18절은 인간의 죄와 하나님의 진노를 말하고 있습니다. 인간 죄이 핵심은 불의로 진리를 막는 것입니다. 즉 인간의 옳지 않은 생각과 행위로 하나님의 진리를 거절하는 것이 가장 큰 죄입니다.

하나님의 진리란 하나님의 뜻, 하나님의 계시, 하나님의 구원, 하나님께서 보내신 메시아입니다. 하나님께서 인류 구원을 위해 메시아를 보내 주셨는데 인간이 거절하는 것은 하나님에 대한 반역이요, 노골적인 적대행위로서 창조주에 대한 최대의 죄악입니다. 이러한 중죄인에게 창조주 하나님의 진노가 임하는 것은 당연합니다.

하나님의 진노는 현재 심판과 최후 심판으로 나타납니다. 현재 심판은 하나님의 사랑과 보호를 거두고 죄악의 구렁텅이에 내버려 두는 것이요, 최후 심판은 영원한 지옥형벌을 내리는 것입니다. 이러한 종말론적 시야를 가지고 볼 때 불의로 진리를 막는 것이야말로 가장 어리석은 것이요 가장 큰 범죄 행위입니다.

'하나님을 알 만한 것' (19절)

원래 사람은 하나님의 형상대로 창조되었기에 하나님을 잘 알았습니다. 그런데 죄를 짓고 하나님에 대한 지식을 잃어 버려 영적으로 무지한 자가 되었습니다.

이런 무지한 인간에게 하나님께서는 '하나님을 알 만한 것'을 계시해 주셨습니다. 하나님께서는 사람들을 깨우치기 위해 일반계시와 특별계시를 주셨습니다.

일반계시에는 자연만물 속에 있는 신비로운 자연 법칙, 생태계의 조화, 우주 행성의 조화와 질서, 인체의 신비뿐만 아니라 인간 내면에 있는 양심, 이성, 종교적 본능 등이 있으며 우리는 이를 통해 하나님의 존재와 능력을 깨닫게 됩니다.

특별계시는 하나님의 나타나심, 이적, 환상, 말씀 등으로서 성경에 기록된 것입니다. 하나님께서는 각 사람에게 '하나님을 알 만한 것'을 충분히 보여 주셨기 때문에 우리는 하나님을 모른다고 핑계할 수 없습니다. 즉 인간의 죄는 우연한 것이거나 무지한 것이 아니라 고의적인 것으로서, 사람들이 몰라서가 아니라 고의적으로 짓고 있는 것입니다.

'내버려 두사'(24, 26, 28절)

24절 "하나님께서 그들을 마음의 정욕대로 더러움에 내버려 두사", 26절 "하나님께서 그들을 부끄러운 욕심에 내버려 두셨으니", 28절 "하나님께서 그들을 그 상실한 마음대로 내버려 두사". '내버려 두셨다'는 말이 3번 기록되며 강조되고 있습니다. 하나님의 내버려 두심은 진노의 표현입니다. 하나님께서 온갖 은총과 사랑, 보호의 손길을 거두어 버리신 것이기 때문입니다.

하나님께 버림받은 인간은 죄 속에서 허우적거리며 살게 됩니다. 천한 존재가 되어 끝없이 방황하고, 형벌에 대한 두려움과 번민에 시달리게 됩니다. "하나님의 독생자의 이름을 믿지 아니하므로 벌써 심판을 받은 것이니라 그 정죄는 이것이니 곧 빛이 세상에 왔으되 사람들이 자기 행위가 악하므로 빛보다 어둠을 더 사랑한 것이니라"(요 3:18-19). 하나님보다 죄악을 더 사랑하는 삶 자체가 저주와 심판을 받은 결과입니다.

'마음의 정욕대로 더러움에 내버려 두사' (24절)

바울 사도는 모든 죄 가운데 '우상숭배의 죄'와 '성적 타락'의 죄를 특종 죄악으로 다루고 있습니다. 그 두 가지 죄악은 하나님께 버림받아 천한 존재가 된 인간의 실상을 가장 잘 보여 줍니다. 특히 동성애(homosexuality)는 하나님으로부터 버림받은 인간의 처절한 모습을 더 부각시키고 있습니다. 성(sex)은 합법적으로 부부가 된 남자와 여자 사이에서만 누릴 수 있는 하나님의 선물입니다. 여자와 여자가, 남자와 남자가 성을 사용하는 것은 창조 질서를 깨뜨리는 죄입니다. 오늘날 동성애하는 사람들을 부부로 인정해 주는 나라도 있다고 하니 참으로 말세입니다. 하나님의 심판이 두렵습니다.

'그 상실한 마음' (28절)

28절 문맥 속에서 해석해 보면 '그 상실한 마음(debased mind)'은 '마음에 하나님 두기를 싫어하는 마음'입니다. NIV 성경은 부패한 마음(depraved mind)으로 번역했습니다. 이것이 죄의 근원입니다. 교만한 인간은 하나님을 마음 중심에 모시는 것을 싫어합니다. 그 이유는 창세기 3장에 기록된 대로 '하나님과 동등'한 존재가 되고 싶어 하기 때문입니다. 즉 하나님 없이 자기가 하나님이 되어 자기 맘대로 살고자 합니다.

이 타락한 마음이 '합당치 못한 일'로 나타납니다. 그 '합당치 못한 일'은 뒤의 죄 목록에 나와 있습니다. 여기서 주목할 것은 인간의 태도에 대한 하나님의 반응입니다. 인간에게 자유 의지에 따른 선택권을 주신 하나님께서는, 하나님 알기를 싫어하고 하나님을 중심에 모시길 싫어하는 인간들을 그들이 선택한 죄의 구렁텅이에 내버려 두셨습니다. 죄 속에 뒹굴며 살아가는 인간은 하나님으로부터 버림받은 모습 그 자체입니다. 그 속에서 인간은 죄로 말미암는 큰 고통을 치른 끝에 자기의 잘못을 깨닫게 됩니다.

28절 말씀에서 또한 주목할 것은 '상실한 마음'과 '합당치 못한 일' 사이의 관계입니다. 마음은 행동으로 나타납니다. 하나님 없는 사상이 하나님 없는 삶을 만듭니다. 하나님 없이 살고 싶은 교만한 마음이 죄로 범벅된 악한 행동으로 나타납니다. 마음에 하나님이 계시지 않으므로 신령하고 의로운 삶의 모습이 나오지 못하는 것입니다. 그러므로 마음속에 하나님을 모시고 그분의 진리를 담는 것은 매우 중요합니다.

하나님의 복음 (로마서 1:18-32)

"하나님의 진노가 불의로 진리를 막는 사람들의 모든 경건하지 않음과 불의에 대하여 하늘로부터 나타나나니"(18절).

천지를 창조하신 하나님께서 인류를 구원하셨다! 이보다 더 크고 기쁜 소식이 어디 있겠습니까? 인간의 어떤 노력으로도 도달할 수 없던 하나님의 의를 단숨에 얻을 수 있다니 복음 중의 복음이 아닐 수 없습니다.

> 복음에는 하나님의 의가 나타나서 믿음으로 믿음에 이르게 하나니 기록된 바 오직 의인은 믿음으로 살리라 함과 같으니라(17절).

하나님의 의에 대해 설명하고자 한 바울 사도는 곧바로 인간의 죄에 대해 말하기 시작합니다. 주제 선언을 하자마자 반대 주제인 죄를 언급한 이유는 무엇입니까? 이것은 주제를 명확하게 밝히기 위해 반대 주제를 말하는 논리적 서술법입니다. 흰색을 강조하기 위해 검은색을 칠해 놓고 그 위에 흰색을 칠하는 것과 같습니다. 높은 음을 강조하기 위해 낮은 음을 내다가 높은 음을 내는 것과 같은 이치입니다.

하나님의 의에 반대되는 개념은 인간의 죄입니다. 그래서 1장 17절에 로마서의 주제인 하나님의 의를 선포해 놓고 1장 18절에서 3

장 20절까지 반대 주제인 인간의 죄에 대해 상세히 논한 뒤에 3장 21절부터 다시 본래의 주제인 하나님의 의에 대해 본격적으로 거론합니다.

인간의 죄는 흔히 죄의 총론(1:18), 이방인의 죄(1:19-32), 유대인의 죄(2:1-3:8), 온 인류의 죄(3:9-20)로 분류합니다. 그러나 2장 17절부터 3장 8절까지는 유대인의 죄를 다루고 있는 것이 분명하지만 나머지 부분은 어떤 죄인지 명확하지 않습니다. 바울 사도의 주된 관심사가 무엇인지 알면 이런 문제를 풀 수 있습니다.

바울 사도의 주된 관심사는 복음에 나타난 하나님의 의입니다. 그리고 왜 하나님의 의를 거절하는지, 왜 하나님의 의가 절대적으로 필요한지 밝히고자 했습니다. 하나님의 의를 거절하는 이유는 인간의 불의, 인간의 자기 의, 유대인의 의였습니다. 바울 사도는 그것들이 왜 죄악된 것인지 증명해 오로지 하나님의 의가 절대적으로 필요함을 부각시키고자 했습니다. 이러한 의도를 알 수 있는 구절이 1장 18절, 2장 13절, 3장 19-20절입니다.[26)]

그러므로 바울의 죄악론은 죄의 총론(1:18), 보편적 인간의 죄와 불의(1:19-32), 자기 의를 주장하는 사람들의 죄(2:1-16), 독특한 자기 의를 주장하는 유대인들의 죄(2:17-3:8), 죄악론의 결론(3:9-20)으로 분류하는 것이 적절합니다. 여기서는 이방인의 죄와 유대인의 죄의 성격 차이를 규명하려는 것이 아니라 하나님의 의를 거절하는

---

26) 바울 사도의 죄악론의 관점은 1장 17절의 하나님의 의다. 그 하나님의 의에 이르지 못하며 그 의를 외면하는 인간의 불의(1:18)와 자기 나름대로 의인이라 생각하는 자들의 불의(2:13), 율법의 행위로 말미암은 의의 허구(3:20)를 증명한다. 인간의 그 어떤 행동으로도 하나님의 의에 이르지 못함을 강조(3:20)한다. 죄악론의 관점이 의에 있다.

원인을 밝히려는 의도로 보아야 하기 때문입니다. 그렇기에 하나님의 의를 거절하는 인간의 죄가 점진적으로 서술되어 있습니다.[27)]

보편적인 인간의 죄와 불의에서 다룰 내용은 세 가지인데, 죄의 정의, 인간의 타락 과정 그리고 죄의 결과입니다. 먼저 죄의 총론인 1장 18절을 살펴봅시다.

하나님의 진노

바울 사도가 논리를 전개하는 특징은 먼저 주제를 밝히고 나서 그 다음에 논증을 펼치는 것입니다. 1장 17절에서 주제를 선포하고, 반대 주제를 논한 후에(1:18-3:30), 다시 주제로 돌아와(3:21-15:13) 논의를 전개합니다. 소주제(小主題)에 들어가서도 먼저 소주제의 핵심을 선포하고 그 내용을 설명합니다(1:18, 3:21, 5:1, 7:1, 8:1, 9:1, 12:1-2). 1장 18절에서 먼저, 소주제인 죄의 총론을 선포한 다음 설명에 들어갑니다.

> 하나님의 진노가 불의로 진리를 막는 사람들의 모든 경건하지 않음과 불의에 대하여 하늘로부터 나타나나니(18절).

문장이 길어서 무슨 뜻인지 빨리 파악이 안 됩니다. 그럴 때에는

---

27) 죄의 관점이 하나님의 의에 있기 때문에 타락한 인간들에게 의가 없음(1:19-32), 도덕주의자들의 의가 참 의가 아님(2:1-16), 율법의 행위로 의롭다함을 받으려는 유대인의 의도 참 의가 아님을 점진적으로 밝힌 것이다.

주어와 동사를 찾으면 쉽게 풀립니다. 주어가 무엇입니까? '하나님의 진노', 동사는 '나타나나니' 입니다. 하나님의 진노가 나타난 것입니다. 누구에게 나타났습니까? '불의로 진리를 막는 사람들에게' 나타났습니다. 그 사람들이 무슨 잘못을 했습니까? '모든 경건치 않음과 불의' 를 행했습니다.

'불의로 진리를 막는 사람들' 이란 쉽게 말하자면 하나님의 진리를 거부하는 사람들입니다. 즉 복음을 거부하는 사람들입니다. 예수님을 믿지 않는 사람들입니다. 예수님이 진리인데 거부합니다. 불의한 생각, 사상, 기분, 행동, 제도, 법률 등 옳지 않은 불의(不義, wickedness)로 하나님의 복음을 거부합니다. 불의로 진리를 막는 사람들을 크게 세 종류로 구분해 볼 수 있습니다.

첫 번째 그룹은 하나님을 모른다고 하면서 죄를 짓고 사는 사람들(타락한 사람들)입니다. 그들은 타락한 본성대로 하나님 없이 살고 있습니다. 자기들을 구원하는 복음이 왔는데도 관심 없이 계속 죄를 지으며 살고 있습니다. 두 번째 그룹은 자기 의를 주장하는 사람들(도덕주의자들)입니다. 자기들은 선하고 의롭기 때문에 예수님을 믿을 필요가 없다고 생각하는 사람들입니다. 자세히 살펴보면 그들도 엉터리로 살고 있으면서 남보다 조금 더 선하다는 것을 이유로 구원의 필요성을 외면하고 있습니다. 세 번째 그룹은 특별한 자기 의를 주장하는 유대인들(종교주의자들)입니다. 하나님의 율법 혹은 자기들의 교리를 방어막으로 삼고 자기 의를 추구하며 복음을 거부하는 사람들입니다.

세 그룹 모두 하나님 앞에 죄인입니다. 모두 하나님의 진노를 면할 수 없는 죄인들입니다. 그러나 첫 번째 그룹은 비교적 빨리 복음을 영접하는 반면 두 번째 그룹은 자기 의를 내세우며 복음을 끈질기게 거부합니다. 세 번째 그룹은 아주 조직적으로 복음을 거부하기 때문에 희망이 거의 없어 보입니다. 하나님께서 자기들을 구원하려고 복음을 주셨지만 이를 거부합니다.

왜 거절합니까? 근본적으로 죄가 있기 때문입니다. 그들의 죄가 무엇입니까? 경건치 않음(godlessness)과 불의(wickedness)입니다. 이 두 죄는 깊은 연관성을 갖고 있습니다. 전자는 하나님에 대한 죄요, 후자는 인간에 대한 죄입니다. 죄의 뿌리는 경건치 않음입니다.[28] 그 죄가 자라서 모든 불의를 만들어 냅니다.

경건치 않음이란 하나님 없이 사는 죄입니다. 하나님을 하나님으로 높이지 않는 모든 죄입니다. 사람은 하나님을 높일 책임이 있습니다. 인간은 큰 특권을 지니고 창조되었기 때문입니다. 하나님께서는 영광스럽게 우주를 창조하셨습니다. 그리고 그 우주를 인간에게 맡기셨습니다. 하나님을 대신해 우주를 다스리도록 인간을 축복해 주셨습니다. 그래서 피조물 중 영혼을 가지고 말하며 지혜를 쓸 줄 아는 존재는 오직 사람뿐입니다. 사람은 하나님 말씀에 순종하며 하나님께 영광을 돌릴 책임이 있습니다.

그런데 그 큰 축복을 받은 인간이 하나님께 등을 돌렸습니다. 하나님의 말씀에 불순종했습니다. 하나님을 외면하고 자기가 하나님처럼 되어 살고 있습니다. 하나님을 의식하지 않고 살아갑니다. 하나님을 인정하려는 경건함이란 눈곱만큼도 없습니다. 오히려 하나

28) 죄의 뿌리를 밝히고자 인간은 부단히 노력해 왔다. 석가는 인간의 욕망을 죄의 뿌리로 보고 무욕을 강조했다. 성경은 영원한 생명이신 창조주와의 관계단절에서 오는 인간의 고립으로 인해 무지, 불안, 죄악이 발생했음을 가르친다(창 3장).

님을 거역하며 죄를 짓고 살고 있습니다.

불의란 사람에게 짓는 모든 죄입니다. 옳지 않은 모든 생각, 감정, 그리고 행동입니다. 하나님을 거역한 사람은 절대적인 기준을 상실한 상태이므로 즉각 타락하기 시작합니다. 하나님에 대한 두려움을 상실하므로 온갖 죄를 서슴없이 자행합니다. 그 타락한 모습이 21-32절에 기록되어 있습니다. 오늘날에는 신문과 방송 등 온갖 매체를 통해 알 수 있습니다. 이와 같이 영적인 죄는 도덕적인 죄를 수반합니다.

이러한 죄에 대한 하나님의 반응은 무엇입니까? "하나님의 진노가… 하늘로부터 나타나나니"(18절)라고 했습니다. 하나님께서는 인간의 죄에 대해 진노하십니다. 하나님의 성품은 거룩하고 의로우십니다. 그러므로 죄와 불의를 그냥 놔두지 않으십니다. 죄를 보고도 가만히 있다면 그것은 의가 아닙니다. 의로우신 하나님은 죄를 책망하고 저주하며 벌을 내리십니다. 하나님의 진노는 보호의 손길을 거두심, 무서운 질책, 저주, 심판, 지옥형벌 등으로 나타납니다.

하나님의 진노가 크게 나타난 예로 노아의 홍수 심판을 들 수 있습니다. 세상이 죄악으로 가득 차 더 이상 두고 볼 수 없었던 하나님은 세상을 물로 씻어 버리셨습니다.[29] 소돔과 고모라에 죄악이 관영했을 때에도 역시 하나님의 진노가 임했습니다. 유황불이 하늘에서 비같이 쏟아져 두 도시를 불살라 버렸습니다.[30]

하나님의 진노는 한 민족이나 세상 전체에 임하기도 하지만 개인

29) 창세기 6, 7장 참조.
30) 창세기 19:24, 25 참조.

에게도 임합니다. 불의로 진리를 막는 사람들, 즉 복음을 거절하는 사람들과 예수님을 거부하는 사람들에게도 하나님의 진노가 임합니다. 그러므로 불의한 인간들은 어서 복음을 영접해서 하나님의 의를 덧입어야만 합니다.

하나님을 모른다고 핑계할 수 없는 이유

사람들은 하나님의 심판대 앞에서 이렇게 변명할 것입니다. "하나님을 몰라서 그랬습니다." "복음을 몰라서 어쩔 수 없었습니다." 그러나 그들이 핑계할 수 없는 이유가 19-20절에 나오고 있습니다.

> 이는 하나님을 알 만한 것이 그들 속에 보임이라 하나님께서 이를 그들에게 보이셨느니라 창세로부터 그의 보이지 아니하는 것들 곧 그의 영원하신 능력과 신성이 그가 만드신 만물에 분명히 보여 알려졌나니 그러므로 그들이 핑계하지 못할지니라(19-20절).

하나님을 모른다고 핑계할 수 없는 이유는 '하나님을 알 만한 것을 그들 속에 보이셨'을 뿐만 아니라 '영원하신 능력과 신성이 만물에 분명히 보여' 알 수 있기 때문입니다.

하나님을 알 만한 것

'그들 속'이란 무엇입니까? '종교의 자리(The seat of religion)' 입니다. 하나님의 형상대로 창조된 인간에게는 누구도 예외 없이 절대자를 향한 마음(전 3:11)이 남아 있습니다. '그들 속' 에 있는 '하나님을 알 만한 것' 이란 무엇입니까? 그것은 인간의 양심(2:15), 이성, 종교적 본능(행 17:22)입니다. 인간에게는 누구나 이런 것들이 있습니다. 이런 것들이 있기 때문에 결코 하나님을 알지 못할 수 없다는 말입니다.

임마누엘 칸트(Immanuel Kant)는 "하늘에는 반짝이는 별, 내 마음에는 도덕률" 이라는 유명한 말을 남겼습니다. 신비롭게도 도무지 이성으로 규명할 수 없는 신비한 양심이 사람들의 마음속에 존재한다는 것입니다. 사실 인간 사회가 유지되는 것은 양심 덕분입니다. 양심이 없다면 아무리 많은 법을 제정한다고 해도 도무지 사회 질서를 유지할 수 없을 것입니다.

그 양심이 어디서 왔습니까? 선과 악을 구분하는 그 양심이 어디서 생겨났습니까? 인간 내면에 양심이 존재한다는 사실은 우주 배후에 도덕적 존재가 계시다는 반증입니다. 유신론적 논증은 하나님의 존재를 확신하는 데 도움을 줍니다.[31] 이성을 가지고 깊이 생각해 보면 절대자 신을 인정하지 않을 수 없습니다. 인간에게 절대자가 없다면 삶의 의미나 목표도 찾지 못합니다. 그래서 이성을 가장 신뢰했던 철학자 칸트도 절대자를 인정할 수밖에 없었습니다.

사람에게는 누구나 종교적 본능이 있습니다. 사람들이 종교를 찾

31) 유신론적 논증은 논리적 방법으로 하나님의 존재를 증명하는 방식이다. 우주론적 논증(Cosmological Argument), 본체론적 논증(Ontological Argument), 목적론적 논증(Teleological Argument), 이성론적 논증(Rational Argument) 도덕론적 논증(Moral Argument)이 있다. 우주론적 논증은 결과를 통해 원인을 밝히는 방식이다. 우주의 조화와 질서, 거대함과 정교함, 신비로운 법칙 등을 생각해 볼 때 우주의 배후에는 전능하신 신이 존재함이 분명하다.

는 이유는 내면에 절대자를 찾아 의지하고픈 근원적 성향이 있기 때문입니다. 사람들이 영원을 사모하는 이유 역시 인간이 영원하신 하나님과 교제하며 살도록 하나님의 형상을 따라 창조되었기 때문입니다. 불신자들도 절박한 상황 속에서 신을 찾습니다. "아이고, 하나님!" 중요한 시험을 앞두고 불신자들도 기도합니다. "하나님, 도와주세요! 합격시켜 주세요." 사랑하는 사람이 수술을 앞두고 있을 때 믿지 않는 사람들도 손을 모아 알지 못하는 절대자에게 도움을 청합니다. 인간의 내면에는 누구나 '하나님을 알 만한 것'이 있습니다. 그러므로 하나님을 모른다고 핑계할 수 없습니다.

자연 만물

하나님은 자연 만물에 당신 자신을 어느 정도 계시하셨습니다. 순수한 마음으로 자연 만물을 바라보면 하나님의 존재를 인정하지 않을 수 없습니다. 밤하늘에 수억 개의 별이 보입니다. 그 많은 별이 있는데 지구에만 생명체가 존재한다는 것은 신비로운 일입니다. 가까운 행성에 생명체만 존재해도 굉장할 터인데 지구에는 온갖 동식물과 사람까지 존재하고 있습니다.

태양과 지구와의 거리가 좀 더 가깝거나 멀었다면 생명체가 존재하는 것조차 불가능했을 텐데 어떻게 해서 그 절묘한 간격이 벌어질 수 있었을까요? 태양이 그 엄청난 에너지로 불타고 있게 된 근원은 어디에 있을까요? 사계절의 변화가 지구가 23.5도 기울어 있기 때문이라는데 누가 그렇게 기울게 했을까요? 물체는 누군가 힘을 가해야 움직이는데 지구가 태양과 적당한 거리를 유지한 채 자전과 공전을 계속할 수 있는 것은 과연 우연입니까?

사람의 머리카락은 계속 자라는데 눈썹은 왜 조금 자라다가 멈출까요? 코끼리가 자신의 큰 코를 사용해 음식을 먹을 수 있도록 기막힌 아이디어를 낸 이는 누구일까요? 욥은 절망적인 고난 속에서 헤매다가 자연 만물에 계시된 하나님의 솜씨를 보고 감동을 받아 하나님을 절대적으로 의지하게 되었습니다. 다윗은 자연 만물 속에 보인 하나님의 솜씨에 감동했습니다.[32)]

중학생 수준의 자연과학 지식으로도 하나님의 존재를 인정할 수밖에 없는데 사람들은 왜 하나님을 믿으려 하지 않습니까? 하나님을 거역하는 죄 때문입니다. "하나님을 믿지 않는 것이 무슨 죄가 됩니까?" 이렇게 묻는 사람이 있다면 너무나 꽉 막힌 사람입니다. 그것은 아들이 자기 아버지에게 "내가 원하는 것을 해주지 않으니 당신은 내 아버지가 아니에요"라고 말하는 것과 같습니다. 사람들이 그런 이야기를 듣는다면 과연 뭐라고 생각하겠습니까? '저 친구, 제 정신이 아니구나!

하나님은 우리의 창조주이십니다. "태초에 하나님이 천지를 창조하시니라"(창 1:1). 우리는 하나님의 피조물입니다. 하나님을 믿지 않는 것은 큰 죄입니다. 하나님의 형상대로 창조된 인간이 자기 창조주를 부인하고 사는 것은 지옥형벌을 받아 마땅한 죄입니다. 우주와 인간이 하나님에게서 나왔음에도 하나님을 창조주로 인정하지 않는 것은 큰 죄입니다. 그래서 십계명 중 첫 번째 계명은 "너는 나 외에는 다른 신들을 네게 있게 말지니라"고 했습니다.[33)] 하나

32) 시편 19:1-6 참조.

33) 출애굽기 20:3 참조.

님은 우리를 창조하신 분입니다. 피조물인 우리는 당연히 하나님을 하나님으로 모시고 경배해야 합니다.

인간 타락의 5단계

하나님의 형상대로 거룩하게 창조된 사람들이 어떻게 하다가 죄인으로 전락하고 말았습니까? 안타까운 일이 아닐 수 없습니다. 바울 사도는 인간 타락의 단계를 예리하게 묘사하고 있습니다.

1단계 : 교만

타락의 첫 단계는 교만입니다. 21절에 "하나님을 알되 하나님으로 영화롭게도 아니하며 감사하지도 아니하고"라는 표현이 나옵니다. 하나님을 알면서도 왜 하나님께 영광을 돌리지 않습니까? 영광스러운 존재로 창조되었으면서도 왜 감사하지 않습니까? 교만 때문입니다. 창세기 3장에서 알 수 있듯, 하나님과 동등한 존재가 되고자 한 인간의 교만이 죄의 시작입니다.[34)]

하나님께서는 자신을 대신해 우주를 통치할 권한을 인간에게 주셨습니다. 그리고 인간을 기계로 만들지 않고 인격적 존재로 창조하셨습니다. 인격적 존재란 자유의지에 따라 선택권을 행사하는 존재를 가리킵니다. 하나님께서는 인간에게 하나님께 순종할 수도 불순종할 수도 있는 자유 선택권을 주셨습니다. 이러한 큰 특권을 주

34) 창세기 3:1-6 참조.

신 까닭은 역시 인격적 존재이신 하나님께서 우리를 지극히 사랑하셨기 때문입니다. 창조주이신 하나님께서는 우리에게 기계적인 복종을 강요하실 수도 있었습니다. 하지만 그런 강요 대신 자유의지에 따른 인격적인 사랑과 경배를 받기 원하셨습니다. 그것은 우리에게는 크나큰 복입니다. 그런데 인간이 그 자유 선택권을 하나님께 반역하는 데 쓰고 말았습니다. 사탄의 부추김을 받은 인간은 교만해져 하나님의 말씀에 불순종하기 시작했습니다. 바울 사도는 그런 사람의 마음을 '그들이 마음에 하나님 두기를 싫어함'(28절)이라고 예리하게 밝혔습니다. 피조물 가운데 최고의 축복을 받은 인간이 왜 마음에 하나님 두기를 싫어합니까? 교만한 생각이 마음속에 자리 잡고 있기 때문입니다.

교만이 무엇입니까? 하나님을 절대자로 모시기 싫어하는 마음입니다. 자기가 하나님처럼 되어 자기 의지대로 살고 싶은 마음입니다. 교만은 죄악의 뿌리요, 죄의 시작입니다. 교만의 첫 번째 특징은 감사가 사라진 것입니다. 반면에 은혜 받은 자의 첫 번째 특징은 감사입니다. 감사하고 찬양하며 즐거이 일해야 할 사람이 어느 날 불만이 가득해 불평합니다. 왜 그런지 곰곰이 살펴보니 교만한 생각을 갖고 있었습니다. 교만은 죄의 뿌리입니다. 교만은 축복을 저주로 바꾸는 시작입니다. 중요한 직책을 가진 사람일수록 겸손을 몸에 익혀야 합니다. 항상 감사함으로 일하는 겸손을 배워야 합니다. 그러면 그 인생에 하나님의 복이 넘치게 될 것입니다.

2단계 : 공허

사람들이 마음속에서 하나님을 몰아내고 나면 공허해집니다.

…오히려 그 생각이 허망하여지며 미련한 마음이 어두워졌나니(21절).

생각이 허망해집니다. 마음이 어두워집니다. 미련한 생각이 가득 차서 어두운 마음으로 살아갑니다. 하나님을 잃어 버린 순간 참된 자아를 잃어 버리는 것입니다. 보호자요 절대자이신 하나님을 잃어 버린 순간 혼돈과 무질서, 공허에 빠지는 것입니다. 우주에 던져진 고아와 같은 고독한 상태가 됩니다. 원래 인간은 하나님의 형상대로 창조되어 마음 첫 자리에 완전하신 하나님을 모실 때 만족하도록 설계되어 있었습니다. 완전한 사랑, 완전한 지혜, 완전한 능력의 하나님을 마음속에 모시고 자기 존재 가치를 깨달으며 만족한 삶을 살 수 있었습니다.

그런데 마음속에 하나님이 계시지 않으니 공허해진 것입니다. 무엇으로도 채워지지 않는 마음의 공동(空洞)이 생기고 만 것입니다. 어떤 자매가 이런 고백을 했습니다. "목사님, 제 마음은 바람 빠진 고무풍선 같아요. 무슨 이야기를 들으면 좀 나아지는 듯했다가 끝나면 다시금 허전해져요. 바람 빠진 고무풍선을 손가락으로 누르면 들어갔다가 떼면 다시 원상태로 돌아가는 것처럼 말이에요." 그 허전한 마음을 무엇으로 채울 수 있습니까? 오직 완전한 사랑이신 하나님께서 마음속에 좌정(坐定)하실 때 만족이 찾아옵니다. 실존주의 철학자들은 "인간의 본질이 불안"이라고 했습니다.[35] 제대로 짚었습니다. 그들은 그런 불안이 왜 왔고, 어떻게 해야 근본적으로 해결

35) 실존주의 철학자 하이데거(Heidegger, 독일의 철학자, 1888-1976)는 "인간의 본질은 불안이다"라고 주장했다.

할 수 있는지는 밝히지 못했지만 그 실상은 정확히 본 것입니다.

인간의 마음 깊은 곳에는 불안이 도사리고 있습니다. 캄캄한 불안의 먹구름이 있습니다. 그 불안과 어두움은 마음속에 하나님이 없기 때문입니다. 하나님께서 환히 빛을 비춰 주실 때까지 그 심연의 어두움은 가시지 않을 것입니다. 교만한 사람의 마음은 불안합니다. 뭔가를 찾아 방황합니다. "인생이 왜 이렇게 고달프지? 인생은 어디서 왔다가 어디로 가는 것일까?" 이렇게 탄식하며 영원을 찾아 헤매 다닙니다.

3단계 : 우상숭배

마음속의 공허를 달래고자 하는 사람들의 노력이 우상숭배로 나타납니다.

> 스스로 지혜 있다 하나 어리석게 되어 썩어지지 아니하는 하나님의 영광을 썩어질 사람과 새와 짐승과 기어다니는 동물 모양의 우상으로 바꾸었느니라(22-23절).

마음속 텅 빈 자리에 이것저것을 채워 넣는 것이 우상입니다. 하나님이 계셔야 할 자리에 대신 채워 넣는 것은 모두 우상입니다. 인간이 하나님 대신 가장 먼저 채워 넣는 것은 '사람'입니다. 하나님을 대신해 사람, 특히 자기를 마음의 지성소에 앉힙니다.

공산주의 독재 국가에서 사람들이 지도자에게 광적인 환호를 보내는 것이나 십대들이 화려한 조명을 받는 연예인들을 열광하며 쫓아 다니는 것을 보면 우상숭배하는 우리의 어리석은 모습이 투영됩니다. 거짓과 위선투성이의 부족한 죄인을 신처럼 떠받드는 모습입니다. 언젠가는 자신들의 어리석음을 후회하게 될 것입니다. 하나님이 좌정하셔야 할 자리에 사람들이 흔히 대신 채워 넣는 것에는 사람 말고도 다양한 것들이 있습니다. 과거에는 새와 짐승과 기어다니는 동물을 우상으로 섬겼습니다. 고대 이집트인들은 따오기, 매, 뱀, 원숭이, 흰 소, 개, 개구리, 악어 등을 신으로 떠받들었습니다. 영을 가진 인간이 영도 없는 금수와 버러지를 섬기다니 얼마나 어리석은 짓입니까? 하나님께 바쳐야 할 영광을 썩을 피조물에게 바치는 인간들은 스스로를 금수 이하의 존재로 격하시키고 있는 것입니다.

마음의 공허함을 메우고자 현대인들이 신처럼 추구하는 것들도 다양합니다. 스포츠, 돈, 섹스, 쾌락 혹은 학문, 예술, 과학, 종교, 취미 등을 최고의 가치로 여기며 좇는 것은 현대판 우상숭배입니다. 인간은 자기보다 나은 존재를 섬길 때 만족할 수 있습니다. 물론 자기 이상의 존재는 하나님뿐이지요. 당연히 하나님을 찾아가야 하는데도 하나님 대신 피조물, 혹은 세상의 것들을 찾아 섬기고 있습니다. 얼마나 어리석은지 모릅니다. 수석(壽石, 아름다운 돌을 수집하는 취미)이 취미인 어떤 사람은 돌 하나를 놓고 아침마다 절을 하면서 그것을 통해 복을 얻을 것이라고 믿습니다. 하나님께서 이러한 인간들을 보시면 얼마나 화가 나고 괴로우시겠습니까? 이단 종파의 교주에게 빠져 인생을 허비하는 자녀를 바라보는 부모의 심정도 그러할 것입니다. 우상숭배는 큰 죄입니다. 우상숭배는 하나님에 대한 반역이요, 하나님을 극히 실망시키는 행동입니다.

4단계 : 도덕적 타락

하나님을 떠난 사람들, 혹은 하나님 없이 살고 있는 사람들의 현저한 특징은 윤리적 타락입니다. 마음에 하나님이 계시지 않으면 절대적 기준이 사라지므로 윤리적 타락이 뒤따릅니다. 우상은 죄로부터 인간을 지켜 주지 못합니다. 죄의 유혹이 왔을 때 물리칠 능력이 없습니다. 우상에게는 진리가 없기 때문에 우상을 따르는 자들은 무지해져서 타락의 길을 걷게 됩니다. 24-27절은 성적 타락, 28-31절은 전반적인 인간의 타락상을 보여 줍니다.

많은 죄 가운데서도 성적인 죄를 먼저 기록한 이유는 성적 부패함의 심각성을 느꼈기 때문입니다. 그것은 인간성을 말살하고 가정을 파괴하며 은밀히 빠른 속도로 확산됩니다. 더욱이 우상숭배와 깊이 연관되어 하나님의 무서운 진노를 더욱 촉발시킵니다. 성(性, sex)은 하나님께서 가정이라는 울타리 안에서 허락하신 선물입니다. 성은 하나님께서 부부에게 주신 비밀스런 축복입니다. 전혀 다른 삶을 살던 한 남자와 한 여자가 성을 통해 가장 친밀한 관계를 맺고 가정을 이루며 자녀를 낳아 인류를 존속시킵니다. 부부가 함께하는 아름다운 성은 서로의 사랑을 깊게 하며 인간성을 고양시킵니다. 그러나 불륜이나 잘못된 방식으로 남용되는 성은 인간다움을 파괴합니다. 죄악에 물든 인간들은 고귀한 성을 쾌락의 도구로만 사용하며 천한 짓을 일삼고 있습니다. 부끄러운 욕망의 노예가 되어 성적 범죄를 스스럼없이 저지릅니다.

우상숭배의 결국은 수치스러운 성적 타락으로 치닫습니다. 당시의 헬라와 로마 지역 내 여러 신전에서 종교 예식이라는 이름으로 공공연하게 자행된 성행위와 매음은 심각한 문제였습니다(고전

6:9, 엡 5:3). 남성뿐만 아니라 여성들조차 동성애에 빠져 부끄러운 일을 저질렀습니다. 사람들은 자신들이 저지르는 이런 그릇됨에 상당한 보응을 받게 됩니다. 임질, 매독, 에이즈 등 성병뿐만 아니라 죄책감, 절망감, 심적 고통, 비난, 가정 파괴 등 정신적인 형벌이 찾아옵니다.

성경에 무서운 심판 두 가지 사례가 나옵니다. 홍수 심판과 소돔의 불 심판입니다. 그 두 심판 모두가 성범죄로 대표되는 관영한 죄악에서 비롯되었다는 것은 심히 두려운 사실입니다. 오늘날 우리 사회도 그에 못지 않게 타락해 있음은 누구나 아는 바입니다. 특히 영화, 비디오, 인터넷 등을 통해 많은 어린이들과 청소년들이 저속한 음란물에 유혹 받고 있는 것은 매우 걱정되는 현실입니다. 국가적 대책과 사회 전반에 걸친 혁신 운동, 종교 단체의 강력한 참여를 통해 이러한 죄의 환경들을 추방해야겠습니다.

28-31절에는 21가지의 죄목이 나열되어 있습니다. 28절에서는 하나님을 거역하는 인간을 하나님께서 그 상실한 마음대로 내버려 두신 결과로 모든 죄악이 고스란히 드러나게 되었다는 사실을 설명합니다. 어렵지만 '합당하지 못한 일' 로 표현되는 21가지의 죄목을 다음과 같이 정리할 수 있습니다.

● 마음으로 짓는 죄

처음 네 가지 죄는 하나님께 불순종한 인간 내면의 죄를 나타냅니다. 일그러진 자아, 비뚤어진 자아의 모습입니다.

— 불의(wickedness) : 모든 죄의 총칭으로서 하나님의 명령에 불순

종한 죄입니다. 자기가 중심이 되어 하나님의 진리를 거역하는 모든 생각과 태도, 행동을 가리킵니다. 마땅히 모셔야 할 하나님을 거부한 상태입니다.

— 추악(evil) : 바르지 못한 일을 좋아하고 기뻐하는 것입니다.

— 탐욕(covetousness) : 허욕, 과욕, 지나치게 더 많이 소유하려는 욕심, 부당한 방법으로 남의 것을 가지려는 그릇된 욕망입니다.

— 악의(malice) : 추악과 비슷한 죄로서 남을 해치고자 하는 생각, 옳지 못한 일을 저지르고자 한 생각을 말합니다.

'가득한 자요' 는 통에 물이 가득 차듯이 죄로 꽉 차 있다는 말입니다. 하나님께 드려야 할 마음을 온통 죄에 빼앗겨 버린 상태를 말합니다.

● 인간관계를 파괴하는 죄

마음속의 죄는 밖으로 표출되기 마련입니다. 참 자아를 상실하고 죄악된 자아를 갖게 된 인간은 다른 사람과의 올바른 관계를 맺지 못합니다. 자기 중심으로 살면서 다른 사람을 자기 발아래 꿇게 하려고 그릇된 노력을 벌입니다. 그 결과 다른 사람에게 큰 피해를 줍니다. 그리고 그 죄의 대가를 돌려받으며 고통을 겪습니다. 바울 사도가 언급한 인간 관계를 파괴하는 7가지 죄는 다음과 같습니다.

— 시기(envy) : 남이 잘되는 것을 기뻐하지 못하고 싫어하는 죄입니다.[36)]

— 살인(murder) : 시기가 발전해 살인에 이릅니다. 사람을 도와주

고 살려야 할 텐데 해치고 죽이는 짓을 하는 인간은 크게 잘못 된 것입니다. 여기서 살인은 육체의 생명을 끊는 일은 물론이요, 언어로 저지르는 살인(마 5:21-22), 미워하며 마음속으로 죽이는 정신적인 살인(요일 3:15)까지 말합니다.

— 분쟁(strife) : 스스로 왕이 되어 남을 자기 아래 굴복시키려 할 때 분쟁이 일어납니다. "인류 역사는 전쟁의 역사이며 개인의 역사는 복수의 역사다"라는 말이 실감나는 세상입니다.

— 사기(deceit) : 자기 욕망을 채우기 위해 남을 속이고 배신하며 이용하는 행위입니다. 사기를 당해 보면 사기가 얼마나 나쁜 죄인지 깨닫게 됩니다.

— 악독(craftiness) : 다른 사람을 해치고자 하는 열망을 가리킵니다. 악독한 사람은 선한 사람을 보면 가만히 있지 못합니다. 음모를 꾸미며 선한 사람을 불행에 빠뜨리고자 수단과 방법을 가리지 않습니다.

— 수군수군(gossip) : 비밀리에 이웃을 헐뜯는 행위입니다. 내가 없는 곳에서 다른 사람들이 나의 안 좋은 점에 대해 수군수군하는 것을 알게 되면 배신감을 느끼게 됩니다. 여지없이 인간관계가 깨지고 맙니다.

— 비방(slander) : 공개적으로 남을 중상 모략하는 행위를 말합니

36) 원래 인간은 서로 사랑하도록 창조되었다. 서로 사랑하면서 행복을 느끼기 때문이다. 그런데 시기를 하면 서로 불편한 관계가 된다. 인간은 왜 시기를 하는가? 시기심은 우월감 혹은 열등감에서 나온다. 참 자아를 소유하지 못하고 허욕에 사로잡혔기 때문이다. 상대방이 잘하면 배우고, 못하면 도와주면 되는데 그러지 못한다. 헨드릭슨은 "시기는 자기가 몹시 아까워하는 어떤 것을 어떤 사람이 소유하고 있음을 보는 데서 발생되는 예민한 불쾌감"이라고 정의했다.

다. 비방을 들으면 큰 상처를 받습니다. 참으로 오랫동안 잊히지 않습니다. 관계를 회복하기 매우 어려워집니다.

서로 돕고 격려해 선을 이루어야 할 인간들이 서로를 파괴하며 죽이려는 것은 참으로 어리석은 일입니다. 자신도, 상대방도 상처를 받고 모두가 피해를 입는 잘못을 계속 반복하는 것입니다. 그 근본적인 이유는 인간의 자기중심성에 있습니다. 어떻게 해야 이런 자기 중심성을 치유할 수 있습니까? 우리가 하나님을 향해 돌아설 때에만 가능합니다. 하나님께서 우리 내면의 중심에 좌정하셔야만 합니다. 하지만 하나님을 떠난 인간은 자기가 중심이 되어 자기 왕국을 세우려고 굶주린 이리 떼의 싸움을 연출하고 있습니다.

● **권위를 파괴하는 죄**

자아를 상실한 사람은 이웃도 상실합니다. 더 나아가 윤리 도덕의 기초가 되는 권위마저도 파괴하는 죄를 저지릅니다. 죄인인 인간은 점점 더 교활해지고 악해져 갑니다.

— 하나님께서 미워하시는 자(God-hater) : '하나님께서 미워하시는 자,' '하나님을 미워하는 자.' 두 가지 번역이 다 가능한데 문맥의 흐름을 볼 때 후자가 더 적합합니다. 모든 도덕의 최고 권위이신 하나님을 거역합니다. 하나님을 싫어합니다. 그래서 구원받는 길에서 점점 멀어져 갑니다.

— 능욕하는 자(insolent) : 자비를 베풀어야 할 자리에서 오히려 혹독한 고통을 가하는 죄인입니다. 잔인성과 교만이 가득 차서

다른 사람의 고통을 즐기는 파렴치한 사람입니다. 네로 황제가 맹수에게 찢기는 신자들을 보면서 즐겼다고 하는데 그 모습이 능욕하는 자입니다.

— 교만한 자(haughty) : 스스로를 다른 사람보다 높일 뿐만 아니라 하나님보다도 더 높이려는 자를 가리킵니다. 교만한 자에게는 어떤 교훈도 통하지 않습니다. 그 누구도 제어할 수 없는 통제불능 상태에 빠진 사람입니다.

— 자랑하는 자(boastful) : 헛된 목표를 내세우며 헛된 약속과 자랑을 남발하는 자입니다. 자기중심적 사고로 다른 이들을 인정하지 않고 자기만 높이는 자입니다.

— 악을 도모하는 자(inventor of evil) : 새로운 죄악을 만들어 내는 데 창의적인 자입니다. 자신뿐만 아니라 동료들까지도 죄악으로 끌어들이는 자입니다.

— 부모를 거역하는 자(rebellious toward parents) : 얼마나 교만한지 부모를 무시할 뿐만 아니라 대항하는 자입니다. 마지막 기회라고 할 부모가 사랑으로 베푸는 교훈마저 배척함으로써 양심을 회복하고 바른 길로 돌아설 수 있는 모든 길을 차단해 버리는 자입니다.

죄는 무섭습니다. 자신뿐만 아니라 다른 사람까지 파멸에 이르게 하고, 더 나아가 인간 사회를 지탱해 주는 권위와 질서마저도 파괴해 버립니다. 돌아올 수 있는 마지막 다리마저 끊어 버리는 것 같은 절망적인 모습입니다.

● 인간성을 파괴하는 죄

절망적인 죄인의 모습을 보여 주는 네 가지 죄입니다.

— 우매한 자(foolish, senseless) : 인간의 지혜와 총명함을 상실하고 죽을 짓만 골라하는 어리석은 죄인의 모습입니다. 마약중독자가 이성과 판단력을 상실하고 위험한 짓을 벌이는 듯한 모습입니다. NIV 성경에는 몰상식한 자(senseless)로 번역했습니다.

— 배약하는 자(faithless) : 약속을 지키지 않아 신용을 상실한 자입니다. 도무지 신뢰할 수 없는 자로서 사회생활이 불가능한 상태에 이른 자입니다.

— 무정한 자(heartless) : 인간의 기본적인 애정이 결여된 자를 가리킵니다. 아이를 낳아 길거리에 내버린 부모, 늙고 병든 부모를 방치해 죽게 하는 자식들은 대표적인 무정한 자들입니다. 인간이기를 스스로 포기한 자입니다.

— 무자비한 자(ruthless) : 잔인한 사람, 냉혹한 사람을 일컫는 말입니다. "저게 사람 맞아?" "저게 사람이야 악마야?" 라는 소리를 들을 정도로 인정이라곤 조금도 없이 냉혹한 사람입니다.

오, 인간이여! 인간이 어쩌다가 이렇게 되고 말았습니까? 끔찍합니다. 하나님의 형상대로 지음 받은 거룩한 인간이 어쩌다가 이 지경이 되었습니까? 여기에 기록된 우상숭배와 음란과 21가지의 죄악들은 로마서가 기록될 당시뿐만 아니라 인간이 사는 모든 곳에서 항상 목격되는 것들입니다.

어떤 이들은 인간이 미개해서 죄를 짓지만 세월이 흘러 문명이 발달하면 죄가 없어질 것이라고 주장했습니다. 그러나 첨단 문명을 즐기고 있는 현대에도 똑같은 죄악이 날마다 매스컴을 통해 보도되고 있습니다. 아니 더욱 지능화하고 있습니다. 인간의 근본적인 죄가 해결되지 않았기 때문입니다. 바울 사도는 여기에 덧붙여 더 큰 죄를 폭로합니다.

5단계 : 죄의 합리화

인간 타락의 마지막 단계는 죄의 합리화입니다. 죄의 합리화야말로 가장 나쁜 형태의 죄악입니다. 이것 때문에 인간의 악한 상태가 개선되지 못하고 있는 것입니다. 인간이기에 죄를 지을 수 있습니다. 그 죄를 통해 큰 교훈을 얻고 다시 죄를 짓지 않으면 개선의 여지가 있습니다. 그런데 이상하게도 만물의 영장인 인간들이 죄의 굴레를 벗어나지 못합니다. 죄를 회개하지 못합니다. 노력적으로 개선되지 못합니다. 왜 그렇습니까?

> 그들이 이같은 일을 행하는 자는 사형에 해당한다고 하나님께서 정하심을 알고도 자기들만 행할 뿐 아니라 또한 그런 일을 행하는 자들을 옳다 하느니라(32절).

인간이 죄의 굴레에서 벗어나지 못한 까닭은 죄를 합리화하고 있기 때문입니다. 인간은 자연계시를 통해 하나님을 알듯이 인간의 죄가 나쁜 것임을 압니다. 또한 인간이 저지른 죄는 사형이라는 중벌을 받아 마땅한 것도 압니다. 그런데도 회개하지 않습니다. 회개하기는커녕 도리어 자기들만 행할 뿐만 아니라 그런 일을 행한 자들을 옳다고 합니다. 죄를 합리화합니다.

죄를 이렇게 합리화하는 데 익숙해지면 그 다음부터 인간은 죄를 서슴없이 짓게 됩니다. 이로 말미암아 죄가 확산되어 갑니다. 인류 문화를 영적인 눈으로 꿰뚫어 보면 죄의 합리화, 죄의 미화가 얼마나 심한지 모릅니다. 오늘날 현대인들은 문학, TV 드라마, 영화, 연극, 음악 등 문화 도구를 통해 죄를 아름답게 미화하고 있습니다. 무자비한 살인과 폭력이 남성의 호쾌함과 멋으로 묘사되고 정죄 받아 마땅한 불륜이 선망의 대상이 되도록 아름답게 묘사되고 있습니다. 그러한 죄의 합리화가 자신들이 살아가는 사회를 파괴시키며, 자신들의 삶까지 파괴시키고 있음을 알지 못합니다.

이와 같이 인간의 죄는 다섯 단계로 진행됩니다. 죄는 사람이 교만해져서 하나님을 배척하는 것으로 시작됩니다. 하나님을 떠난 인간은 공허해지고, 그 공허함을 달래고자 우상을 숭배합니다. 자기보다 못한 것들을 신으로 받든 인간은 무지해지고 도덕적 기준을 상실해 윤리적 타락에 빠지게 됩니다. 윤리적 타락을 통탄하고 죄에서 빠져 나가야 하지만 도리어 죄를 합리화합니다. 심지어 죄를 미화하며 부추기고 조장해서 확산시킵니다. 죄의 함정에 빠진 인간을 어떻게 해야 한단 말입니까?

죄의 심각성

죄가 개인의 삶뿐만 아니라 사회까지 파괴하고 있는데 사람들은 죄를 무서워하기 보다 죄를 미화하고 있으니 심각한 일이 아닐 수 없습니다. 이제 타락한 인간의 죄를 정리해 볼 텐데, 죄의 심각성을 깨닫고 빨리 회개해야 하겠습니다.

죄란 무엇인가?

지금까지 인간의 죄에 대해 살펴보았습니다. 이제 죄가 무엇인지 정리해 봅시다. 죄를 분명히 알아야 의가 왜 필요한지 절실히 알 수 있기 때문입니다. 그런데 정작 죄란 무엇인가에 대해 설명하려고 해도 개념이 확실하게 정리되지 않습니다. 신앙생활을 시작하면서부터 개념을 모호하게 이해했거나 혼동해 잘못 사용해 왔기 때문입니다.

그런 것 중 하나가 '죄' 라는 단어입니다. 기도할 때 '벌레만도 못한 죄인' 이라는 말을 자주 쓰는데 무슨 죄를 많이 지었기에 '벌레만도 못한 죄인' 이라고 합니까? 의아한 생각이 들기도 합니다.

죄란 무엇입니까? 일반적으로 죄란 법률적인 죄(crime), 도덕적인 죄(sins), 신앙적인 죄(sin)로 분류합니다. 보통 죄라고 하면 법적으로 잘못 행한 것을 지칭합니다. 도덕적인 죄는 양심에 어긋나는 행위입니다. 법적으로는 죄가 아니어도 도덕적으로 죄가 되는 경우는 많습니다. 자신에게 큰 도움을 준 사람이 곤경에 처했음에도 모른 체 한다면 법적으로는 문제가 되지 않아도 도덕적으로는 죄가 됩니다. 신앙적인 죄는 하나님의 거울로 보았을 때 잘못된 것들을 가리킵니다. 기도할 때 죄인이라고 하는 것은 바로 이 신앙적인 죄를 가리킵니다.

죄란 무엇입니까? 교회에서 흔히 죄에 대한 이런 식의 정의를 듣습니다. "죄란 헬라어로 하마르티아(hamartia)인데 '과녁에서 빗나간다' 는 뜻으로 목표에서 빗나간 것을 가리킨다." 쉬운 말 같은데 얼른 이해되지 않습니다. 하지만 바울 사도가 내린 죄의 정의는 명확합니다. 죄란 '마음에 하나님 두기를 싫어함' (28절)입니다. 좀더 자세히 살펴보면, 하나님을 알되 하나님으로 영화롭게도 아니하며 감사치도 아니함(21절), 하나님의 영광을 썩어질 사람과 금수와 버러지 형상의 우상으로 바꿈(23절), 하나님의 진리를 거짓 것으로 바꿈(25절), 피조물을 조물주보다 더 경배함(25절), 마음에 하나님 두기를 싫어함(28절)입니다.

인간은 하나님의 큰 사랑과 축복을 받으며 모든 피조물을 다스리는 존재로 창조되었습니다. 인간은 마땅히 하나님을 섬기고 하나님 말씀에 순종해야 합니다. 그런데 인간이 마음에 하나님 두기를 싫어하고 하나님을 거역하는 것은 하나님 보시기에 큰 죄입니다. 인간은 하나님 없이는 살 수 없습니다. 마음 중심에 하나님을 모시고 하나님의 사랑을 받으며 하나님을 사랑할 때 인간은 참 만족을 얻을 수 있는 존재입니다. 그런 인간이 마음에서 하나님을 추방하고 우상을 앉히고 살 때 인간에게는 끝없는 모순과 오류가 발생할 수밖에 없습니다.

이제 죄가 명확하게 밝혀졌습니다. 죄란 하나님을 떠난 모든 생각, 감정, 행동입니다. 죄란 하나님을 절대자로 섬기지 않고 피조물을 절대시하는 것입니다. 죄란 하나님께서 보내신 하나님의 아들을 믿지 않는 것입니다. 죄란 하나님을 기쁘시게 하지 않고 불순종하며 사는 삶입니다.

죄의 종류

죄는 그 특성에 따라 다양하게 분류할 수 있습니다. 이렇게 함으로써 죄를 더 명확히 이해하며 그 심각성을 인식할 수 있습니다.

● **원인과 결과에 따른 분류**

— 근원적인 죄 : 원죄. 하나님을 중심에 모시지 아니함.

— 현상적인 죄 : 우상숭배, 성범죄, 시기, 살인, 분쟁, 사기, 악독, 수군수군, 비방 등

● **죄짓는 과정에 따른 분류**

— 생각으로 짓는 죄 : 시편 1편 1절의 '악인의 꾀' 에 해당하는 죄. 모든 죄의 시작. 유다의 생각 속에 일어나는 죄(요 13:2).

— 감정으로 짓는 죄 : 마음속에 죄가 자리잡음. 죄짓기로 마음먹음. 죄인의 길에 섬(시 1:1). 유다가 천연덕스럽게 발을 내놓은 채 떡을 받아먹으며 "누가 스승을 판다고?" 라며 시침을 떼고 말하고 있음(요 13:27). 이때에라도 회개해야 하는데 기회를 놓치고 있음.

— 행동으로 짓는 죄 : 마음속에 결정된 죄를 행동으로 옮김. 오만한 자의 자리에 앉음(시 1:1). 유다가 떡 조각을 받고 스승을 팔러 나감(요 13:30). 죄가 행동으로 드러나기까지 몇 차례의 과정을 거치는데 그 순간 순간 말씀을 붙들고 죄의 유혹과 사탄의 유혹을 잘라야 함.

● **직접성, 간접성에 따른 분류**

— 작위 죄 : 법을 공부한 사람은 쉽게 이해합니다. 작위 죄란 직접 죄의 행동을 한 죄이며, 부작위 죄는 직접 죄의 행동을 하지 않아도 죄가 성립되는 죄. 작위 죄로는 교만, 게으름, 시기심, 거짓말, 위선, 남 흉보는 일, 비방, 속임수, 도둑질, 화를 내서 남에게 상처를 줌, 학교나 교회 전기를 함부로 씀, 음란한 영화를 봄, 주일예배 안 드리고 놀러 감, 나도 죄 한번 지어 볼까 생각함, 은밀한 죄 등이 있음.

— 부작위 죄 : 감사하지 않음, 하나님에 대한 사랑이 부족함, 성경연구나 예배 등을 소홀히 함, 기도나 전도를 게을리 함, 교회의 직분이 축복임에도 억지로 함, 가족에 대한 사랑이 부족하고 의무를 불이행함, 서로 협력해야 할 일에 소홀함, 늘 인상을 쓰고 다녀 남을 불편하게 함 등이 있음.

아이쿠, 그럼 죄인 아닌 사람이 어디 있습니까? 그렇습니다. 하나님의 거울에 비춰 보면 죄인 아닌 사람이 하나도 없습니다. 그런데도 많은 사람들이 "내가 왜 죄인입니까?" 하고 항의하니 죄 하나를 더 추가하는 셈입니다. '죄를 인정하지 않는 죄' 입니다.

죄의 결과

사람이 죄를 지을 때는 무슨 기대가 있었을 것입니다. 자유나 만족 혹은 행복을 얻고자 죄를 선택했을 것입니다. 그런데 결과는 기대와 다릅니다. 죄의 결과는 형벌입니다. 죄의 형벌은 심판, 죽음, 지옥에 들어가는 영원한 멸망입니다.

● **심판** — 사람은 누구나 죄를 지으면 벌을 받는다는 것을 본성적으로 압니다. 죄에는 반드시 벌이 따릅니다. 하나님의 진노 아래 있기 때문에(18절) 인간은 본질적으로 항상 불안합니다. 그리고 하나님의 저주 아래 있기 때문에 참 만족을 얻지 못하고, 만족을 얻고자 항상 방황하고 있습니다. 그리고 죄에는 심판이 따릅니다. 현재의 심판이 있고, 역사 속에서의 심판, 미래의 최후 심판이 있습니다.

현재의 심판은 바울 사도가 세 번이나 강조했습니다. '내버려 두사' (24절), '내버려 두셨으니' (26절), '내버려 두사' (28절). 하나님께서 인간을 죄 가운데 내버려 두셨다 함은 하나님의 심판이 내린 것이기도 합니다. 사랑과 보호의 손길을 거두어 버린 것입니다. 죄에 빠져서 죄로 인한 고통을 뼈저리게 느끼도록 한 것입니다. 죄를 짓겠다고 계속 우기는 사람에게는 그 길밖에 없습니다. "좋다, 죄 짓는 것이 정 너의 소원이라면 네 맘대로 해봐라." 하나님께서 죄지은 인간을 당장 죽이지 않고 내버려 두신 것은 죄가 얼마나 나쁜 것인지 깨닫고 회개하도록 함입니다. 부모의 품을 떠나 본 탕자가 비로소 부모의 품이 얼마나 좋은지 깨닫고 돌아오듯이 말입니다. 하나님의 품을 떠나 죄 가운데 거하는 사람은 하나님의 심판을 받고 있는 중임을 깨달아야 합니다.[37]

---

37) 하나님은 빛이요 죄는 어둠인데 빛 속에 살지 못하고 어둠 속에 사는 자체가 심판 받음이다. 하나님 안에 생명과 사랑과 구원이 있는데 하나님과의 관계가 단절되어 사랑과 생명을 공급받지 못하고 사는 자체가 심판 받음이다. "…믿지 아니하는 자는 하나님의 독생자의 이름을 믿지 아니하므로 벌써 심판을 받은 것이니라 그 정죄는 이것이니 곧 빛이 세상에 왔으되 사람들이 자기 행위가 악하므로 빛보다 어두움을 더 사랑한 것이니라 악을 행하는 자마다 빛을 미워하여 빛으로 오지 아니하나니 이는 그 행위가 드러날까 함이요" (요 3:18-20).

● **죽음** — "죄의 삯은 사망이요"(6:23). 육체적 사망은 육체와 영혼이 분리되는 것입니다. 영적 죽음은 하나님과 영혼이 분리되는 것입니다(엡 2:1). 죄는 인간의 삶에서 생명력을 빼앗아 갑니다. 죄가 있는 곳에는 생명이 없습니다. 죽음의 그림자가 드리우고 죽음의 세력이 지배합니다. 죄지은 영혼, 죄지은 가정, 죄가 있는 단체는 죽음의 세력이 뻗쳐 있습니다. 그러므로 하나님의 생명력이 넘치게 하기 위해서는 죄를 회개해야 합니다. 죄에서 벗어나서 밝은 하나님의 빛을 받아야 합니다. 하나님의 생명을 받아 새 삶을 시작해야 합니다.

● **지옥** — 죄를 지으면 현재의 심판과 죽음뿐만 아니라 죽음 이후에도 영원한 형벌이 기다리고 있습니다. "한 번 죽는 것은 사람에게 정해진 것이요 그 후에는 심판이 있으리니"(히 9:27). 최후의 심판이 그것입니다. "그러나 두려워하는 자들과 믿지 아니하는 자들과 흉악한 자들과 살인자들과 음행하는 자들과 점술가들과 우상숭배자들과 거짓말하는 모든 자들은 불과 유황으로 타는 못에 던져지리니 이것이 둘째 사망이라"(계 21:8). 여기서 둘째 사망은 지옥 형벌을 말합니다. 영원히 꺼지지 않는 지옥 불에서 영원토록 지옥형벌을 받는 것입니다. 그 고통을 무엇으로 표현할 수 있겠습니까? 그러므로 죄를 경계해야 합니다. 죄가 있다면 빨리 회개해야 합니다.

죄의 확산

자연주의 철학자들은 인간 본성이 선하므로 가만두면 저절로 순화되어 착해질 것이라고 주장했습니다. 그래서 "자연으로 돌아가라!" 고 외쳤습니다. 그런데 세계 역사는 그들의 주장과는 정반대의 길로 흘러가고 있습니다. 그들의 주장대로라면 지금쯤 중범죄는 거의 사라지고 간혹 경범죄 정도나 일어나고 있어야 합니다.

그러나 지금 이 사회가 그렇습니까? 죄가 사라지고 있습니까? 정반대입니다. 죄가 더욱 확산되어 가고 있는 중이며, 죄질이 더욱 나빠지고 있습니다. 흉악 범죄는 갈수록 늘고 있습니다. 선진국에서는 죄가 없어지고 있습니까? 선진국에서 더 흉악한 범죄들이 일어나 후진국에 그 죄를 수출하고 있지 않습니까? 날이 갈수록 죄가 사라진다면 그래도 먼 후일에 희망을 걸겠는데 날이 갈수록 더 악해져 가니 희망이 없습니다.

인류 역사는 처음에는 에덴동산에서 아주 좋게 시작했습니다. 그런데 인간이 죄를 지은 이후 계속 악화되어 우상을 숭배하고 버러지를 숭배하며 동성애와 동성애자들끼리의 결혼까지 합법화하는 세상이 되고 있습니다. 죄의 목록을 유심히 살펴보면 '… 가득한 자요' 에서 '…한 자요' 로 바뀌는 것을 봅니다. 처음에는 죄가 가득하다가 나중에는 죄가 그 사람의 인격으로 굳어 버림을 나타냅니다. 어쩌다가 한 번 그런 죄를 짓는 것이 아니라 아예 그런 사람이 되어버린 상태를 말합니다. 왜 죄가 더 확산되어 가고 있습니까? 32절 말씀에서 이미 살펴본 그대로입니다.

그들이 이같은 일을 행하는 자는 사형에 해당한다고 하나님께서 정하심을 알고도 자기들만 행할 뿐만 아니라 또한 그런 일을 행하는 자들을 옳다 하느니라.

인류의 죄가 심각합니까? 정말 심각합니다. 죄의 실상을 알고 나면 그 심각성에 두려움을 느낍니다. 타락한 인간에게는 의가 없습니다. 하나님께서 요구하시는 높은 수준의 의는 고사하고 인간들이 요구하는 낮은 수준의 의조차도 없습니다. 의가 없는 인간에게 하나님의 의는 절실히 필요합니다. 불의한 인간에게 하나님의 진노가 나타나기 때문입니다.

"오, 인간이여!" 어찌해야 한단 말입니까? 죄의 함정에 빠진 인류를 어떻게 구출해낼 수 있단 말입니까? 하나님께서 인간을 돌보지 않아서 이 지경이 되었습니까? 아닙니다. 인간의 죄 때문입니다. "여호와의 손이 짧아 구원하지 못하심도 아니요 귀가 둔하여 듣지 못하심도 아니라 오직 너희 죄악이 너희와 너희 하나님 사이를 갈라 놓았고 너희 죄가 그의 얼굴을 가리어서 너희에게서 듣지 않으시게 함이니라"(사 59:1-2).

인간의 죄 때문입니다. 인간의 죄가 생명의 근원이신 하나님과 멀어지게 했습니다. 인간의 불의가 하나님의 얼굴을 가리게 했습니다. "만물보다 거짓되고 심히 부패한 것은 [인간의] 마음이라"(렘 17:9). 참으로 인간의 마음속에 근본적으로 잘못된 그 무엇이 있습니다. 성경은 그것이 바로 죄라고 합니다. 하나님 모시기를 싫어하는 죄입니다. 이러한 죄인들은 죽어 마땅하나 하나님께서는 구원하고자 하십니다. "여호와께서 말씀하시되 오라 우리가 서로 변론하자 너희 죄가 주홍 같을지라도 눈과 같이 희어질 것이요 진홍 같이 붉을지라도 양털 같이 희게 되리라"(사 1:18).

하나님께서는 우리 더러운 죄를 눈과 같이 희게 씻어 주려고 우리를 부르십니다. 하나님께서는 호세아 선지자를 통해 우리를 회개시키고자 하십니다. "오라 우리가 여호와께로 돌아가자 여호와께서 우리를 찢으셨으나 도로 낫게 하실 것이요 우리를 치셨으나 싸매어 주실 것임이라"(호 6:1).

하나님께서는 선지자들을 보내어 사람들이 하나님 품으로 돌아오도록 설득하셨습니다. 마침내 하나님께서는 독생자 예수 그리스도를 보내 주셨습니다. 우리를 구원하고자 하나밖에 없는 외아들을 보내신 것입니다. 그 외아들을 우리를 대신해 십자가에 죽게 하셨습니다. 그 아들의 죽음을 통해 우리가 죄를 씻고 구원받을 수 있는 길을 여셨습니다. 하나님께서는 집을 나간 탕자를 기다리는 마음으로 우리를 기다리고 계십니다.

무엇을 주저하겠습니까? 우리 하나님께 회개하는 심정으로 나아갑시다. 주저 말고 하나님 앞에 나아갑시다. 죄를 회개합시다. 예수 그리스도의 십자가를 바라봅시다. 우리 죄를 씻으려고 죽으신 예수님을 마음에 모십시다. "오, 주님! 이 죄인이 눈물로 죄를 회개합니다. 이 죄인을 받아 주소서!" 회개하는 마음으로 찬송가 317장을 부릅시다. 참으로 이 곡은 우리를 부르시는 주님의 마음을 잘 표현하고 있습니다.

> 어서 돌아오오 어서 돌아만 오오
> 지은 죄가 아무리 무겁고 크기로
> 주 어찌 못 담당하고 못 받으시리요
> 우리 주의 넓은 가슴은 하늘보다 넓고 넓어
>
> 어서 돌아오오 어서 돌아만 오오

우리 주는 날마다 기다리신다오
밤마다 문 열어놓고 마음 졸이시며
나간 자식 돌아오기만 밤새 기다리신다오

어서 돌아오오 어서 돌아만 오오
채찍 맞아 아파도 주님의 손으로
때리시고 어루만져 위로해 주시는
우리 주의 넓은 품으로 어서 돌아오오 어서

Chapter 05 자기 의를 주장하는 사람들의 죄

로마서 2:1-16

1 그러므로 남을 판단하는 사람아, 누구를 막론하고 네가 핑계하지 못할 것은 남을 판단하는 것으로 네가 너를 정죄함이니 판단하는 네가 같은 일을 행함이니라

2 이런 일을 행하는 자에게 하나님의 심판이 진리대로 되는 줄 우리가 아노라

3 이런 일을 행하는 자를 판단하고도 같은 일을 행하는 사람아, 네가 하나님의 심판을 피할 줄로 생각하느냐

4 혹 네가 하나님의 인자하심이 너를 인도하여 회개하게 하심을 알지 못하여 그의 인자하심과 용납하심과 길이 참으심이 풍성함을 멸시하느냐

5 다만 네 고집과 회개하지 아니한 마음을 따라 진노의 날 곧 하나님의 의로우신 심판이 나타나는 그날에 임할 진노를 네게 쌓는도다

6 하나님께서 각 사람에게 그 행한 대로 보응하시되

7 참고 선을 행하여 영광과 존귀와 썩지 아니함을 구하는 자에게는 영생으로 하시고

8 오직 당을 지어 진리를 따르지 아니하고 불의를 따르는 자에게는 진노와 분노로 하시리라

9 악을 행하는 각 사람의 영에는 환난과 곤고가 있으리니 먼저는 유대인에게요 그리고 헬라인에게며

10 선을 행하는 각 사람에게는 영광과 존귀와 평강이 있으리니 먼저는 유대인에게요 그리고 헬라인에게라

11 이는 하나님께서 외모로 사람을 취하지 아니하심이라

12 무릇 율법 없이 범죄한 자는 또한 율법 없이 망하고 무릇 율법이 있고 범죄한 자는 율법으로 말미암아 심판을 받으리라

13 하나님 앞에서는 율법을 듣는 자가 의인이 아니요 오직 율법을 행하는 자라야 의롭다하심을 얻으리니

14 (율법 없는 이방인이 본성으로 율법의 일을 행할 때에는 이 사람은 율법이 없어도 자기가 자기에게 율법이 되나니

15 이런 이들은 그 양심이 증거가 되어 그 생각들이 서로 혹은 고발하며 혹은 변명하여 그 마음에 새긴 율법의 행위를 나타내느니라)

16 곧 나의 복음에 이른 바와 같이 하나님이 예수 그리스도로 말미암아 사람들의 은밀한 것을 심판하시는 그날이라

Exegesis

주해 (註解)

'그러므로' (1절)

로마서는 논문 형식으로 기록되었습니다. 그래서 로마서의 논리 구조를 알면 쉽게 이해할 수 있고 재미있습니다. '그러므로'는 새로운 논제로 옮겨 갈 때 쓰는 접속사입니다. 바울 사도는 1장 19-32절에 나오는 타락한 죄인과는 조금 다른 죄인에 대해 언급하려고 합니다. 그들은 의로운 체하며 남을 비판하고 복음이 필요 없다고 거절하는 사람들입니다. '자기 의'를 주장하는 사람들입니다. 인간적으로 보면 그들은 도덕적이며 의로워 보입니다. 그러나 영적으로 보면 대단히 교만한 자들이며 위선자들입니다. 사도는 예리하게 그들의 문제점을 파헤칩니다. 이것이 그 어디에서도 볼 수 없는 로마서의 매력입니다.

'남을 판단하는 사람' (1절)

인간의 타락과 죄를 논할 때 자기는 타락하지 않았다고 생각하며 남을 판단하는 사람들이 있습니다. 곧 자기를 정당화하며 자기 의를 주장하는 사람들입니다. 이런 부류의 사람들은 자신을 의롭다고 생각합니다. 이들의 큰 오류는 다른 사람들과 비교해 자신이 약간 선한 것을 절대적으로 선하다고 착각하는 것입니다. 더 치명적인 오류는 하나님의 의를 거절한다는 사실입니다. 즉 불의로 진리를 막는 것입니다. 불의로 진리를 막는다는 점에서는 도덕적으로 타락한 사람보다 더 지독합니다. 타락한 사람들은 자기들에게 구원이 없다는 것을 솔직히 시인하고 하나님의 구원을 빨리 영접하는데, 자기 의를 주장하는 사람들은 별것도 아닌 자기 의를 내세워 하나님의 구원을 거절합니다. 이것은 하나님 편에서 보면 도덕적으로 타락한 사람들보다 더 지독한 죄입니다. 더 악랄하게 불의로 진리를 막고 있는 것입니다. 지독한 고집과 회개치 않는 마음을 품고 진리를 거절하고 있습니다. 이들은 엄청난 착각에 빠져 있습니다. 하나님의 심판을 피했다고 생각합니다. 그러나 하나님의 심판을 피하기는커녕 진노의 날에 임할 하나님의 무서운 진노를 자기 머리에 쌓고 있는 것입니다. 자기 의를 주장하는 사람들이 살 길은 자기 의가 하나님 앞에 얼마나 초라한지 깨닫고 심령이 가난한 자가 되어 하나님의 의를 구하는 것입니다. 즉 예수님을 진실하게 믿고 하나님의 사랑과 은총을 누리는 것입니다.

'네가' (1절)

누구를 가리키는 말입니까? 편지의 수신인인 로마 성도들입니까, 아니면 유대인 혹은 이방인을 지칭하는 헬라인입니까? 여기서 '네가'는 특정 집단의 사람들인데 '자기 의'를 내세우며 복음을 거절하는 사람들입니다. '자기 의'를 내세우는 사람들은 주로 유대인 가운데 많겠지만 불신자들 가운데도 많이 있습니다. 도덕주의자, 철학자, 종교인, 교수, 예술가 등 상당히 고상하게 사는 사람들 중에도 많이 있습니다. 고상한 척하며 살면서 자신은 복음이 없어도 천국에 간다고 생각하는 이들은 다 그런 사람들입니다. 바울은 그들을 눈앞에 앉혀 놓고 재판하는 것 같은 분위기를 만들어 냄으로써 그들의 회개를 압박하고 있습니다. 아주 독특한 화법입니다.

'이런 일을 행하는 자' (2, 3절)

2절의 '이런 일을 행하는 자'는 같은 일을 행하면서 남을 판단하는 사람입니다. 즉 남(타락한 죄인들)의 죄를 신랄하게 비판하면서 자기도 그런 죄를 짓고 있는 사람입니다. 그들은 남을 비판함으로써 자기가 자기를 정죄하는 모순을 범하고 있습니다. 3절의 "이런 일을 행하는 자를 판단하고도 같은 일을 행하는 사람아"

라는 번역은 "같은 일을 행하면서도 남을 판단하는 사람아(NIV, you, a mere man, pass judgement on them and yet do the same things)"로 이해해도 좋습니다.

'당을 지어 진리를 따르지 아니하고 불의를 따르는 자'(8절)

당을 짓는다는 말은 여러 사람들이 힘을 규합하고 조직해 세력을 만든다는 뜻입니다. NIV 성경은 이기적인 야망을 따름(self-seeking)이라고 번역했습니다. 당을 지어 진리를 따르지 않고 불의를 따르는 자들 중에 대표적으로 세속 종교인들과 이단자들이 있습니다. 세속 종교를 만들어 하나님의 진리를 거절하고 대항하는 자들입니다. 그들은 인간들 사이에 당을 지어 세력화하고 자기들만의 주장을 펴고자 하는 특성이 있습니다. 공동체 안에서 다른 주장을 하기 위해 당을 짓는 것은 좋지 못합니다. 크리스천들은 오직 그리스도 안에서 연합하고 진리에 순종하며 덕을 세워야 합니다.

'악을 행하는 각 사람'(9절), '선을 행하는 각 사람'(10절)

7-8절과 9-10절이 각각 짝을 이루어 두 부류의 사람을 대조시킴으로써 선과 악을 분별하도록 하고 있습니다. 여기서 선과 악은 영적, 도덕적인 면뿐만 아니라 그밖의 모든 면에서 살펴보아야 합니다. 영적인 죄(하나님을 거역함)는 도덕적인 죄(사람을 해치거나 피해를 줌)를 낳습니다. 그러므로 두 죄는 하나로 연결되어 있습니다. 그러므로 여기서 선과 악을 말할 때는 도덕적으로 선하고 악하고의 개념을 넘어 보다 근본적인 시각이 필요합니다.

'악을 행하는 각 사람'이란 '오직 당을 지어 진리를 따르지 않고 불의를 따르는 자'입니다. 즉 하나님을 거역하는 사람입니다. 악이란 하나님을 거역하는 것입니다. 악이란 복음을 거절하고 제멋대로 사는 삶입니다. '선을 행하는 각 사람'은

'참고 선을 행하여 영광과 존귀와 썩지 아니함을 구하는 자' 입니다. 여기서 선은 하나님 말씀에 대한 순종을 말합니다. 하나님을 사랑하고 하나님께 순종하며 사는 사람이 선한 사람입니다. 그들은 하나님을 바라보며 하나님 나라를 추구합니다. '영광과 존귀와 썩지 아니' 한다는 표현은 바로 하나님과 하나님 나라를 가리키는 말입니다. 그들은 하나님을 추구한 결과 영생을 복으로 받습니다. 영생은 하나님을 알고(요 17:3) 하나님을 모시고 하나님과 함께 사는 삶입니다.

'나의 복음' (16절)

'하나님의 복음' (1절), '그의 아들의 복음' (9절)에 이어 여기서는 '나의 복음' 이라고 말합니다. 그 의미는 '내가 전한 복음' 이라는 뜻입니다. 하나님의 계시를 받아 나의 것이 된 복음, 나의 생명을 다해 내가 전한 귀한 복음이라는 뜻으로 말하고 있습니다(16:25-27 참조).

자기 의를 주장하는 사람들의 죄 (로마서 2:1-16)

"그러므로 남을 판단하는 사람아, 누구를 막론하고 네가 핑계하지 못할 것은 남을 판단하는 것으로 네가 너를 정죄함이니 판단하는 네가 같은 일을 행함이니라"(1절).

"어쩌다가 이 세상에 죄가 들어왔을까?" 이런 질문을 하고 싶을 때가 있습니다. 사람들이 굶주린 이리 떼처럼 서로 헐뜯으며 살아가는 모습을 보노라면 실망스럽습니다. 서로 돕고 선의의 경쟁을 펼치면 좋으련만 죽기살기로 싸우는 모습에 자꾸 회의가 찾아옵니다. 이 아름다운 세상을 잘 가꾸고 살면 얼마나 좋겠습니까? 그런데 사람들의 욕심 때문에 자연은 오염되있습니다. 물조차 안심하고 마실 수 없을 정도이니 인간의 어리석음과 악함에 고개를 젓게 됩니다. 그러면서 마음속에 일어나는 질문이 있습니다. "어쩌다가 이 세상에 죄가 들어왔을까?"

오랫동안 철학자, 사상가, 종교인들이 이 질문에 대한 답을 얻고자 했으나 인간 내면에 악이 있다는 사실만 발견했을 뿐 그 악이 어디서 왔는지는 설명하지 못했습니다. 그런데 하나님의 계시인 성경은 죄의 기원을 밝혀 주고 있습니다. 죄는 사탄의 유혹과 인간의 교만이 하나님에 대한 불순종으로 드러나면서 시작되었습니다. 인간은 창조주 하나님의 대리인으로 큰 축복과 특권을 받고 창조되었습니다. 그런데 하나님을 배신하고 떠남으로 모순과 오류에 빠지고 말았습니다. 하나님의 무한한 사랑과 능력의 보호에서 이탈해 자기를 제한하는 성에 갇혀 버리고 만 것입니다. '창조주와의 관계 단절' 은 인간이 악의 구렁텅이에 빠지게 된 근본원인입니다.

성경은 참으로 놀라운 책입니다. 수천 년 동안 철학자들이 연구해도 알아내지 못한 답을 아주 명확하게 밝혀 주니 말입니다. 성경은 성령님의 감동하심을 입은 사람들이 하나님의 계시를 받아 쓴 하나님의 말씀입니다.[38] 그러므로 하나님의 말씀에 대한 경외심을 품고 계속 살펴봅시다.

지금까지 바울 사도는 인간의 죄에 대해 속속들이 시원하게 밝혔음에도 계속해서 죄를 언급하고 있습니다. 앞에서 타락한 사람들의 죄(1:18-32)에 대해 이야기했다면 이제는 자기 의를 주장하는 사람들의 죄(2:1-16)로 논점을 옮기고 있습니다. 자기 의를 주장하는 사람들의 죄는 아주 고약합니다. 죄라는 것이 쉽게 드러나지 않을 뿐더러 당사자들도 자신들이 죄인이라는 사실을 쉽게 인정하지 않기 때문입니다. 통증이 심하고 몸이 삐쩍 마르는데 정작 검사 소견에는 아무 이상이 없다는 식으로 나오는 것과 같습니다.

분명 중병인데 무슨 병인지 알 수 없는 병, 분명 심각한 죄임에도 죄로 밝힐 수 없는 죄가 바로 자기 의를 주장하는 사람들의 죄입니다. 타락한 사람들의 죄는 분명하게 밖으로 드러나고, 죄를 쉽게 인지할 수도 있으므로 당사자들도 두 손 들고 "저는 죄인입니다. 살 길을 가르쳐 주십시오" 하고 자기가 죄인이라는 사실을 쉽게 인정합니다. 그래서 이런 사람들은 구원하기가 쉽습니다. 그런데 자기

---

38) 디모데후서 3:16, 17. "모든 성경은 하나님의 감동으로 된 것으로 교훈과 책망과 바르게 함과 의로 교육하기에 유익하니 이는 하나님의 사람으로 온전하게 하며 모든 선한 일을 행할 능력을 갖추게 하려 함이라."

의를 주장하는 사람들을 구원하기란 보통 어려운 일이 아닙니다. 그들의 죄를 식별하기도 힘들고 스스로도 죄를 인정하지 않으니 죄 문제를 해결하기가 요원합니다. 그들은 자신이 남보다 선하다고 생각하지만 하나님의 구원으로부터는 누구보다 멀리 있습니다. 도대체 자기 의를 주장하는 이들은 어떤 사람들입니까?

자기 의를 주장하는 사람들

'자기 의를 주장하는 사람들'은 '실제로 의롭지 않은데 자기 스스로 의롭다고 주장하는 사람들'입니다. '자기 의를 주장하는 사람들'은 약간의 자기 선, 성실, 업적, 의를 의지하며 하나님의 의를 거절하는 사람들입니다. 하나님께서 보실 때는 별 차이 없이 더러운 죄인인데 자기는 깨끗하다고 주장합니다. 게다가 이들은 대단한 고집쟁이여서 남의 말을 들으려고 하지 않습니다.

의사가 볼 때는 중환자인데 자기는 건강하다며치료를 거부하는 사람이 있다면 어떻게 해야겠습니까? 참으로 곤란합니다. 전도할 때 제일 애를 먹이는 사람들이 바로 '자기 의를 주장하는 사람들'입니다. '자기 의를 주장하는 사람들'은 도덕주의자, 철학자, 종교인, 교수, 예술가, 잘난 사람이라는 말을 듣고 자란 사람들 가운데 많습니다. 고상한 일을 직업으로 삼고 고상하게 살아가는 사람들 중에 많습니다. 자기 잘난 맛에 취해 하나님의 구원을 거부하고 사는 오류투성이들입니다. "저 분은 법 없어도 살 사람이야"라고 칭찬 받는 사람들 가운데 많이 있습니다. 또한 입으로는 '죄인 죄인'

하면서도 실제로는 진심으로 회개하지 않고 자기를 내세우는 사람들 가운데 많이 있습니다.

의외로 교회 안에도 이런 사람들이 꽤 많습니다. 대개는 공부 잘하고, 성실하고, 착한 사람들입니다. 그들은 착하고 일 잘하고 성실한 것이 뭐가 잘못이냐고 항변합니다. 그런 것이 잘못일 리 없습니다. 다만 그런 것 때문에 정작 자기가 저지르는 죄를 인식하지 못하는 것이 잘못입니다. 다른 사람들도 그들의 특이한 죄를 발견하지 못합니다. 자신도 자기 죄를 모릅니다. "나는 잘못한 것이 없고 성실하게 살아 왔을 뿐입니다" 하며 자기를 내세웁니다. 이런 사람들은 어떤 특징을 가지고 있는지 성경의 설명을 들어 봅시다.

자기 의를 주장하는 사람들의 특징

'자기 의를 주장하는 사람들' 은 따로 구별되어 있지 않고 여러 계층에 섞여 있습니다. 또 중간에 그런 성향을 가진 사람으로 변하기도 합니다. 과거에는 그렇지 않았다가 지금은 그런 사람으로 변하기도 합니다. 그래서 구분하기가 어렵습니다. 그러나 그들의 특징을 살피면 곧잘 드러납니다. 그들의 특징은 무엇입니까?

비판하기를 좋아함(1절)

자기 의를 주장하는 사람들은 남을 비판하기 좋아합니다. 얼마나 판단을 좋아하는지 별명이 '남을 판단하는 사람' 입니다. "남을 판단하는 사람아…"(1절). "…남을 판단하는 것으로"(1절). "이런 일을 행하는 자를 판단하고도…"(3절). 계속 판단하고 있습니다. 여기서 나오는 판단(判斷, judge)은 건전한 비판보다는 정죄하는 뜻으로 사용되었습니다.

왜 사람들이 남을 비판합니까? 자기는 다른 사람들에 비해 선하고 의롭다고 생각하기 때문에 남을 비판합니다. 도덕적인 우월감을 갖고 있기에 남을 비판합니다. 그들은 타락한 사람들의 죄를 나열하면 박장대소하며 좋아합니다. "거 오랜만에 시원한 소리 한번 듣는군. 암, 요즘 사람들 다 썩었어요, 썩었어. 그런 사람들 싹 쓸어다가 감옥에 처넣어 버려야지." 그들은 남의 약점과 잘못을 보면 그냥 넘어가지 못합니다. 성경에 나오는 바리새인들이 대표적입니다. 그들은 예수님의 제자들이 조금만 허점을 보여도 가차없이 비판했습니다.[39] 그러나 하나님의 눈으로 보면 그들도 똑같은 죄를 범하고 있었습니다. 그런데도 그들은 자기 잘못은 아무것도 없는 척 하며 남의 잘못을 비판하고 있습니다. 건전한 비판도 때로는 좋지 못한데 사랑 없는 비판은 얼마나 파괴적이겠습니까?

자기 죄에 둔함(1절)

자기 의를 주장하는 사람들은 남의 잘못에는 민감한 반응을 보이면서도 자기 잘못에는 아주 둔합니다. 아니 자기가 지금 무슨 죄를 짓고 있는지조차 모릅니다.

그러므로 남을 판단하는 사람아, 누구를 막론하고 네가 핑계하지 못할

39) 마가복음 2:7, 15, 18, 24 참조.

것은 남을 판단하는 것으로 네가 너를 정죄함이니 판단하는 네가 같은 일을 행함이니라(1절).

지금 자기가 정죄(定罪, condemn)하는 비판이 부메랑처럼 자기에게 돌아오는 것도 모르고 비판하고 있습니다. "네가 너를 정죄한다." 참으로 예리한 지적이 아닐 수 없습니다. 한 손가락으로 남을 비웃으며 가리키면 나머지 세 손가락은 자기를 가리킵니다. 자기가 자기를 정죄하고 있으면서 그것도 모르고 계속 비판하고 있는 인간의 모습을 보십시오! 얼마나 모순과 오류투성이인 인간의 모습이란 말입니까? 그럼에도 왜 이런 어리석은 일을 계속할까요? 자기 죄는 보이지 않고 남의 죄만 크게 보이기 때문입니다.

주님께서 말씀하셨습니다. "어찌하여 형제의 눈 속에 있는 티는 보고 네 눈 속에 있는 들보는 깨닫지 못하느냐 보라 네 눈 속에 들보가 있는데 어찌하여 형제에게 말하기를 나로 네 눈 속에 있는 티를 빼게 하라 하겠느냐"(마 7:3-4). 비판하는 사람들은 자기 죄를 보지 못합니다. 자기 잘못은 관대하게 처리하고 남의 잘못은 무섭게 추궁합니다. 그러고도 의로운 사람 행세를 하고 있으니 가증스럽지 않습니까? 자기 의를 주장하는 사람들의 큰 모순은 무엇입니까? "네가 같은 일을 행함이니라." 자기도 죄를 지으면서 자기 죄는 정죄하지 않고 남의 죄만 정죄한다는 것입니다. 죄인이 자기 죄는 감추고 다른 사람의 죄만 비판한다면 비웃음거리가 될 것입니다.

하나님의 심판을 의식하지 못함(3절)

자기 의를 주장하는 사람들이 크게 오해하는 것이 있습니다. 자기는 심판을 받지 않으리라고 생각하는 것입니다. 자기는 선하고 의롭고 선행을 많이 했기 때문에 심판 받지 않으리라는 막연한 생각을 갖고 있습니다.

> 이런 일을 행하는 자를 판단하고도 같은 일을 행하는 사람아, 네가 하나님의 심판을 피할 줄로 생각하느냐(3절).

자기 의를 주장하는 사람들은 최후 심판과 지옥에 대한 말을 들으면 피식 웃어 버립니다. 자기 같이 선한 사람에게 무슨 심판이 있겠느냐는 뜻입니다. 저 흉악한 죄인들이나 지옥에 가지 자기처럼 의로운 사람이 어찌 지옥에 가겠느냐고 생각합니다. 이런 자들의 특징을 보면, 절대자 하나님 앞에서 자신을 돌아볼 줄 모른다는 것입니다. 절대자 앞에서 자신을 돌아보는 '하나님 앞에서의 정직' 이 없습니다. 자신이 다른 사람들에 비해 비교적 선하다는 점을 과장해 절대적 으로 선한 양 착각하는 것입니다. 그래서 하나님의 심판을 무시하는 또 하나의 죄를 저지릅니다.

자기 의를 자랑함(4절)

자기 의를 주장하는 사람들은 자신이 별 걱정 없이 살아가는 것도 자신이 선해서 복받은 것이라고 착각합니다. 남들은 벌을 받아 사고를 당하고 병에 걸리고 사업에 실패하지만 자기는 선하고 의롭기 때문에 아무 불행 없이 살고 있다고 생각합니다. 그래서 자기의 선함을 자랑하는 것입니다. 바리새인의 기도는 그런 사람들의 심리를 잘 드러내고 있습니다. "하나님이여 나는 다른 사람들 곧 토색,

불의, 간음을 하는 자들과 같지 아니하고 이 세리와도 같지 아니함을 감사하나이다 나는 이레에 두 번씩 금식하고 또 소득의 십일조를 드리나이다"(눅 18:11-12). 대단한 자부심입니다. 하나님께서는 그들을 향해 뭐라고 말씀하십니까?

> 혹 네가 하나님의 인자하심이 너를 인도하여 회개하게 하심을 알지 못하여 그의 인자하심과 용납하심과 길이 참으심이 풍성함을 멸시하느냐(4절).

하나님께서는 그들의 위선을 아십니다. 그들이 자랑하는 선이 얼마나 보잘것없는 줄 아십니다. 그런데도 당장 심판하시지 않는 이유는 무엇입니까? 그들이 회개하도록 기다리시는 것입니다. 지금 당장 심판을 내려 마땅하지만 회개하기까지 참고 계시는 것입니다. 그런데도 그들은 자기의 선함 때문에 심판이 없는 것으로 착각하고 있습니다. 하나님의 인자하심, 용납하심, 길이 참으심을 알지 못하고 자기가 의로워서 심판이 없는 줄로 알고 있으니 큰 착각이 아닐 수 없습니다.

고집이 셈(5절)

자기 스스로 선하다고 생각하는 그들은 대단한 고집쟁이들입니다. 자기 생각을 어지간해서 꺾을 줄 모릅니다. 자기 생각이 틀렸다는 것을 종종 경험하고도 뜻을 꺾지 않습니다. 자기 선은 온전한 선이 아니며, 자기는 완전하지 않기 때문에 부족한 자기를 버리고 빨리 완전을 향해 나아가야 한다는 것을 알고도 고집을 세웁니다.

고집에는 진리의 길을 끝까지 고수하고 나가는 좋은 고집이 있는가 하면, 죽을 길인데도 기어코 가서 결국 멸망에 이르는 천하에 어리석은 고집이 있습니다. 자기 의를 주장하는 사람들은 모두 후자에 해당하는 고집쟁이들입니다. 보잘것없는 자기 선을 완전한 것으로 착각해 자기는 아무 염려 없다고 고집을 부리는 것입니다. "너나 잘 믿고 천국에 가라. 나는 지옥에 가든지 말든지 상관 말고 너나 잘 믿어라. 나는 심판 안 받을 테니 염려 말고 너나 잘 믿어라" 하는 식입니다. 이들에 대해 바울 사도는 무슨 경고를 하고 있습니까?

> 다만 네 고집과 회개하지 아니한 마음을 따라 진노의 날 곧 하나님의 의로우신 심판이 나타나는 그날에 임할 진노를 네게 쌓는도다(5절).

진리를 완강히 거부하는 그들은 무서운 화를 자초하고 있습니다. 진노의 날, 하나님의 의로운 심판이 나타나는 날은, 먼저 그리스도의 재림 시에 있는 최후 심판 날을 가리키지만, 그 전에라도 하나님께서 심판하시는 날을 가리키기도 합니다.

그들은 지금 심판의 날에 받을 벌을 차곡차곡 쌓고 있는 것입니다. 부모가 자녀의 잘못을 보고도 야단치지 않는 것은 자녀가 스스로 깨닫고 뉘우칠 기회를 주기 위함입니다. 그런데도 자녀가 뉘우칠 줄 모르고 계속 잘못을 저지르면 지켜보았다가 한꺼번에 아주 크게 야단을 칠 날이 있을 것입니다. 하나님께서도 이 거만한 위선자를 계속 지켜보고 계십니다. 그런데도 끝내 회개하지 않으면 '그날'에 그의 수치스러운 죄를 모두 폭로하며 심판하실 것입니다. "그날에 임할 진노를 네게 쌓는도다." 무서운 말입니다. 지금이라도 늦지 않았습니다. 어서 회개해야 합니다.

"오, 주님! 저는 지금까지 하나님과 양심을 속이고 살아온 죄인입니다. 저의 과거를 부끄럽게 생각하며 눈물로 회개합니다. 이 죄인을 받아 주소서!" 회개하면 용서하기를 기뻐하시는 하나님께서 용서해 주십니다. 그런데 이 고집쟁이 도덕군자는 "지금까지 내가 고집 하나로 살아 온 몸인데 어떻게 고집을 꺾어?" 하면서 쓸데없는 고집을 부립니다. "고집쟁이 선생님, 이제 고집을 꺾으시죠? 그까짓 체면 세우려다 말로 다할 수 없는 큰 창피 당하지 말고 기회 있을 때 고집을 꺾으십시오. 회개하면 죽는 것 아닙니다. 도리어 생명을 얻습니다. 살맛 나는 새 세상을 만납니다."

자기 양심을 속임(14-15절)

하나님께서는 인간에게 선악을 분별하는 양심을 주셨습니다. 유대인들은 율법을 받았고 율법이 없는 이방인일지라도 양심을 받았습니다. 하나님께서는 율법 받은 자는 율법으로, 율법 없는 자는 양심으로 심판하십니다.

> (율법 없는 이방인이 본성으로 율법의 일을 행할 때에는 이 사람은 율법이 없어도 자기가 자기에게 율법이 되나니 이런 이들은 그 양심이 증거가 되어 그 생각들이 서로 혹은 고발하며 혹은 변명하여 그 마음에 새긴 율법의 행위를 나타내느니라)(14-15절).

양심이 무엇입니까? 양심(良心, consciousness)은 인간 내면에 있는 선악을 판단케 하는 도덕적 규범입니다.[40] 양심은 특히 악한 행위에 대해 왕성한 활동을 벌여 심적 고통을 줍니다. 그러나 양심은 상황에 따라 부패할 수 있어 절대적으로 신뢰할 수는 없습니다. 그러나 완전치는 않아도 도덕적 규범의 기능을 수행하고 있기에 양심을 기준으로 심판하는 것입니다.

자기 의를 주장하는 사람들은 양심적인 것 같이 행세하지만 사실은 양심을 속이고 있습니다. 정말 양심이 깨끗하다면 자신의 위선과 죄악을 부끄럽게 여기고 회개할 것입니다. 진실로 양심적인 사람이라면 자기는 참 만족이 없고, 진실한 의가 없으며, 하나님의 구원이 필요한 사람이라고 고백할 것입니다. 그런데 자기 의를 주장하는 사람들은 양심을 속입니다. 스스로가 거의 완전한 선을 갖춰 구원이 필요 없는 사람처럼 행세합니다. 자기 양심에 부끄러운 말과 행동을 계속 하고 있는 것입니다.

자기 의가 무가치함을 알지 못함(5, 16절)

5절 말씀을 묵상해 보면, '자기 의를 주장하는 사람들' 은 자기의 엉터리 의를 고집하고 계속 하나님의 의를 거부함으로 하나님의 진노를 쌓습니다. 하나님께서는 이를 심판 받을 행동으로 여기시는데 자기는 '자랑거리' 로 착각하고 있습니다. '의' 는 '자랑거리' 라고도 말할 수 있습니다.

자기 의를 주장하는 사람들은 '자랑거리' 가 있습니다. "나는 선하다." "나는 도둑질을 한 번도 안 했다." "나는 거짓말할 줄 모른다." "나는 어려서부터 율법을 다 지켜 왔다." "나는 지난 30년 동안

---

40) 그랜드 주석, 로마서, 81.

한 번도 주일을 어겨 본 적이 없다." "누구는 새벽 기도를 그처럼 열심히 해도 가정에 우환이 심하지만, 나는 새벽 기도를 안 해도 건강하며 우리 가족도 모두 평안하며 복을 누리고 있다."

그 '자랑거리'란 사람들 눈에는 대단해 보일 수 있습니다. 그러나 절대자 하나님의 거울에 비춰 보면 결코 자랑할 만한 것이 못 됩니다. 다른 사람들 눈에는 훌륭해 보여도 완전하신 하나님의 눈으로 보면 인간의 의는 누더기 옷과 같습니다. 그것은 누가복음 15장에 나오는 큰아들과 같습니다. 큰아들은 동생인 탕자를 비웃으며 자기를 의롭게 여겼습니다. 큰아들이 탕자보다 의롭다고 자처하지만 그의 의도 보잘것없는 것이었습니다. 그에게는 사랑이 없었습니다. 동생을 비난할 뿐 긍휼히 여기는 마음이 없었습니다. 동생이 돌아왔을 때도 감사가 없었습니다. 그 동안 아버지께서 자신을 위해 잔치를 벌여 주지 않은 것에 불만을 터뜨렸습니다. 그러면서도 자기는 완전한 의인이라고 생각합니다. '자기 의를 주장하는 사람들'은 엉터리 자기 의를 붙들고 자신이 완전한 의인이라도 된 듯 착각하며 살아갑니다.

자기 의를 주장하는 사람들은 자기도 완전하지 않으면서 남을 비판하기를 좋아하고, 남의 잘못에는 예민하나 자기 잘못에는 무감각하며, 자기도 하나님의 심판 대상임을 모르고 그분의 심판을 부정합니다. 그들은 자기 선을 완전한 것으로 착각해 자랑하고, 고집이 세서 회개하기를 거부합니다. 자기 양심의 고발을 묵살하고 자기 의를 내세우나 그것이 얼마나 무가치하며 소용없는 짓임을 모르고 살고 있습니다. 때로는 알면서도 계속 고집을 부립니다. 그러면 자기 의를 주장하는 사람들의 죄는 무엇입니까?

자기 의를 주장하는 사람들의 죄

자기 의를 주장하는 사람들은 겉보기엔 선하고 의롭기 때문에 그들의 죄를 찾아내기란 쉽지 않습니다. 희귀한 질병의 원인을 찾아내기 어려운 것과 같습니다. 그래서 그들은 자기 인생에 뭔가 문제가 있지만 무엇이 잘못되었는지 모른 채 모순과 오류 속에서 살아갑니다. 바울 자신이 그랬습니다. 그러나 해결을 받은 후 바울은 자기의 근본 오류가 바이러스 같은 '자기 의' 때문이었음을 찾아냈습니다. 이 시간은 '자기 의'를 치료받는 시간입니다. 자기 의를 주장하는 사람들의 죄가 무엇입니까? 위선입니다.

위선

위선은 죄입니다. 악을 감추고 선인 양 위장하는 것은 분명 죄입니다. 위선자들을 보면 역겹습니다. 누구나 위선자들을 싫어합니다. 그러나 엄밀히 살펴보면 조금씩이라도 위선을 행하지 않는 사람은 없습니다. 인간은 누구나 위선자입니다. '그러니 좀 위선적이라고 해서 무엇이 문제겠느냐'고 생각합니다. 타락한 사람은 자기를 죄인이라고 인정했으니 문제되지 않습니다. 그런데 자칭 도덕주의자라고 하는 이들은 겉과 속이 다르면서 자신을 선한 사람으로 자랑하고 다닙니다. 겉과 속이 다른 생활을 하면서도 의로운 체 하며 살아갑니다.

이 위선자의 삶 속에 참 평화가 있을 수 없습니다. 위선자의 마음에 참 만족이 있을 수 없습니다. 늘 불안하고 괴롭습니다. '내가 왜 이러지? 왜 이렇게 불안하지? 왜 활짝 웃지 못하고 살지? 왜 기쁨이 넘치는 삶을 살지 못하지? 알 수 없어." 자기도 자기 문제의 근본 원인을 모른 채 살아갑니다. 그러니 만족이 없습니다. 기쁨이 없습니다. 언제 폭로될지 모르는 자기가 두렵습니다. 자기 양심의 고발을 묵살합니다. 정직하지 못합니다. 위선을 부립니다. 겉만 아름답게 꾸밉니다. 위선과 고집만 늘어갑니다. 주님은 이런 위선자들을 준엄하게 꾸짖습니다.

> 화 있을진저 외식하는 서기관들과 바리새인들이여 잔과 대접의 겉은 깨끗이 하되 그 안에는 탐욕과 방탕으로 가득하게 하는도다 눈 먼 바리새인이여 너는 먼저 안을 깨끗이 하라 그리하면 겉도 깨끗하리라 화 있을진저 외식하는 서기관들과 바리새인들이여 회칠한 무덤 같으니 겉으로는 아름답게 보이나 그 안에는 죽은 사람의 뼈와 모든 더러운 것이 가득하도다 이와 같이 너희도 겉으로는 사람에게 옳게 보이되 안으로는 외식과 불법이 가득하도다(마 23:25-28).

위선은 대단히 치료하기 어려운 병입니다. 그러면 어떻게 해야 외식을 치료할 수 있습니까? 자기 내면의 문제에 정직해져야 합니다. 더러운 자아가 죽고 새로운 자아로 태어나야 합니다. 심장병 환자가 심장이식 수술을 받듯이 성령의 수술을 받아야합니다. 자기가 얼마나 더러운 죄인인지 깨닫고 예수님의 십자가 앞에 나아가야 합니다. 더러운 위선자인 자신을 십자가에 못박아 버리고 새롭게 태어나야 합니다. 자기가 얼마나 엉터리 죄인이었는지 깨닫고, 자기를 버리고 성령을 받아 새사람으로 태어나야 합니다. 그리고 진정한 의가 무엇인지 새롭게 배워야 합니다.

남에게 상처를 줌

자기 의를 주장하는 사람은 자기를 의로운 사람으로 자처합니다. '나 같이 선한 사람도 없다' 는 식으로 자기 선을 자랑하고 다닙니다. 그러나 그는 자기가 뿌린 죄악의 씨앗이 얼마나 많은지 모릅니다. 자기가 얼마나 많은 사람들을 괴롭혔는지 모릅니다. 그의 비수 같은 말이 얼마나 많은 사람들에게 상처를 남겼는지 모릅니다. 스스로는 도덕군자요 존경받는 사람처럼 행세하지만 정작 주변 사람들은 상처를 안은 채 살아갑니다. 언어 폭력은 무서운 폭행입니다. 냉소적이고 빈정거리며 멸시하는 말은 다른 영혼에 돋아나는 희망의 싹을 짓밟아 버립니다. 언어 살인은 무서운 죄입니다.

그의 판단의 잣대는 정말 제멋대로입니다. 자기 행동을 판단할 때와 다른 사람의 행동을 판단할 때의 기준이 다릅니다. 그래서 자기 내면의 문제를 해결하지 못하는 것입니다. 자기가 좋아하는 사람과 싫어하는 사람의 평가 기준이 다릅니다. 그의 판단은 바르지 못하고 공평하지도 않습니다. 그런데도 스스로 공정한 재판관인 것처럼 행세합니다.

자기 의를 주장하는 사람의 근본적 문제는 절대적인 하나님을 모르는 데서 발생합니다. 하나님께서 자기를 내려다보고 계심을 안다면 이제 그만 엉터리 판단을 그치고 회개할 것입니다. 엉터리 판단의 잣대를 분질러 버릴 것입니다. 항상 하나님의 눈으로 자신을 비추어 보고 회개하며 살 것입니다.

하나님의 사랑을 멸시함

자기 의를 주장하는 사람에게는 하나님이 없습니다. 자기를 하나님처럼 높이며 살고 있기에 자기가 하나님을 대신합니다.[41] 입으로는 하나님을 불러도 그의 삶에는 진짜 하나님이 없습니다. 진짜 하나님을 무시하고 삽니다.

그의 인자하심과 용납하심과 길이 참으심이 풍성함을 멸시하느냐(4절).

그들은 하나님께서 자기를 오래 참고 계심을 무시하고 삽니다. 하나님께서 그들을 많이 용서하시고 매번 경고의 메시지를 보내시지만 귀를 막고 살아갑니다. 위선의 삶을 벗고 진실하게 살도록 기회를 주시지만 모른 체 하고 삽니다. 남을 죽이는 비판을 그치고, 진실하게 살도록 기회를 주시지만 여전히 회개하기를 거부하고 하나님의 사랑을 멸시합니다. 하나님의 인자하심과 용납하심과 길이 참으심을 오히려 자기 의의 근거로 삼습니다. 회개하라고 참고 계시는데, 이를 자기가 의롭기 때문에 심판하시지 않는 것으로 해석합니다.

왜 그렇습니까? 하나님 존전에서(In the presence of God) 자기 실재(實在, reality)를 깨닫지 못하고 살기에 자기 의를 내세우는 것입니다. 심판자 하나님을 깊이 인식하지 못했기 때문입니다. 그래서 바울 사도는 자기 의를 주장하는 사람들의 문제를 다루면서 하나님의 심판을 집중적으로 다루고 있습니다. 그들은 심판자 하나님을 인식하지

41) 오바댜 1:3, 4 참조. "너의 마음의 교만이 너를 속였도다 바위 틈에 거주하며 높은 곳에 사는 자여 네가 마음에 이르기를 누가 능히 나를 땅에 끌어내리겠느냐 하니 네가 독수리처럼 높이 오르며 별 사이에 깃들일지라도 내가 거기서 너를 끌어내리리라 여호와의 말씀이니라."

못하는 동시에 '하나님 앞에서의 사고(思考, thinking)' 도 하지 못합니다. 바로 그 점이 그들의 치명적인 문제점입니다. 그래서 회개를 못하는 것입니다.

그러면 그들이 어떻게 해야 심판자 하나님을 인식하며 '하나님 앞에서의 사고' 를 회복할 수 있습니까? 성령을 받아야 합니다. 영의 눈이 뜨여 하나님을 알고 하나님의 눈으로 자신을 바라볼 수 있다면, 그때 자기 죄를 깨닫게 될 것입니다. 그리고 진실한 통회와 자복이 일어날 것입니다.

회개치 않음

이제 자기 의를 주장하는 사람들의 문제점이 속속 드러나고 있습니다. 결국 그들은 자기 의에 눈이 가려 자기 죄를 보지 못하고 회개하지 못하고 있습니다. 그것이 핵심 문제입니다.

> 혹 네가 하나님의 인자하심이 너를 인도하여 회개하게 하심을 알지 못하여… 멸시하느냐(4절).
> 다만 네 고집과 회개하지 아니한 마음을 따라… 그날에 임할 진노를 네게 쌓는도다(5절).

이 말씀 속에 문제의 원인과 해결책이 들어 있습니다. '회개' (悔改, repentant)입니다. 회개하지 않는 것이 근본 문제이며 회개가 정답입니다. 교만한 사람들의 특징은 회개하지 않는다는 점입니다. 자기를 내세우는 사람은 회개하지 않습니다. 그래서 점점 나아지는 것이 아니라 점점 나빠집니다. 회개하지 않아 문제를 키우고 있습니다. 암 환자가 치료를 미루다가 암 덩이를 키우듯이 자기 의를 주장하는 사람들이 회개하지 않음으로 자기 문제를 고착화시키고 있습니다. 회개하지 않으면 나중에는 회개하고 싶어도 회개가 되지 않는 상황에 이르고 맙니다. 그러므로 회개를 미루면 안 됩니다.

진실로 하나님 앞에서 마음을 찢으며 더러운 죄악을 씻어 달라고 회개하면 하나님께서 은혜를 베풀어 주십니다. 이 세상에서 가장 큰 죄가 무엇인지 아십니까? 간음죄, 살인죄, 반역죄? 아닙니다. 다른 모든 죄는 용서받아도 절대 용서받지 못할 무서운 죄가 있습니다. 성령을 훼방하는 죄입니다(막 3:29). 성령을 훼방하는 죄란 어떤 죄입니까? 고의적으로 성령의 역사를 훼방하며 회개하지 않는 죄입니다. 끝끝내 회개하지 않아서 용서받지 못하는 것입니다.

아무리 악독한 죄를 지었다고 해도 회개하면 하나님께서 용서해 주십니다. 하나님께서는 천하에 악독한 왕 아합이 회개했을 때도 큰 관심과 은혜를 베풀어 주셨습니다.[42] 회개는 자기 의를 치료하는 치료약입니다. 진실로 회개하고 하나님 앞에 나아가면 해결됩니다. 날마다 매 순간마다 자기 교만을 회개하며 그리스도의 의를 덧입는 믿음의 생활을 해야 합니다.

도무지 회개할 줄 모르는 어떤 사람이 어느 날 사업에 실패하고 나서 자기 의가 깨졌습니다. 지금까지 자기가 얼마나 교만했고 얼마나 위선자로 살아 왔는지 그제서야 깨달았습니다. 그는 비록 사

---

42) 열왕기상 21:27-29. "아합이 이 모든 말씀을 들을 때에 그의 옷을 찢고 굵은 베로 몸을 동이고 금식하고 굵은 베에 누우며 또 풀이 죽어 다니더라 여호와의 말씀이 디셉 사람 엘리야에게 임하여 이르시되 아합이 내 앞에서 겸비함을 네가 보느냐 그가 내 앞에서 겸비하므로 내가 재앙을 저의 시대에는 내리지 아니하고 그 아들의 시대에야 그의 집에 재앙을 내리리라 하셨더라."

업에 실패해서 큰 고통을 당했지만 자기 의가 깨져 구원을 얻고 참 자아를 되찾았다고 기뻐했습니다. 이렇게 해서라도 회개할 수 있다면 얼마나 좋습니까? 비록 병에 걸리더라도 덕분에 자기 의가 깨지고 구원을 얻을 수 있다면 차라리 그 편이 낫습니다. 사업에 실패해서라도 교만으로 뭉쳐진 자아가 깨지고 새사람이 되어 천국을 맛볼 수 있다면 그 편이 더 좋습니다.

이 로마서 말씀으로 더러운 자아가 깨져서 그리스도 안의 새 자아로 태어나 천국의 기쁨을 맛보는 놀라운 기적이 일어나기를 간절히 기도합니다.

하나님의 의를 거절함

어떤 사람은 말합니다. "자기 의를 내세우는 사람들을 왜 유독 아프게 몰아부칩니까? 그래도 그들이 타락한 사람들보다 낫지 않습니까?" 인간적인 눈으로 보면 그렇게 생각할 수 있습니다. 그런데 영적인 눈으로 보면 자기 의를 주장하는 사람들에게서 심각한 문제점을 찾아볼 수 있습니다. 그들은 자기가 남보다 조금 더 선하다는 것, 그 '자기 의'를 내세워 오히려 '하나님의 의'를 거절합니다. 하나님께서 당신의 아들을 희생시키면서까지 인간이 앓고 있는 치명적인 병을 고쳐 주시겠다는데 이를 계속 거절하는 것입니다. 치료를 거절하는 것, 그것도 심각한 병입니다.

왕이 한 신하를 총애해서 귀한 선물을 하사했다고 합시다. 그런데 마음에 교만이 가득했던 신하는 왕이 하사한 선물을 시들하게 여겨 거절합니다. 왕은 참고 다시 더 크고 귀한 선물을 보냅니다. 교만한 신하는 이 역시 거절합니다. 인자한 왕은 그래도 참고 그가 마음을 돌이키길 바라며 정말로 귀한 선물을 보냅니다. 최후통첩과도 같은 선물입니다. 그것은 신하의 마음을 돌이키고도 남을 만큼 진귀한 보물이었습니다. 그런데도 여전히 신하가 왕의 선물을 거절한다면 왕은 진노할 것입니다. 왕으로서 내릴 수 있는 가장 큰 진노를 발해 신하를 징벌할 것입니다. 이처럼 자기 의를 내세우는 사람들은 최후통첩과도 같은 '하나님의 의'를 멸시하고 교만한 마음으로 거절하는 것입니다.

자기 의를 내세우는 사람들도 자기 안에 만족이 없음을 시인합니다. 자기도 자기의 위선적인 모습이 싫습니다. 남에게 상처를 주고 사랑하는 관계가 파괴된 삶이 싫습니다. 겉과 속이 다른 삶에서 하루라도 빨리 벗어나고 싶습니다. 순수하고 아름다운 삶을 살고 싶습니다. 환희와 감격이 넘치는 은혜의 삶을 동경합니다. 그러면서도 그런 삶을 주고자 하나님께서 주시는 복음을 왜 거절합니까? '자기 의' 때문입니다. '자기 의'는 교만을 만들어 냅니다. '자기 의'는 자기중심적인 삶의 체계를 만들어 냅니다. '자기 의'는 은혜의 세계로 가는 길목을 차단합니다. '자기 의'는 '하나님의 의'를 바라보지 못하게 만듭니다. '자기 의'는 '하나님의 의'로 나가는 길을 차단해 버립니다.

> 하나님의 의를 모르고 자기 의를 세우려고 힘써 하나님의 의에 복종하지 아니하였느니라(롬 10:3).

하나님께서는 '자기 의'를 주장하는 사람도 여전히 사랑하시고, 그들의 어려운 문제를 해결해 주고자 하십니다. 그래서 이 문제를 당신의 종 바울을 통해 기록하게 하신 것입니다. 어떻게 '자기 의'를 주장하는 사람들의 문제가 해결될 수 있습니까?

간단합니다. 이제라도 '자기 의'를 포기하고 복음에 나타난 하나님의 의를 영접하면 됩니다. '자기 의'를 붙들고 몸부림을 쳐도 나올 것이 아무것도 없음을 깨닫고 '자기 의'를 내세우던 삶의 체계를 내던져 버리고 '하나님의 의'를 받는 길에 대해 겸손히 경청하는 것입니다.

하나님의 심판

지기 의를 주장하는 사람들은 끈질깁니다. 어지간하면 두 손 들고 "오, 주님! 제가 교만했습니다. 두 손을 들고 주님 앞에 나아갑니다. 눈먼 강아지 같은 죄인이 하늘 높은 줄 모르고 교만을 떨었습니다. 저의 의는 헌 누더기 같이 보잘것없습니다. 오, 주님! 죽어 마땅한 죄인을 용서하소서. 하나님의 의를 사모합니다. 그리스도의 의를 덧입혀 주소서!" 하며 눈물로 회개하고 나올 만도 합니다. 그런데도 회개하지 않고 고집을 부립니다. 그들의 심각한 문제는 심판하시는 하나님을 인식하지 못하는 것입니다. 그래서 바울은 그들의 '저급한 판단'을 깨우쳐 주기 위해 '하나님의 판단'을 증거하고 있습니다. 하나님의 심판 원리는 무엇입니까?

진리대로 심판함(2절)

자기 의를 주장하는 사람들은 제멋대로의 판단 기준을 가지고 남을 판단하지만 하나님께서는 절대적인 진리로 심판하십니다.

> 이런 일을 행하는 자에게 하나님의 판단이 진리대로 되는 줄 우리가 아노라(2절).

사람들의 판단은 정당하지 못합니다. 선입견이나 환경, 정실에 따라 달라지기 때문에 바른 판단이 될 수 없습니다. 자기 생각이 곧 판단 기준이 됩니다. 그 자기 생각이란 것이 상황에 따라 수시로 변합니다. 그러므로 사람들의 판단은 정확하지 못합니다. 그러나 하나님의 심판은 불변의 진리에 따라 판단하기 때문에 좌로나 우로 치우치지 않고 공정하고 의롭습니다. 편견이나 편애 없이 판단하십니다. 절대적인 진리로 사람들의 생각, 말, 행동까지 꿰뚫어 보시기 때문에 아주 정확합니다. 그러므로 사람들의 평가에 따라 살지 말고 하나님의 진리에 따라 살아야 합니다.

행한 대로 보응함(6절)

하나님께서는 각 사람의 행위대로 보응하십니다.

> 하나님께서 각 사람에게 그 행한 대로 보응하시되(6절).

이 말씀 속에 심판의 주체(하나님), 심판의 보편성(각 사람에게), 심판의 기준(그 행한 대로), 심판의 결과(보응하시되)가 모두 들어 있습니다. 여기에서 강조하는 것은 '행한 대로 보응함' 입니다. 하나님께서는 말이 아니라 행동에 따라 심판하십니다. 자기 의를 주장하는 사람들의 화려하고 정곡을 찌르는 말을 듣고 심판하는 것이 아니라 그 사람의 삶에 나타난 행동을 보고 심판하십니다.

그 구체적인 내용이 7-10절에 나와 있습니다. 여기에는 두 부류의 사람들이 나옵니다. 중간은 없습니다. 첫 번째 부류는 참고 선을 행하는 사람들입니다. 선을 행한다는 것은 하나님을 마음 중심에 모시고 순종하는 것을 말합니다. 가장 큰 순종은 복음을 영접하는 일입니다. 하나님을 마음 중심에 모시고 어떤 고난과 시련에도 참고 견디며 하나님께 순종하는 것을 의미합니다. 하나님께서는 당신의 말씀에 순종하면서 영광과 존귀와 썩지 아니함을 구하는 자에게는 영생으로 갚아 주십니다.

두 번째 부류는 진리를 따르지 않고 불의를 따르는 사람들입니다. 진리를 따르지 않고 불의를 따르는 가장 큰 행동은 복음을 거절하는 것입니다. 그들의 특징은 당을 짓는 것입니다. 여기서 '당을 지어' 라는 표현은 이기적인 야망(self-seeking)을 가리킵니다. 이기적인 야망을 채우기 위해 진리가 아닌 불의를 따르는 사람들에게 하나님께서는 노(怒, wrath)와 분(憤, anger)으로 갚아 주십니다.

두 부류의 모습이 다시 대조되어 나옵니다. 첫 번째 부류의 사람들, 즉 참고 선을 행하는 사람들에게는 최고의 복인 영광과 존귀와 평강이 상으로 수여됩니다. 두 번째 부류의 사람들, 즉 진리가 아닌 불의를 따르며 악을 행하는 각 사람의 영에게는 환난과 곤고가 벌로 주어집니다. 이 상과 벌은 현재적이며 동시에 미래적입니다. 현재에도 받고 미래에 더욱 확실하게 받습니다. "먼저는 유대인에게요 그리고 헬라인에게라"는 심판의 보편성을 강조한 말입니다. 율법을 받은 유대인이건 율법을 받지 못한 이방인이건 모두 똑같이 공정하게 심판을 받는다는 말입니다. 그러나 많이 받은 자에게 많이 요구되듯이[43] 심판에 있어서도 유대인은 이방인보다 더 많은 책임을 지게 됩니다.

공정하게 심판함(11절)

하나님의 심판은 공정하게 이루어집니다.

> 이는 하나님께서 외모로 사람을 취하지 아니하심이라(11절).

이 말씀은 9, 10절 끝에 있는 "먼저는 유대인에게요 그리고 헬라인에게라"는 말씀에 대한 확정이며 새로운 선포입니다. 12-15절은 이에 대한 설명입니다. 의로우신 하나님께서 공정한 심판을 하시리라는 것은 자명한 일입니다. 그런데 율법을 가진 유대인들은 그렇게 생각하지 않았습니다. 자기들은 특별한 민족이고, 자기들의 종교도 특별하므로 하나님의 심판도 자기들에게 특별히 유리하게 이루어질 것이라고 생각했습니다.

이것이 잘못입니다. 하나님은 외모로 사람을 취하지 않으시고 공정하게 대하시며 공정하게 심판하시리라는 말씀이 구약성경에도 여러 곳에서 언급되었습니다. 하나님은 유대인이나 이방인이나 공정하게 심판하십니다. 율법 없이 죄지은 자는 율법 없이 망하고, 율

---

43) 누가복음 12:48. "…무릇 많이 받은 자에게는 많이 요구할 것이요 많이 맡은 자에게 많이 달라 할 것이니라."

법이 있고 죄지은 자는 율법으로 심판을 받습니다(12절). 여기서 두 집단의 사람들이 나옵니다. 율법을 받은 사람들과 받지 못한 사람들입니다. 율법을 받은 사람들은 율법을 통해 하나님의 뜻을 알고 하나님께서 원하시는 바를 알았습니다. 그래서 그들은 율법으로 심판을 받습니다.

> 무릇 율법이 있고 범죄한 자는 율법으로 말미암아 심판을 받으리라(12절).

13절의 말씀은 율법에 의한 심판을 가리킵니다. 율법을 듣는 자가 의인이 아니요, 율법을 행하는 자라야 의롭다함을 얻습니다. '율법을 듣는가, 듣지 않는가?' 로 심판하는 것이 아니라 '율법을 행했는가, 행하지 않았는가?' 로 심판합니다. 그러나 율법을 온전히 행하여 의롭다할 육체는 없습니다(3:19). 율법으로 심판한다고 할 때 율법을 받지 못한 사람들은 율법으로 심판 받으면 억울하다고 말할 수 있습니다.

그러나 공평하신 하나님은 그들에게 맞는 심판 기준을 제시하십니다. 비록 율법이 없어도 그들 내면에 있는 율법, 곧 양심에 따라 심판을 받게 하십니다. 14-15절은 율법 없는 이방인에 대한 심판을 언급하고 있습니다. 비록 율법이 없어도 내면의 율법 곧 양심이 있어서 그들의 잘잘못에 대해 증거하기도 하고 고발하기도 합니다. 그리하여 그들의 옳고 그름을 판단해 심판합니다. 양심에 어긋난 일을 한 번도 하지 않는 사람이 누가 있습니까? 인간은 모두 죄인입니다. 하나님의 심판을 피할 사람은 아무도 없습니다.

예수 그리스도로 말미암아 심판함(16절)

하나님은 예수 그리스도를 심판장으로 삼으시고 그를 통해 최후의 심판을 하십니다.

> 곧 나의 복음에 이른 바와 같이 하나님이 예수 그리스도로 말미암아 사람들의 은밀한 것을 심판하시는 그날이라(16절).

여기서 세 가지를 생각할 수 있습니다. 먼저, 하나님께서는 공개된 부분뿐만 아니라 은밀히 숨겨진 부분까지 심판하실 것입니다. 이것은 죄인들을 참으로 견딜 수 없게 만드는 말씀입니다. 우리 인간들은 차마 밝힐 수 없는 어두운 부분들을 누구나 가지고 있습니다. 특히 겉과 속이 다른 삶을 살았던 사람들의 은밀한 부분을 모두 공개한다면 그들은 낯을 들지 못할 것입니다.

둘째, 하나님의 심판은 예수 그리스도로 말미암아 이루어질 것입니다. 예수 그리스도가 심판장이 되어 우리가 당신을 얼마나 믿고 순종했는지 종합적으로 평가해 심판하실 것입니다. 그리스도를 위해 순교 당했던 순교자들은 춤출 것이고, 불신자들은 가슴을 치며 통곡할 것입니다. 특히 자기 의를 내세우며 그리스도를 거절했던 사람들은 견딜 수 없이 무서운 고통을 겪을 것입니다. 그리스도로 말미암아 심판이 이루어질 때 한쪽에서는 환호가 터지고, 다른 한쪽에서는 땅이 꺼지는 한숨 소리가 나올 것입니다.

셋째, 심판은 복음의 중요 교리라는 것입니다. "나의 복음에 이른 바와 같이… 심판하시는 그날이라." 심판은 하나님께서 인류를 구원하기 위해 허락하신 복음의 일부분입니다. 하나님께서 모든 인류를 심판하실 것은 명확합니다. 그리스도를 믿고 죄 사함을 받은 사람은 무서운 진노의 심판에서 건짐을 받게 될 것입니다. 무서운 진노의 심판에서 건짐을 받는다는 것은 큰 기쁨의 소식이 아닐 수 없습니다.

이상의 심판 원리를 생각해 보면서 한 가지 질문을 하지 않을 수 없습니다. 행한 대로 심판을 받는다면 이는 로마서의 주제인 '믿음으로 의롭게 됨(Justification by faith)' 과 상반되는 것이 아닙니까? 율법의 행위가 없어도 그리스도를 믿으면 구원받는 것으로 알고 있는데 행한 대로 심판을 받으면 신자들도 심판을 면할 도리가 없고 누가 심판에서 구원받을 수 있다는 말입니까? 당연한 질문입니다.

먼저 이 부분은 죄와 심판에 관한 말씀이라는 것을 기억해야겠습니다. 칭의에 관한 말씀이 아닙니다. 바울 사도가 이 부분에서 말하고자 한 요점은 '율법의 행위로 그의 앞에 의롭다하심을 얻을 육체가 없나니' (3:20)라는 것입니다. 2장 6-16절은 모두 이 말씀에 비추어 해석해야 합니다. 즉 바울은 자기 의를 주장하며 복음을 거절하는 사람들을 깨우치기 위해 하나님의 심판에 대해 증거하고 있습니다. 그들은 무서운 하나님의 심판 아래 있는 자들입니다. 이 사실을 안다면 그들은 교만하게 남을 비판하는 일을 중단할 것입니다. 그리고 겸손히 복음을 영접하게 될 것입니다.

그러면 '행한 대로 심판한다' 는 것은 단지 자기 의를 주장하는 사람들을 겁주기 위한 것입니까, 아니면 실제로 '행한 대로 심판' 하는 것입니까? 하나님의 계시를 받아 복음을 증거하는 사도가 어떻게 진리가 아닌 것을 말하겠습니까? '행한 대로 심판' 한다는 것은 명확한 성경의 교훈입니다. 구약성경에도 여러 곳에서 밝히고 있고 신약 성경에도 바울 서신과 다른 곳에서 밝히고 있습니다.[44] 그러면 '믿음으로 구원' 받는 것과 '행한 대로 심판' 받는 것이 어떤 관계에 있습니까? 이 문제에 대해 존 스토트는 다음과 같이 답합니다.[45]

- 칭의는 믿음으로 되는 것이지만 심판은 행위에 따라 이루어질 것이다.
- 심판 날에 그리스도 편에 서는 자와 거역하는 편에 서는 자를 공개적으로 가를 것이다.
- 그리스도 편에 선 자도 자기 믿음을 뒷받침할 만한 증거를 공개적으로 제시해야 한다.
- 그 공개적인 증거란 행위다.
- 구원받을 만한 믿음이 있는가의 여부는 각자의 삶에 사랑의 선행이 있는가의 여부로 나타난다.
- 이것이 바울과 야고보의 가르침이다.
- 진정으로 구원받을 만한 믿음은 한결같이 선행을 낳으며, 그렇지 않은 믿음은 죽은 믿음이라고 그들은 가르친다.

---

44) 구약성경 — 욥 34:11, 시 62:12, 잠 24:12, 렘 17:10, 32:19, 겔 7:4, 9:10, 11:21, 16:43, 22:31, 호 12:2.
신약성경 — 마 5:20, 22, 27-30, 7:21, 16:27, 눅 18:29, 30, 요 5:29, 롬 14:12, 고전 3:8, 고후 5:10, 갈 6:7-10, 엡 6:8, 골 3:23, 24, 히 6:7, 8, 10:29, 벧후1:10, 11, 계 2:7, 11, 23, 26, 3:5, 12, 21, 14:10-12, 20:12, 13, 22:12 등 여러 곳에서 행한 대로 심판함을 강조하고 있다.

45) John Stott, Romans, 83-85.

그러므로 믿음으로 의롭게 된다는 진리와 행한 대로 심판한다는 진리는 모순되지 않다는 것입니다. 이 문제를 해결하기 위해 몇 가지 확실한 사실을 찾아봅시다.

- 6-16절은 3장 20절로 해석해야 한다.[46]
- 6-16절은 칭의를 설명하는 것이 아니라 일반적인 심판의 원칙을 밝히고 있다.
- 바울 사도는 로마서의 주제인 이신칭의(以信稱義, Justification by faith) 진리와 6-16절의 심판 원리에 전혀 모순을 느끼지 않았다.
- '행한 대로 보응' 이란 선에는 상을, 악에는 벌을 준다는 뜻이다(7-10절).
- '선을 행함' 은 영광과 존귀와 썩지 않음을 구하는 것인데(7, 10절) 그것은 바로 복음을 영접하고 주께 순종하며 사랑의 열매를 맺는 것이다. 한편 '악을 행함' 은 당을 지어 진리를 좇지 아니하고 불의를 좇는 것인데(8, 9절) 그것은 복음을 거절하고 주께 불순종하며 불의를 행하는 것이다(1:18).

이 원칙을 가지고 생각해 봅시다. 먼저 '믿음으로 구원받음' 은 확실한 하나님의 진리입니다. 그런데 '믿음으로 구원받음' 이라는 진리가 행위를 아예 무시하고 아무렇게 살아도 된다는 뜻은 아닙니다. 앞으로 로마서에서 이 점을 밝히겠습니다. 인간의 행위로 구원받는 것이 아니요, 하나님의 은혜를 믿음으로 구원받는다는 점은 만고불

46) Griffith Thomas, St. Paul' s Epistle to the Romans, 81, 82.

변의 진리입니다. 믿음으로 구원받은 자는 그리스도에게 순종하고 헌신합니다. 그리스도께 순종하는 자는 사랑의 선행을 하게 됩니다(엡 2:10). 그 그리스도를 닮은 사랑의 삶 속에서 영생에 이르는 확실한 증거를 갖게 될 것입니다. 참된 믿음은 방탕한 삶이 아니라 그리스도의 모습을 닮는 것입니다. 그리하여 하나님의 형상을 회복하는 것입니다. 이것은 인간의 노력이나 행위로는 불가능합니다.

하나님께서는 믿는 자에게 먼저 은혜로 거저 주시고 믿고 순종하는 자에게 실제로 하나님의 형상을 이루게 하십니다. 먼저 주시고 다음에 이루십니다. 그러므로 우리의 구원은 이미(already) 얻었고, 아직은 이루어지지 않았습니다(but not yet). 우리의 믿음은 삶 속에 실제화되어 나타납니다. 그후 우리는 영생을 얻은 증거를 가지게 됩니다. 그 영생의 증거는 사랑의 삶입니다(갈 5:6). 6-16절을 보면 심판의 원리 속에서도 복음의 진리를 가르쳐 주고 있습니다. 참고 선을 행한다는 것은 자기 행위를 의지하는 것이 아니라 주님을 의지하며 순종하는 모습입니다.

그들은 하나님과 그의 나라(영광, 존귀, 썩지 아니함)를 추구하고 영생(영광, 존귀, 평강)을 얻습니다. 궁극적으로는 그리스도의 재림 후에 얻겠지만 현재도 그것을 보증받아 누립니다. 심판은 인생의 목표와 추구하는 방향과 삶, 행위와 목적지에 대한 종합적인 평가 속에서 이루어집니다. 악을 행하는 것은 곧 복음을 배척하는 것입니다. 자기 의를 내세우며 복음을 거절하는 행위입니다. 이기적인 욕망에 따라 복음을 거절하고 불의를 행하는 그들에게는 진노의 심판이 임합니다. 뿐만 아니라 현재에도 환난과 곤고가 임해 무서운 심판으로 가고 있음을 느끼게 합니다.

하나님의 심판을 생각해 볼 때 자기 의를 주장하며 사는 삶의 결국은 멸망입니다. 하나님의 진노의 심판이 기다리고 있을 뿐입니다. 그리고 사는 동안에도 항상 환난과 곤고 속에서 내적으로나 외적으로 심히 피곤하고 고달픈 인생을 살 수밖에 없습니다. 위선을 부리고 남을 비판하며 상처를 주는 삶은 생명이 없는 삶입니다. 그런 거짓된 삶을 빨리 청산하고 주님께 나오시기를 바랍니다. 하나님의 무서운 심판이 있습니다. 그 심판은 누구도 피할 수 없습니다. 하나님의 심판은 엄정하게 이루어집니다. 누구를 봐주는 것도 없습니다. 행한 대로 보응을 받습니다.

특히 하나님께 순종하는가의 여부가 중요합니다. 진실로 하나님께 순종하는 자는 하나님의 복음을 감사함으로 받겠지만, 불순종하는 자는 복음을 거절합니다. 복음을 거절하는 것은 하나님에 대한 최대의 반역입니다. 이제 불순종을 회개하시기 바랍니다. 불의로 진리를 막는 죄를 회개하시기 바랍니다. 복음을 거절하는 무거운 죄를 회개하시기 바랍니다. '자기 의' 를 주장하는 헛된 삶을 버리고 그리스도 안에 있는 참 자유와 만족을 누리시기 바랍니다.

그러면 마르지 않는 샘물 같은 기쁨이 넘칩니다. 헌 누더기 같은 '자기 의' 를 벗고 그리스도께로 나오면 주님께서 빛나고 아름다운 '그리스도의 의' 로 옷 입혀 주십니다. 그리스도의 빛난 의의 새 옷을 입고 새 인생을 사는 환희와 감격을 아십니까? 송충이가 나비가 되어 창공을 날아가는 환희와 감격이 있습니다. 그 은혜의 세계를 모르고 어두컴컴한 동굴 같은 세계 속에서 자기 의를 주장하며 일생을 허비해서야 쓰겠습니까? 하나님의 기쁜 소식, 복음이 당신을 부릅니다. 빛이신 하나님께 나오십시오. 예수 그리스도의 복음을 영접하십시오. '자기 의'를 버리고 '하나님의 의'를 받으십시오. 그리고 그리스도와 함께 위대한 새 인생을 시작하시기 바랍니다. 아멘.

Chapter 06 유대인의 죄

로마서 2:17-3:8

17 유대인이라 불리는 네가 율법을 의지하며 하나님을 자랑하며
18 율법의 교훈을 받아 하나님의 뜻을 알고 지극히 선한 것을 분간하며
19 맹인의 길을 인도하는 자요 어둠에 있는 자의 빛이요
20 율법에 있는 지식과 진리의 모본을 가진 자로서 어리석은 자의 교사요 어린아이의 선생
이라고 스스로 믿으니
21 그러면 다른 사람을 가르치는 네가 네 자신은 가르치지 아니하느냐 도둑질하지 말라 선
포하는 네가 도둑질하느냐
22 간음하지 말라 말하는 네가 간음하느냐 우상을 가증히 여기는 네가 신전 물건을 도둑질
하느냐
23 율법을 자랑하는 네가 율법을 범함으로 하나님을 욕되게 하느냐
24 기록된 바와 같이 하나님의 이름이 너희 때문에 이방인 중에서 모독을 받는도다
25 네가 율법을 행하면 할례가 유익하나 만일 율법을 범하면 네 할례는 무할례가 되느니라
26 그런즉 무할례자가 율법의 규례를 지키면 그 무할례를 할례와 같이 여길 것이 아니냐
27 또한 본래 무할례자가 율법을 온전히 지키면 율법 조문과 할례를 가지고 율법을 범하는
너를 정죄하지 아니하겠느냐
28 무릇 표면적 유대인이 유대인이 아니요 표면적 육신의 할례가 할례가 아니니라
29 오직 이면적 유대인이 유대인이며 할례는 마음에 할지니 영에 있고 율법 조문에 있지
아니한 것이라 그 칭찬이 사람에게서가 아니요 다만 하나님에게서니라
1 그런즉 유대인의 나음이 무엇이며 할례의 유익이 무엇이냐
2 범사에 많으니 우선은 그들이 하나님의 말씀을 맡았음이니라
3 어떤 자들이 믿지 아니했으면 어찌하리요 그 믿지 아니함이 하나님의 미쁘심을 폐하겠느냐
4 그럴 수 없느니라 사람은 다 거짓되되 오직 하나님은 참되시다 할지어다 기록된 바 주께
서 주의 말씀에 의롭다함을 얻으시고 판단 받으실 때에 이기려 하심이라 함과 같으니라
5 그러나 우리 불의가 하나님의 의를 드러나게 하면 무슨 말 하리요 [내가 사람의 말하는
대로 말하노니] 진노를 내리시는 하나님이 불의하시냐
6 결코 그렇지 아니하니라 만일 그러하면 하나님께서 어찌 세상을 심판하시리요
7 그러나 나의 거짓말로 하나님의 참되심이 더 풍성하여 그의 영광이 되었다면 어찌 내가

Exegesis

죄인처럼 심판을 받으리요
8 또는 그러면 선을 이루기 위하여 악을 행하자 하지 않겠느냐 어떤 이들이 이렇게 비방하
여 우리가 이런 말을 한다고 하니 그들은 정죄 받는 것이 마땅하니라

주해 (註解)

'어리석은 자의 교사'(20절)

로마서가 기록될 당시 부유한 집에서는 자녀 교육을 훈도, 교사에게 맡겼습니다. 교사는 교육은 물론 훈련과 교정도 하는 교육자를 말합니다. 헬라인들은 이 단어를 어린아이를 맡아 학교에 데려다주고 다시 집으로 데려오며 영적, 도덕적으로 감독하며 돌보는 일을 했던 노예를 가리키는 데 사용했습니다(그랜드주석). 유대인 사회에서는 이와 비슷한 몽학 선생이 있었습니다(갈 3:25). 어리석은 자는 주로 이방인을 가리킵니다. 유대인들은 이방인을 어리석은 자로 보았고 자기들은 어리석은 자의 교사(훈도)라고 여겼습니다. 그러나 이방인을 사랑하며 율법을 잘 가르치는 것이 아니라 멸시하고 저주했습니다.

'스스로 믿으니'(20절)

남이 인정해 준 것이 아니라 자기 스스로 그렇게 생각했다는 말입니다. 유대인들은 하나님의 선택받은 민족으로서 우월감이 대단했습니다. 그나마 선택받은 민족답게 살면 좋았을 텐데 우월감에 젖어 거드름을 피우며, 죄를 짓고도 회개하지 않으며, 이방 민족을 멸시했습니다. 그 결과 우월감은 교만과 위선, 자기 의와 자

기 정당화, 고집과 뻔뻔스러움으로 나타났습니다.

'무할례자가 율법의 규례를 지키면'(26절)

무할례자란 할례 받지 않은 사람, 즉 이방인을 말합니다. 할례 받지 않은 이방인이 율법의 사항들을 모두 지키고 하나님의 백성처럼 산다면, 할례를 받지 못했다 할지라도 할례 받은 사람, 곧 유대인처럼 여겨지지 않겠습니까? 유대인들은 난지 8일 만에 할례를 받고 언약 백성의 규례인 율법을 이행하리라 서약하지만, 서약 없이도 율법의 요구를 모두 이행할 때 그 사람은 할례 받은 사람 곧 하나님 백성으로 인정 받을 것입니다.

여기서 핵심은 할례와 율법의 관계입니다. 할례 속에는 율법대로 행하여 하나님 백성의 도리를 다하겠다는 서약이 담겨 있습니다. 그러니 율법을 행치 않으면서 할례 받은 것만 내세우면 아무 가치가 없습니다. 반대로 할례를 받지 않아도 하나님의 백성으로 도리를 다하며 사는 사람을 그분의 백성으로 여길 수 있습니다. 참 할례의 가치는 하나님 백성의 도리가 담긴 율법을 지킬 때 존재합니다.

'이면적(裏面的, inwardly) 유대인'(29절)

이면적 유대인이란 표면적 유대인의 반대 개념으로 '내면적으로 진정한 유대인'을 가리킵니다. 겉만 하나님의 백성이고, 속은 아니라면 진정한 하나님의 백성이라고 할 수 없습니다. 겉과 속 모두 하나님의 백성이어야 진정한 하나님의 백성입니다. 즉 할례를 받았지만 하나님의 법은 지키지 않는 사람은 하나님의 백성이라고 할 수 없습니다. 비록 할례를 받지 않았다 할지라도 하나님의 법을 잘 지키는 사람이 하나님의 백성답다고 말할 수 있습니다. 하나님의 법인 율법은 복음을 증거하고 있습니다. 그러므로 진정 율법을 사랑하고 지키는 사람이라면 율법이 증거하고 하나님께서 보내신 메시아를 믿을 것입니다. 하나님께서 보내신 메시아를 믿는 사람이 참다운 하나님의 백성입니다.

'네 가지 질문과 답변'(3:1–8)

이 부분은 참으로 어렵습니다. 지면을 줄이기 위해 상당 부분이 생략되었기 때문입니다. 질문 속에 답변이 들어 있고 답변 속에 질문이 들어 있습니다. 그것을 되살려 보면 다음과 같습니다.

1. 질문 : 유대인들을 어떻게 보고 하는 말입니까? 그렇다면 도대체 유대인들의 특권은 무엇이란 말입니까?(1절)

   답변 : 유대인들은 많은 특권을 받았습니다. 제일 큰 특권은 하나님의 말씀을 맡은 것입니다. 그런데 하나님께서 보내신 메시아를 믿지 않아 그 특권을 상실해 버렸습니다.

2. 질문 : 메시아를 믿지 않아 하나님 백성의 특권이 상실되고 말았다고요? 그렇다면 사람들의 불신앙으로 신실하신 하나님의 약속이 무효화되었다는 얘기입니까? 하나님은 우리 조상들에게 '너와 너의 후손은 내 백성'이라 약속해 주셨고, 그 표징으로 우리가 할례를 받았는데 메시아를 믿지 않았다고 해서 신실하신 하나님께서 약속을 폐기하신다는 말입니까?

   답변 : 그렇지 않습니다. 잘못은 사람에게 있지 하나님께는 없습니다. 사람은 모두 거짓되지만 오직 하나님은 참되십니다. 성경에도 "주님은 항상 옳으시고 재판하면 항상 이기십니다"라고 기록되어 있지 않습니까? 하나님의 약속은 언제나 신실하되 사람의 잘못 때문에 약속이 실현되지 못한 것입니다. 그러나 사람들의 거짓됨으로 말미암아 하나님의 의로우심이 확연히 드러나게 되었습니다.

3. 질문 : 우리의 불의로 인해 하나님의 의로우심이 드러나게 되었다면 우리는 공로자가 아닙니까? 그런데 하나님께서 우리에게 진노를 내리시는 것은, 인간적으로 말해 하나님께도 잘못이 있는 것 아닙니까?

답변 : 결코 그렇지 않습니다. 그렇다면 하나님께서 어떻게 세상을 심판하시겠습니까? 하나님은 항상 의로우십니다. 인간이 거짓될수록 하나님의 참되심이 더욱 풍성하게 나타나 하나님께 영광이 되는 것입니다.

4. 질문 : 우리의 거짓말로 하나님의 참되심이 드러나 하나님께 영광이 되었다면 우리가 공로자인 셈인데 왜 죄인처럼 심판을 받습니까? 당신들 말대로라면 하나님께 영광을 돌리기 위해 우리가 더욱 거짓말하고 악을 행해야 하지 않겠습니까?

답변 : 뭐라고요? 정말 당신들은 참으로 악한 사람들입니다. 당신들은 지금 하는 말만 가지고도 정죄 받아 마땅합니다.

유대인의 죄 (로마서 2:17-3:8)

"기록된 바와 같이 하나님의 이름이 너희 때문에 이방인 중에서 모독을 받는도다"(24절).

심한 고통을 겪는 사람이 여러 병원을 전전하고도 뚜렷한 병명이나 처방을 알지 못한다면 참으로 괴로울 것입니다. 무슨 병인지나 알았으면 좋겠는데 의사들마다 고개를 갸웃거리기만 할 뿐 확실한 진단을 내리지 못한다면 얼마나 고통스럽겠습니까? 그런데 어느 날 별로 기대도 하지 않고 찾아간 한 병원에서 무슨 병인지 알게 되었을 뿐만 아니라 병의 확실한 원인과 처방까지 알게 되었다면 얼마나 기쁘겠습니까? 그 병원의 의사가 생명의 은인이 된 듯 고마울 것입니다. 그리고 다른 사람들을 만날 때마다 그 병원과 의사에 대해 자랑하듯 이야기하고 다닐 것입니다.

로마서를 공부하는 사람들 가운데 그런 기적 같은 은혜를 체험하는 사람들이 많습니다. 자기 인생에 뭔가 잘못되었는데 정확히 무엇이 잘못인지 알지 못했다가 하나님의 진리의 말씀을 통해 명확하게 깨닫습니다. 무엇으로도 치료가 되지 않던 내면의 문제까지 깨끗하게 치료됩니다. 우리 내면의 깊은 곳에 고독과 소외감, 두려움, 이기심, 위선, 게으름, 무서운 죄책감, 영적 무지, 만족 없음, 솟구치는 정욕, 가슴이 답답함, 항상 뒷골이 땡김, 우주 공간에 던져진 파편 같은 심정, 영혼 심연의 불안, 무서운 허무감, 비틀어진 자아, 그 무엇으로도 채울 수 없는 무저갱 같이 텅 빈 마음, 항상 방황하는 삶, 무한세계 속의 유한자의 모순과 갈등 같은 것들이 있다면 분명 무엇인가 크게 잘못된 것입니다. 그런데 무엇이 문제인지 모르고 지내다가 어느 날 갑자기 모든 것이 분명해지고 내 삶에서 엉키고 설킨 것들이 해결된다면 탄성이 절로 나오지 않겠습니까?

성경을 공부하면 그런 일들이 현실로 나타납니다. "역시 성경은 하나님의 말씀이야. 하나님의 말씀은 과연 살아 있어. 오 하나님, 감사합니다. 이 죄인을 버려 두지 아니하시고 하나님의 말씀을 듣게 하시고 살 길을 보여 주시니 감사합니다. 정말 감사합니다. 이 죄인, 눈물로 주님을 찬양합니다"라고 고백하게 될 것입니다. 실제로 로마서를 공부하는 동안 빛이신 하나님을 만나 잃어 버린 자아를 찾고 눈물로 찬양하는 영혼들이 많습니다.

세상에서 방황할 때 나 주님을 몰랐네
내 맘대로 고집하며 온갖 죄를 저질렀네
예수여 이 죄인도 용서받을 수 있나요
벌레만도 못한 내가 용서받을 수 있나요

많은 사람 찾아와서 나의 친구가 되어도
병든 몸과 상한 마음 위로 받지 못했다오
예수여 이 죄인을 불쌍히 여겨 주소서
의지할 것 없는 이 몸 위로 받기 원합니다.

하나님께서는 집 나간 아들을 기다리듯 우리를 기다리십니다. 우리가 진실로 회개하고 하나님 품에서 참 사랑을 회복해 새로운 인생을 시작하길 바라십니다. 이 시간에도 하나님의 참 사랑을 깨닫고 하나님 품에 돌아와 눈물로 찬양하는 영혼이 나타나길 바랍니다.

유대인의 죄는 특수한 죄입니다. 하나님의 지극한 사랑을 받은 사람이 하나님께 등을 돌린 특수한 죄입니다. 지금까지 다루었던 일반적인 죄(1:18-32), 자기 의를 주장하는 사람들의 죄(2:1-16)에서 더 지독한 유대인의 죄(2:17-3:8)입니다. 다른 사람들은 조금 버티다가 자기 죄를 수긍합니다. 회개도 빠르고 복음도 쉽게 영접해 치료를 받습니다. 그런데 유대인들은 그렇지 않습니다. 말이 많습니다. 논리가 대단합니다. 어지간해서 회개하지 않습니다. 뿌리 깊은 교만이 있습니다. 당을 지어 진리가 아닌 불의를 좇습니다.

이런 사람을 어떻게 도와야 합니까? 백약이 무효인 이런 사람들을 어떻게 도와야 천국의 은혜를 누리게 할 수 있습니까? 거의 불가능합니다. 이단에 빠진 사람들도 구원하기가 매우 어렵습니다. 그러나 사람으로는 할 수 없지만 하나님께서는 하실 수 있습니다.[47] 하나님의 특별한 은혜가 있으면 가능합니다. 하나님의 특별한 은혜를 사모하며 이 시간 유대인의 죄를 회개하는 역사가 일어나길 바랍니다. 오늘날 유대인의 죄와 흡사한 죄가 있습니다. 이단에 속한 사람들의 죄입니다. 그러나 교회 안에도 유대인의 죄에 해당하는 죄를 짓고 사는 사람들이 있습니다. 그들은 하나님의 지극한 사랑

47) 마가복음 10:27. "예수께서 그들을 보시며 이르시되 사람으로는 할 수 없으되 하나님으로는 그렇지 아니하니 하나님으로서는 다 하실 수 있느니라."

을 받고서도 하나님을 슬프게 합니다. 하나님을 믿는 것 같으면서 하나님의 뜻을 거역합니다. 하나님의 말씀으로 방어벽을 쌓아 놓고 자기 입장을 합리화합니다. 하나님의 진리로 무장해 자기 아성을 쌓고 있기에 어지간해서는 깨뜨릴 수 없습니다.

신앙생활을 10년 정도 했으면 그래도 변화가 있어야 합니다. 예수님의 모습이 나타나야 합니다. 정상적으로 신앙생활을 해왔다면 얼굴에 독기가 빠지고 그리스도의 사랑이 나타나야 합니다. 자기를 부인할 줄 알고 겸손히 들을 줄도 알아야 합니다. 그런데 도무지 변화되지 않은 사람들이 있습니다. 아무리 말씀을 외쳐도 회개하지 않는 강심장들이 있습니다. 바리새인 중에서도 상 바리새인 같은 사람들이 있습니다. 목사들도 두 손 들어 버리는 사람들입니다. 이 시간에 그런 상 바리새인들이 회개하는 기적이 일어나길 두 손 모아 간절히 기도드립니다.

유대인의 특권

인류 구속사에서 유대인의 위치는 독특하고 중요합니다. 하나님께서는 많은 민족 가운데 유대인을 선택하셨습니다. 그 민족을 제사장 나라로 삼아 온 세계 만민에게 하나님의 도를 전하게 하실 계획이었습니다.[48] 하나님께서는 유대인에게 특별한 사랑을 쏟으셨습니다. 그들에게 많은 계시의 말씀과 약속을 주셨습니다. 훌륭한 믿음의 사람들도 주셨습니다. 그리스도도 그들 가운데서 탄생케 하셨습니다. 그러므로 유대인은 자타가 공인하듯이 하나님의 사랑과 축복과 특권을 가장 많이 받은 선택받은 민족입니다.

그런데 하나님의 마음을 가장 아프게 한 민족도 유대인입니다. 그들은 복음을 거절했습니다. 하나님의 백성이라고 하는 사람들이 오히려 하나님의 복음을 거절한 것은 복음을 욕되게 하는 것이요 하나님을 욕되게 하는 것입니다. 왜 그들은 복음을 거절했습니까? 이것이 핵심 문제입니다. 이것을 규명하기 위해 먼저 그들이 어떤 특권을 받은 자들인지 살펴봅시다.

율법을 의지함(17a절)

하나님께서는 유대인들을 선택하시고 그들을 하나님 백성으로 삼아 주셨습니다. 그리고 하나님 백성의 도리가 담긴 율법을 그들에게만 주셨습니다. 율법은 하나님의 진리가 담겨 있는 최고의 법입니다. 유대인들도 이 율법을 주신 것이 얼마나 큰 은혜인지 깨닫고 율법을 사랑했습니다. 율법을 자랑하고 의지했습니다. 율법은 당시 그 어느 나라에 비교해 보아도 탁월한 것이었기 때문에 자랑할 만했습니다. 율법을 소유하고 율법의 가르침을 받고 율법에 따라 사는 유대인들은 축복 받은 백성이었습니다.

하나님을 자랑함(17b절)

하나님께서 자기들을 백성으로 삼아 주셨기 때문에 유대인들의

48) 출애굽기 19:4-6. "내가 애굽 사람에게 어떻게 행하였음과 내가 어떻게 독수리 날개로 너희를 업어 내게로 인도하였음을 너희가 보았느니라 세계가 다 내게 속하였나니 너희가 내 말을 잘 듣고 내 언약을 지키면 너희는 모든 민족 중에서 내 소유가 되겠고 너희가 내게 대하여 제사장 나라가 되며 거룩한 백성이 되리라 너는 이 말을 이스라엘 자손에게 전할지니라."

자부심은 대단했습니다. 이방인들은 하나님을 알지도 못한 채 우상을 숭배하고 있었지만 유대인들은 하나님을 알고 율법에 따라 하나님을 섬기고 있었으니 자랑할 만합니다. 이방인들은 썩어질 사람과 새들과 네발 달린 짐승들과 기어 다니는 것들을 만들어 거기 절하고 숭배했으나 유대인들은 유일신 창조주 하나님을 섬겼습니다. 그들은 하나님을 자랑했습니다. 하나님께 예배드리고 하나님을 섬기는 것은 큰 특권이요 축복입니다.

율법의 교훈을 받음(18a절)

사람들은 수준 높은 교육을 받기 좋아합니다. 뛰어난 스승 밑에서 최고의 교육을 받는 것은 최고의 복입니다. 율법의 교육을 받는 것은 최고의 특권이요 영광입니다. 율법은 하나님의 말씀입니다. 하나님의 진리인 율법으로 교육을 받는 것은 최고의 교육입니다. 유대인들은 교육적인 면에서 최고의 진리로 최고의 교육을 받은 축복 받은 백성이었습니다.

하나님의 뜻을 앎(18b절)

유대인들은 율법의 교훈을 받아 하나님의 뜻을 알았습니다. 하나님께서 무엇을 기뻐하시며 무엇을 싫어하시는지 배웠습니다. 하나님께서 인류를 구원하시려는 것도 알았습니다. 피조물로서 창조주의 뜻을 안다는 것은 영광이 아닐 수 없습니다. 인간들은 죄로 인해 하나님을 알지 못하고 하나님의 뜻도 알지 못해 인생을 낭비할 수밖에 없었습니다. 그런데 하나님을 알고 하나님의 뜻을 알아 바른 인생길을 걸어가게 되니 이 얼마나 큰 복이요 특권입니까?

지극히 선한 것을 분별함(18c절)

율법의 교훈을 받아 하나님의 뜻을 알게 된 유대인들은 분별력을 갖게 되었습니다. 지극히 선한 것을 좋게 여겼습니다. 무엇이 선한 것이며 악한 것인지 알았고 선한 것 가운데서도 무엇이 지극히 선한 것인지 알았습니다. 뛰어난 분별력과 가치관을 갖게 된 것입니다. 그리고 그 지극히 선한 것을 좋게 여기며 살았으니 이 얼마나 좋은 것입니까? 다른 사람들은 어두운 땅속에서 먹을 것을 찾아 헤매는 두더지처럼 살 수밖에 없는데, 선택받은 그들은 사물의 분별력을 얻어 지극히 선한 것을 찾아 좋게 여기며 살 수 있게 되었다니 큰 복이요 특권이 아닐 수 없습니다.

유대인들 가운데 위대한 삶을 산 사람들이 많습니다. 그 이유는 두말할 것도 없이 율법 때문입니다. 율법은 영적 무지를 깨우쳐 줍니다. 양심을 일깨워 줍니다. 영적으로 도덕적으로 위대한 삶이 무엇인지 일깨워 줍니다. 그래서 하나님의 말씀으로 교육을 받은 사람들은 영이 열리고 삶이 열려 위대한 삶을 살게 되는 것입니다. 구약성경을 보면 탁월한 사람들이 많이 나옵니다. 하나님을 잘 섬겼을 뿐만 아니라 객관적으로 볼 때도 위대한 일을 한 사람들입니다. 모세, 다윗, 솔로몬, 룻, 에스더, 이사야, 예레미야, 에스겔, 다니엘, 에스라, 느헤미야 등 위대한 삶을 살았던 사람들은 한결같이 율법을 사랑하고 율법의 교육을 받고 율법에 순종하며 살았습니다. 그래서 위대한 삶을 살 수 있었습니다. 유대인이 영적으로 특권과 복을 받은 사실은 누구도 부인 못할 사실입니다. 유대인의 문제점은 그들이 받은 특권에 있는 것이 아니라 그들이 그 특권을 가지고 교만에 빠진 데 있습니다. 특권 받은 자로서 사명을 다한 것이 아니라 자기 의를 쌓고 하나님의 복음을 거절한 데 있습니다.

유대인의 긍지

하나님께 큰 복을 받은 유대인은 긍지와 자부심이 대단했습니다. 본문은 5가지 특권과 함께 5가지 유대인의 긍지에 대해 기록하고 있습니다. 유대인들이 목에 힘 주며 내세운 긍지는 무엇이었습니까?

율법의 지식을 가진 자(19a절)

유대인들의 긍지와 자부심은 역시 율법에 있었습니다. 율법의 지식과 진리의 규모를 가진 자로서 뽐냈습니다. '율법의 지식' 과 '진리의 규모' 는 거의 같은 뜻으로 강조하기 위한 중언법적 표현입니다. 유대인들은 율법 교육을 통해 율법의 지식을 가지고 있었습니다. 율법 조항을 알고 있었고 교리문답을 통해 율법의 핵심 가르침이 무엇인지 알고 있었습니다. 율법은 넓은 범위에서는 모세오경을 말합니다. 좁은 의미에서는 모세오경 속에 기록된 율법조항들을 말합니다. 그것을 율법, 율례, 규례, 계명, 법, 교훈, 도, 법도 등 여러 말로 표현합니다. 율법의 핵심은 십계명이며 하나님 백성들의 생활규범이라고 할 수 있습니다. 십계명의 핵심은 주님께서 설명해 주신 대로 "주 너의 하나님을 사랑하라" 와 "네 이웃을 네 몸과 같이 사랑하라" 입니다. 즉 율법의 핵심은 하나님 사랑, 인간 사랑입니다. 유대인들은 하나님 계시로 받은 율법을 존중히 여겼습니다. 율법의 지식을 가진 자라는 긍지와 자부심이 대단했습니다.

소경의 인도자(19b절)

알다시피 소경은 앞을 못 보는 사람입니다. 여기선 하나님의 특별계시를 받지 못한 이방인들을 가리킵니다. 유대인들은 율법 덕분에 눈을 뜬 사람입니다. 이방인들은 하나님을 알지 못하고 영적으로 무지한 소경 같은 사람들입니다. 유대인들은 자기들이 소경 같은 이방인들의 길을 인도하는 자라고 스스로 믿었습니다. 그런데 그 말은 맞는데 그대로 행동하지는 못했습니다. 소경과도 같은 이방인들에게 율법을 가르치며 하나님의 도를 전해야 했는데 유대인들은 그러지 않았습니다. 이방인들을 개로 여기며 멸시했습니다.

어두움의 빛(19c절)

앞에 나오는 소경의 길을 인도하는 자와 연관된 말입니다. 이방인들은 어둠 속에서 살아가는 사람들입니다. 하나님도 모르고 진리도 모른 채 불의를 행하며 살고 있는 것입니다. 유대인들은 자신들을 '어두움에 있는 자의 빛' 이라고 스스로 믿었습니다. 하나님도 모르고 허무하게 죽어 가는 사람들에게 유대인들은 빛과 같은 존재였습니다. 하나님을 알고 하나님 백성의 생활 규범을 알기 때문에 어두움 속에서 살아가는 이방인들에게 빛과 같은 존재였습니다. 그래서 스스로를 '어두움에 있는 자의 빛' 이라고 믿은 것입니다. 그런데 역시 그들은 빛의 사명은 감당하지 않은 채 이방인들을 무시하고 능멸했습니다.

어리석은 자의 교사(20a절)

'교사'는 성경 원어 헬라어로 파이듀테스(paidutes)인데 '교육자'라는 뜻입니다. 파이듀테스는 가르침(teaching)뿐만 아니라 훈련(discipline)과 교정(correction)까지 하는 교육자입니다. 잘못된 것을 바로 잡아 주는 훈련관입니다. 유대사회에서 어린아이들을 학교에 데려다주고 다시 집으로 데려오며 영적, 도덕적으로 감독하며 돌보는 일을 했던 몽학선생과 같은 훈련관입니다.[49] 유대인들은 자신들을 어리석은 자의 교사(훈도)라 스스로 생각했습니다. 하나님의 율법을 모르고 영적으로나 도덕적으로 타락한 어리석은 사람들을 바로 잡아 주는 훈도라는 것입니다. 그들은 어리석은 자의 훈도로서 긍지와 자부심이 대단했습니다.

어린아이의 선생(20b절)

보통 어린아이는 나이 어린 사람을 말하지만 여기서는 배우지 못한 미성숙한 사람을 말합니다. 즉 유대교로 개종한 사람이나 초신자 같이 율법에 미성숙한 사람을 가리킵니다.[50] 유대인들은 영적으로 미성숙한 사람을 양육하는 자로서 긍지를 가지고 있었습니다. 그들은 어린아이 같은 미성숙한 자들 앞에서 대단한 존재라도 되는 양 뽐냈습니다. 실제로 그들은 율법의 지식과 진리의 규모를 가진 배운 사람들이었습니다. 배운 사람들은 배우지 못한 사람들 앞에 자부심을 갖게 마련입니다. 유대인들은 "나는 배운 사람이다. 나는 어린아이의 선생이다"라고 스스로 믿고 자랑했습니다.

---

49) 그랜드주석, 로마서, 88.

긍지와 자부심을 갖는 것이 무조건 잘못은 아닙니다. 긍지는 하는 일에 확신을 갖게 하고 더욱 열심히 일하게 만듭니다. 사명을 감당하면서 사명인으로서 긍지와 자부심을 가지면 더욱 사명인으로 살게 됩니다. 좋은 대학에서 열심히 공부하는 대학생이 긍지를 갖고 공부하면 대학자가 될 것입니다. 성경 선생으로서 긍지와 자부심을 가지면 더욱 열심히 성경을 가르치며 성경 전문가가 될 것입니다. 언론인이 긍지를 가지고 일하면 위대한 계몽자요 국가와 사회의 양심이 될 수 있습니다. 선교사가 어두움 속에 살아가는 사람들에게 구원을 가르쳐 주는 '이방의 빛' 으로서 긍지를 가지면 고난을 헤쳐 나갈 수 있고 고독을 이길 수 있습니다. 오히려 귀한 일을 하면서도 긍지를 갖지 못하면 의욕을 상실하고 귀한 가치를 상실해 버리게 됩니다.

그런데 유대인들이 긍지와 자부심을 갖는 것에는 무슨 잘못이 있습니까? 말과 행동이 다른 데서 그 이유를 찾아볼 수 있습니다. 그들이 스스로 생각하는 그대로 행동하면서 긍지를 갖는다면 큰 칭찬을 받을 것입니다. 그런데 사명은 전혀 감당치 않으면서 긍지만 내세우니 교만하다는 소리를 듣고 웃음거리만 되는 것입니다. 공부를 전혀 하지 않아 학사경고를 두 번이나 받았으면서 명문대학생으로서 자부심만 내세운다면 웃음거리가 될 것입니다. 성경 공부를 게을리해 성경도 모르고 잘 가르치지도 못하는 사람이 성경 선생이라고 자부심만 내세운다면 역시 웃음거리가 될 것입니다. 언론인이라고 하면서도 뇌물 받기를 좋아하고 남의 비리를 협박해 돈을 갈취

50) 앞의 책, 88.

하면서 시대의 양심 운운하면 사람들이 비웃을 것입니다. 선교는 하지 않고 빈둥거리기만 하는 사람이 "나는 이방의 빛이다"라고 말하면 누구나 욕할 것입니다. 긍지와 자부심을 갖는 것이 문제가 아니라 자기가 한 말대로 살지 않는 것이 문제입니다. 유대인의 문제가 무엇인지 좀 더 진지하게 생각해 봅시다.

유대인의 죄

유대인은 하나님의 특별한 사랑을 받은 사람들입니다. 5가지 특권을 받았고 5가지 긍지를 가질 만한 사람들입니다. 바울 사도가 이처럼 5가지 특권과 5가지 긍지를 나열한 까닭은, 그들이 축복 받은 사람들임을 부각시키기 위함입니다. 그런데 축복에는 책임이 뒤따릅니다. 고위직 공무원은 대단한 권리를 갖습니다. 동시에 무거운 책임을 맡습니다. 큰 권리를 가지고서 책임을 잘 감당하면 존경을 받습니다. 그러나 큰 권리를 가지고서 책임을 감당하지 못하면 무서운 비난과 벌을 면치 못합니다. 축복의 자리가 바로 그렇습니다. 유대인들은 큰 특권을 받았고 동시에 큰 책임을 받은 사람들입니다. 그런데 그들은 특권과 긍지만 앞세우고 책임은 감당하지 않아 하나님의 버림을 받은 신세가 되고 맙니다. 유대인의 죄가 무엇인지 좀 더 구체적으로 살펴봅시다.

율법을 범함(21-22절)

유대인들의 죄는 율법을 범한 것입니다. 그들은 말과 행동이 달랐습니다. 말은 그럴듯하게 하면서 행동은 엉터리였습니다. 그렇게 엉터리로 살면서 스스로 '율법의 지식을 가진 자', '소경의 인도자', '어두움에 있는 자의 빛', '어리석은 자의 훈도', '어린아이의 선생'이라고 떠벌리고 다니니 부끄러운 일이 아닐 수 없습니다. 그들은 심각한 위선자들입니다. 거룩한 척 하면서 남몰래 부끄러운 죄를 짓고 다니는 뻔뻔한 사람들입니다. 율법을 모르고 어긴 것보다는 알고도 어긴 것이 더 큰 죄입니다.

> 그러면 다른 사람들을 가르치는 네가 네 자신은 가르치지 아니하느냐 도둑질하지 말라 선포하는 네가 도둑질하느냐 간음하지 말라 말하는 네가 간음하느냐 우상을 가증히 여기는 네가 신전 물건을 도둑질하느냐(21-22절).

참으로 무서운 책망입니다. 유대인들의 오류를 정곡으로 찌르는 말입니다. 유대인들은 남은 잘 가르치면서 정작 자신은 가르치지 못했습니다. 남을 가르치는 교사는 큰 복을 받은 사람입니다. 교사는 영광스러운 직분입니다. 그러나 남을 가르치는 자에게는 무거운 책임이 따릅니다. 자기가 가르치는 대로 살아야 하기 때문입니다. 자기가 가르치는 대로 살지 못하면 율법의 신용을 떨어뜨려 율법을 모독하는 결과가 됩니다. 그리고 가르치는 자가 실천하지 않으면 그 가르침을 스스로 무효화시키는 꼴이 됩니다. 그러므로 성경은 가르치길 좋아하지 말라고 말합니다. "내 형제들아 너희는 선생 된 우리가 더 큰 심판을 받을 줄 알고 선생이 많이 되지 말라"(약 3:1). 가르치는 일을 아예 하지 말라는 것이 아니라 행동은 하지 않은 채

말만 잘하는 위선을 범하지 말라는 말씀입니다. 유대인들은 다른 사람들은 가르치면서 자신은 가르치지 않았습니다. 율법을 실천하지 않았습니다. 언행 불일치의 위선을 범했습니다.

또한 그들은 제8계명을 범했습니다. 이에 바울 사도는 "도둑질하지 말라고 선포하는 네가 왜 도둑질하느냐"고 책망합니다. 당시 모든 유대인들이 도둑질한 것은 아니었겠지만 맨 먼저 언급하는 것을 보아 당시 도둑질이 상당히 성행했음을 짐작해 볼 수 있습니다. 도둑질은 꼭 남의 물건을 훔치는 일만 아니라 상업 거래에 있어서 부당한 폭리를 취하는 일과 남의 것을 부당하게 자기 것으로 만드는 일, 남의 물건을 낭비하는 일 등도 포함됩니다.

다음, 그들은 제7계명을 범했습니다. "간음하지 말라는 네가 간음하느냐?" 이방인의 간음죄에 대해서는 이미 심각하게 다루었습니다(1:24-27). 그때 유대인들은 그들을 심히 비난했습니다. 그러면서 그들도 몰래 간음죄를 범하고 있었습니다. "간음하지 말라는 네가 간음하느냐?" 바울 사도는 유대인의 아픈 곳을 찔렀습니다.

그리고 제2계명을 다룹니다. '우상' 하면 치를 떨 정도로 극히 예민한 반응을 보이는 유대인들이었습니다. 그런 그들이 이방 신전의 물건을 약탈했습니다. 당시 유대인들이 이방 신전에 들어가 신전 물건을 약탈하는 일들이 종종 있었던 모양입니다.[51] 우상을 가증히 여기면서 이방 신전의 물건을 탈취하는 것은 극히 모순된 일입니다. 이와 같이 유대인들은 율법을 범함으로 율법을 모독하고 말았습니다. 그들이 자랑하고 자부심을 가졌던 '율법의 지식을 가진

51) 사도행전 19장 37절 참조.

자' 요, '소경의 길을 인도하는 자' 요, '어두움에 있는 자들의 빛' 이요, '어리석은 자의 교사' 요, '어린아이의 선생' 이라고 우쭐대는 말들도 오히려 비웃음거리가 되고 말았습니다.

여기서 다시 한 번 교사의 책임에 대해 생각하지 않을 수 없습니다. 교사는 참으로 귀한 직분입니다. 무지한 자, 초보자들에게 진리를 가르치는 복된 직분입니다. 그러나 그만큼 책임이 뒤따릅니다. 언행일치의 책임입니다. 가르치는 자가 행치 않으면 가르침을 무효화할 뿐만 아니라 그 가르침을 웃음거리로 만들어 버립니다. 교사는 늘 본을 보이도록 힘써야 합니다. 그런데도 유대인들은 율법을 범함으로 자기들이 그렇게도 사랑했던 율법을 모독한 결과를 낳고 말았습니다.

하나님을 욕되게 함(23-24절)

하나님의 백성이 최고로 자랑할 것은 하나님입니다. 하나님의 백성이 지닌 기본적인 사명은 하나님을 영화롭게 하는 것입니다. 그런데 하나님의 백성이 하나님을 영광스럽게 하기는커녕 도리어 욕되게 했다면 이것은 보통 죄가 아닙니다.

> 율법을 자랑하는 네가 율법을 범함으로 하나님을 욕되게 하느냐 기록된 바와 같이 하나님의 이름이 너희 때문에 이방인 중에서 모독을 받는도다(23-24절).

유대인들이 율법을 잘 지키며 영적으로나 도덕적으로 깨어서 하나님의 백성답게 행동하고 하나님을 기쁘시게 하는 삶을 살았다면 이방인들도 유대인들을 존경하며 그들을 본받으려 했을 것입니다. 그런데 그들은 거룩한 척 하면서 위선적인 삶을 살았습니다. 도둑질하지 말라고 하면서 도둑질했습니다. 간음하지 말라고 하면서 간음했습니다. 우상을 가증히 여기면서 이방인 신전의 물건을 도둑질했습니다. 뿐만 아니라 하나님의 선택받은 백성이라는 것만 앞세워 거만하게 행동하면서 이방인들을 개 취급했습니다. 선택받은 백성으로서 이방인들에게 사랑의 본을 보이지 못했습니다. 그래서 이방인들은 유대인들을 욕하고 그들이 믿는 하나님을 욕했던 것입니다. 하나님을 영화롭게 해야 할 유대인들이 하나님을 욕되게 했습니다. 이방인들을 하나님께로 인도하기는커녕 그들로 하여금 하나님께 등돌리도록 만들었습니다. 선택받은 자의 사명을 전혀 감당치 못했습니다. 하나님의 백성인 유대인들이 하나님을 욕되게 하다니 대단히 잘못된 일입니다. 하나님께 큰 죄를 지은 것입니다.

국가를 대표하는 대사가 외국에 나가 추태를 부리고 다닌다면 그는 조국의 명예를 더럽히는 나쁜 사람으로 낙인이 찍힐 것입니다. 열국의 제사장 나라로 선택을 받은 유대인들이 이방인들에게 하나님의 율법의 고상함과 진리임을 보여 주어야 할 텐데 추악한 행동을 보여 줌으로 하나님을 욕되게 했으니 그 죄는 크고 심각합니다. 그러므로 특권을 받은 사람은 몸가짐을 더욱 조심하고 바르게 처신해야 합니다. 축복 받은 것이 도리어 화가 된 경우는 수도 없이 많습니다. 축복 받은 것이 잘못이 아니라 축복을 감당하지 못한 것이 잘못입니다. 귀하고 큰 축복은 그만큼 더 높은 책임을 요구합니다. 그러므로 귀한 직분을 맡은 사람들은 정신을 바짝 차려야 합니다. 늘 자신을 살피고 더욱 충성스러운 일꾼이 되도록 애써야 합니다. 항상 나로 말미암아 하나님의 이름이 높아지고 하나님께 영광이 돌아가는지 점검하며 축복을 감당해야 합니다. 하나님께 영광을 돌려야 할 유대인들은 하나님을 욕되게 함으로 큰 죄를 지었습니다.

이방인에게 악영향을 끼침(24절)

유대인은 이방인을 하나님께로 이끌어야 할 이방인의 목자로서의 사명을 받았습니다. 하나님께서는 유대인을 열국의 제사장 나라로 삼아 세계 모든 민족들에게 율법을 가르치며 하나님께로 인도할 계획을 품으셨습니다. 유대인은 이방인을 사랑하고 돌아보며 가르쳐야 할 제사장의 사명을 받은 것입니다.

그런데 유대인들은 이방인들을 사랑하지 않았습니다. 오히려 멸시했습니다. 자기들은 선민이요 이방인들은 버림받은 족속이라고 여기며 이방인들을 개 취급했습니다. 지옥의 불쏘시개 감으로 생각했습니다. 그리고 이방인들 앞에서 부도덕한 일을 저질렀습니다. 율법을 범했습니다. 위선적인 모습을 보였습니다. 엉터리로 사는 모습을 보였습니다. 그래서 이방인들은 유대인들을 싫어했고 그들이 믿는 하나님을 싫어했습니다. "하나님의 이름이 너희 때문에 이방인 중에서 모독을 받는도다."[52] 결과적으로 유대인들은 인류를 향한 하나님의 계획을 방해했습니다.

하나님의 백성은 작은 빛과 같습니다. 자기 주위를 비추어 하나님의 위대하심, 하나님의 영광을 드러내야 합니다. 의롭게 살면서

52) 이사야 52:5. "…여호와께서 말씀하시되 그들을 관할하는 자들이 떠들며 내 이름을 항상 종일토록 더럽히도다."

이웃을 사랑하고 목자처럼 돌보아야 합니다. 그러면 사람들은 하나님 백성의 의로움과 사랑을 보고 감동해 하나님께 영광을 돌릴 것입니다. 이것이 하나님께서 유대인을 선택하시고 축복하신 목적입니다. 그러므로 하나님의 백성들은 어두움의 바다에 작은 불을 켜고 항해하는 인생들을 인도해야 합니다. 오늘날도 마찬가지입니다. 신자들이 불신자들을 개 취급하며 멸시한다면 그들은 하나님께 등을 돌릴 것입니다. 심한 경우에는 하나님께 악한 감정을 품고 욕하고 다닐 것입니다. "너희는 세상의 빛이라"고 하신 주님의 가르침처럼[53] 하나님의 백성들은 세상 사람들을 하나님께로 인도해야 합니다. 그런데 유대인들은 불의하게 살아 이방인들이 하나님께로 가는 길을 막아 버렸습니다.

형식주의(25-29a절)

유대인들이 범한 또 하나의 죄는 형식주의입니다. 형식주의는 남에게 직접적인 피해를 주는 것이 아니기 때문에 죄처럼 느껴지지 않을 수 있습니다. 그러나 형식주의는 진리를 진리가 아닌 것처럼 만들기 때문에 성경에서는 특종 죄악으로 다루고 있습니다. 형식주의는 당사자의 영혼 문제를 미궁에 빠지게 할 뿐만 아니라 다른 사람으로 하여금 진리를 외면케 하여 진리로 가는 길을 봉쇄하기 때문입니다. 간음죄나 살인죄는 명명백백히 죄로 보일 뿐만 아니라 소수에 그치고 말지만 형식주의는 전염병처럼 많은 사람들을 서서

53) 마태복음 5:14 참조.
54) 창세기 17:10-14 참조.

히 죽음으로 몰아넣는 죄이기 때문에 더욱 심각합니다.

유대인들은 형식주의의 죄에 빠져 있었습니다. 그들은 죄를 짓고 있으면서도 심각하게 생각하지 않았습니다. 자기들은 할례 받은 하나님의 백성이기 때문에 모든 죄를 면제받을 줄로 생각했습니다. 할례가 무엇입니까? 할례는 하나님의 언약 백성들이라는 표징입니다.[54] 유대인들은 하나님의 백성이 되었다는 상징으로 할례를 받았습니다. 할례는 언약의 백성임을 기억하게 하고 언약의 율법을 잘 지켜 하나님 백성답게 살도록 하나님께서 주신 상징입니다. 그러나 할례 자체에 무슨 효력이 있는 것이 아닙니다. 무슨 짓을 하든 할례만 받으면 영원토록 하나님의 백성으로 살다가 천국에 가는 것이 아닙니다. 그런데 유대인들은 거의 그렇게 생각했습니다. 그래서 불의를 행하면서도 심각하게 회개하지 않습니다. 할례를 받았기 때문에 무조건 천국에 가리라고 생각했습니다.

오늘날 크리스천 가운데서도 세례를 받았기 때문에 무슨 죄를 짓든지 용서받고 천국에 가리라는 생각을 한다면 그것은 큰 오해입니다. 유대인의 오류를 그대로 답습하는 것입니다. 유대인들은 할례의 참뜻을 곡해한 나머지 할례 받음으로 모든 죄가 면제되는 것으로 여겼고 나아가 자기 죄를 회개하지 않으며 복음까지 거절했습니다. 할례에 대한 유대인의 오류는 무엇이었습니까?

> 네가 율법을 행하면 할례가 유익하나 만일 율법을 범하면 네 할례는 무할례가 되느니라(25절).

할례는 하나님과 언약을 맺은 하나님의 백성이라는 언약의 표징입니다. 하나님의 백성이 따라야 할 법도가 무엇입니까? 율법입니다. 그러므로 하나님의 백성은 율법을 지킬 때 하나님의 백성답고 할례의 의미도 빛날 것입니다. 그런데 하나님의 백성답지 않게 행동하면서 할례를 주장한다면 그 할례는 아무 유익이 없고 도리어 그의 죄악을 돋보이게 할 뿐입니다.

유명 대학에 다니는 어떤 사람이 열심히 공부해서 학문적인 성과를 거두었다면 그의 대학 배지는 빛날 것입니다. 그러나 공부를 게을리하다가 학사경고를 받고 제적 직전에 있는 사람이 배지 자랑만 하고 다닌다면 무슨 유익이 있겠습니까? 웃음거리밖에 되지 않습니다. 유대인들이 그랬습니다. 하나님의 백성답게 율법을 지키며 수준 높은 영성과 도덕성을 보여 주고 할례를 자랑했다면 모두가 그들을 존경했을 것입니다. 그런데 하나님 백성답게 살지 않으면서 할례를 자랑하니 그 할례는 무할례, 곧 아무 쓸모없는 할례가 되고 말았습니다. 거꾸로 할례를 받지도 않은 사람이 율법의 제도를 지키면서 하나님 백성처럼 산다면 그 사람을 할례 받은 하나님 백성으로 대할 것이 아니겠습니까?(26절) 또한 할례 받지 않은 사람이 율법을 온전히 지켜 하나님의 백성답게 산다면 할례를 받고 문서로 된 계명을 가지고 있으면서도 율법을 범하는 사람들을 판단하지 않겠습니까?(27절)

여기서 논의의 핵심은 할례를 받았느냐 못 받았느냐가 아니라 실제로 하나님 백성답게 사느냐 못 사느냐입니다. 하나님의 백성답게 살지 않으면서 할례만 내세우는 유대인의 형식주의를 고발하고 있는 것입니다. 할례는 대단히 유익한 것입니다. 그러나 할례는 율법을 지키면서 하나님의 백성답게 사는 것이 전제될 때 유익한 것입니다. 하나님을 욕되게 하면서 할례를 내세운다면 그것은 할례를 모독하는 태도입니다. 그러면 어떤 유대인이 참 유대인이며 어떤 할례가 참 할례입니까?

> 무릇 표면적 유대인이 유대인이 아니요 표면적 육신의 할례가 할례가 아니니라 오직 이면적 유대인이 유대인이며 할례는 마음에 할지니 영에 있고 율법 조문에 있지 아니한 것이라(28-29a절).

표면적(表面的, outwardly) 유대인이란 겉으로 보이는 유대인입니다. 즉 아브라함의 혈통을 가졌고 겉보기에 유대인처럼 행세하는 유대인이라고 해서 모두가 진정한 하나님의 백성은 아니라는 말입니다. 이면적(裏面的, inwardly) 유대인이 참 유대인입니다. 이면적 유대인이란 유대인다운 내면을 갖추고 사는 사람입니다. 즉 하나님을 경외하고 하나님께서 주신 복음을 영접하고 하나님 백성답게 사는 사람입니다. 그 사람들이야말로 참 하나님의 백성들입니다.

육신의 할례란 신체의 일부에 칼자국을 내서 행한 할례를 말합니다. 그러나 그것이 참 할례는 아닙니다. 그러면 참 할례란 무엇입니까? 마음의 할례입니다. 일찍이 선지자들이 예언한 마음의 할례입니다. 마음의 할례란 마음에 성령을 받아 하나님의 언약 백성으로 변화되는 것을 말합니다. 진정한 하나님의 백성이 되는 할례는 문서에 쓰인 계명에 따라 육신에 칼자국을 내는 것이 아니라 성령을 받아 새사람으로 변화되는 것입니다. 성령을 받아 변화된 새사람이 되는 것에 대해서는 뒤에서 다루겠습니다.

여기서 우리는 형식주의의 죄에 대해 생각해 봐야 합니다. 우리 크리스천들도 그런 죄를 자주 범하고 있기 때문입니다. 형식 그 자체가 죄는 아닙니다. 형식은 내용을 담는 그릇으로 꼭 필요한 것입니다. 형식을 아예 무시하는 것은 어리석은 일입니다. 형식주의에서 벗어났다는 것을 과시하기 위해 형식 자체를 죄악시하고 팽개치는 사람이 있는데, 그것은 또 하나의 형식주의에 빠지는 것과 같습니다. 중요한 것은 형식 속에 내용이 담겨 있어야 한다는 점입니다. 내용을 갖춘 형식은 아름답습니다. 은혜가 될 뿐만 아니라 힘이 뒤따릅니다.

그런데 인간에게는 약점이 있습니다. 시간이 흐르다 보면 사람들은 내용보다는 형식에 치우치는 경향이 있습니다. 급기야 내용이 없거나 껍데기만 있을 뿐이고, 오히려 형식을 앞세운 나머지 겉보기에는 기독교 같으나 내용은 참 기독교가 아닌 경우가 있습니다. 그 대표적인 예를 교회의 당회나 노회 혹은 총회에서 찾아볼 수 있습니다. 그곳에서 크리스천의 진리와 의, 사랑과 용서, 순종과 화합의 모습보다는 세속 정치판 같은 술수와 야합, 반목과 대립, 불순종과 억지 주장하는 모습을 가끔씩 보게 됩니다. 그래서 진실하게 살아가는 사람들은 숨어 버리고 인간적인 술수에 능한 사람들이 전면에 나타나곤 합니다. 그들은 겉으로는 합리적이고 성경적인 것처럼 보일지 모르나 실제로는 성경 진리에서 크게 벗어나 있습니다. 하루 속히 회개해야 합니다. 심판의 하나님을 두려워하며 바르게 살아야 합니다.

신자들 개개인도 남을 비판하면서 자신은 회개하지 않는 죄를 많이 범하고 있습니다. 세례를 받은 신자가 되었으면 하나님의 백성답게 의를 행하며 살아야 합니다. 죄악된 생활을 잘라 버리고 참 사랑을 실천해야 합니다. 수준 높은 도덕생활을 지속하며 하나님의 영광을 드러내야 합니다. 그런데 여전히 불법을 행하며 불신자들에게조차 손가락질 받는 저속한 일을 하고 있으니 얼마나 통탄할 일입니까? 그러면서도 회개를 게을리 하는 까닭은 무엇입니까? 세례를 받았다고 해서 모든 죄를 사함 받으리라고 생각하면 큰 오해입니다. 세례를 받은 하나님의 자녀일수록 함부로 죄를 지어서는 안 됩니다. 더욱 거룩하게 살아야 합니다. 주님의 말씀을 새겨 듣고 회개하시기 바랍니다.

> 나더러 주여 주여 하는 자마다 다 천국에 들어갈 것이 아니요 다만 하늘에 계신 내 아버지의 뜻대로 행하는 자라야 들어가리라 그날에 많은 사람들이 나더러 이르되 주여 주여 우리가 주의 이름으로 선지자 노릇 하며 주의 이름으로 귀신을 쫓아 내며 주의 이름으로 많은 권능을 행하지 아니하였나이까 하리니 그때에 내가 그들에게 밝히 말하되 내가 너희를 도무지 알지 못하니 불법을 행하는 자들아 내게서 떠나가라 하리라 (마 7:21-23).

세례를 죄악의 도피처나 면죄부쯤으로 생각하면 큰 오해입니다. "세례를 받았는데 지옥에 가겠나?" 하고 마음 놓고 죄를 짓는다면 그것은 하나님의 뜻을 너무나 모르는 처사입니다. 세례는 그리스도와 연합해 옛사람은 죽고 새사람으로 태어났다는 믿음의 고백이며 동시에 죄짓는 생활을 청산하겠다는 서약과 같습니다. 그렇게 서약해 놓고 죄를 지으면 벌이 더 중하지 않겠습니까? 세례를 받고 죄에서 벗어나 깨끗하게 되었으면 다시는 죄를 짓지 말아야 합니다.

혹 세례를 받은 후 죄를 지었다면 더 깊이 부끄러워하고 이전보다도 더 가슴 아파해야 합니다. 옛날에는 조금 회개하고 용서받았다면 세례 받은 후에는 죄를 더 깊이 뉘우쳐야 합니다. 그래야 새사람이 됩니다. 세례가 죄에 대한 경각심을 높이고 죄를 멀리하며 의로운 생활의 출발점이 되어야지 마음 놓고 죄를 짓는 뻔뻔한 죄인으로 만드는 계기가 된다면 크게 잘못된 일입니다. 오늘날 교회에서 이런 가르침이 분명하게 전달되지 않으니 세례를 받고서도 죄에 빠져 사는 크리스천이 많은 것입니다.

한국교회가 살 길은 형식주의의 죄에서 벗어나는 것입니다. 유대인들이 형식주의의 함정에 빠져 큰 축복을 받고서도 하나님으로부터 버림을 받는 신세가 되었는데 우리마저 형식주의의 함정에 빠져 똑같은 신세가 되어서야 하겠습니까? 형식주의로 인해 크리스천들이 맛을 잃은 소금이 된다면 비극적인 일이 아니겠습니까?

바울 사도가 이 문제를 집중적으로 다룬 이유는 당시 유대인들의 죄만 생각해서가 아니라 선지자적 영감을 가지고 앞으로 교회에 나타날 죄를 내다보았기 때문입니다. 거듭난 기쁨과 감격을 잃어 버리고 무미건조하게 신앙생활을 하는 형식적인 신자들, 엉터리 신앙생활을 하면서도 부끄러워하기는커녕 뻔뻔스럽게 큰소리 내는 신자들, 불신자들을 감화시키기는커녕 손가락질만 받고 사는 위선자들, 바리새인들보다 더 위선자로 살면서도 바리새인을 욕하고 사는 신자들, 지옥에 갈 짓을 하고 있으면서도 천국에 갈 것으로 착각하며 살고 있는 신자들, 세례를 받고서도 죄의 경각심을 갖지 못하는 뻔뻔스러운 신자들을 회개시키기 위해 유대인의 사례를 심각하게 다루고 있습니다.

형식주의는 어떻게 치료할 수 있습니까? 회개가 답입니다. 의로우신 하나님 앞에서 양심을 회복하고 바르게 살아가는 연습을 해야 합니다. 심판을 두려워하며 다시는 죄를 짓지 않겠다는 마음으로 살아야 합니다. 그렇게 하고도 혹 죄를 지었으면 더 크게 회개해야 합니다. 이 문제를 로마서에서 집중적으로 다루고 있습니다. 로마서 말씀에 좀더 귀 기울이고 하나님의 말씀을 받아야겠습니다.

자기 의를 내세워 복음을 거절함(29b절)

심각한 유대인의 죄를 다루다가 갑자기 '칭찬' 이라는 단어가 등장합니다. 유대인들이 형식주의에 빠진 근본적인 이유가 '칭찬' 과 관계가 있기 때문입니다. 그들은 사람들에게 칭찬과 영광을 받으려고 하다가 형식주의에 빠지고 말았습니다. 칭찬을 받고 싶은 것은 인간의 본성 중 하나이므로 나쁜 것이 아닙니다. 칭찬을 듣기 위해 열심히 공부하는 것은 얼마나 좋은 일입니까?

그런데 유대인들은 하나님께 칭찬 받는 대신에 사람에게 칭찬을 받으려 하다가 형식주의의 올무에 걸리고 말았습니다. 사람에게 보이기 위해 길거리에서 기도하고, 나팔을 불면서 구제하고, 얼굴을 흉하게 하고 금식했습니다.[55] "와, 저 열심을 좀 봐! 놀랍다 놀라워! 대단한 사람이야!" 그들은 사람들의 칭찬에 목말라 이상한 짓을 서슴지 않았습니다. 유대인들이 사람보다 하나님의 칭찬에 관심을 기울였다면 그렇게 빗나가지는 않았을 것입니다. 율법에 새겨진 하나님의 뜻을 생각하고 하나님 앞에서 율법을 지키고자 애썼다면 하나

55) 마태복음 6:1-18 참조.

님께서 보내신 메시아의 가르침을 기쁘게 들었을 것입니다.

그런데 그들은 하나님께서 보내신 메시아를 거절했습니다. 왜 그랬습니까? '자기 의' 때문이었습니다. '율법을 잘 지킨다'는 사람들의 칭찬을 받고 싶어 애쓰다가 하나님께서 보내신 메시아를 바라보지 못한 것입니다. 사람의 칭찬에 팔려 하나님의 뜻을 놓쳐 버렸습니다.

> 그 칭찬이 사람에게서가 아니요 다만 하나님에게서니라(29b절).

마음의 할례를 받고 변화를 받아 진정한 하나님의 백성으로 살아가는 사람들은 사람들에게 칭찬을 구하지 않고 하나님의 칭찬을 바라며 삽니다. 사람들의 인정이나 받으려고 외적인 형식을 요란하게 꾸미지 않고 하나님께 인정받길 바라며 성령의 이끄심를 받아 삽니다. 여기서 '칭찬'이라는 말은 유대인과 결부되어 사용되었습니다. 유대인이라는 말은 야곱의 아들 '유다'에서 나왔습니다. 유다라는 이름의 뜻은 '찬송(讚頌, praise)'입니다. 진정한 유대인은 사람들의 칭찬이나 받자고 구차하게 사는 사람이 아니라 하나님의 칭찬을 바라며, 하나님께 칭찬을 받으며, 하나님께 찬양 드리는 사람입니다.

유대인들의 실패 원인은 형식적인 율법의 의에 치우친 데 있습니다. 그들은 사람들에게 칭찬을 받으려고 외적인 율법 준수에만 힘썼습니다. 그러다가 하나님의 뜻을 잃어 버리고 줄곧 형식적인 삶을 살았습니다. 형식적인 생활에 굳어져서 자기들의 주장에 반대되는 것은 모두 반대했습니다. 진리도 거절했습니다. 심지어 하나님께서 보내신 메시아가 자기 죄를 들추어 낸다고 그분을 거절하고 배척했습니다. 하나님의 의를 모른 채, 자기 의를 세우려고 하나님의 의를 배척한 것입니다(10:3). 즉 불의로 진리를 막았습니다(1:18).

하나님께서 메시아를 보내셨을 때 가장 열렬히 환영하며 영접해야 할 사람이 바로 유대인이었습니다. 그들은 하나님의 백성이기 때문입니다. 그런데 가장 열렬히 환영해야 할 하나님의 백성들이 하나님께서 보내신 그분의 아들을 배척한 것은 죄악의 극치를 보여 줍니다. 차라리 이방인들은 경배는 않을지언정 배척은 하지 않았는데 하나님의 백성이라는 사람들이 하나님의 아들을 죽이라고 소리쳤습니다. 자기들의 메시아를 십자가에 못박으라고 소리치는 모습은 자기 의가 얼마나 무서운 죄인지 보여 줍니다. 자기 의는 이기적인 자기중심성에서 나옵니다. 자기를 높이고 자기의 영광을 구하는 사상이 밑바닥에 깔려 있습니다. 결국 자기를 하나님 자리에 앉히고 하나님을 배척하는 행위입니다.

교회 안에도 여전히 자기 의를 주장하는 사람들이 있습니다. 자기를 부인하고 온전히 주님께만 순종하며 하나님의 백성답게 살지 못하고, 입으로만 하나님을 찾고 자기가 하나님이 되어 자기 고집만 내세우는 신종 유대인들이 있습니다. 오늘날 우리 교회 안에 그런 유대인과 같은 모습으로 자기 모순과 오류에 빠져 그리스도의 생명을 누리지 못하는 사람들이 분명 있다면 돌이켜야 합니다. 하나님 앞에 온전히 백기를 들고 나아가 회개해야 합니다. 진실로 하나님을 의지하고 자기를 버려야 합니다. "자기 의존은 0퍼센트, 하나님 의존은 100퍼센트!" "자기에 대한 완전한 포기, 그리고 하나님에 대한 절대적 신뢰!" 이것이 참 믿음입니다. 그 모범을 아브라함이 보여 주었습니다. 하나님께서는 그의 믿음을 보시고 의로 인정해 주셨습니다.

2장 처음 부분에서는 주로 '도덕적인 자기 의'를 주장하는 사람들의 문제를 다루었는데 여기서는 한 걸음 더 나아가 '종교적인 자기 의'를 주장하는 사람들의 문제를 다루고 있습니다. '종교적인 자기 의'를 주장하는 사람들은 하나님의 말씀을 이용해 자기 주장을 변호하므로 그들의 아성을 깨뜨리기가 더 어렵습니다. 죄악된 자기 아성을 깨뜨리고 생명의 주님을 모셔야 구원이 오는데 하나님의 말씀으로 난공불락의 아성을 구축해 놓고 있으니 어찌 해볼 도리가 없는 것입니다. 도무지 부서지지 않는 자기 아성, 그것이 유대인의 핵심 문제입니다.

"누가 나를 건드려? 누가 내 고집을 꺾는단 말이야?" 하며 자랑하고 거드름 피우는 사람이 있습니다. 이렇게 누구도 통제할 수 없는 사람이 되었다는 것은 곧 최악의 상태에 이르렀다는 뜻입니다. 이는 말기암에 걸려 사망 선고를 받은 것과 같습니다. 자기 의를 주장하며 복음을 거절하는 사람들은 대부분 구원과 거리가 먼 사람들입니다. 입으로는 믿는다고 하면서 그리스도와 아무 상관없이 사는 사람들, 양심의 가책도 없이 죄를 짓는 사람들이 구원받은 사람들이겠습니까? 심지어 이런 사람들은 황소고집입니다. 종교적 논리로 자기 의를 정당화하고 두터운 벽을 쌓아 방어하므로 회개케 할 방도가 거의 없습니다. 그래서 결국 스스로 무서운 심판을 자초하는지도 모릅니다. 그러나 황소고집을 가진 사람도 성령을 받으면 마음이 어린아이처럼 순수해져 하나님의 복음을 저항 없이 받습니다. 성령의 일하심으로 인해 하나님의 복음이 절대적 진리로 자리를 잡습니다. 그래서 참 믿음을 갖게 되고 구원을 받습니다. 교회에 출석하고 있으나 아직도 그리스도의 생명을 누리지 못하고 있다면, 자기 아성을 깨뜨려 버리고 예수님을 순수하게 믿어야 합니다.

"오, 주님! 제가 바로 신종 유대인입니다. 저의 위선과 숨은 죄는 헤아릴 수 없습니다. 이 더러운 죄인은 지옥의 형벌을 받아 마땅하지만, 이제야 눈물로 회개합니다. 저의 고집을 내버리겠습니다. 성령님, 죄악된 자아를 십자가에 못박아 버리오니 순수한 믿음을 주십시오. 새사람이 되게 하옵소서!"

하나님께서는 회개를 기뻐하십니다. 진실한 회개를 받으실 뿐만 아니라 새사람이 되게 해주실 것입니다. 수십 년간 자기 의로 연단된 사람은 어린아이 같은 순수한 심령이 될 때까지 수십 년간 죄악과 투쟁을 벌여야 합니다.

유대인들의 반발

"유대인도 죄인이다. 유대인도 하나님의 심판을 받을 죄인이다"라는 말에 유대인들이 발끈해서 나섭니다. 어지간하면 그쯤에서 백기를 들 만한데 무슨 공포 영화에서나 나올 것처럼 다 죽은 듯하다가도 다시 살아나 반격합니다. 정말 대단한 고집쟁이입니다. 유대인들은 어떤 반발을 하고 있습니까?

할례의 유익이 무엇인가?

"유대인들도 이방인들과 똑같이 심판을 받아 지옥에 갈 죄인이라면 할례는 무슨 소용이란 말인가? 할례는 하나님의 백성이라는 언약의 표징으로 대단히 중요한데, 그런 할례를 아무것도 아닌 양 취급하는 당신의 신학은 틀린 것이 아닌가?" 이렇게 반발합니다. 이 문제는 앞에서 이미 충분히 다루었습니다. 할례는 율법을 지키며 하나님의 백성답게 살 때 유효한 것이며, 하나님의 백성답게 살지 못하는 사람들에게는 이미 아무 효력도 없습니다.

유대인의 특권은 무엇인가?

하나님께 선택받은 백성이라는 긍지와 자부심으로 살아 왔던 유대인들은 자신들이 이방인과 똑같은 죄인으로 취급받는 데 참을 수 없는 분노를 느끼며 항변합니다.

그런즉 유대인의 나음이 무엇이며 할례의 유익이 무엇이냐(3:1).

유대인들의 특권은 많습니다. 그 특권은 이미 앞에서 열거한 바와 같습니다. 다른 것은 그만두고라도 하나님의 말씀을 맡았다는 한 가지 사실만으로도 유대인으로서의 특권은 엄청납니다. 하지만 특권에는 반드시 책임이 따르는 법입니다. 하나님의 말씀을 받은 유대인들은 이방인들의 모범이 되어 하나님을 잘 섬겨야 했습니다. 특히 하나님께서 보내신 메시아를 잘 믿어야 했습니다. 온 세계 만민이 메시아를 믿고 구원받도록 했어야 합니다. 그러나 열국의 제사장과 같은 유대인들은 하나님께서 보내신 메시아를 믿지 않음으로 하나님의 인류구원 계획에 큰 차질을 빚고 말았습니다. 유대인들 때문에 열국이 구원을 받지 못하고 심판에 직면하게 된 것입니다.

하나님의 약속은 취소되었는가?

하나님께서 유대인들을 자기의 백성으로 삼겠다고 약속하셨는데 메시아를 믿지 않는다고 약속을 취소해 버린 것입니까? 사람들이 약속을 지키지 않는다고 신실하신 하나님께서 친히 하신 약속을 폐해 버리신 것입니까? 하나님께서는 우리 조상들에게 너와 네 후손은 내 백성이라고 약속하셨고 그 언약의 표징으로 할례까지 행하게 하셨는데, 우리가 좀 안 믿는다고 신실하신 그 약속을 폐기시켜 버리실까요? 결코 그렇지 않습니다. 사람은 다 거짓되지만 오직 하나님은 참되십니다. 성경에도 그런 말씀이 있지 않습니까? "주님은 항상 옳으시고 재판하면 항상 이기십니다." 하나님은 항상 신실하십니다. 하나님의 약속도 항상 신실하십니다. 다만 사람들의 잘못 때문에 약속이 실현되지 못한 것뿐입니다. 하나님께서 보내신 메시아를 당연히 믿어야 하는데 믿지 않으므로 스스로 하나님 백성의 지위를 포기해 버린 것입니다.

하나님께서 아브라함에게 약속을 주실 때 모든 유대인을 다 자기의 백성으로 삼는다고 약속하신 것은 아니었습니다. 하나님은 처음부터 하나님의 약속을 믿은 유대인을 백성으로 삼겠다고 하셨습니다. 많은 유대인들은 하나님의 아들을 십자가에 못박으라고 소리치면서 가이사 외에는 우리에게 왕이 없다고 선언했습니다.[56] 이것은 자신들이 하나님의 백성임을 포기하는 것이나 다름 없는 선언이었습니다. 그러나 하나님께서 보내신 메시아를 믿은 유대인들은 현재도 그리스도 안에서 하나님의 백성으로서 풍성한 은혜를 누리고 있

56) 요한복음 19:15 참조.

습니다. 하나님의 약속은 취소되지 않았습니다.

하나님께서 유대인을 심판하시는 것은 잘못인가?

사람은 거짓되지만 하나님은 항상 신실하십니다. 사람의 거짓됨으로 하나님의 의로우심이 현저히 드러났습니다. "유대인의 불의로 하나님의 의로우심이 드러났으니 유대인들은 공로자가 아닙니까? 유대인이 믿지 않은 결과로 이방인이 믿을 수 있게 되었고 나아가 세계 선교를 이루게 되었다면 유대인들을 공로자로 볼 수 있는 것이 아닙니까? 그런데도 하나님께서 유대인들을 심판하신다면 그것은 잘못 아닙니까?" 이것은 억지 논리입니다.

요셉의 형들이 동생을 노예로 팔아 놓고 자기들을 공로자라고 주장하는 것과 같이 악한 주장입니다. 말도 안 되는 소리입니다. 하나님의 큰 축복과 특권을 받은 유대인들이 마땅히 메시아에 대한 불신앙의 죄를 통회해야 함에도 스스로를 공로자라고 주장한다면 그런 억지가 어디 있습니까? 하나님의 심판은 항상 공정하고 의로우십니다. 유대인들의 죄를 추궁하고 심판하시는 것은 당연한 일입니다. 인간이 거짓될수록 하나님의 의는 더욱 빛납니다.

선을 이루기 위해 악을 행할 수 있는가?

"우리의 거짓말로 하나님의 참되심이 드러나서 영광이 되었다면 우리가 공로자인데 왜 심판을 받아야 합니까? 오히려 상을 받아야 마땅한 것이 아닙니까? 그리고 우리의 악이 결국 하나님의 선으로 나타났다면 선을 이루기 위해 악을 행해야 하는 것이 아닙니까?" 죄인들은 이런 논리를 앞세워 고집을 부리고 억지를 피웁니다. 그런 말을 하는 자체로도 유대인들의 악함은 충분히 입증되었고 정죄 받아 마땅합니다.

사람이 자기 잘못을 솔직히 시인하고 회개하면 구제 받을 길이 열립니다. 그런데 한번 거짓말을 하고 나면 그 거짓말을 덮기 위해 또다른 거짓말을 해야 하고 계속 거짓말을 하게 됩니다. 자기가 옳고 틀리지 않았다고 계속 주장하면서 이상한 논리를 앞세우고 자기의를 고집하는 유대인의 모습은 참으로 딱합니다. 진정한 유대인이라면 하나님께서 보내신 메시아를 믿어야지 무슨 말이 그리 많습니까? 그런 말을 하면 할수록 자기들의 악함과 죄만 드러날 뿐입니다. 해결책은 단 하나, 회개하고 메시아를 믿는 것입니다. 자기가 지금까지 쌓아 온 아성을 깨뜨려 버리고 새 생활을 시작하는 것입니다.

신학 난제의 해결 원리

여기서 등장하는 신학 난제가 있습니다. 아무리 애써도 설명하기 어려운 문제입니다. "유대인들이 가지고 있던 할례의 유익이 무엇입니까? 하나님의 약속이 무효가 된 것입니까?" 이런 질문을 누군가 던진다면 대답하기가 심히 어렵습니다.

그런데 바울 사도의 답변을 살펴보면 어려운 신학 난제를 풀 수 있는 원칙을 발견할 수 있습니다. 바울 사도는 그 어떤 경우에도 "하나님은 참되시고, 의로우시며, 신실하시다"는 일관된 주장으로 하나님의 성품을 굳게 붙들고 있습니다. 즉 하나님의 변할 수 없는 성품과 불변의 진리를 기준으로 삼고 거기서부터 해결의 실마리를 풀어 가고 있습니다. 그런데 거꾸로 문제에서부터 시작해 정답을 찾으려고 하면 오류에 빠지기 쉽습니다. 하나님께 오류가 있는 것처럼 몰아갈 수 있는 상황에 놓이기 쉽습니다.

어려운 문제일수록 단순하게 생각하고 하나님의 진리에서 시작해야 합니다. 그래야 어떠한 신학 난제도 바르게 풀어갈 실마리를 찾을 수 있습니다. 그러나 우리 인간의 이해력에 한계가 있음을 인정하고 어느 선에서 멈추는 것도 지혜입니다. "성경이 말하는 곳에서 나도 말하고, 성경이 침묵하는 곳에서 나도 침묵한다"는 칼빈의 유명한 고백을 성경 연구자들은 가슴에 새겨야 합니다.

자기 의를 주장하는 사람들의 비참한 실상

사도 바울이 정리한 죄론의 핵심 관점은 '불의로 진리를 막음'(18절)에 있습니다. 사람들이 어떻게 불의로 진리를 막습니까? 첫 번째 부류의 사람들은 "죄인인 인간이 어떻게 거룩한 교회에 갈 수 있습니까?" 라고 말합니다. 자기 무지와 자기 죄악 등 자기 불의를 내세우며 진리인 복음을 거절하고 있습니다. 두 번째 부류의 사람들은 자기 도덕성을 내세워 복음을 거절합니다. "우리는 선하고 의롭기 때문에 지옥에 갈 일도 없습니다. 또한 이렇게 평안하게 살고 있는데 왜 귀찮게 합니까?" 하며 고개를 돌립니다. 세 번째 부류의 사람들은 자신의 종교적 업적을 내세워 복음을 거절합니다. "우리는 종교적 수양을 많이 쌓았고 율법을 잘 지켜 천국에서 상을 받을 자격이 있습니다. 그리스도 없이도 천국에 갈 수 있으니 우리 염려는 말고 당신들 일이나 보시오." 이런 종교적 의를 내세워 복음을 거절하는 이들 가운데 대표적인 사람들이 유대인입니다. 그들은 최고의 진리인 율법을 가지고 자기 방어 논리를 펴고 있기 때문입니다.

하나님 편에서 보면, 타락한 죄인들은 신속히 자기 죄를 인정하고 복음을 영접하기 때문에 구원하기가 쉽습니다. 그런데 자기 의를 주장하는 사람들은 인간들이 보기에 약간의 선이 있다는 사실 때문에 쉽게 자기를 굴복시키지 않습니다. 상당한 방어 논리를 펴며 복음을 거절합니다. 인간들에게는 고상해 보일지 모르나 하나님의 눈으로 바라보면 가장 불쌍하고 가장 큰 벌을 자초하고 있는 사람들입니다. 이처럼 자기 의를 주장하는 사람들이 처해 있는 비참한 실상은 무엇입니까?

자기 모순에 빠져 있음

자기 의를 주장하는 사람들은 자기 모순에 빠져 살고 있습니다. "그러므로 남을 판단하는 사람아, 누구를 막론하고 네가 핑계하지 못할 것은 남을 판단하는 것으로 네가 너를 정죄함이니 판단하는 네가 같은 일을 행함이니라"(2:1). "그러면 다른 사람을 가르치는 네가 네 자신은 가르치지 아니하느냐 도둑질하지 말라 선포하는 네가 도둑질하느냐 간음하지 말라 말하는 네가 간음하느냐 우상을 가증히 여기는 네가 신전 물건을 도적질하느냐"(2:21-22).

자기 모순에 빠진 사람은 항상 불안을 느끼고 방황하며 살아갑니다. 그것을 벗어나려 위선을 더하고, 종교적 열심을 더하지만 소용없습니다. 자기 모순의 근본 원인은 불완전한 인간이 완전한 존재처럼 보이려는 데 있습니다. 인간은 완전한 존재가 아닙니다. 인간의 힘으로는 어쩔 수 없는 뿌리 깊은 죄가 인간의 본성에 박혀 있습니다. 그것도 모르고 완전한 존재처럼 행세하려 하니 너무 피곤합니다. 위선자들은 참으로 피곤한 인생을 살고 있습니다.

겉으로 보기엔 의로운 듯하나 내면이 비참함

자기 의를 주장하는 사람들의 말을 들어 보면 고상한 듯 보입니다. 피상적으로는 매우 의로울 뿐만 아니라 아무 부족함이 없어 보입니다. 그러나 내면에는 평화가 없습니다. 감사도 없습니다. 끝없는 환난과 곤고가 있습니다. "악을 행하는 각 사람의 영에는 환난과 곤고가 있으리니"(2:9). "율법을 자랑하는 네가 율법을 범함으로 하나님을 욕되게 하느냐"(2:23).

부족한 선을 완전한 선처럼 보이려고 애쓰며 살아가는 이들의 내면에 무슨 평화가 있겠습니까? 누가 자기의 부족한 것을 조금만 들추어도 금방 폭발할 것 같은 심정으로 돌변합니다. 누가 자존심을 건드리기라도 하면 며칠 동안 미친 사람처럼 행동하기도 합니다. 왜 그렇게 자기에 대해 민감합니까? 이는 자기를 하나님처럼 높이며 살고 있기 때문입니다. 그래서 만족이나 자유함, 그리고 감사가 없습니다. 은혜로운 삶을 알지 못합니다. 그러고도 여전히 완전한 사람처럼 위장하고 사니 그 안에 행복이 있겠습니까? 하루하루의 삶이 불안하고 몸과 마음이 피곤할 뿐입니다.

자기 의를 주장하는 사람에게는 진정한 친구가 없습니다. 마음을 나누고, 삶을 나누고, 고뇌를 함께할 친구가 없습니다. 그 근본에는 자기를 하나님처럼 높이는 자아상의 문제가 있습니다. 그래서 그는 항상 고독합니다. 심한 우울증에 시달립니다. 언제 갑자기 자살해버릴지도 모르는 불안 속에 삽니다. 겉과 속이 너무 다른 삶이 문제입니다.

헛된 수고를 반복함

불완전한 자기를 완전하게 보이려 애쓰는 사람은 참으로 엄청난 노력을 기울입니다. 도덕적으로 선해지려고 많이 수고합니다. 자기 수양도 많이 합니다. 말조심하려고 애씁니다. 긍정적인 효과도 있습니다. 잠시 동안은 삶이 나아지는 듯 보입니다. 하지만 다시 원래의 불완전한 모습으로 돌아가고 맙니다. 문제는 그것이 근본 치료가 아닌데 근본 치료가 될 것처럼 생각하며 계속 애쓴다는 것입니다. 심각한 병을 앓고 있는 사람이 병의 원인을 제거하지 않고 계속 통증만 다스리고 있다면 되겠습니까? 치아가 뿌리까지 썩어 아픈데 진통제로 해결이 됩니까?

자기 의를 주장하는 사람은 이와 같이 부질없는 헛된 수고에만 정력을 낭비합니다. "이런 일을 행하는 자를 판단하고도 같은 일을 행하는 사람아, 네가 하나님의 심판을 피할 줄로 생각하느냐 혹 네가 하나님의 인자하심이 너를 인도하여 회개하게 하심을 알지 못하여 그의 인자하심과 용납하심과 길이 참으심이 풍성함을 멸시하느냐"(2:3-4).

하나님은 회개하기를 기다리며 길이 참으시는데 자기는 계속 딴 짓을 하고 있습니다. 율법의 의를 쌓으려고 피나는 노력을 합니다. 안식일에는 2킬로미터 이상 걷지 않으며 엘리베이터 단추도 누르지 않습니다. 어떤 사람은 의를 쌓는다는 이유로 10년 동안 벽만 쳐다보고 살아갑니다. 우습게도 긴 끈을 삼켜 뒤로 나오게 한 후 다시 빼내는 수련도 한다고 합니다. 불완전한 인간이 완전한 인간이 되기 위해 온갖 노력을 기울이지만 결국 한계가 있습니다. 인간의 힘만으로는 100미터 달리기에서 10초 벽을 돌파하지만 1초 벽은 결코 깨뜨릴 수 없는 것과 마찬가지입니다. 그럼에도 인간들은 허탄한 수고를 그칠 줄 모릅니다. 아, 부질없는 인간의 수고여!

무서운 심판을 자초하고 있음

자기 의를 주장하는 사람들도 처음에는 건전한 방향에서 자기 수련도 하며 완전해지려고 노력합니다. 그러나 중도에 그 노력이 위선으로 변질되어 버립니다. 바리새인들도 처음에는 율법의 소중함을 깨닫고 율법을 잘 지키려고 노력했을 것입니다. 그러다가 조금씩 조금씩 형식적인 율법 지키기로 빗나가고 만 것입니다.

"화 있을진저 외식하는 서기관들과 바리새인들이여 잔과 대접의 겉은 깨끗이 하되 그 안에는 탐욕과 방탕으로 가득하게 하는도다 눈 먼 바리새인이여 너는 먼저 안을 깨끗이 하라 그리하면 겉도 깨끗하리라"(마 23:25-26). "다만 네 고집과 회개하지 아니한 마음을 따라 진노의 날 곧 하나님의 의로우신 심판이 나타나는 그날에 임할 진노를 네게 쌓는도다"(2:5).

하나님의 무서운 심판이 기다리고 있습니다. 최후의 심판에 이르기 전에도 하나님의 경고는 계속 있습니다. 더 큰일이 나기 전에 회개하고 새로운 삶을 시작해야 하는데, 인간은 고집을 피워 화를 자초하고 있습니다.

구원의 복음을 거절함

자기 의를 주장하는 사람들의 결정적인 죄는 복음을 거절한다는 것입니다. 불완전한 인간들의 부질없는 노력을 안타깝게 여기신 하나님께서는 완전한 구원을 허락하려고 복음을 주셨습니다. 완전을 사모하는 사람이라면 두 손 들고 복음을 환영해야 할 텐데 의외로 복음을 배척해 버렸습니다. 자기들이 쌓아 온 업적과 추구해 온 방법을 포기하는 게 싫었기 때문입니다. 그래서 "베스트(best)의 최대 원수는 베터(better)다"라는 유명한 말이 나왔나 봅니다. 차라리 아무것도 없었더라면 베스트를 붙잡았을 것입니다 자기 의를 추구하는 사람들이 자기가 가지고 있는 약간 좋은 것을 놓지 않으려고 진정 좋은 복음을 거절한 셈입니다.

자기 의를 추구하는 사람들의 깊은 의도는 참으로 완전한 사람이 되는 것이 아니라 자기를 하나님처럼 높이려는 데 있습니다. 그들이 진실로 완전한 인간이 되려고 했다면 완전한 인간으로 가는 길을 보여 주는 복음을 환영했을 것입니다. 그들이 복음을 거절하는 이유는 인생의 목표가 자기에 있기 때문입니다. 그토록 사모하는 구원이 손안에 들어왔는데 뿌리치다니 그들은 눈먼 소경이나 다름없습니다. 지옥 심판을 받는다 해도 아무 할 말이 없습니다.

자력 구원체계의 함정에 빠짐

유대인들이 자기 의를 주장하다가 하나님의 구원을 거절하다니 이해가 안 됩니다. 구약에 분명 메시아 예언이 나오고 그 예언대로 메시아가 오셨는데 자기 의 때문에 거절하다니 이해가 안 됩니다. 유대인들이 범한 오류의 근본 원인은 자력 구원체계의 함정에 빠졌기 때문입니다. 자력 구원체계라 함은 자기 선, 자기 노력, 자기 업적, 자기 힘으로 구원받으려고 하는 시스템(system)을 말합니다. 세상의 모든 철학과 종교가 이 시스템 속에서 완전을 찾고 있습니다.

유대교의 율법을 지켜 의로워지려는 노력도 자력 구원체계 속에서 행해지고 있습니다. 인간은 근본적인 죄 때문에 완전해질 수 없습니다. 근본적인 죄가 인간 본성에 뿌리 박혀 있고, 인간이 가지고 있는 근본 한계로 인해 완전해질 수 없습니다. 그런데도 인간은 계속 이 체계로 구원(완전)에 이르려 하고 있습니다. 처음부터 실패할 수밖에 없는 체계인데 말입니다. 그래도 "그렇지 않아! 그래도 길이 있을 거야!" 하면서 부질없이 수고하고 있습니다.

유대인들은 하나님의 율법이 요구하는 완전에 이르려고 자력 구원체계 속에서 몸부림을 치고 있습니다. 그 길은 실패할 수밖에 없습니다. 그렇다면 어떤 해결책이 있습니까? 하나님께서 해결책을 주셨습니다. 은혜 구원체계(Salvation System by God's Grace)입니다. 하나님께서는 은혜로 먼저 완전한 구원을 주셨습니다. 그리고 그 완전한 구원을 이루게 하십니다. 방법은 하나님의 은혜를 믿는 것입니다. 아브라함이나 다윗이 이 믿음을 소유했습니다. 경건한 유대인들도 이 믿음을 소유했습니다. 자력 구원체계에서 강조하는 것은 노력과 업적, 그리고 공로입니다. 그러나 은혜 구원체계에서 강조하는 것은 믿음과 순종, 그리고 은혜입니다. 이미 구약에도 존재했던 은혜 구원체계는 복음 안에서 확실히 나타났습니다.

하나님께서는 복음을 믿는 자에게 완전한 구원을 주십니다. 그리고 그 구원을 이루어 가게 하십니다. 복음을 영접한 사람은 이미(already) 구원을 얻었으나 아직(but not yet) 완성은 안 되었습니다. 그러나 하나님께서 보내신 성령의 도우심으로 구원을 이루게 하십니다. 그러므로 하나님의 의를 받은 사람은 아직 불완전한데도 불구하고 완전한 것처럼 감사하고 기뻐합니다. 그렇다고 뻐기거나 교만하지 않습니다. 겸손합니다. 왜냐하면 자기가 이룬 것이 아니라 하나님께서 주신 것이기 때문입니다. 아직 완전에 이르지 않았어도 기뻐할 수 있는 것은 완전히 이루어질 것을 믿기 때문입니다. 완전한 구원을 받아 온전히 이루어 가는 그 기쁨은 말로 표현할 수 없습니다. 은혜입니다. 할렐루야!

유대인의 죄에 대해 결론을 맺고자 합니다. 유대인의 잘못은 축복을 감당하지 못한 데 있습니다. 특권에는 책임이 따릅니다. 큰 특권을 받고도 책임을 감당하지 않으면 큰 화가 미칩니다. 유대인들은 특권을 받은 것에 취해 특권 받은 자로서 책임을 소홀했습니다. 그리하여 버림을 받았습니다. 열국의 제사장 나라로 축복 받은 그들은 이방인을 사랑하고 돌보기는커녕 멸시하고 자기 의를 쌓고 자기 영광만 추구하다가 버림 받은 신세가 되고 말았습니다.

교회 안에서도 중요한 직분을 받고 하나님의 큰 복을 받은 사람은 그만큼 책임이 뒤따름을 명심해야 합니다. 더 거룩하게 살고 더 열심히 일하고 더 사명감을 가지고 헌신해야 합니다. 그러면 놀라운 은혜가 임하고 더 큰 복을 받습니다. 그러나 큰 복을 받고서도 책임을 감당하지 못하면 하나님의 영광을 가리고, 자신에게 화가 미치며, 주위 사람들에게 큰 피해를 줍니다. 많이 받은 자는 많이 내놓아야 합니다.[57)]

유대인의 죄는 교만과 위선, 형식주의 등인데 그 중에서도 종교적인 자기 의로 복음을 거부한 것이 가장 큰 죄입니다. 교만한 인간들은 자기 의를 앞세워 복음을 거절합니다. 자기를 앞세워 하나님을 거부합니다. 자기들이 선하다는 것입니다. 왜 우리가 죄인이냐고 항변하면서 복음을 거절합니다. 남들보다 약간 더 선하다는 것을 내세워 의인으로 자처하며 복음을 외면합니다.

유대인들은 종교적 의를 내세웁니다. 자기들은 율법을 받아 율법을 지키며 잘 살고 있으니 복음이 없어도 얼마든지 천국에 갈 수 있다고 생각합니다. 그들의 죄를 추궁하자 할례를 거론하며 방어합니다. 하나님 백성의 표징인 할례를 가지고 있으니 자기들은 비록 죄가 있어도 문제없다는 것입니다. 할례 자체에는 아무 효력이 없고 하나님 백성의 도리를 다할 때만 효력이 있음을 듣고서도 회개하지 않습니다.

할례는 율법을 지키며 하나님 뜻대로 살 때에만 효력이 있습니다. 하나님의 뜻을 어기며 하나님께서 내리신 복음을 거부하면서 어떻게 하나님 백성의 권리를 주장합니까? 유대인들은 뭔가 허상을 붙들고 있습니다. 외형적인 율법 준수에 빠져서 율법의 내용을 상실했습니다. 사람들의 칭찬과 평가에 매달리다가 하나님의 칭찬과 평가를 망각해 버렸습니다. 그들이 내세우는 종교적 의는 빈껍데기에 불과합니다. 진정한 하나님의 의인 복음이 왔는데 그들은 자기들이 추구하는 것이 최고라고 여기면서 거절합니다. 하나님의 진리의 말씀을 이용해 견고한 자기 아성을 쌓아 놓고 복음을 거부합니

---

57) 누가복음 12:48. "…무릇 많이 받은 자에게는 많이 요구할 것이요 많이 맡은 자에게는 많이 달라 할 것이니라."

다. 결국 자기를 내세우려고 하나님을 거부한 것입니다.

현대판 유대인들이 있습니다. 유대인처럼 어떤 종교적 허상을 붙들고 구원받은 것으로 착각하며 살고 있는 것입니다. 그리스도의 생명을 상실한 채 종교적 행위를 붙들고 살고 있습니다. 종교적 열심은 있으나 예수님의 생명은 없는 채 허무하게 살고 있습니다. 교만과 위선이 몸에 배어 있고 형식주의에 빠져 무미건조한 삶을 살고 있습니다. 사람들 칭찬에 민감하며 자기 영광이 인생의 목표입니다. 신앙생활을 오래 했으나 변화되지 않은 채 매우 이기적인 삶을 살고 있습니다. 자기 이름이 높아지는 데서 기쁨을 찾습니다. 예수님 안에 있을 때 얻을 수 있는 환희와 감격을 모릅니다.

주님은 완고한 유대인들도 사랑하십니다. 그들이 회개하고 죄 사함을 받으며 천국의 기쁨을 누리길 바라십니다. 그래서 그의 종을 통해 유대인의 죄를 다루도록 하신 것입니다. 신앙생활을 잘 못해 유대인처럼 교만과 아집으로 똘똘 뭉친 사람도 주님은 새롭게 변화시키길 원하십니다. 성령님의 은혜를 받으면 자기 잘못을 깨닫고 회개할 수 있습니다. 그런데 회개는 내가 하는 것입니다. 성령님의 도우심으로 회개하지만 회개는 내가 하는 것입니다. 하나님의 말씀을 듣고 나의 죄를 깨닫고 회개할 때 성령님께서 도와주십니다. 어떻게 회개해야 합니까?

하나님 앞에 무릎을 꿇고 조용히 자신을 돌아봅니다. 사람의 시선을 개의치 말고 살아 계신 하나님 앞에 무릎을 꿇고 하나님의 눈으로 자신을 돌아봅니다. 자기 고집을 꺾어야 합니다. 내가 죽고 그리스도가 내 안에 사시도록 모셔야 합니다. 나를 버리고 대신 그 자리에 그리스도를 주인으로 모시는 것입니다. 자신이 얼마나 엉터리인가를 고백하고 주님의 자비를 구해야 합니다. 내 안에 구원이 없으며 오직 그리스도 안에만 구원이 있음을 고백하고 주님을 영접해야 합니다. 그리스도를 왕으로 모시고 순종하십시오.

그러면 그리스도의 통치 속에서 천국을 맛볼 수 있을 것입니다. 이제 사람의 평가와 말에서 자유로워지십시오. 사람들에게 얼마나 인정을 받는가가 중요한 것이 아니라 내 마음에 그리스도의 생명이 있는가가 중요합니다. 내 삶을 그리스도가 통치하시는가가 중요합니다.

예수님은 생명입니다. 예수님이 계신 곳이 천국입니다. 예수님과 함께 사는 삶이 천국입니다. "오직 예수!" 예수님을 사랑하십시오. 진실로 사랑하십시오. 예수님의 말씀에 순종하십시오. 어린아이처럼 순수하게 주님을 사랑하고 순종할 때 놀라운 내면의 변화가 일어날 것입니다. 그리스도를 마음 지성소에 모시고 사랑을 고백하며 찬송할 때 천국의 기쁨이 살아날 것입니다.

묵은 땅을 기경하면 더 옥토가 되듯이 완고한 유대인 같은 사람이 회개하면 정말 놀라운 일이 일어납니다. 놀라운 하나님의 은혜를 체험하고 큰일을 하게 됩니다. 그 대표적인 사람이 바로 사도 바울입니다. 회개하십시오. 미루지 말고 회개하십시오. 그리스도와 함께 위대한 새 인생을 사시기 바랍니다.

Chapter 07 모든 인간은 죄인이다

로마서 3:9-20

9 그러면 어떠하냐 우리는 나으냐 결코 아니라 유대인이나 헬라인이나 다 죄 아래에 있다
고 우리가 이미 선언하였느니라

10 기록된 바 의인은 없나니 하나도 없으며

11 깨닫는 자도 없고 하나님을 찾는 자도 없고

12 다 치우쳐 함께 무익하게 되고 선을 행하는 자는 없나니 하나도 없도다

13 그들의 목구멍은 열린 무덤이요 그 혀로는 속임을 일삼으며 그 입술에는 독사의 독이 있고

14 그 입에는 저주와 악독이 가득하고

15 그 발은 피 흘리는 데 빠른지라

16 파멸과 고생이 그 길에 있어

17 평강의 길을 알지 못하였고

18 그들의 눈앞에 하나님을 두려워함이 없느니라 함과 같으니라

19 우리가 알거니와 무릇 율법이 말하는 바는 율법 아래에 있는 자들에게 말하는 것이니 이
는 모든 입을 막고 온 세상으로 하나님의 심판 아래에 있게 하려 함이라

20 그러므로 율법의 행위로 그의 앞에 의롭다하심을 얻을 육체가 없나니 율법으로는 죄를
깨달음이니라

Exegesis

주해 (註解)

'우리는' (9절)

9절의 '우리'가 누구인지에 대해서는 여러 학자들이 다르게 해석합니다. 비숍 모울(Bishop Moule), 밤비(Barmby), 브루스(Bruce)는 '유대인'이라고 주장합니다. 바울이 유대인이며 바로 다음에 나오는 말이 그렇고, 앞에서 유대인과 논쟁을 벌인 후였으므로 '우리 유대인은 나으냐'라고 읽어야 한다는 것입니다. 그러나 헨드릭슨(Hendriksen)은 다음과 같은 이유를 들어 여기서 '우리'는 '크리스천'이라고 주장합니다. 첫째, 이미 유대인은 이방인보다 나을 것이 없음을 지적했는데 또 언급할 이유가 없기 때문입니다. 둘째, 바울이 유대인을 3인칭으로 기술한 반면(1:16, 2:9, 3:1), 2장 17절 이하에서는 2인칭으로 기술하고 있으며, 더욱이 바울이 한 번도 '우리 유대인'이라 말한 적이 없기 때문입니다. 셋째, 3장 8절의 '우리'는 유대인들이 비방하는 신자들을 지칭하기 때문입니다.

내용상으로도 후자가 옳습니다. 이 부분은 3장 20절의 "율법의 행위로 그의 앞에 의롭다하심을 얻을 육체가 없나니"라는 문장을 염두에 두고 읽어야 합니다. 모든 인간은 죄인이라는 것을 밝히려는 것입니다. "그러면 유대인과 헬라인의 죄를 밝히는 우리는 낫습니까? 결코 아닙니다. 우리는 유대인이나 헬라인이나 다 죄 아래 있다고 이미 선언했습니다."

'다 죄 아래에 있다' (9절)

'죄 아래에 있다'는 말은 '죄의 지배를 받는다'는 말입니다. 이방인도 유대인도 모두 죄의 지배를 받고 있습니다. 최고의 문화인이라고 하는 헬라인도 최고의 종교인이라고 하는 유대인도 모두 죄의 굴레를 쓰고 있으며 죄의 지배를 받고 있습니다. 그 죄는 원죄와 자범죄입니다. 원죄란 조상으로부터 유전되어 온 죄이며, 자범죄는 내가 저지른 범죄입니다. 인간은 모두 이 죄의 굴레를 쓰고 있으며 죄의 지배를 받고 있습니다.

죄는 근본적으로 생각해 보면 하나님을 거역한 것입니다. 하나님을 모시고 살아야 할 인간이 하나님을 떠나 자기 마음대로 살고 있는 것이 죄입니다. 하나님 중심으로 살아야 할 인간이 자기중심으로 사는 것이 죄입니다. 인간은 하나님을 떠나 모순과 혼란과 한계에 갇혀 살게 되었습니다. 이 모순과 혼란과 한계에서 벗어나려 발버둥쳐도 벗어날 수 없습니다. 근본적인 죄 문제가 해결되지 않았기 때문입니다.

'하나님을 두려워함이 없음' (18절)

사람들은 수없이 죄를 짓고 있습니다. 생각으로 짓는 죄, 언어로 짓는 죄, 행동으로 짓는 죄를 포함합니다. 모든 죄의 근원은 하나님을 경외하지 않는 데 있습니다. 하나님을 떠나 살기 때문에 제멋대로 생각하며 입에 담지 못할 말을 서슴없이 합니다. 하나님을 떠나 안하무인 식으로 살면서도 부끄러워할 줄 모릅니다. 인간의 모든 죄의 근원은 하나님을 떠나는 것에 있습니다.

여호와를 경외하는 것이 지혜의 근본입니다(시 111:10, 잠 1:7). 항상 창조주 하나님을 먼저 생각하고 그분을 두려워할 때 생각이 건전해지기 시작합니다. 언어가 순화되기 시작합니다. 행동이 의로워지기 시작합니다. 모든 죄의 근원은 하나님을 떠나는 것이요 모든 의로운 삶의 출발은 하나님을 경외하는 것입니다.

'율법의 행위로 의롭다하심을 얻을 육체가 없음' (20절)

이 선언은 당시 유대인들에게는 경악할 만한 것이었습니다. 그들은 하나님께서 주신 율법을 지키면 구원을 받는다는 확신을 품고 율법 준수에 힘썼습니다. 그런데 율법의 행위로는 하나님 앞에 의롭다고 인정받을 사람이 없다니 놀라지 않을 수 없었습니다. 왜 율법의 행위로는 의롭다하심을 받을 수 없습니까?

첫째, 율법 자체가 의인은 하나도 없다고 선언하기 때문입니다. 둘째, 율법의 행위로는 인간의 죄성을 근본적으로 해결할 수 없기 때문입니다. 셋째, 율법의 기능은 인간의 죄를 깨닫게 하고 하나님을 의지하도록 하는 것이지 죄성을 해결할 수는 없기 때문입니다. 넷째, 율법의 행위로는 과거의 죄를 해결할 수 없기 때문입니다. 다섯째, 인간은 모든 율법을 온전히 지킬 수 없기 때문입니다. 특히 행위뿐만 아니라 생각과 감정, 언어까지 율법이 요구하는 바대로 완벽히 행할 수 없기 때문입니다.

모든 인간은 죄인이다 (로마서 3:9-20)

"그러면 어떠하냐 우리는 나으냐 결코 아니라
유대인이나 헬라인이나 다 죄 아래 있다고 우리가 이미 선언하였느니라"(9절).

로마서 1장 18절에서 3장 20절까지는 죄악론입니다. 이 죄악론이 유명한 까닭은 인간의 죄를 체계적으로 밝혔기 때문입니다. 성경 여러 곳에서 인간의 죄를 다루고 있지만 이곳에서처럼 죄의 근본 원인과 실상을 체계적으로 밝혀 놓지는 못했습니다. 죄의 근본을 밝혀 복음의 절대적 필요성을 인식시키는 동시에 기독교 역사철학의 기초를 놓는 것이 로마서가 가지는 매력입니다. 죄를 깨달으면 구원이 보입니다. 질병의 원인을 알면 치료 방법도 알게 되는 것과 같습니다.

바울 사도는 인간의 죄를 밝히면서 법에 익숙한 로마인들을 생각해선지 법정을 연상케 하는 논리 전개 방법을 사용하고 있습니다. 재판장 자리에는 하나님께서 좌정해 계시고 피고인 자리에는 타락한 인간들이 앉아 있습니다. 인간들은 온갖 핑계와 변명을 늘어 놓습니다. 그러자 검사석에서 인간의 죄를 밝히는 바울 사도가 율법과 양심 등의 증인을 내세워 핑계치 못할 죄의 증거를 제시함으로 그들의 입을 막아 버립니다. 이제 마지막 선고 공판이 열리고 재판장이 최종 판결을 내립니다. 죄의 형량이 선고되고 법조문(구약성경)에 의거해 피고인들의 행위가 왜 죄가 되는지 설명합니다.[58]

자, 우리도 하나님의 법정에 들어와 있다고 생각하고 마지막 선고 공판을 지켜봅시다. 마지막 선고에서 주목할 만한 사항은 세 가지입니다. 첫째, 모든 인간은 죄인이다. 둘째, 인간은 스스로 죄 문제를 해결할 수 없다. 셋째, 모든 인간은 복음이 절대적으로 필요하다.

모든 인간은 죄인이다

성경의 선포 내용이 무엇입니까? 지금까지 오랫동안 논쟁해 온 결론이 무엇입니까? 하나님의 법정에서 울려퍼지는 하나님의 최종 판결 내용은 무엇입니까? "모든 인간은 죄인이다!" 입니다.

> 그러면 어떠하냐 우리는 나으냐 결코 아니라 유대인이나 헬라인이나 다 죄 아래 있다고 우리가 이미 선언하였느니라(9절).

성경은 우리, 유대인, 그리고 헬라인이 모두 죄 아래 있다고 선언합니다. 다시 말해 율법을 받은 유대인이나 율법을 받지 못한 헬라인 곧 이방인 모두 다 하나님 앞에 죄인이라고 선언하고 있습니다. 모든 인류는 그리스도 한 사람을 제외하고는[59] 하나같이 죄인인 것입니다.

---

58) 몇몇 주석가들은 3장 9-20절을 재판장이신 하나님의 선고문이 아니라 검사의 최후 논고와 같다고 말한다(그랜드주석). 물론 '우리' 라는 용어를 볼 때 그렇게 생각할 수 있는 여지가 있는 것은 사실이지만, 내용상으로 보면 결론적인 선포이므로 재판장의 최후 선고로 보는 것이 자연스럽다. '우리' 는 바울의 편지 속에 쓰인 용어이므로 표현상의 기법으로 보면 된다.

그렇다면 '우리'는 어떻습니까? 먼저 '우리'가 누구인지 규명하는 것이 순서이겠습니다. 어떤 학자들(비숍 모울, 밤비, 브루스)은 여기서 '우리'는 바울과 유대인을 가리킨다고 말합니다. 바울 자신이 유대인이며, 유대인들과의 논쟁 끝에 이 표현을 사용했으므로 '우리'는 유대인을 지칭하는 것이라고 주장합니다. 그러나 8절 말씀에 나오는 '우리'는 유대인들에게 비난받는 사람들이므로 '바울을 포함하는 크리스천들'이라고 보는 것이 자연스럽습니다.[60] 내용상으로도 후자가 옳습니다. "그러면 유대인과 헬라인들의 죄를 밝히는 우리 크리스천들은 어떠한가? 우리는 더 나은가? 우리는 죄인이 아닌가? 아니다. 인류는 모두 다 죄인이다"라고 선포하는 것입니다.

"인간은 하나님 앞에서 예외 없이 죄인이다. 인간의 눈에는 선하게 보이는 사람일지라도 그 역시 죄인이라는 사실을 피할 수 없다"는 성경의 주장에 동의하십니까? 동의하신 줄 믿습니다. 그렇다면 말씀을 듣고 있는 당신 자신도 죄인이라고 생각하십니까? 심판을 받아 멸망할 죄인임을 고백하십니까? 그렇다면 당신은 구원이 가깝습니다. 그러나 내가 왜 죄인인지 알지 못하겠다고 생각한다면 아직 영의 눈이 열리지 않은 것입니다. 하나님의 눈으로 자신을 바라보지 못하는 것입니다. 자신의 심각한 죄를 깨닫지 못하고 있는 것입니다. 인간의 눈으로 보면 선한 것 같아도 절대적 거울을 갖고 계시는 하나님의 눈으로 바라보면 죄 투성이기 때문입니다.

---

59) 그리스도는 완전한 사람이요, 완전한 하나님이시므로 무죄다. 그리스도는 사람이지만 성령으로 잉태하여 신성을 가지셨으므로 무죄다.

60) 헨드릭슨, 로마서상, 165-167 참조. 그랜드주석, 로마서, 104 참조.

그러므로 죄의 유무(有無)는 인간의 눈이 아니라 하나님의 눈으로 볼 때 어떠한가를 기준으로 삼아야 합니다. 하나님의 눈으로 바라볼 때 모든 인간은 영적으로나 도덕적으로 죄를 짓고 있습니다. 그것이 곧 경건치 않음(godlessness)과 불의(wickedness)입니다(1:18). 지금까지 인류는 모두 다 죄인임을 밝혔습니다. 그런데 여기서 다시 구약성경을 인용해 이 사실을 거듭 확정하고 있습니다.

종합적인 선언 : "의인은 없다"(10절)

재판장은 선고문에서 형량을 선고하며 그 근거로 법조문을 인용합니다. '기록한 바' 는 구약성경을 가리킵니다. 법정의 선고문에서 법조문을 인용하는 것처럼 율법, 곧 구약성경에서 인용하고 있습니다. 이렇게 구약성경에서 인용하는 이유는 온 인류의 죄가 확실함을 만천하에 선포하고자 한 의도입니다. 먼저 일반적이고도 포괄적인 선언이 나옵니다. 총론을 선포하고 이어 각론에 들어가 설명하는 것과 같습니다.

> 기록된 바 의인은 없나니 하나도 없으며(10절).

이 구절은 시편 14편 1-3절과 53편 1-3절을 인용한 내용입니다.[61] 하나님의 눈으로 인간 세상을 볼 때 완전하게 살아가는 의로운 사

61) 시편 14:1-3. "어리석은 자는 그의 마음에 이르기를 하나님이 없다 하는도다 그들은 부패하고 그 행실이 가증하니 선을 행하는 자가 없도다 여호와께서 하늘에서 인생을 굽어 살피사 지각이 있어 하나님을 찾는 자가 있는가 보려 하신즉 다 치우쳐 함께 더러운 자가 되고 선을 행하는 자가 없으니 하나도 없도다." 시편 53:1-3은 동일한 말씀이다.

람은 없습니다. 한 사람도 없습니다. 모두들 조금씩이라도 영적, 도덕적으로 죄를 짓고 삽니다. 죄의 근원은 마음에 하나님 모시기를 싫어하는 것에 있습니다. 마음에 하나님 모시기를 싫어 하니 온전히 순종하는 것도 불가능합니다.

어떤 사람은 질문합니다. "그래도 의롭게 살아가는 사람들이 있지 않습니까? 노아는 당대의 의인이라고 했는데[62] 정말 의인이 하나도 없는 것입니까?" 물론 의롭게 살아가는 사람들이 있습니다. 노아는 당대의 의인이었습니다. 하나님 말씀에 온전히 순종했다는 말씀도 여러 번 나옵니다.[63] 그러나 노아도 아무 흠과 죄가 없는 완전한 의인은 아니었습니다. 하나님의 자비 없이 천국에 갈 만큼 의로운 사람은 아니었습니다. 그가 술에 취해 하체를 드러낸 것만 보아도[64] 완전한 사람이 아니었음이 확실하지 않습니까? 그러므로 여기서 의인이란 하나님의 자비 없이 자기 행위로 천국에 갈 수 있는 완전한 사람을 말합니다. 전 생애를 종합적으로 볼 때 영적, 도덕적으로 아무 죄나 흠이 없는 완전한 사람을 말합니다. 그런 완전한 사람이 어디 있습니까? 의인은 없습니다. 누구나 조금씩이라도 흠이 있습니다. 은밀한 죄가 있습니다. 생각으로 죄를 짓습니다. 감정으로 죄를 짓습니다. 행동으로 죄를 짓습니다. 말로 죄를 짓습니다. 자기 의무를 감당치 않아 죄를 짓습니다. 내가 아무 일을 하지 않아도 남에게 피해를 주어 죄를 짓습니다.

---

62) 창세기 6:9. "…노아는 의인이요 당대에 완전한 자라 그가 하나님과 동행하였으며."

63) 창세기 6:22. "노아가 그와 같이 하여 하나님이 자기에게 명하신 대로 다 준행하였더라." 이외에도 7장 5, 16절 등 여러 곳에 노아가 순종하는 모습이 나온다.

64) 창세기 9:20-25 참조.

이번에는 죄를 짓지 않아도 다음에는 죄를 짓습니다. 인간은 매 순간 죄를 짓습니다. 이것을 신학적인 용어로 인간의 전적 타락(whole depravity)이라고 부릅니다. 인간에게 부분적이고 일시적인 선은 약간 있으나 모든 시간과 상황을 종합해볼 때 인간은 완전히 타락한 존재라는 결론을 내리게 됩니다. "의인은 없나니 하나도 없다"는 성경의 선언은 정확하고 확실합니다.

생각(목적, 성향, 사상)으로 짓는 죄(11–12절)

모든 피조물은 창조주의 영광을 위해 살아야 합니다. 인생의 목적이 하나님을 영화롭게 하는 데 있어야 합니다. 하나님께서 인간을 창조하신 목적이 바로 그것이기 때문입니다.[65] 그런데 우리는 하나님의 영광을 인생의 목표로 삼고 살지 않습니다. 하나님을 찾지 않습니다. 하나님의 뜻을 깨닫지 못합니다. 인간의 생각과 사상이 부패했기 때문입니다. 인간의 삶의 시발점은 마음의 생각입니다. 생각이 건전하고 사상이 건전해야 소망이 있음에도 마음이 부패해 있습니다. 자기중심적이고 부도덕한 생각뿐입니다. 사상이 불건전합니다. 다 치우쳤습니다. 빗나갔습니다. 한 가지로 무익하게 되었습니다. 쓸모없는 자가 되고 말았습니다. 하나님을 온전히 기쁘시게 해드리며 온전히 순종하는 사람은 없습니다. 하나도 없습니다.

깨닫는 자도 없고 하나님을 찾는 자도 없고 다 치우쳐 함께 무익하게 되

---

65) 웨스트민스터 요리문답 제1조. "사람의 제일 되는 목적이 무엇이뇨 사람의 제일 되는 목적은 하나님을 영화롭게 하는 것과 그를 영원토록 즐거워하는 것이니라."

고 선을 행하는 자는 없나니 하나도 없도다(11-12절).[66]

인간의 철학과 사상을 영적인 눈으로 통찰해 보면 인간의 부패를 깨닫게 됩니다. 하나님 영광을 위한 철학이 거의 없습니다. 진리이신 하나님의 말씀에 따라 인간의 본질을 밝혀 인간을 바른 길로 이끄는 철학과 사상이 희귀합니다. 하나님을 대적하거나 인간을 잘못된 길로 호도(糊塗)하는 것들뿐입니다. 인간의 사상을 표현하는 수단인 시, 문학, 소설, 영화, 연극, 음악, 그림, 조각 등을 통해 하나님의 영광과 인간의 고결한 성품과 가능성을 계발하고자 애쓰는 작품이 드뭅니다. 최고의 가르침이라는 종교는 어떻습니까? 거의 모든 종교가 진리이신 하나님을 찾다가 그릇된 길로 빠지고 말았습니다. 하나님 대신 우상을 신이라고 하면서 사람들을 그릇된 길로 인도하고 있습니다.

각 개인들도 하루 종일 무슨 생각을 합니까? '어떻게 하면 창조주 하나님을 기쁘시게 할까?' 하고 생각하기보다 '어떻게 하면 나의 유익을 추구할까?' 하는 생각이 가득합니다. 생각이 빗나갔습니다. '어떻게 하면 하나님의 뜻을 이루고 사명을 완수해 하나님께 영광을 돌릴 것인가?'를 생각하지 않고 '어떻게 하면 육체적 쾌락을 즐길까?'를 생각하며 삽니다. 인생의 목적이 잘못되었습니다. 추구하는 방향이 잘못되었습니다. 인격과 성품의 성향이 빗나갔습니다. 잠시 동안은 건전한 생각을 하다가도 틈만 나면 부패한 생각으로 빠집니다. 남을 해칠 생각을 합니다. 정욕에 찬 생각을 합니다. 허황

66) 시편 14:2, 13:3, 53:2 참조.

된 생각을 합니다. 심히 부끄러운 생각을 합니다. 생각으로 죄를 짓습니다. 인간의 사상은 또 어떻습니까? 물질주의 사상을 가지고 삽니다. 죽음의 사상을 가지고 삽니다. 사탄적인 사상을 가지고 삽니다. 인본주의 사상을 가지고 삽니다.

진리이신 하나님 중심의 바른 사상이 없습니다. 하나님을 깨닫는 자가 없습니다. 하나님을 찾는 자가 없습니다. 다 치우쳤습니다. 한가지로 무익하게 되었습니다. 선을 행하는 자가 없습니다. 하나도 없습니다. 창조주 하나님의 뜻을 알고 그 뜻을 이루고자 애쓰는 사람이 거의 없습니다. 건전한 사상을 가지고 사는 사람을 찾아보기 어렵습니다. 건전한 인생의 목적과 철학, 건전한 생각으로 산다면 하나님께서 얼마나 기뻐하시겠습니까? 하나님을 영화롭게 해드리고 하나님을 즐거워하며 사시길 바랍니다.

언어로 짓는 죄(13-14절)

언어는 지, 정, 의를 지닌 인격적 존재들이 인격적 관계를 맺는 수단입니다. 인격적 존재에게 있어 언어처럼 소중한 것은 없습니다. 다른 인격적 존재와의 관계는 생명과도 같은데, 그 관계를 맺는 수단이 언어이기 때문입니다. 하나님과의 관계, 다른 사람들과의 관계가 언어를 통해 형성됩니다. 언어를 통해 생각과 사상을 전달합니다. 언어를 통해 감정과 인격을 나눕니다. 언어를 통해 행동과 의지를 표현합니다. 인격적 존재에게 언어는 생명과 같습니다. 그런데 인간들이 사용하는 언어가 어떠합니까?

그들의 목구멍은 열린 무덤이요 그 혀로는 속임을 일삼으며 그 입술에

는 독사의 독이 있고 그 입에는 저주와 악독이 가득하고(13-14절).[67]

바울 사도는 사람들이 언어로 많은 죄를 짓고 있음을 지적합니다. 목구멍, 혀, 입술, 입은 언어 소통을 위한 발성기관입니다. 상징적으로 발성기관들을 열거하며 언어의 부패상을 지적하고 있습니다. "저희 목구멍은 열린 무덤이요." 중동의 옛 무덤들은 굴을 파서 시신을 안치하고 입구를 돌로 막았습니다. 열린 무덤에서는 시체 썩는 악취가 나옵니다. 그와 같이 목구멍에서 험담과 온갖 악을 쏟아내는 것을 묘사하고 있습니다. "그 혀로는 속임을 일삼으며." 이것은 혀를 매끄럽게 놀려 남을 속이고 거짓말하는 모습을 가리킵니다. "그 입술에는 독사의 독이 있고." 독사를 지칭하는 단어 아스피스(aspis)는 이집트 산 코브라로서 턱쪽에 치명적인 독주머니가 있습니다. 이는 죄인들이 남을 해치는 독설과 비난과 저주를 퍼붓는 모습을 표현합니다. "그 입에는 저주와 악독이 가득하고." 입은 발성기관 전체를 말합니다. 언어생활 전체가 남을 해치는 저주와 악독입니다. 그것도 조금이 아니라 가득합니다.

인격을 가진 사람에게 언어폭력은 주먹을 휘두르는 폭력보다 더 무섭습니다. 비수처럼 찌르는 말은 마음에 쉽게 치유되지 않는 상처를 남깁니다. 두고두고 마음을 아프게 합니다. 정신적인 장애도 일으킵니다. 인격적인 존재에게 몹시 소중한 도구인 언어를 잘못 사용하고 있습니다. 거짓과 속임, 비난과 저주, 유혹과 악독이 가득합니다. 인간관계뿐만 아니라 인간 사회를 파괴하고 있습니다. 왜

67) 시편 5:9, 140:3, 10:7 참조.

인간들은 이처럼 언어를 통해서도 파괴하는 일을 일삼고 있는 것입니까? 바로 죄 때문입니다. 인간의 언어생활을 고찰해 볼 때 인간은 죄인입니다.

언어를 잘 사용하면 유익이 많습니다. "천 냥 빚도 말 한마디로 갚는다"는 속담처럼 큰 문제라 할지라도 아름다운 언어로 해결할 수 있습니다. 낙심한 영혼을 격려할 수 있습니다. 상처받은 영혼을 위로할 수 있습니다. 무지한 사람을 깨우쳐 지혜롭게 합니다. 말로써 기쁨을 줍니다. 말로써 사랑을 깊게 합니다. 말로써 신용을 쌓습니다. 말로써 삶의 깊이를 깊게 합니다. 말로써 찬양을 합니다. 말로써 영의 세계를 전합니다. 말로써 인간을 감화시킵니다. 말로써 인간다운 삶을 만들어 갑니다. 말로써 위대한 사상을 전합니다. 말로써 새 인간을 만듭니다.

언어를 정화합시다. 우리의 언어생활에서 거짓을 추방합시다. 우리의 말에서 비난과 저주를 몰아내고 진리와 사랑으로 영혼을 살려냅시다. 우리의 언어생활에서 악독을 뽑아 내고 사랑과 진리가 가득 넘치게 합시다. 몇 마디 대화만으로도 하나님의 사랑과 은혜를 경험하고 기쁨과 감사가 넘치는 삶을 누리시기 바랍니다.

행동으로 짓는 죄(15-17절)

생각과 언어는 행동으로 나타납니다. 인간의 행동과 삶의 모습은 어떻습니까?

> 그 발은 피 흘리는 데 빠른지라 파멸과 고생이 그 길에 있어 평강의 길을 알지 못하였고(15-17절).[68]

인간의 행동도 죄악투성이입니다. '발' 은 행동하는 신체기관입니다. 발은 어떤 죄를 행하고 있습니까? "그 발은 피 흘리는 데 빠른지라." 폭력을 휘두르며 살인하는 행동을 묘사하고 있습니다. 예나 지금이나 인간들은 서로를 불쌍히 여기며 돕고 사랑하는 것이 아니라 서로 해치고 때리고 억압하고 죽이고 있습니다.

인간들은 왜 이 모양입니까? 근본적으로 하나님을 떠난 죄 때문입니다. 인간들은 가만히 두어도 스스로 파멸하고 말 것입니다. 인간이 만들어 낸 온갖 죄악은 사회를 파멸의 길로 몰아가고 있습니다. 만물의 영장이며 지혜를 소유한 인간이 왜 자기 문제를 해결하지 못하고 스스로를 파멸의 길로 몰아가고 있을까요? 죄 때문입니다. 자신들의 죄로 말미암아 인간은 어떻게 고통을 받습니까? "파멸과 고생이 그 길에 있어." 인간의 삶은 파멸이며 고생입니다. 서로가 돕고 섬기면 서로가 편하고 이로운데 서로를 헐뜯고 때리고 억압하고 빼앗고 죽이므로 모두들 힘들고 손해를 입다가 결국 파멸에 이릅니다.

사는 것이 고생입니다. 인생이 왜 이렇게도 고달프고 고통스러운 것입니까? 죄 때문입니다. 고통이 가득한 인생길에서 평강의 길을 찾지 못합니다. "평강의 길을 알지 못하였고." 평강의 길은 무엇입니까? 파멸과 고생으로부터 벗어난 길입니다. 다툼과 전쟁이 없는 길입니다. 감사와 기쁨이 넘치며 은혜와 축복이 넘치는 곳, 자유와 안전이 보장되며 사랑과 섬김이 가득 찬 곳이 평강의 세계입니다. 인간은 그 평강의 세계를 알지 못하고 죽을 고생을 하며 삽니다. 만

68) 이사야 59:7, 8 참조.

물의 영장이지만 들짐승이나 하늘을 나는 새들보다도 자유롭지 못합니다. 만물을 다스리는 인간이라고 하면서 물속을 헤엄치는 물고기보다 여유가 없습니다. 무엇이 인간을 그처럼 옥죄고 속박하고 있습니까? 무엇이 인간의 자유와 평화를 빼앗아 갑니까? 바로 인간 자신입니다. 죄에 빠진 인간입니다. 인간의 죄가 인간을 속박하고 말았습니다. 자신뿐만 아니라 사회와 인류 전체를 파멸로 몰아가고 있습니다.

죄의 근본 원인

그 몹쓸 죄가 이 세상에 어떻게 들어왔습니까? 많은 철학자들이 오랜 세월 동안 인간 불행의 근본 원인이 무엇인지 고민해 왔습니다. 그러나 명쾌한 결론을 내리지는 못한 채 이런 저런 논란만 분분했습니다. "무지 때문이다." "욕심 때문이다." "교육을 받지 않았기 때문이다." "땅이 좁기 때문이다." "경제적 궁핍 때문이다." 여러 가지로 분석하고 이론을 내놓았습니다. 일면 타당한 듯하지만 근본적인 해답은 아닙니다. 인간들 사이에 어떻게 죄가 들어오게 되었습니까? 죄의 근본 원인이 무엇입니까?

그들의 눈앞에 하나님을 두려워함이 없느니라 함과 같으니라(18절).[69]

성경은 말합니다. "인간 불행의 근본 원인은 인간이 하나님을 떠난 죄 때문이다." 창조주 하나님을 떠나서는 아무것도 할 수 없는

69) 시편 36:1 참조.

피조물 인간이 하나님을 떠난 것입니다. 물고기가 물을 떠나서 살 수 없는 것과 같이 피조물인 인간이 창조주 하나님을 떠나서 살 수 없는데 인간은 하나님 없이도 얼마든지 살 수 있다고 생각하고 하나님의 품을 떠난 것입니다. 그들은 마음에 하나님 두기를 싫어합니다(1:28). 하나님께 불순종합니다. 하나님께서 주시는 구원의 길을 거절합니다. 인간이 하나님을 떠남으로 자기들의 보호자와 인도자, 공급자를 한꺼번에 상실한 것입니다. 뿐만 아니라 모순과 오류에 갇혀 버리고 말았습니다. 인간의 유한성에 갇혀 버리고 말았습니다. 삶의 절대적 기준인 진리를 상실해 버렸습니다. 선악의 판단력을 잃어 버렸습니다. 근본 진리에 무지해져 버렸습니다. 인간의 생명인 하나님과 관계가 끊어져 버린 것입니다.

세상 사람들이 죄를 짓는 근본 이유가 무엇입니까? "그들의 눈앞에 하나님을 두려워함이 없느니라." 하나님을 두려워하지 않는 것입니다. 하나님을 두려워하지 않기 때문에 죄를 짓습니다. 그러므로 사람이 죄에서 벗어나는 길은 하나님을 진심으로 경외하는 것입니다. 하나님을 두려워할 때 죄에서 벗어날 수 있습니다.

모든 인간은 죄인입니다. 의인은 없나니 하나도 없습니다. 생각이 부패했습니다. 하나님을 깨닫지도 못하고 찾지도 않습니다. 다 치우쳤습니다. 빗나갔습니다. 한 가지로 쓸모없게 되었습니다. 언어로 죄를 짓습니다. 입으로 내뱉는 말에 독이 들어 있습니다. 저주와 악독이 가득합니다. 행동으로 죄를 짓습니다. 발은 피 흘리는 데 빠릅니다. 그리하여 파멸로 치닫고 있습니다. 고생이 심합니다. 평강의 길을 알지 못합니다. 하나님을 두려워함 없이 죄를 짓고 살아갑니다. 모든 인간은 죄인입니다.

인간 스스로는 죄 문제를 해결할 수 없다

"모든 인간은 죄인이다." 우리는 성경의 이 선언을 받아들이지 않을 수 없습니다. 불만스럽더라도 받아들이지 않을 수 없습니다. 그것이 사실이기 때문입니다. 어떤 사람들은 이런 질문을 던집니다. "인간이 불행해진 근본 원인이 죄라면 인간이 이를 깨닫고 고치면 되지 않겠는가? 인간의 내면에 있는 죄성, 인간 사회에 있는 악을 퇴치할 길이 있지 않겠는가? 인간이 죄를 벗어 버리고 완전한 의에 도달할 수 있는 방도가 있지 않겠는가?"

인간들은 죄의 문제를 해결하기 위해, 곧 완전함에 도달하기 위해 무수한 노력을 기울입니다. 그 무수한 노력 중에서도 최고의 노력이 율법을 잘 지켜 완전해지려는 시도입니다. 그게 가능한 일일까요? 과연 인간이 자신의 순수한 노력으로 완전한 의에 도달할 수 있는지 살펴봅시다.

인간의 노력으로 완전한 의에 도달할 수 있는가?

많은 도덕주의자와 철학자, 그리고 종교인들은 인간의 내면과 사회 속에 악이 내재해 있음을 깨닫고 이를 극복하고자 많은 노력을 기울입니다. 스스로 내재해 있는 악을 뽑아 내려고 온갖 수련을 행합니다. 10년 동안 벽만 쳐다보거나 자리에 눕지도 않은 채 지냅니다. 자기 몸에 날카로운 갈고리를 수십 개씩 끼우고 그곳에 줄을 달아 수레를 끌고 다니기도 합니다. 뚫린 살갗으로 피가 흘러도 전혀 개의치 않습니다. 보다 완전한 자신을 만들어 가는 수련 과정 중 하나라고 생각하기 때문입니다.

하지만 그것으로는 여전히 부족합니다. 죄에서 벗어나기 위한 수준에는 한참 못 미칩니다. 자신의 죄를 조금 덜었다는 식으로 양심의 가책은 약간 덜 수 있어도 근본적인 죄 문제는 도무지 해결이 나지 않습니다. 잔인하지만 흔히 들을 수 있는 이야기가 있지 않습니까? 도박으로 신세를 망친 사람이 다시는 도박을 하지 않겠다는 각오로 한 손을 잘라 버립니다. 그러나 잘리지 않은 손으로 다시 도박을 하다가 후회하고 나머지 손까지 자른다는 얘깁니다. 그것으로 끝입니까? 아닙니다. 두 손을 모두 자르고 나서도 도박의 늪에서 헤어나오지 못한다는 것이 우리가 듣는 이야기의 끝입니다. 인간의 결심과 노력으로 죄 문제는 해결되지 않습니다.

왜 인간의 노력으로는 죄 문제를 해결할 수 없습니까? 몇 가지 이유가 있습니다. 먼저, 과거에 저지른 죄를 해결할 수 없기 때문입니다. 둘째, 인간의 내면 깊이 뿌리 박혀 있는 죄성은 인간의 노력으로 뽑히지 않기 때문입니다. 셋째, 죄는 하나님께 용서를 받아야 해결되는데 하나님을 모르기 때문입니다. 넷째, 하나님께 용서받는 길을 알지 못하기 때문입니다. 그러므로 인간 스스로의 노력으로는 죄 문제를 해결할 수 없습니다.

인간 스스로의 노력으로 죄 문제를 해결할 수 없다는 사실은 여러 가지로 증명됩니다. 첫째, 이것은 이성적으로 따져 봐도 알 수 있습니다. 인간이 왜 죄를 짓는지 근본원인을 모르는데 어떻게 그 문제를 해결할 수 있겠습니까? 또 과거에 저지른 죄를 어떻게 해결한단 말입니까? 인간의 노력으로는 죄 문제를 해결할 수 없습니다. 둘째, 경험적으로도 알 수 있습니다. 우리 자신이 선하게 살아 보려고 몸부림쳐 봤지 않습니까? 그러나 사회 구조적인 죄악 때문에 혹은 나의 나약함 때문에 실패하고 말았습니다. 셋째, 인간 스스로 죄 문제를 해결할 수 없다는 사실은 역사적으로도 증명됩니다. 인간의 죄 문제를 완전히 해결한 사람이 역사 속에 있습니까? 완전한 의에 도달한 사람이 있습니까? 없습니다. 마지막으로, 성경적으로도 증명됩니다. 인간 스스로의 노력으로 죄 문제가 해결될 수 있고 완전한 의에 도달할 수 있다면 그리스도는 이 땅에 오실 필요도, 십자가에 죽으실 필요도 없었습니다. 그리스도가 십자가에 죽으셨다는 사실은 인간 스스로의 노력으로는 완전한 의에 도달할 수 없다는 반증입니다.

율법을 잘 지켜 하나님의 의에 도달할 수 있는가?

인간의 노력으로 죄 문제를 해결하고 완전한 의에 도달할 수 없다면, 율법에 희망이 있지 않겠습니까? 율법은 하나님께서 주신 것이니 그 법을 잘 지키면 완전한 의에 도달할 수 있지 않겠습니까? 결론적으로 말하면 이 세상의 어느 누구도 율법을 지켜 완전한 의에 도달할 수 없습니다. 왜 그렇습니까?

● **율법 자체의 주장** — 율법은 무엇을 말하고 있습니까? "의인은 없나니 하나도 없도다." "의인은 없다"고 분명히 선언하고 있습니다. 율법이 누구에게 말하고 있습니까? 율법 아래에 있는 사람들에게 말하고 있습니다(19절). 율법을 받은 사람들을 향해, 율법을 완전히 지켜 완전한 의에 도달한 사람은 없다고 선언하고 있습니다. 또한 앞으로도 그럴 사람은 없다고 선포하고 있습니다. 11-18절까지 율법이 말하는 것, 그리고 온 율법이 말하는 것은 그 누구도 자

신에게 죄가 없다고 주장하지 못하도록 입을 막기 위함입니다. 그리고 온 세상이 하나님의 심판 아래 있도록 하기 함입니다. 율법을 아무리 잘 지키려 노력한다 해도 인간의 능력에는 한계가 있습니다. 율법을 다 지킬 수는 없습니다. 바울 사도가 그 사실을 일러 주고 있습니다. 율법 자체로는 단지 죄를 깨달을 뿐이라고 말입니다.

> 그러므로 율법의 행위로 그의 앞에 의롭다하심을 얻을 육체가 없나니 율법으로는 죄를 깨달음이니라(20절).

하나님께서 주신 율법의 행위로는 의롭다하심을 얻을 육체가 없습니다. 육체를 가진 인간은 율법을 온전히 지킬 수 없습니다. 성경이 이를 선포하고 있습니다.

● **인간의 죄성이 율법 준수로 없어지지 않음** — 인간의 내면에는 죄성이 있습니다. 원죄입니다. 율법을 지킨다고 해서 그것이 없어지지 않습니다. 율법을 온전히 지키지 못하는 것도 그것 때문입니다. 인간의 죄성을 해결하지 못하는 한 율법을 온전히 지킬 수 없습니다. 다른 사람과 비교해 아무리 높은 수준에서 율법을 지키더라도 그것을 가지고 의롭다고 할 수 없습니다. 율법이 요구하는 수준에 이르지 않고서는 결코 의로워지지 않기 때문입니다. 율법의 행위로는 죄의 본성을 고칠 수도 없습니다.

● **율법에 한계가 있음** — 율법의 주요 기능은 하나님의 뜻과 죄를 깨닫게 하고 하나님을 의지하도록 하는 것입니다. "율법으로는

죄를 깨달음이니라"(20절). 율법은 죄를 깨닫게 해줍니다. 진실로 하나님께서 율법을 인간에게 주신 뜻을 깨달은 사람은 "나는 도저히 율법을 지킬 능력이 없는 죄인입니다. 오직 하나님을 의지합니다. 하나님의 자비를 구합니다" 하고 하나님 앞에 무릎 꿇게 됩니다. 그것이 율법의 목적입니다. 율법은 한계가 있습니다. 죄인을 의롭게 하지 못한다는 것입니다. 자신이 죄인임을 깨닫게 하기만 하고 하나님을 의지하도록 만들어 줄 뿐이지 죄를 깨끗이 하거나 죄인을 의롭게 만들지는 못합니다.

● **율법을 모두 지킬 수는 없음** — 그 어떤 사람도 모든 율법을 다 지킬 수는 없습니다. 율법이 요구하는 수준대로 온전히 지킬 사람이 없습니다. 잠시 동안은 가능할 수 있지만 평생 그렇게 살 능력이 인간에게는 없습니다. 하나님의 마음에 합한 사람이라는 칭찬을 들은 다윗도 간음과 살인을 저지르고 말았습니다.[70] 율법을 온전히 다 지킬 수 있는 사람은 없습니다.

여기서 한 가지 질문이 떠오릅니다. 율법은 하나님께서 내려 주신 진리인데도 불구하고 그것으로 인간의 죄 문제를 해결할 수 없고, 인간은 완전한 의에 도달할 수도 없다니 율법이 나쁜 것입니까? 아닙니다. 율법은 나쁘지 않습니다. 율법은 부족하지 않습니다. 인간이 나쁘고 인간이 부족한 것입니다. 인간의 죄성과 부족함 때문에 율법을 다 지키지 못할 뿐입니다. 그렇다면 다 지키지도 못할 율

70) 사무엘하 11장 참조.

법을 하나님께서는 왜 주셨습니까? 자신의 죄를 깨닫고 하나님을 의지하도록 하기 위해서입니다.

율법을 지킴으로 구원을 받을 사람이 하나도 없다면 구약시대에 사람들은 어떻게 구원을 받습니까? 율법을 잘 지켜서입니까? 아닙니다. 하나님의 약속을 믿음으로 구원을 받았습니다. 인간의 행위가 아니라 하나님의 자비하심으로 구원을 받은 것입니다. 아브라함, 모세, 다윗, 이사야, 구약 시대의 신실한 사람들은 한결같이 하나님의 구원 약속을 믿었습니다. 하나님께서 그 믿음을 보고 그들을 구원해 주셨습니다. 그들이 율법을 잘 지켜서가 아닙니다. 구약 시대의 이름난 조상들뿐만 아니라 일반 백성들도 하나님의 약속을 믿고 구원을 받았습니다.

그러면 율법은 필요 없습니까? 아닙니다. 율법은 하나님의 뜻을 알고, 하나님의 약속을 믿고, 하나님의 뜻에 순종하며, 하나님 백성답게 사는 데 꼭 필요합니다.

자력구원(自力救援)의 한계

인간 스스로의 노력으로 완전한 의에 도달할 수 있습니까? 아닙니다. 율법을 지킴으로 완전한 의에 도달할 수 있습니까? 아닙니다. 그렇다면 인간의 어떤 노력으로도 죄 문제는 해결이 안 됩니까? 그렇습니다. 인간이 아무리 노력해도 완전한 의에 도달할 수 없습니까? 어떠한 수련이나 노력으로도 인간 스스로의 힘으로는 구원을 이룰 수 없습니다. "율법의 행위로 그의 앞에 의롭다하심을 받을 육체가 없나니"(20절). 그렇습니다. 율법의 행위로 구원받을 사람은 없습니다. 이미 우리는 장시간에 걸쳐 인간 자력으로는 구원받을 수 없음을 밝혔습니다.

그런데 인간들은 하늘까지 기어 올라가겠다는 벌레처럼 수고하기를 포기하지 않습니다. 안 된다고 주저앉아 있을 수도 없으니 안 되는 줄 알면서도 수고할 수밖에 없습니다. 이것이 인간의 비극입니다. 안 되는 것을 끊임없이 되풀이하며 계속 실패할 수밖에 없는 운명입니다. 모순 속에 갇힌 인간의 모습입니다.

그러면 왜 안 되는 것입니까? 인간은 근본적으로 하나님 안에서 살도록 창조된 피조물입니다. 완전한 사랑, 전능한 능력, 무한한 지혜, 완전한 선, 완전한 의이신 하나님과 교통하며 그분으로부터 모든 것을 무한히 공급받으며 살도록 창조된 피조물입니다. 그런데 하나님과의 관계가 단절됨으로 인해 인간의 삶도 깨져 버렸습니다. 모순과 오류, 유한성과 제한성에 갇히고 말았습니다.

근본적으로 선이 무엇인지 모르는 자가 완선한 신에 도달할 수 있습니까? 시간에 갇힌 인간이 영원한 세계로 갈 수 있습니까? 유한한 존재가 무한 세계를 소유할 수 있겠습니까? 부족한 의지와 지식과 선으로 완전해지려고 노력하지만 실패하고 맙니다. 인간이 100미터를 1초에 주파하려고 시도하는 것과 같습니다. 인간 자력으로는 완전해질 수 없습니다. 구원에 이를 수 없습니다. 인간의 능력에 한계가 있기 때문입니다.

자력구원의 죄

자기 의를 주장하며 자력으로 구원받고자 하는 사람들은 중대한 죄를 짓고 있습니다. 하나님께서 주신 구원의 길을 거절하는 죄입니다. 불의로 진리를 막는 죄입니다. 이 세상에 가장 큰 죄가 무엇인지 아십니까? 불신앙의 죄입니다. 예수님을 믿지 않는 죄입니다. 도둑질, 간음죄, 살인죄보다 더 큰 죄는 예수님을 믿지 않는 죄입니다. 하나님 편에서 생각해 보십시오. 도무지 스스로를 구원할 수 없는 사람, 어리석게도 안 되는 것을 끊임없이 되풀이하는 불쌍한 존재를 위해 하나님께서는 자기 생명 같은 독생자를 보내셨습니다. 그리고 인간의 구원을 위해 십자가에 죽게 하셨습니다. 하나님께서는 쓸모없는 죄인을 위해 엄청난 희생을 하신 것입니다.

그런데 그 불쌍하고 어리석은 인간이 복음을 거절합니다. 하나님의 도움 없이 자기 힘으로 구원을 이루겠다고 고집을 부립니다. 교만하기 이를 데 없습니다. 엉터리 생각을 붙들고 오히려 하나님의 진리를 무시합니다. 엉터리 의를 내세워 하나님의 의를 거절합니다. 이는 하나님을 거역하는 것입니다. 복음을 거절한 내면에는 하나님 없이 제 마음대로 살려는 의지가 있습니다. 자기가 하나님처럼 되고자 하는 교만 때문입니다. 자기 의를 내세워 자기 영광을 나타내려는 시도입니다. 그러므로 복음을 거절하는 것은 하나님의 최고의 호의를 거절하는 죄악입니다. 하나님의 최후의 사랑을 거절하는 죄악입니다. 하나님의 결정을 우습게 만드는 짓입니다. 그런 자에게 어찌 무서운 심판이 내리지 않겠습니까? 하나님의 진노가 하늘로부터 나타날 것입니다.

인간 자력으로는 죄 문제를 해결할 수 없습니다. 인간 스스로의 노력으로는 완전해질 수 없습니다. 인간의 힘으로는 구원에 이를 수 없습니다. 인간 안에 근본적인 문제가 있기 때문입니다. 인간의 능력에 한계가 있기 때문입니다. 그러면 모든 인간은 멸망할 수밖에 없습니까? 그렇습니다. 인간은 죄로 인해 멸망할 수밖에 없는 존재입니다.

복음은 모든 인간에게 절대적으로 필요하다

"모든 인간은 죄인이다"는 선언은 곧 "모든 인간에게 복음이 절대적으로 필요하다"는 선언으로 이어집니다. 두 선언은 동전의 양면과 같습니다. '죄에 대한 깨달음' 은 '의의 필요에 대한 인식' 으로 연결됩니다. 내가 죽을 길에 들어섰다고 판단되면 살 길을 찾게 마련입니다. 왜 바울 사도는 그처럼 진지하게 인간의 죄 문제를 다루었습니까? 복음의 절대적 필요성을 인식시키기 위해서였습니다. "모든 인간은 죄인이다"라는 깨달음은 하나님의 의를 갈망하게 만듭니다. 또한 "모든 인간은 죄인이다"라는 확신은 선교의 초석이 됩니다.

타락한 죄인에게 절대적으로 필요하다

타락한 죄인들은 우상숭배와 도덕적으로 타락한 생활을 영위합니다. 죄를 행함으로 그것이 가져다 주는 낙이 있겠지만 그 이후의 곤고함과 고생은 이루 말할 수 없습니다. 산다는 것이 수고와 슬픔뿐입니다. 고통만 있고 의미를 잃어 버린 인생은 고달프기 짝이 없습니다. 어디로 가는지 모르고 무작정 걸어가는 사람의 모습은 답답하지 않겠습니까? 인생의 답답함 그리고 허무함에 질식할 것 같습니다. 타락한 죄인들은 또한 날마다 죄로 인한 고통에서 벗어날 수 없습니다. 죄에는 그에 상응하는 대가가 반드시 따릅니다. 죽음의 형벌이 그들을 기다리고 있습니다. 죽은 후 영원한 지옥 형벌이 그들을 기다리고 있습니다. 형벌에 대한 두려움도 있습니다. 불안이 내면에 도사리고 있습니다. 그러면 어떻게 해야 살겠습니까?

죄인이 살 길은 예수님뿐입니다. 회개하고 예수님을 믿어야 합니다. 예수님을 믿지 않으면 무서운 지옥 심판을 면할 수 없습니다. 예수님은 하나님의 아들입니다. 하나님께서 보내신 메시아입니다. 예수님은 죄인을 능히 구원하실 수 있습니다. 예수님을 믿으면 더러운 죄를 용서받고 사랑과 진리의 새 인생이 시작됩니다. 지금까지의 의미 없는 삶과는 비교되지 않는 새로운 삶을 체험하게 됩니다. 하나님의 형상을 회복하게 됩니다. 그러므로 예수님을 믿고 새 인생을 사시길 바랍니다.

자기 의를 주장하는 사람에게 절대적으로 필요하다

자기 의를 주장하는 사람에게는 복음이 절대적으로 필요합니다. 왜 복음이 필요한지는 이미 충분히 설명했습니다. 도덕주의자, 철학자, 종교인, 교수, 부자, 남부럽지 않게 잘 산다는 사람 모두에게 복음은 절대적으로 필요합니다. 남 보기엔 선하고 부족함이 없어 보여도 하나님 앞에서는 가증스러운 죄인에 불과합니다. 그들도 지옥 형벌을 받을 죄인들입니다. 다른 사람보다 선한 것 같아도 하나님의 거울에 비춰 보면 별반 차이가 없습니다. 남보다 잘 산다는 것이 하나님 앞에서는 정말 아무것도 아닙니다.

이 사실을 깨닫는다면, 헌 누더기 같은 것을 자랑하며 겉과 속이 다른 생활을 했던 삶이 심히 부끄러울 수밖에 없습니다. 교만과 위선, 고독과 갈등, 고집과 허세, 곤고와 불안, 은밀한 죄악으로 가득 찬 생활이 지겨워집니다. 위선자의 삶을 벗고 싶어집니다. 진정으로 자유함을 얻고 싶어집니다. 어떻게 해야 진정으로 만족스럽고 기쁨이 넘치는 삶을 살 수 있겠습니까? 어떻게 해야 위선자의 무서운 심판에서 벗어날 수 있습니까?

거짓 가면을 벗어 버려야 합니다. 거짓된 자아가 깨져야 합니다. 새로운 자아가 형성되어야 합니다. 지금까지 쌓아온 자기중심의 아성을 허물어 버리고 하나님 중심의 새로운 삶을 살아야 합니다. 그 길이 무엇입니까? 예수 그리스도를 믿음으로 받아들이는 것입니다. 그리스도의 십자가에 옛 자아를 못박아 버리고 그리스도의 부활과 함께 새 영을 받아 새사람으로 거듭나야 합니다. 그리스도 앞에서 자기를 부인하고 순종해야 합니다. 내가 가지고 있는 의가 인간들의 눈에는 좋게 보일지라도 하나님께서 주시는 의를 받기 위해 나의 의를 버려야 합니다.

진정한 믿음을 가지면 새로운 세계가 열립니다. 지금까지 인간적 차원에서 상대적으로 선한 삶을 살았다면 이제는 영적 차원에서 절대적으로 선한 모습으로 살게 됩니다. 나 중심의 피곤한 삶이 끝나고 하나님 중심의 생명이 넘치는 삶이 시작됩니다. 항상 남을 정죄하던 만족스럽지 못한 인간관계에서, 남을 살리고 사랑하는 복된 인간관계를 맺게 됩니다. 아무리 노력해도 불만족스럽고 불안하던 삶에서 그리스도로 말미암은 만족스럽고 평안한 삶이 시작됩니다. 나는 비록 부족해도 만족하며 살 수 있는 놀라운 길이 열립니다. 진정 내가 성장하고 온전해지는 길을 발견하게 됩니다. 그러므로 자기 의를 주장하는 사람에게는 복음이 절대적으로 필요합니다. 심판을 면하고 온전한 의를 얻기 위해서입니다.

유대인에게 절대적으로 필요하다

유대인에게도 복음은 절대적으로 필요합니다. 그들이 자랑하는 할례나 율법으로는 구원을 얻을 수 없습니다. 유대인들도 예수님을 믿어야만 구원을 얻습니다. 유대인은 놀라운 특권과 축복을 받았습니다. 그러나 축복을 감당하지 못하고 실패했습니다. 하나님의 은혜와 축복을 받을수록 더 겸손해지고 더 하나님을 사랑하고 순종해야 할 텐데 도리어 더 교만해지고 악한 사람이 되고 말았습니다. 그래서 버림받은 것입니다.

유대인은 어떻게 그처럼 악한 형식주의자가 되고 말았습니까? 자기 영광을 추구한 결과입니다. 자기중심적이 되어 버린 것입니다. 그들은 하나님조차 자기의 영광을 위해 이용했습니다. 아무리 하나님을 외쳐도 정작 마음속의 주인은 자기였습니다. 그렇게 율법에 열심이었던 이유도 하나님을 사랑해서가 아니라 자기를 높이기 위해서였습니다. '자기중심성' 을 고치지 않는 한 아무리 노력한들 하나님 앞에 온전한 사람은 되지 못합니다. 그러니 늘 하나님과 자신을 속이며 살 수밖에 없습니다. 사람들 앞에서 자기를 잘 보이기 위해 꾸미고 살아야만 합니다.

그런 유대인들에게는 자유가 없습니다. 진정한 감사와 기쁨이 없으며 만족이 없습니다. 하나님께 영광을 돌리는 가슴 벅찬 삶을 모릅니다. 사람을 살리는 희열을 모릅니다. 인간을 진정으로 사랑하는 보람을 알지 못합니다. 이처럼 마음속의 주인이 '자기' 에서 '하나님' 으로 바뀌지 않으면 실패한 유대인처럼 위선자와 형식주의자가 되고 맙니다. 유대인들은 하나님의 자비와 은혜를 붙잡지 않고 자기 율법의 행위를 쌓기에 바빴습니다. 하나님의 은혜 구원체계를 외면하고 자력 구원체계 속으로 들어갔습니다.

그러면 어떻게 해야 마음속의 주인이 '나'에서 '하나님'으로 바뀔 수 있습니까? 인간의 힘으로는 불가능합니다. 복음을 믿어야 합니다. 예수님을 믿으면 성령께서 자기중심성을 깨뜨려 주시고 새 자아를 주십니다. 어떻게 하나님의 은혜 속에서 구원을 얻을 수 있습니까? 자력 구원체계에서 빠져나와 은혜 구원체계 속으로 들어가야 합니다.

유대인들에게는 놀라운 점이 많습니다. 그들은 종교적 열정이 있습니다. 확신하는 일이라면 목숨을 걸고 지켜 나가는 집념이 있습니다. 그러니 그들이 복음을 믿고 자기중심성에서 벗어나 하나님의 영광을 위해 산다면 놀라운 삶을 살게 될 것입니다. 바울이 바로 그런 삶을 살지 않았습니까? 그러므로 유대인에게는 복음이 절대적으로 필요합니다. 그들도 복음을 영접하지 않으면 지옥 형벌을 면할 수 없습니다. 하나님의 최고이자 최종적인 호의를 거절한 반역죄를 범했기 때문입니다. 유대인 가운데 그 누구라도 예수님을 믿어야 구원을 얻습니다. 복음을 절대적으로 믿어야 구원을 얻습니다.

크리스천들에게 절대적으로 필요하다

두말할 것도 없이 크리스천들에게도 복음이 절대적으로 필요합니다. 이 당연한 말을 왜 하는가 하면 복음 없이 사는 크리스천들이 많기 때문입니다. 복음 없이 사는 세 종류의 크리스천이 있습니다.

첫째, 복음을 모르기 때문에 전혀 변화되지 않는 크리스천입니다. 그런 사람을 크리스천이라고 부를 수 있습니까? 진정한 크리스천은 아니겠지요. 교회를 제법 오래 다녔는데도 복음을 모르는 사람이 있습니다. 심지어 세례까지 받았는데 도무지 신앙생활의 기쁨도, 천국의 은혜도 모르는 사람이 있습니다.

분명히 자기는 크리스천이라고 하는데 과연 크리스천인지 의심되는 사람입니다. 그리스도의 생명을 소유했는지, 그리스도의 생명으로 살아가는지 의심스러운 사람입니다. 예수님을 믿고 나서 달라진 것이 없습니다. 변화되지 않았습니다. 본인도 신앙생활의 맛을 모르겠다고 합니다. 천국의 기쁨이 무엇인지 모르겠다고 합니다. 진정한 믿음이 무엇인지, 진정한 세례의 의미가 무엇인지 모릅니다. 그러니 변화되지 않습니다.

여기에 만족이 있을 리 없습니다. 그리스도에 의지해 사는 것이 무엇인지도 모릅니다. 그냥 교회에 출석하고 있을 뿐입니다. 이름뿐인 크리스천은 아무리 교회에 출석한다 해도 불신자나 다름 없습니다. 복음이 필요합니다. 하나님께서 어떻게 나를 구원하셨는지 깨달아야 합니다. 그러므로 로마서를 공부해야 합니다. 처음부터 자세히 다시 듣고 진정으로 회개하고 예수님을 믿어야 합니다.

둘째, 교리를 알고도 변화되지 않는 크리스천입니다. 성경도 제법 알고 있습니다. 성수주일도 하고 십일조 헌금도 하고 교회봉사도 합니다. 그런데 근본적으로 변화되지 않습니다. 자기중심성이 깨지지 않았습니다. 위선적인 삶을 삽니다. 종교적인 교만에 빠져 자기는 전혀 돌아보지 못한 채 불신자들만 지옥에 갈 사람들이라고 생각합니다. 자기는 이미 세례를 받았고 성찬에도 참여하기 때문에 천국에 갈 것이라고 착각합니다.[71] 그러나 그의 마음과 삶에는 예수님이 없습니다. 그는 천국의 기쁨이나 죄 사함의 기쁨을 알지 못합니다. 그리스도와 함께 사는 삶도 모릅니다. 자기를 부인할 줄 모릅니다. 위선적인 삶을 살고 있습니다. 심지어 그의 악행으로 인해 불신자들 가운데서 하나님의 이름이 모독을 받습니다. 그는 교회 안에서도 문제를 일으킵니다.

종교적인 열심이 있는 사람들인데 왜 이렇습니까? 진정한 믿음이 없기 때문입니다. 교리를 안다고 하지만 진정 복음의 진리를 마음에 영접하지 않는 사람입니다. 그리스도와 동행하는 삶의 의미를 모르고서 종교 행위만 하고 있는 것입니다. 하나님이 아니라 자기를 의지하고 사는 것입니다. 자력 구원체계 속에 빠져 살고 있는 것입니다.

교회 안에도 자력 구원체계 속에서 사는 사람[72]은 얼마든지 있습니다. 유대인들처럼 믿음으로 살지 않고 자기의 종교적 행위에 의지해 사는 사람들로서 이른바 신종 유대인입니다. 입으로는 예수님을 부르나 예수님의 생명을 소유하지 못한 사람입니다. 자기는 선

---

71) 진정으로 세례 받을 만한 믿음을 가지고 세례 받고 성찬 예식에 참여한 사람은 반드시 구원을 받는다. 그러나 구원받을 만한 믿음 없이 세례를 받았다고 하면 그것만으로 구원받지 못한다. 구원받을 만한 믿음은 자기가 진정 하나님 앞에 죄인임을 깨닫고 예수님을 진정으로 믿는 믿음이다. 예수 그리스도가 하나님의 아들이시며 하나님께서 보내신 메시아로서 나의 죄를 씻기 위하여 십자가에 나를 대신하여 죽으신 것과 부활하여 나에게 영생 주신 것을 믿는 믿음이다. 이런 믿음을 가진 사람은 반드시 그리스도의 말씀에 순종하며 그리스도를 배우게 된다. 그리하여 죄 사함을 받고 천국의 기쁨을 누리게 된다.

72) 교회에 출석하고 있지만 그리스도에게 절대적으로 순종하기보다는 종교적 교만과 아집으로 사는 사람이다. 그리스도보다 자기를 앞세우는 사람이다. 그리스도께 절대 순종하기보다는 자기 공로를 세우기 급급하다.

택을 받은 백성이며 천국에 간다고 굳게 믿고 있으나 정작 그 안에 그리스도의 생명이 없습니다. 자기의 영광을 위해 살면서 자기 노력으로 구원을 받으려고 애쓰는 사람입니다. 이런 사람은 어떻게 해야 합니까? 로마서를 진지하게 공부해야 합니다. 아직 복음이 무엇인지 모르고 있으니 복음을 새롭게 영접해야 합니다. 이런 사람에게 복음이 절대적으로 필요합니다. 하나님께서는 이들을 깨우치고자 로마서 말씀을 주셨습니다.

셋째, 한때 복음을 알고 변화를 체험했다가 지금은 시들해진 크리스천입니다. 과거에 예수님을 믿고 거듭남을 체험했습니다. 눈물을 흘리며 천국의 기쁨을 맛보았습니다. 영혼을 살리는 감격도 알았습니다. 그런데 무슨 일이 있었습니까? 뜨거움이 사라졌습니다. 이제는 신앙생활의 즐거움을 알지 못합니다. 기도조차 하지 못합니다. 지난 날의 뜨거운 신앙은 아련한 꿈처럼 느껴질 뿐입니다.

또 어떤 크리스천은 그렇게까지 힘든 것은 아니지만 처음 사랑을 잃고 무덤덤하게 신앙생활을 이어갑니다. 그런 무덤덤한 생활도 익숙해져 버렸습니다. 자신이 신종 유대인이 아닌가 하는 생각이 들 정도입니다. 그렇습니다. 신종 유대인이 맞습니다. 과거에는 그리스도를 믿고 새생명을 얻어 새로운 생활을 시작했습니다. 천국의 기쁨을 맛보았습니다. 그러나 지금은 믿음으로 살지 않습니다. 그리스도가 그 마음에 없습니다. 그래서 지치고 피곤하고 시들하며 삶의 매순간이 무덤덤한 것입니다.

믿음의 유일성(오직 믿음으로 의롭게 됨)과 믿음의 계속성(계속 믿어야 의롭게 됨)을 잊었습니까? 이는 계속 믿음으로 살지 않은 탓입니다. 포도나무에 접붙였던 가지가 포도나무에서 떨어져 버렸기 때문에 시들고 있는 것입니다. 생명 시냇가에 심겼던 나무가 뿌리채 뽑혀 버렸으니 생기를 잃어 버리는 것입니다. 노아의 방주에 들어와 구원을 얻은 사람이 아직 홍수가 끝나지 않았는데 방주 밖으로 뛰쳐나가면 어떻게 되겠습니까? 물에 빠져 허우적거릴 게 자명하지 않습니까?

한때 복음을 영접하고 변화되었던 사람은 하나님께서 다시 붙들고 기회를 주십니다. 그러므로 회개하고 복음을 다시 영접해야 합니다. 복음을 한 순간만 영접하고 후에 외면하면 안 됩니다. 복음을 계속 영접하고 그 안에서 계속 살아야 합니다.

하나님께서 한번 선택하신 사람은 끝까지 돌보고 구원을 얻게 하십니다. 그러나 선택 교리를 핑계로 성화[73]에 게으른 사람은 유대인이 했던 것과 동일한 실패를 반복하게 됩니다. 진정한 신자는 자기 죄성을 인정하고 자기를 버린 사람입니다. 오직 주님만 절대적으로 의지하는 사람입니다. 그런데 중간에 변해 자기중심성이 되살아나서 그리스도를 의지하기보다는 자기를 의지하며 자력 구원체계 속에서 산다면 당연히 그리스도의 생명의 은혜를 맛보지 못합니다. 유대인처럼 교만한 위선자가 되는 것입니다. 겉만 번지르르한 형식주의자가 되는 것입니다. 과거에 복음을 알았으나 지금은 복음과 멀어진 사람에게 복음은 절대적으로 필요합니다.

물론 신앙생활을 잘하고 있는 사람에게도 복음은 절대적으로 필

73) 성화란 그리스도를 닮아 거룩하게 변화되는 과정이다. 로마서에서는 6-8장, 12-15장에서 성화를 다루고 있다. 로마서의 핵심은 성화 교리다.

요합니다. 신앙생활을 잘하고 있는 사람은 이 사실을 잘 알고 복음을 절대적으로 믿고 순종하며 삽니다. 그리하여 항상 시냇가에 심긴 나무처럼 시절을 따라 과실을 맺으며 삽니다.

모든 크리스천들에게 복음은 절대적으로 필요합니다. 크리스천들도 모두 죄인입니다. 예수님을 믿지 않으면 예외 없이 지옥 형벌을 받습니다. 과거에 복음을 받아들였지만 지금은 다시 자기중심적인 모습으로 변해 자기 의를 의지하고 살면 안 됩니다. 처음에도, 지금도, 앞으로도, 절대적으로 복음에 의지해 살아야 합니다. 자기를 버리고 오직 그리스도께 절대적으로 순종하며 살아야 합니다. 거기에 천국의 기쁨이 있습니다.

지금까지 "모든 인간은 죄인이다"는 성경의 대선언을 살펴보았습니다. 참으로 그렇습니다. 모든 인간은 죄인입니다. 그래서 모든 인간은 하나님의 구원의 길이 있는 복음이 절대적으로 필요합니다. "모든 인간은 죄인이다"는 선언은 선교적 기초를 이룹니다. 유대인도 헬라인도 복음이 필요합니다. 인종과 성별과 세대를 가리지 않고 모든 사람에게 복음이 필요합니다. 부자나 가난한 자, 지식인이나 무식자나 다 복음이 필요합니다. 도덕군자나 종교인이나 다 복음이 필요합니다. 고상하게 사는 자나 천하게 사는 자나 다 복음이 필요합니다. 남자나 여자나, 어린아이나 어른이나, 청년이나 노인이나 다 복음이 필요합니다. 문명인이나 야만인이나 모든 인간에게는 복음이 절대적으로 필요합니다.

전도할 때 나보다 잘난 사람 앞에서 기죽지 마십시오. 그들도 죄인입니다. 대학생들은 교수 앞에 서면 전도할 용기를 잃기도 합니다. 그러나 어떤 교수라도 복음이 없으면 지옥 형벌을 피할 수 없습니다. 교수님을 사랑한다면 복음을 전하십시오. 나보다 잘사는 친척들 앞에 서면 스스로 초라하게 느껴지고 숨고만 싶습니까? 인간적인 눈으로 보아서 그렇습니다. 이제 인간을 영적으로 통찰할 수 있는 눈을 가졌으니 영적으로 보십시오. 그들이 비록 잘 산다고 하지만 죄로 인해 멸망할 사람들입니다. 그러므로 그들을 불쌍히 여기고 전도하십시오.

바울 사도는 감옥에 갇힌 죄수의 몸으로 왕과 총독에게 전도했습니다. 아그립바 왕에게 담대히 전도하자 옆에 있던 베스도가 외쳤습니다. "바울아 네가 미쳤도다 네 많은 학문이 너를 미치게 한다." 바울이 대답했습니다. "베스도 각하여, 내가 미친 것이 아니요 참되고 온전한 말을 하나이다."[74] 바울은 아그립바 왕에게 말했습니다. "말이 적으나 많으나 당신뿐만 아니라 오늘 내 말을 듣는 모든 사람도 다 이렇게 결박한 것 외에는 나와 같이 되기를 하나님께 원하나이다."[75] 영적인 눈을 가지고 있었기에 바울은 왕과 총독에게도 거침없이 전도할 수 있었습니다.

인류의 근본 불행의 원인이 하나님을 떠난 죄 때문이라는 탁월한 진리를 깨달으면 인류 역사와 문화를 꿰뚫어볼 수 있는 안목이 생깁니다. 인간의 영혼 문제를 살피고 근본적인 해답을 찾을 수 있습니다. 하나님을 떠난 것이 근본 문제이므로 하나님께로 돌아가는 것이 근본적인 해결책입니다. 인간들은 자기의 근본 문제가 무엇인

74) 사도행전 26:24, 25 참조.
75) 사도행전 26:29 참조.

지 모르고 헛된 수고를 합니다. 참으로 부질없는 짓입니다. 이제 복음을 통해 눈이 뜨였으니 복음을 믿고 구원을 얻으십시오. 그리고 담대하게 복음을 증거하십시오. 멸망해 가는 인류를 구원하십시오

Chapter 08 복음에 나타난 하나님의 의

로마서 3:21-31

21 이제는 율법 외에 하나님의 한 의가 나타났으니 율법과 선지자들에게 증거를 받은 것이라
22 곧 예수 그리스도를 믿음으로 말미암아 모든 믿는 자에게 미치는 하나님의 의니 차별이
없느니라
23 모든 사람이 죄를 범하였으매 하나님의 영광에 이르지 못하더니
24 그리스도 예수 안에 있는 속량으로 말미암아 하나님의 은혜로 값없이 의롭다하심을 얻
은 자 되었느니라
25 이 예수를 하나님이 그의 피로써 믿음으로 말미암는 화목제물로 세우셨으니 이는 하나
님께서 길이 참으시는 중에 전에 지은 죄를 간과하심으로 자기의 의로우심을 나타내려
하심이니
26 곧 이때에 자기의 의로우심을 나타내사 자기도 의로우시며 또한 예수 믿는 자를 의롭다
하려 하심이라
27 그런즉 자랑할 데가 어디냐 있을 수가 없느니라 무슨 법으로냐 행위로냐 아니라 오직
믿음의 법으로니라
28 그러므로 사람이 의롭다하심을 얻는 것은 율법의 행위에 있지 않고 믿음으로 되는 줄
우리가 인정하노라
29 하나님은 다만 유대인의 하나님이시냐 또한 이방인의 하나님은 아니시냐 진실로 이방인
의 하나님도 되시느니라
30 할례자도 믿음으로 말미암아 또한 무할례자도 믿음으로 말미암아 의롭다하실 하나님은
한 분이시니라
31 그런즉 우리가 믿음으로 말미암아 율법을 파기하느냐 그럴 수 없느니라 도리어 율법을
굳게 세우느니라

Exegesis

주해 (註解)

'그리스도 예수 안에 있는 속량(구속)' (24절)

속량(贖良, redemption)이란 노예 해방과 같은 의미입니다. 속량은 구속(救贖)과 같은 말입니다. 구속(救贖)은 잡아 가둔다는 뜻을 가진 구속(拘束)과는 정반대의 뜻입니다. 로마서가 기록되던 시절에는 노예제도가 있었습니다. 노예는 개인의 소유물로 노예시장에서 가축처럼 거래되었습니다. 노예를 해방시키려면 몸값인 속전(贖錢)을 지불하고 자유인으로 선언해야 했습니다. 예수 그리스도는 죄의 노예, 사탄의 노예, 율법의 노예로 살고 있는 인류를 해방시키려고 자신의 몸을 속전으로 바치셨고, 예수님을 믿는 자를 자유인으로 해방시키셨습니다. 이를 그리스도의 속량이라고 합니다. 그리스도의 속량은 참으로 은혜(恩惠, grace)가 아닐 수 없습니다. 은혜란 엄청난 가치가 있는 것을 전혀 값을 받지 않고 거저 선물로 주는 것을 말합니다. 예수 그리스도의 속량은 참으로 놀라운 하나님의 은혜입니다.

'의롭다하심' (24절)

'의롭다함' 이란 원래는 의롭지 못한데 의롭다고 여겨 주는 것을 말합니다. 죄를 지은 인간은 결코 의롭지 못합니다. 그런데 그리스도가 자기 죽음으로 죄인들의 죄 값을 대신 갚아 주셨고 하나님께서는 그 예수님을 믿는 자를 의롭다고 여겨 주는 것을 말합니다. '의롭다함' 은 '무죄 석방,' '의로운 법적 지위의 회복,' '의를 행할 수 있는 능력 부여' 의 뜻이 있습니다. 그리스도의 죽음이 자기 죄를 씻기 위한 사건이라고 믿는 자에게 하나님께서는 법정에서 사형수에게 무죄 석방을 명령하듯이 무죄를 선언하십니다. 또한 집 나간 탕자에게 좋은 옷을 입히며 가락지를 끼워 주고 아들의 지위를 회복시켜 주듯이 하나님의 자녀의 지위를 회복시켜 주십니다. 뿐만 아니라 하나님의 사랑에 감동해 하나님의 뜻을 기쁘게 행할 능력을 주십니다. 즉 의를 행할 수 있는 능력을 주십니다. 그리하여 의롭지 못한 자를 의롭다고 여겨 주어 참으로 의롭게 만드십니다. 신비롭습니다. 이것이 하나님의 구원입니다.

'오직 믿음의 법으로'(27절)

'오직'이라는 말은 다른 길은 없고 단 하나뿐임을 가리킵니다. 즉 사람이 의롭다함을 받는 길은 오직 예수 그리스도를 믿는 길뿐이라는 말입니다. 믿음이 무엇입니까? 믿음이란 무턱대고 받아들이는 것이 아닙니다. 하나님의 계시를 내게 계시하신 것으로 받아들이는 것이 믿음입니다. 즉 하나님의 구원의 은혜를 나를 위한 것으로 인정하는 것이 믿음입니다.

성경은 믿음을 매우 강조하고 있습니다. 믿음이 없으면 하나님의 은혜가 내게 효력을 발휘할 수 없기 때문입니다. 유익한 방송 프로그램이 전파로 송신되더라도 전파를 수신할 TV 수상기가 없으면 그 프로그램을 볼 수 없는 것과 같습니다. 믿음은 하나님의 객관적인 구원의 사건을 나의 주관적 구원의 사건이 되도록 만들어 줍니다. 또한 믿음은 하나님의 은혜에 전폭적으로 나 자신을 맡기는 것입니다. 그러므로 믿음은 나를 내세우는 것이 아니라 나 자신을 버리는 것입니다. 믿음은 나를 자랑하는 것이 아니라 오직 주님만 자랑하는 것입니다. 주님만 자랑하고 주님만 신뢰할 때 내 안에 하나님의 은혜가 가득 차게 됩니다. 그 귀한 믿음을 소유함으로 하나님의 은혜가 충만하길 바랍니다.

복음에 나타난 하나님의 의 (로마서 3:21-31)

"이제는 율법 외에 하나님의 한 의가 나타났으니
율법과 선지자들에게 증거를 받은 것이라"(21절).

하나님의 복음은 인류 구원의 기쁜 소식입니다. 하나님께서 독생자 예수 그리스도를 보내어 인류를 구원하셨다는 소식입니다. 이 놀라운 하나님의 인류 구원을 기록한 책이 성경입니다. 인류 구원의 이정표인 그리스도의 사건을 체계적으로 다룬 책이 로마서입니다. 그래서 로마서를 성경 중의 성경이라고 부르는 것입니다. 로마서를 공부하면 성경 전체를 볼 수 있는 눈이 열립니다. 로마서의 주제인 1장 17절을 암송해 봅시다.

> 복음에는 하나님의 의가 나타나서 믿음으로 믿음에 이르게 하나니 기록된 바 오직 의인은 믿음으로 말미암아 살리라 함과 같으니라.

바울 사도는 로마서 주제를 선포한 후에 곧 바로 반대 주제인 죄를 다루었습니다. 인간의 죄를 다룰 때 우리 마음이 찔리고 숨이 막힐 것 같이 답답했습니다. 그러나 한편으론 나의 심각한 문제점을 알게 되어 기쁘기도 했습니다. "모든 인간은 죄인이다!" "인간은 스스로 죄 문제를 해결할 수 없다!" "모든 인간에게 복음은 절대적으로 필요하다!" 이 선언에 동의하지 않을 수 없었습니다. 그리고 이어진 질문들이 있습니다. "나의 더러운 죄가 밝혀졌는데 이제 나는 죽을 수밖에 없는가?" "심판을 받아 지옥에서 영원히 멸망할 수밖에 없는가?" "구원의 길은 없는가?" "완전한 의에 도달할 길은 없는가?" "절망 속에 빠진 인간에게 희망의 빛은 보이지 않는가?"

절망 속에서 멸망해 가는 인류에게 구원의 기쁜 소식이 울려 퍼졌습니다. "복음에는 하나님의 의가 나타나서." 복음 속에 하나님의 의가 나타났습니다. 정말 죄로 인해 멸망할 수밖에 없는 인간에게 살 길이 나타난 것입니까? 그렇습니다. 하나님께서 주신 복음 속에 하나님의 의가 나타났습니다. 인간이 의롭게 되어 구원 얻을 길이 나타났습니다. 인류가 살 수 있는 길이 나타난 것입니다. 그렇다면 참으로 기쁘고 복된 소식이 아닐 수 없습니다.

이 소식을 전하기 위해 바울 사도는 '이제는'(but now)이라는 말을 사용하고 있습니다. '이제는' 이라는 말은 국면의 대전환을 알리는 희망의 나팔소리입니다. 예전에는 죽을 수밖에 없었는데 '이제는' 살 길이 열린 것입니다. 예전에는 어둠이었는데 '이제는' 밝은 빛이 비추기 시작한 것입니다. 예전에는 아무리 노력해도 끝이 보이지 않는 절망이었는데 '이제는' 완전한 삶의 희망이 보입니다. 예전에는 저주와 슬픔과 고통의 나날들이었는데 '이제는' 은혜와 사랑과 축복의 날들이 계속됩니다. 예전에는 죽음뿐이었는데 '이제는' 영원한 생명을 얻게 되었습니다.

'예전(then)' 과 '이제(now)' 를 나누는 전환점(turning point)은 무엇입니까? 바로 하나님의 아들 예수 그리스도가 이 땅에 오신 사건입니다.[76] 그리스도가 이 세상에 오심으로 인류 역사는 새 국면을 맞이했습니다. 새로운 세계가 펼쳐지고 신기원이 만들어졌습니다. 하나님의 아들 예수 그리스도가 이 세상에 와서 무슨 일을 하셨습니까? 하나님을 계시하셨습니다. 하나님의 성품, 하나님의 인류 구원 계획을 알리셨습니다. 자신이 하나님의 아들이며 하나님께서 보내신 메시아임을 말씀과 기적을 통해 보여 주셨습니다. 객관적인 증거를 확실히 제시하신 것입니다. 하나님 사랑, 인간 사랑의 완전한 표본이 되는 모습을 보여 주셨습니다. 그리고 가장 큰일, 십자가에서 죽으심으로 인간들이 하나님의 의를 얻어 구원을 받게 하셨습니다. 부활하여 영원한 세계를 보여 주시고 믿는 자들에게 영생을 얻게 하셨습니다.

로마서는 바로 이 그리스도 사건의 의미를 깨닫게 하시는 하나님의 말씀입니다. 그리스도 사건의 해석서입니다. 하나님의 계시는 사건(event)과 의미(significance)로 구성되는데[77] 그리스도의 인류 구원 사건의 의미를 위대한 사도가 하나님의 영감을 받아 해석해 주고 있습니다. 우리 모두 이 복음 중의 복음, 귀한 말씀을 기도하는 심정으로 받아야겠습니다. 바울 사도는 이곳에서, 하나님의 의는 역사적 근거를 가진 의이며(21-22절), 모든 인류에게 절대적으로 필요한

---

76) 그리스도 오시기 전을 B.C.(Before Christ), 그리스도가 오신 후를 A.D.(Anno Domini, 이는 라틴어로 After the Lord라는 뜻임)라고 한다. 그리스도가 이 세상에 오심으로 인류 역사는 대전환을 이루게 되었다.

77) 계시의 필수적인 두 요소는 사건(event)과 의미(significance)다. 성경에 사건만 기록되었다면 그것이 담고 있는 의미를 모르며, 심지어는 그것이 하나님의 계시적 사건인 것도 확인할 수 없다. 의미를 해석함이 있으므로 독자들이 성경의 사건이 과연 하나님의 계시적 사건이라는 것을 깨닫게 된다. 또한 의미 해석만 있다면 역사적 근거가 없으므로 하나님의 계시인지 자의적 해석인지 구별이 되지 않는다. 근거가 없으므로 헛된 공상가의 주장과 구별이 안 된다. 그러나 사건이 있고 그 사건의 의미 해석이 있으면 상호 보완되어 독자들에게 하나님의 뜻이 전달된다. 그러므로 사건과 의미 해석이 함께 있어야 온전한 하나님의 계시가 된다.

의이며(23절), 예수 그리스도의 죽음으로 이루어진 의임을 밝히고 (24-25절), 하나님의 의를 주신 목적과(26절), 하나님의 의를 얻는 길(27-31절)을 밝혀 주고 있습니다.

역사적 근거를 가진 하나님의 의

로마서 3장 21절부터 31절까지의 말씀은 로마서의 심장과 같은 부분입니다. 지금까지 1장 1절에서 3장 20절까지는 이 부분을 말하기 위해 준비해 왔고, 나머지 4장 1절에서 16장 27절까지는 이 부분에 기초해 말하고 있습니다. 이 부분의 핵심은 '하나님의 의' 입니다. 의(righteousness)라는 말이 5번 나옵니다. "하나님의 한 의가 나타났으니" (21절), "모든 믿는 자에게 미치는 하나님의 의니" (22절), "자기의 의로우심을 나타내려 하심이니" (25절), "자기의 의로우심을 나타내사" (26절), "자기도 의로우시며" (26절). 또한 의롭다함(justified)이 4번 나옵니다. "값없이 의롭다하심을 얻은 자 되었느니라" (24절), "예수 믿는 자를 의롭다하려 하심이라" (26절), "사람이 의롭다하심을 얻는 것은" (28절), "믿음으로 말미암아 의롭다하실 하나님은 한 분이시니라" (30절).

'의' 와 '의롭다함' 을 구분해서 사용하고 있습니다. 헬라어 원어에서 두 단어의 뿌리는 같습니다. 의(dikaiosune), 의롭다함(dikaioo)의 앞의 두 음절은 같습니다. 한 뿌리에서 나온 동사이며 둘 다 의의 사상을 강조하고 있습니다.[78] '의' 는 의로우신 하나님만 가지고 계신 의입니다. 의로우신 하나님께서 믿음으로 나오는 죄인인 인간에게 의를 덧입혀 주시는데 그것이 '의롭다함' 입니다.

복음에 나타난 하나님의 의는 이미 1장 17절에서 살펴본 바와 같이 '구원' 과 같은 뜻으로서 '죄인을 의롭게 해주시는 길,' '불의한 인간과 맺으시는 의로운 관계,' '그리스도를 믿는 자에게 주시는 의로운 지위,' '신분을 새롭게 하는 법적 지위,' 그리고 '실제로 하나님과 인간을 사랑하는 의로운 삶을 살 수 있는 능력' 을 말합니다. 하나님은 의로우신 분입니다. 의로운 성품을 가진 하나님께서 죄인인 인간들도 의롭게 살도록 길을 열어 주셨습니다. '의롭다함' 은 의롭지 않은 죄인을 의롭다고 여겨 주시는 하나님의 은혜를 가리킵니다. 불의한 인간은 죽을 수밖에 없는데 하나님의 은혜로 의롭다함을 받을 길이 생긴 것입니다.

> 이제는 율법 외에 하나님의 한 의가 나타났으니 율법과 선지자들에게 증거를 받은 것이라(21절).

복음에 하나님의 의가 나타났습니다. 이 놀라운 '하나님으로부터 온 의' 는 첫째로는 '율법 외에' 나타났고 다음 '율법과 선지자의 증거' 를 받았습니다. '율법 외에' 란 '율법 밖에서' 라는 뜻입니다. 율법이라고 말할 때는 보통 모세 5경, 혹은 구약 전체, 혹은 십계명과 하나님의 계명 등 세 가지 정도를 의미하는데 여기서는 마지막의 십계명과 하나님의 계명을 가리킵니다.

지금까지 율법을 지킴으로 의로워지려고 노력해 왔는데 그런 방

78) Alva J. McClain, Romans: The Gospel of God' s Grace, 101-102 참조.

식이 아닌 전혀 새로운 방식으로 의롭게 하는 길이 나타난 것입니다. 인간의 죄성과 율법의 한계로 인해 율법을 지키는 방식으로는 죄인인 인간이 의로워질 수 없었던 것입니다. 이것에 대해는 이미 앞에서 살펴보았습니다. 그렇다면 구약성경은 필요가 없는 것입니까? 그렇지 않습니다. 구약성경은 복음을 예견할 수 있게 하고 그것이 하나님의 진리임을 밝혀 주고 있습니다.

하나님께서는 구약성경에 "믿음으로 의롭게 된다"는 진리를 이미 밝혀 놓으셨습니다. 그 진리가 그리스도의 성육신으로 말미암아 밝히 드러난 것입니다. 하늘의 별빛처럼 보이던 것이 태양빛으로 환히 나타난 것입니다. '율법과 선지자'란 구약성경을 가리킵니다. 율법은 모세오경을 가리키고 선지자란 선지자들이 기록한 역사서, 시서, 그리고 선지서를 말합니다. 신약성경에서는 구약성경을 율법과 선지자라고 부릅니다.[79)]

하나님께서는 복음 안에 있는 진리, 곧 믿음으로 의롭게 되는 진리를 구약성경인 율법과 선지자들의 증거를 통해 받게 하셨습니다. 즉 역사적 근거를 갖도록 하셨습니다. 복음에 나타난 하나님의 의는 어느 날 갑자기 하늘에서 뚝 떨어진 것이 아니라 하나님께서 주신 의입니다. 역사적 근거를 가진 의입니다. 하나님께서는 구약 시대에 많은 모형을 빌어 당신의 의를 친히 증언하셨습니다. 구약의 제도, 인물, 사건, 규례 등으로 역사적 근거를 남기신 것입니다. 그것은 크게 두 가지 이유 때문입니다.

---

79) 신약성경에서는 구약성경을 율법과 선지자라고 부른다. 마 5:17, 7:12, 22:40, 눅 16:16, 29, 31, 24:27.

첫째, 사람들이 확실한 믿음의 증거를 갖게 하기 위해서입니다. 구약의 증거가 없다면 예수 그리스도가 하나님께서 보내신 메시아인지 확인할 길이 없습니다. 그런데 구약의 증거로 말미암아 예수 그리스도가 과연 하나님께서 보내신 메시아이며 그분을 믿음으로 죄사함을 얻고 하나님의 의를 받을 수 있다는 확신을 갖게 됩니다. 구약성경에서 밝혀 주는 진리로 인해 하나님께서 보내신 메시아 안에 나의 구원이 있음을 확신할 수 있습니다.

둘째, 이단에 빠지지 않게 하기 위해서입니다. 구약성경의 증거가 없다면 이단들의 주장이 거짓임을 밝히기 어렵습니다. 신앙은 주관적인 요소가 있기 때문에 거짓을 주장해도 그 거짓됨을 밝혀내기가 쉽지 않습니다. 그래서 객관적인 기준이 되는 하나님의 계시가 필요합니다. 하나님은 구약성경에 객관적 기준이 되는 계시를 남기심으로 이단과 참 하나님의 진리를 구분할 수 있게 만들어 놓으셨습니다. 그러므로 복음이 구약성경의 증거를 받았다는 사실은 매우 중요합니다. 구약의 역사적 근거로 인해 나의 구원이 하나님께서 주신 확실한 구원임을 확신할 수 있게 되었습니다.

복음은 우연히 생겨난 것이 아니라 하나님께서 역사적 근거를 확실히 밝히신 진리입니다. 객관적인 기준이 되는 하나님의 계시에 의해 증명된 진리입니다. 진실한 믿음으로 나아가는 신빙성 있는 근거를 가진 하나님의 진리입니다. 믿음으로 의롭게 되는 진리가 이렇듯 구약성경에 계시되어 있다가 그리스도의 성육신으로 밝히 드러난 것입니다. 그리고 그 진리는 구약성경의 증거를 가지므로 더욱 신뢰할 만한 확실한 진리로 입증되었습니다.

온 인류에게 절대적으로 필요한 하나님의 의

이제 복음이 우리에게 왔으니 얼마나 기쁜 일입니까? 여기에 더해 하나님의 의가 나타났다는 사실이 더욱 기쁜 이유는 그것이 모든 인류에게 차별 없이 주어졌기 때문입니다.

복음의 세계성, 혹은 우주성으로 말미암아 복음이 더욱 복음다워집니다. 복음은 특정 민족에게만 해당되는 것이 아닙니다. 창조주 하나님께서 특정 민족의 하나님만 되시는 것이 아니라 온 인류의 하나님이시듯 복음도 특정 민족만이 아닌 온 인류의 복음인 것입니다. 세상 어느 누구도 차별하지 않습니다. 그래서 진정한 복음이라고 부를 수 있습니다. 특정 혈통을 가진 민족만 구원받는 복음이라면 진정한 복음이 될 수 없습니다.

복음을 통해 모든 인류가 차별 없이 구원을 얻을 수 있는 길을 하나님께서는 어떻게 마련하셨습니까? 믿음의 법으로 해결하셨습니다. 누구든지 믿음만 가지면 구원을 얻고 하나님의 의를 소유할 수 있게 하셨습니다. 여기서 구원의 주체가 믿음을 갖는 당사자라는 오해를 하지 않도록 주의하십시오. 이미 인간 안에는 구원이 없음을 확인했습니다. 오직 믿음을 매개로 하나님의 구원이 우리 안에 흘러들어올 뿐입니다. 구원의 주체는 절대적으로 하나님입니다. 하나님께서 주시는 복음을 우리는 그저 받을 뿐입니다.

> 곧 예수 그리스도를 믿음으로 말미암아 모든 믿는 자에게 미치는 하나님의 의니 차별이 없느니라(22절).

왜 유대인이나 헬라인이나 모두 예수 그리스도를 믿음으로 차별 없이 하나님의 의를 얻습니까? 모든 사람이 죄인이기 때문입니다. 모든 인간이 예외 없이 불의함으로 의로우신 하나님께 나아갈 수 없기 때문입니다. 죄인이 거룩하신 하나님께 나아갈 유일한 길은 그리스도의 보혈을 통해 죄 사함을 받는 길뿐입니다. 유대인이든 헬라인이든 동일하게 그리스도의 보혈을 믿고 죄 사함을 받아서 하나님 앞에 나아갈 수 있습니다. 믿음으로 의롭다함을 받는 '믿음의 법' 과 온 인류가 죄지은 '죄의 보편성' 이 오직 예수 그리스도를 절대적으로 믿어야 할 이유를 만들어 주고 있습니다. 또한 세계 만민이 차별 없이 복음을 받을 수 있도록 전 우주적으로 개방의 문을 활짝 열어 주고 있습니다.

모든 사람이 죄를 범하였으매 하나님의 영광에 이르지 못하더니(23절).

"모든 사람이 죄를 범했다." 이는 성경의 결론입니다. "인간이 죄를 범하여 하나님의 영광에 이르지 못했다." 인간은 죄로 말미암아 하나님의 영광에 이르지 못합니다. 이 말씀의 선포는 죄악론의 결론임과 동시에 믿음의 절대적 필요성을 강조하기 위함입니다. 왜 사람들에게 복음이 절대적으로 필요합니까? 죄 때문입니다. 유대인뿐만 아니라 헬라인도 똑같이 죄인이기 때문에 복음이 절대적으로 필요한 것입니다.

때때로 사람들은 자기보다 도덕적으로 우월한 사람들을 보면 전도할 용기를 내지 못합니다. "저 사람은 나보다 훨씬 정직하고 바르게 살고 있는데 내가 무슨 말로 전도한단 말인가?" "저 사람은 나보다 훨씬 더 행복하게 잘 사는 데 내가 무슨 말로 전도한단 말인가?" 이런 생각이야말로 영적으로 꽉 막힌 생각이 아닐 수 없습니다. "모든 사람이 죄를 범하였으매." 그렇습니다. 죄인이 아닌 사람은 아무도 없습니다. 비록 도덕적으로 나은 삶을 살지라도 복음을 믿지 않으면 여지없이 지옥에 갑니다.

복음이 없어도 살 수 있는 사람은 하나도 없습니다. 그래서 바울 사도는 왕 앞에서나 총독 앞에서 기탄없이 복음을 전했던 것입니다.[80] 복음적인 시각, 곧 성경적인 시각을 가지고 담대하게 복음을 전하시기 바랍니다. 영적인 눈이 확 열려서 멸망해 가는 영혼을 바라보아야 합니다. 지옥행 열차를 타고 멸망의 길로 가는 사람들에게 빨리 거기에서 내려 천국행 열차를 타라고 담대하게 외쳐야 합니다.

예수 그리스도의 죽음으로 이룬 하나님의 의

22-23절은 구원론의 총론에 해당합니다. 어떻게 구원을 받습니까? 예수 그리스도를 믿음으로 구원을 받습니다. 왜 구원받아야 합니까? 죄 때문입니다. 하나님 영광에 이르지 못하기 때문입니다. 이 구원의 비밀을 보다 자세히 밝혀 놓은 부분이 22-26절입니다. 22절에서 26절의 내용은 매우 중요합니다. 이 부분은 압축해 설명해 놓

80) 사도행전 24:24-27 벨릭스 총독 앞에서, 25:1-12 베스도 총독 앞에서, 26:1-32 아그립바 왕 앞에서 담대하게 복음을 전파했다.

았으므로 단어 하나하나를 신중하게 고찰할 필요가 있습니다.[81)]

죄를 범하고 비참하게 살아가는 인간들이 하나님의 영광에 이르려면 무엇이 필요합니까? 크게 3가지가 필요합니다. 첫째, 원죄와 과거의 죄를 해결해야 합니다(죄 문제 해결). 둘째, 죄성, 곧 죄악으로 물든 인간의 생각, 언어, 행동, 습관을 제거해야 합니다(죄의 세력 제거). 셋째, 새롭게 하나님께 영광을 돌리며 살 능력이 있어야 합니다(새 삶의 능력 소유). 하나님의 영광에 이르려면 이 세 가지는 필수적인데 이 가운데 어느 하나도 인간의 힘으로는 얻을 수 없습니다. 그래서 하나님께서 친히 이 세 가지를 다 해결해 주셨습니다. 어떻게 이루셨습니까?

그리스도 예수 안에(24a절), 속량(24b절), 은혜(24c절), 값없이(24d절), 의롭다함(24e절), 그의 피(25a절), 화목제물(25b절), 간과하심(26b절), 자기의 의로우심(25c절), 의롭다하심(26절) 등은 매우 깊은 묵상이 필요합니다. 이것을 속량, 의롭다함, 화목제물, 간과하심으로 묶어 살펴보고자 합니다.

속량 혹은 구속(24a절)

하나님께서는 죄의 노예로 살고 있는 인류를 예수 그리스도의 희생으로 해방시키셨습니다.

---

81) 로마서 3장 21-26절은 복음의 정수로서 복음을 아주 농축시켜 놓았다. 이 부분을 좀더 자세하게 말해야 함에도 불구하고 왜 이처럼 응축시켜 놓았을까? 추측컨대 당시 복음이 잘 알려져 있었고 향후 방문하여 자세히 다룰 계획으로 보인다. 그러므로 오늘날에는 이 부분을 자세히 늘여 설명해야 한다.

그리스도 예수 안에 있는 속량으로 말미암아 하나님의 은혜로 값없이 의롭다하심을 얻은 자 되었느니라(24절).

속량[82](贖良, redemption) 혹은 구속(救贖)이란 노예 시장에서 쓰는 용어입니다. 구속(拘束)이 아닌 구속(救贖)입니다. 구속(拘束)은 잡혀 들어가는 것, 곧 자유를 잃는 것이며, 구속(救贖)은 정반대로 해방되는 것, 참 자유를 얻는 것입니다. 발음이 같아서 혼동하기 쉽기 때문에 속량이라고 부르기도 합니다.

로마서가 기록되던 당시에는 노예제도가 있었습니다. 노예는 보통의 인간이 아닌 가축 취급을 받았습니다. 노예는 개인의 재산처럼 인식되어 매매가 가능했습니다. 그러므로 모든 노예에게는 당연히 몸값이 매겨졌습니다. 그 노예를 해방시켜 자유롭게 하려면 노예에게 매겨진 몸값을 지불해야만 했습니다. 노예의 몸값을 속전(贖錢, ransom)이라고 부릅니다. 예수 그리스도는 죄의 노예로 살아가는 우리를 해방시켜 자유롭게 하려고 자신의 몸을 속전으로 바치셨습니다.[83]

하나님과 분리되어 있는 죄인들은 하나님을 잊어 버렸습니다. 원죄와 과거에 저지른 죄에 사로잡힌 인간들은 하나님을 알지 못합니다. 하나님 없이 방황하며 죄의 노예, 사탄의 노예, 율법의 노예로 비참하게 살고 있습니다. 하나님의 형상대로 지음 받은 만물의 영

82) 종의 신분을 면하고 양민이 되게 하는 것. 노예 신분에서 자유인 신분으로 해방시킨 것이다.

83) 마가복음 10:45. "인자가 온 것은 섬김을 받으려 함이 아니라 도리어 섬기려 하고 자기 목숨을 많은 사람의 대속물로 주려 함이니라." 대속물이란 대신해서 바치는 속죄 제물, 곧 속전(ransom)을 의미한다.

장이 공중의 새나 바다의 물고기만큼도 자유를 누리지 못한 채 비참하게 살고 있습니다. 죄의 노예가 된 사람들은 "이렇게 살아서는 안 돼. 이런 무의미한 삶을 청산하고 참된 인생을 찾고 싶어" 하면서 몸부림을 쳐보지만 항상 실패만 합니다. 근본적인 문제가 있기 때문입니다. 영혼 깊숙이 뿌리박힌 죄와 과거에 저지른 죄가 나를 붙잡고 있기 때문입니다. 죄가 나를 협박합니다. "뭐, 네가 새사람이 되겠다고? 웃기지 마라." 그래서 여전히 죄의 노예로 죄를 지으며 비참하게 살아갑니다. "아, 나는 어쩔 수 없나봐." "아, 이 죄인이여!" "오호라, 이 사망의 몸에서 누가 나를 건져내랴!"[84)]

예수님은 이러한 불쌍한 인류를 구원하기 위해 자신의 몸을 십자가 위에서 속전으로 바치셨습니다. 십자가 위에서 6시간 동안 피와 물을 다 쏟고 고통을 당하셨습니다. 그렇게 십자가에서 인류의 죄값을 다 치르셨습니다. 예수님은 숨을 거누기 식선에 "다 이루었다!"라고 외치셨습니다. 헬라어로 테텔레스타이(τετελησται)인데 이 표현은 '다 지불되었다', '다 갚았다'는 뜻입니다. 예수님께서 자기 생명을 속전으로 바쳐 우리를 죄의 노예에서 해방시키신 것입니다. 할렐루야! 예수님을 믿는 우리는 해방되어 참 자유를 얻었습니다. 구속(救贖)되었습니다. 죄 사함, 곧 해방된 사람들은 하나님의 은혜를 찬양하지 않을 수 없습니다.

나 자유 얻었네. 너 자유 얻었네. 우리 자유 얻었네.
나 자유 얻었네. 너 자유 얻었네. 우리 자유 얻었네.

---

84) 로마서 7:24. "오호라 나는 곤고한 사람이로다 이 사망의 몸에서 누가 나를 건져내랴."

주 말씀하시길 죄 사슬 끊겼네. 우리 자유 얻었네.

할렐루야!

나 자유 얻었네. 너 자유 얻었네. 우리 자유 얻었네.

그리스도가 생명을 바치심으로 우리는 죄와 사망에서 해방되었습니다. 그리스도의 희생으로 우리는 하나님의 자녀로 참 자유를 누릴 수 있게 되었습니다. 우리를 구원하기기 위해 십자가에서 속전으로 그 몸을 바치신 주님을 찬양합니다. 우리를 자유롭게 하여 자녀로 삼으려고 그리스도를 희생시키신 성부 하나님의 거룩한 사랑을 소리 높여 찬양합니다.

영광, 영광! 하나님께 영광! 세세 무궁토록 주께 영광!

의롭다함(24b절)

'구속'이 노예시장의 용어라면 '의롭다함'은 법정 용어입니다. 로마인들은 법률에 익숙했습니다. 그래서 바울 사도는 법정 용어로 하나님의 구원을 설명하고 있습니다. 죄인들이 법정에 끌려와서 재판을 받을 때 일어나는 일들을 상상해 봅시다. 죄수가 재판을 받을 때 신분을 확인하는 인정 심문이 있고 이어서 사실 심리, 검사의 논고와 변호인의 변론이 있은 후 선고 공판이 열립니다. 이런 재판 과정을 거쳐 마침내 최종 판결이 내려집니다. "사형을 선고한다!"

그런데 이때 한 사람이 등장합니다. 그 나라의 왕자입니다. 그는 사형 판결을 받은 죄수는 죽어서 안 될 몸이니 그를 살리고 대신 자기가 죽겠다고 합니다.[85] "내가 저 사람을 사랑하니 살려 주십시오. 내가 대신 죄 값을 치르겠습니다." 재판장이 사형 판결을 받은 죄수에게 묻습니다. "당신을 대신해 죽겠다는 저 분을 어떻게 생각하는가?" 사형수가 대답합니다. "제 생명의 은인이니 저도 저 분을 위해 목숨을 바치겠습니다." 재판장은 왕자의 요구를 받아들여 사형수 대신 왕자를 사형에 처하도록 합니다. 죽어 마땅하던 사형수는 왕자의 죽음으로 대신 무죄 석방을 받고 당당히 시민권을 얻습니다.

이와 같이 성부 하나님은 그리스도의 대속의 죽음을 계기로 죽을 수밖에 없는 인간들의 죄를 눈감아 주시고 '무죄 석방' 을 선언하셨습니다. 이것이 바로 '의롭다함' 입니다. '의롭다함' 이란 실제로는 의롭지 않으나 의롭다고 여겨 주는 것입니다. 다른 말로는 칭의(稱義)라고 합니다.[86]

하나님께서 왜 이런 엄청난 호의를 죄인인 인간에게 베푸셨습니까? 이것은 신비입니다. 전능하신 하나님께서는 불순종한 인간들을 모조리 없애 버리고 새롭게 창조하실 수 있었습니다. 그런데 자기 독생자를 희생하는 아픔을 감당하면서까지 인류를 구원하셨습니다. 인간으로서는 이해할 수 없는 하나님의 신비한 사랑입니다. 하나님은 그 신비한 사랑 때문에 너무나 큰 구원을 값없이 주셨습니다. '값없이(freely)' 는 '값싼' 것이 아니라 너무나 비싸서 값을 매길 수 없으므로 값을 받지 않고 거저 준다는 의미입니다. 이것이 바로 은혜입니다. 하나님은 은혜로 값없이 거저 '의롭다함' 을 베풀어 주셨습니다.

---

85) 물론 현행법으로는 불가능하지만 고대에는 이러한 법이 있었고 무엇보다 하나님께서 대속의 제도를 인정하셨다는 점을 생각해야 한다.

86) 하나님의 구원을 9단계로 나누어 보면 소명, 중생, 회심, 신앙, 칭의, 수양, 성화, 성도의 견인, 영화인데 3단계로 요약하면 칭의(稱義, justification), 성화(聖化, sanctification), 영화(榮化, glorification)다.

하나님의 '의롭다함' 은 매우 중요한 의미가 있습니다. 의롭지 못한 인간이 그리스도의 속죄를 믿을 때 의롭다함을 받으므로 의롭게 살 수 있는 기초를 마련하게 됩니다. 하나님의 '의롭다함' 이 아니고서는 자기 힘으로 의에 도달할 방법은 없습니다. 하나님의 '의롭다함' 이 아니고서는 죄의 문제가 해결되지 않으므로 의로워지려는 인간의 노력은 수포로 돌아갑니다. 무엇보다 인간이 자기 힘으로 쌓는 의는 하나님 보시기에 너무 보잘것없어서 인정을 받을 수 없습니다. 하나님께서 인정하시지 않는 의를 많이 쌓은들 무슨 소용이 있겠습니까?

그런데 의롭지 못한 나를 예수 그리스도의 공로로 말미암아 의롭다고 여겨 주시고 하나님의 자녀라는 지위를 부여해 주시니 감격하지 않을 수 없습니다. 그래서 하나님을 사랑하게 되고 하나님께 순종하게 됩니다. 뿐만 아니라 의로운 삶을 살게 됩니다. 이것이 하나님께서 고안하신 구원의 비밀입니다. 감동적인 은혜로 새사람을 만들어서 감동적인 삶을 살게 하는 비밀입니다.

아버지의 뜻을 어기고 집을 떠났던 탕자가 비참한 지경에 빠져서야 자기 죄를 깨닫습니다. 자기 한계를 깊이 인식합니다. 그리고 아버지 품으로 돌아갑니다. 아버지는 몰골이 엉망인 탕자를 내쫓기는 커녕 엄청난 은혜를 베풀어 줍니다. 불효한 자식을 사랑으로 감싸 안고 새 옷을 입힌 후 아들의 지위를 상징하는 가락지까지 끼워 줍니다.[87] 그리고 살진 송아지를 잡아 잔치를 베풉니다. '무죄 석방,'

87) 누가복음 15:22. "아버지는 종들에게 이르되 제일 좋은 옷을 내어다가 입히고 손에 가락지를 끼우고 발에 신을 신기라."

'아들의 지위 부여.' 이것이 바로 '의롭다함', 곧 칭의입니다.

오, 하나님 아버지!
감히 하나님을 우러러 볼 수도 없는 불의한 죄인을
이다지도 사랑하시나이까?
하나님을 배반하고 죄를 저지른 악독한 죄인을
이렇게도 높여 주시나이까?
아버지 하나님!
이제야 아버지의 참 사랑에 눈을 뜨옵나이다.
아버지의 사랑에 감격하오니
이제 죄인의 목숨을 구하신 주님을 위해 목숨을 바치겠나이다.

하나님의 '의롭다함'으로 우리의 신분이 바뀌었습니다. 죄인이었다가 하나님의 자녀로 신분이 상승되었습니다. 천국의 시민권만 소유한 게 아니라 하나님의 큰 은혜를 받게 되었습니다. 이 큰 은혜가 의롭게 살게 하는 원동력이 됩니다. 하나님의 거룩한 사랑은 죄인을 감동시키며 그 은혜의 감동은 하나님을 향한 자발적 순종을 이끌어 냅니다. 진실로 하나님을 사랑하게 만듭니다.

이렇듯 하나님을 사랑하며 순종할 때 우리는 거룩한 새사람으로 만들어져 갑니다. 죄인을 위해 목숨을 바치신 예수님의 거룩한 희생과 사랑에 머리 숙여 깊이 감사드립니다. 예수님의 공로로 죄인을 의롭다고 선언하고 하나님 자녀라는 지위를 부여하신 하나님의 은혜를 찬양합니다. 그 신비로운 하나님의 거룩한 은혜를 깨닫게 하시고 가슴에 담고 감동적인 삶을 살게 하신 보혜사 성령님의 사역을 찬양합니다. 할렐루야!

화목제물(25a절)

화목제물은 성전 제사 용어입니다. 수천 년 동안 성전에서 하나님께 제사를 올렸던 유대인들은 화목제물에 대해 매우 잘 알고 있었습니다. 바울 사도는 예수 그리스도 안에 있는 구원을 화목제물로 설명합니다. 성전 제사에는 5가지가 있습니다.[88] 이 중에 화목제는 하나님 앞에 죄 용서함을 받고 화목을 간구하며 하나님과 친교를 나누는 제사입니다. 화목제는 의무제가 아니라 자원제입니다.

죄가 무엇입니까? 죄는 양심적인 죄, 법률적인 죄, 신앙적인 죄 등이 있지만[89] 성경에서 말하는 죄의 핵심 개념은 '하나님과의 분리' 입니다.[90] 구원의 핵심 개념은 무엇입니까? '하나님과의 화목' 입니다. 그런데 하나님께서 인간과 화목할 수 있는 길을 직접 마련하셨습니다. 자기 독생자를 화목제물로 희생시켜 인간과 화목을 이루신 것입니다. 예수 그리스도는 성부 하나님의 뜻에 순종해 자기 자신을 화목제물로 바치셨습니다.

---

88) 성전 5제사 — 번제(온전히 다 태워서 드리는 감사제, 헌신제로 자원제), 속죄제(원죄 등 죄 용서함을 비는 제사, 의무제), 속건제(허물과 실수로 지은 자범죄의 용서를 비는 제사, 의무제), 화목제(하나님과의 화목을 빌며 화목에 감사하는 제사, 구원에 감사, 서원할 때 감사하여 드리는 자원제), 소제(곡물로 드리는 제사로서 독립제가 아니라 병행제로 드림).

89) 죄는 양심적인 죄(sins), 법률적인 죄(crime), 신앙적인 죄(sin)로 구분한다.

90) 이사야 59:1, 2. "여호와의 손이 짧아 구원하지 못하심도 아니요 귀가 둔하여 듣지 못하심도 아니라 오직 너희 죄악이 너희와 너희 하나님 사이를 갈라 놓았고 너희 죄가 그의 얼굴을 가리어서 너희에게서 듣지 않으시게 함이니라."

이 예수를 하나님이 그의 피로써 믿음으로 말미암는 화목제물로 세우셨으니(25a절).

이 간단한 문장 속에 놀라운 인류 구원의 비밀이 담겨 있습니다. 주목할 단어는 '그의 피,' '믿음,' 그리고 '화목제물' 입니다. 구원의 핵심 개념이 '하나님과의 화목' 임은 이미 언급했습니다. '하나님과의 화목,' 즉 화목제물에 반드시 필요한 것은 '피' 입니다. 하나님께서는 반드시 피의 제사를 드림으로 죄의 문제를 해결하게 하셨습니다.

인간이 저지른 죄의 대가는 죽음입니다. "죄의 삯은 사망이라."[91] 죽음으로만 죄 값을 치를 수 있습니다. 즉 죄에서 벗어나려면 생명을 희생해야 합니다. 죄는 생명을 요구합니다. 그러므로 죄를 씻으려면 생명을 바쳐야 합니다. 생명이 무엇입니까? 피입니다. 피는 생명을 상징합니다. 피는 곧 생명입니다.

육체의 생명은 피에 있음이라 내가 이 피를 너희에게 주어 제단에 뿌려 너희의 생명을 속죄하게 하였나니 생명이 피에 있으므로 피가 죄를 속하느니라.[92]

"피가 죄를 속하느니라." 하나님께서는 죄인을 살리기 위해 대속 제도를 만드셨습니다. 죄를 지은 인간들이 자신의 죄 값을 직접 치

91) 로마서 6:23. "죄의 삯은 사망이요 하나님의 은사는 그리스도 예수 우리 주 안에 있는 영생이니라."
92) 레위기 17:11.

르게 하면 살아남을 자가 하나도 없습니다. 그래서 인간을 살리기 위해 다른 생명의 피, 곧 다른 목숨으로 대신 갚게 하셨습니다. 양의 피, 염소의 피, 송아지의 피, 비둘기의 피로 속죄를 빌고 용서받도록 하셨습니다.

속죄를 빌며 하나님과 화목하기를 바라는 사람은 제물을 끌고 제사장 앞으로 나옵니다. 그리고 제물 위에 안수하고 자기 죄를 자복합니다. 나의 죄를 제사장 앞에 끌고온 제물에게 전가(轉嫁)시키는 것입니다. 그리고 제물의 숨통을 끊은 후 제단에 바칩니다. 인간은 제물의 죽음을 통해 자기의 죽음을 목격합니다. 대속의 은혜로 인해 제물이 자기 대신 죽어 죄를 용서받았기에 자기가 죽지 않고 살게 되었음을 깨닫습니다.

제물을 바치는 과정에서 바로 '믿음'이 무엇인지 알 수 있습니다. 제물 위에 안수하는 것은 제물을 바치는 사람과 제물이 하나로 연합되었음을 고백하는 행위입니다. 내 죄가 제물에게 전가되고 내 대신 제물이 죽었음을 인정하는 것이 바로 믿음입니다. '제물과의 연합,' '내 죄가 제물에게 전가됨,' '제물 때문에 내가 살게 됨'을 영접하는 것이 곧 믿음입니다.

나는 하나님의 독생자 예수 그리스도가 나와 연합하여 내 죄를 다 뒤집어쓰고 십자가에서 피 흘려 죽으신 것을 믿습니다.[93] 죄인인 나는 그리스도와 합하여 십자가에서 죽고 그리스도와 연합하여 그리스도와 함께 부활한 줄로 믿습니다.[94] 화목제물이 되신 그리스도는 죽고 그분의 희생으로 나는 하나님께 용서를 받아 살았습니다.

---

93) 로마서 6:3. "무릇 그리스도 예수와 합하여 세례를 받은 우리는 그의 죽으심과 합하여 세례를 받은 줄을 알지 못하느냐." 믿음은 그리스도와 연합됨을 받아들이는 것이다.

구약시대에는 염소와 양, 혹은 송아지의 피로 제사를 드렸습니다. 하나님께서는 짐승의 피로 드리는 제사를 받으시고 인간의 죄를 사하시며 거룩하게 하셨습니다. 하물며 하나님의 아들 그리스도의 피가 어찌 죄의 문제를 해결하지 못하겠습니까? 구약의 제사는 오실 그리스도의 그림자이며, 그리스도의 영원한 속죄 제사는 실체입니다.[95] 그리스도는 자기 피로 영원한 속죄의 제사를 드리셨습니다. 하나님의 아들 그리스도의 피로 용서받지 못할 죄는 없습니다. 그리스도의 피를 믿으면 모든 죄가 다 씻기는 줄 믿습니다.

이 시간 그리스도의 십자가 보혈을 믿음으로 받으시기 바랍니다. 그 피로 모든 죄를 다 씻으시기 바랍니다. 더러운 모든 죄가 다 씻어질지어다! 악독한 모든 죄가 그리스도의 피로 다 씻어질지어다! 그리스도의 보혈은 오늘도 죄로 죽어 가는 영혼을 살립니다. 많은 영혼들이 십자가의 보혈을 믿고 죄 사함을 얻어 새사람이 되었습니다. 이 시간 그리스도의 십자가 앞에 나아와 그리스도의 보혈로 더러운 죄를 씻어 버리고 새 삶을 사시길 바랍니다.

나의 죄를 씻기는 예수의 피밖에 없네
다시 정케 하기도 예수의 피밖에 없네
예수의 흘린 피 날 희게 하오니
귀하고 귀하다 예수의 피밖에 없네.

---

94) 에베소서 2:5, 6. “허물로 죽은 우리를 그리스도와 함께 살리셨고 (너희는 은혜로 구원을 받은 것이라) 또 함께 일으키사 그리스도 예수 안에서 함께 하늘에 앉히시니.” 믿음은 그리스도와 연합되는 것이다.

95) ‘그림자’ 와 ‘참 형상’ 의 관계는 히브리서 9:24, 10:1 참조.

십자가 위에서 하나밖에 없는 자기 목숨을 바치신 주님, 십자가 위에서 영원한 속죄의 제사를 드려 우리를 구원하신 주님의 은혜를 생각할 때 눈물을 흘리지 않을 수 없습니다. 예수님은 아무 죄도 없으셨습니다. 예수님을 심문한 빌라도 총독조차 말했습니다. "나는 그에게서 아무 죄도 찾지 못했노라."[96] 아무 죄도 없으신 예수님은 인류의 속죄를 위해 십자가를 향해 뚜벅뚜벅 걸어가셨습니다. 얼마든지 피하실 수도 있었지만 십자가를 향해 걸어가셨습니다. 털 깎는 자 앞에서 잠잠한 어린 양처럼 예수님은 그 모든 치욕과 고통을 묵묵히 감당하셨습니다. 십자가에 못을 박는 군병들을 향해 기도하셨습니다. "아버지, 저들을 사하여 주옵소서 자기들이 하는 것을 알지 못함이니이다."[97]

십자가에 못박혀 달리신 예수님의 손과 발에 피가 흘렀습니다. 가시면류관을 쓴 머리에서도 피가 흘렀습니다. 그 피가 오전 9시부터 오후 3시까지 6시간 동안 다 빠지면서 살인적인 고통이 엄습했습니다. 살인적인 고통을 당하는 모습이 하도 애처로워 곁에 있는 사람들이 마취 성분이 있는 쓸개 탄 포도주를 솜에 적셔 입에 대주었습니다. 예수님은 그것마저도 사양하고 십자가 형틀에서 인류의 죄 값을 다 치르셨습니다.

"엘리 엘리 라마 사박다니!" "나의 하나님, 나의 하나님, 어찌하여 나를 버리셨나이까?"[98] 예수님에게서 처절한 절규가 터져 나왔습니다. 인류의 죄를 다 뒤집어쓰고 화목을 위한 제물로 드려지는

---

96) 요한복음 18:38.

97) 누가복음 23:34.

순간이기에 성부 하나님도 외면하셨습니다. 예수님은 인류에게 버림받고, 사랑하는 제자들에게도 버림받고, 심지어는 성부 하나님에게조차 버림받고 홀로 지옥의 고통을 겪으셨습니다. 마침내 숨을 거두기 직전 외치셨습니다. "다 이루었다!"[99] 다 지불했다. 즉 인류의 죄 값을 다 지불했다는 놀라운 선언입니다. 예수님은 우리가 당해야 할 수치와 저주와 형벌을 남김 없이 당하신 것입니다.

죄도 없으신 예수님, 죄란 그림자조차도 없으신 예수님, 거룩하고 의로우신 예수님께서 그 모진 고통을 어떻게 다 감당하셨을까요? "오, 주님! 이 죄인 눈물로 감사와 찬양을 드리나이다."

예수 나를 위하여 십자가를 질 때
세상 죄를 지시고 고초 당하셨네.
예수님, 예수님! 나의 죄 위하여
보배 피를 흘리니 죄인 받으소서!

십자가를 지심은 무슨 죄가 있나
저 무지한 사람들 메시아 죽였네.
예수님, 예수님! 나의 죄 위하여
보배 피를 흘리니 죄인 받으소서!

예수님의 채찍은 우리에게 나음을 가져다 줍니다. 예수님에게 내

---

98) 마태복음 27:46, 마가복음 15:34.
99) 요한복음 19:30

리치는 채찍 소리가 들립니까? 우리가 맞아야 할 채찍이었습니다. 나의 더러운 모든 죄를 씻기 위해 주님은 채찍을 맞으시고 십자가에서 손과 발에 못이 박혀 피를 흘리며 지옥 고통을 당하셨습니다. 마침내 목숨까지 바치셨습니다.

주님의 십자가는 우리의 치료약입니다. 그리스도가 채찍에 맞는 소리를 믿음으로 들을 때 도무지 해결되지 않던 나의 죄가 감사의 눈물과 함께 씻깁니다. 십자가에서 피 흘리며 생명을 바치신 예수님을 믿음으로 바라볼 때 악독한 죄가 녹아 없어집니다. 이는 이스라엘 백성들이 구약의 놋뱀을 바라볼 때 치료되었던 것과 같습니다. 백성들이 범죄를 저질러 독사에 물려 죽어갈 때 모세가 하나님의 지시에 따라 광야에서 놋뱀을 만들어 장대에 달았습니다. 그때 놋뱀을 쳐다본 사람들은 모두 살았습니다.[100)]

누구든지 그리스도의 대속의 죽음을 믿고 십자가를 바라보면 구원을 얻은 줄 믿습니다. 죄 용서를 받습니다. 저주가 풀립니다. 상처가 치료됩니다.

그가 찔림은 우리의 허물 때문이요
그가 상함은 우리의 죄악 때문이라
그가 징계를 받으므로 우리는 평화를 누리고
그가 채찍에 맞으므로 우리는 나음을 받았도다
우리는 다 양 같아서 그릇 행하여 각기 제 길로 갔거늘

---

100) 민수기 21:9. "모세가 놋뱀을 만들어 장대 위에 다니 뱀에게 물린 자가 놋뱀을 쳐다본즉 모두 살더라." 요한복음 3:14, 15 참조.

여호와께서는 우리 모두의 죄악을 그에게 담당시키셨도다.[101]

오, 사랑의 예수님! 그 수치와 고통을 어떻게 다 견디셨습니까? 그 지독한 채찍에도 원망하지 않고 털 깎는 자 앞에서 잠잠하셨던 주님! 어떻게 그 무서운 형벌을 다 당하셨습니까? 이 죄인 때문에 옷 벗김을 당하고 십자가에 손과 발에 못박히신 주님의 사랑과 은혜를 무엇으로 감사하오리이까?

할렐루야! 할렐루야! 할렐루야! 십자가에서 이 죄인을 구하신 예수님을 믿습니다. 제 모든 죄가 주님의 보혈로 깨끗이 씻겼음을 믿습니다. 주님과 함께 나의 옛사람이 죽어 버렸고 주님과 함께 새로 태어났음을 믿습니다. 이 죄인을 위한 주님의 희생을 겸손히 영접합니다. 제 마음에 주님을 영원히 모셔 들입니다. 제 마음 지성소에 좌정하셔서 저를 다스려 주옵소서! 이제 주님의 말씀에 순종하며 믿음으로 살겠습니다.

간과하심(25b절)

하나님께서 인류를 구원하신 또 하나의 그림은 '간과하심' 입니다. 피를 보고 너그럽게 간과하신 일은 이스라엘의 출애굽 사건 때 있었습니다. 출애굽은 장차 올 그리스도의 인류 구원을 예표하는 사건입니다. 하나님께서는 오래 전에 그리스도를 통한 인류 구원을 계획하시고 그 그림을 역사적 사건을 통해 미리 보여 주셨습니다. 하나님께서는 이미 출애굽 사건 때 문설주 바른 피를 보면 형벌을

101) 이사야 53:5, 6.

내리지 않고 넘어가는 선례를 남기셨습니다. 수많은 제사 때에도 제물의 피를 보고 죄에 대한 형벌을 거두어 너그럽게 봐주셨습니다. 하나님께서는 우리가 그리스도의 피를 믿을 때 우리의 죄를 간과하심으로 죄에 대한 형벌 없이 넘어가십니다.

> 이 예수를 하나님이 그의 피로써 믿음으로 말미암는 화목제물로 세우셨으니 이는 하나님께서 길이 참으시는 중에 전에 지은 죄를 간과하심으로 자기의 의로우심을 나타내려 하심이니(25절).

피를 보고 죄를 간과하시는 하나님의 모습을 잘 볼 수 있는 출애굽 사건에 대해 좀더 얘기해 봅시다.

애굽의 노예로 살던 이스라엘 백성들이 어떻게 해방되었습니까? 어린 양의 피를 문설주에 바르고 해방되었습니다. 왜 어린 양의 피를 발랐습니까? 죽음의 재앙을 면하려면 어린 양의 피를 바르라고 하나님께서 말씀하셨습니다. 애굽의 바로는 고집이 매우 셌습니다. 9가지 재앙에도 굴복하지 않다가 마지막 10번째 재앙, 애굽의 모든 장자가 죽는 재앙을 겪고 나서 무릎을 꿇었습니다. 인간의 고집과 자기 주장은 죽음이 아니고서는 꺾을 수 없습니다. 바로는 자기 큰 아들의 죽음, 곧 자기 죽음 앞에서 비로소 이스라엘을 놓아 주었습니다. 장자의 죽음이 애굽 전역을 덮을 때 어린 양의 피를 바른 집은 죽음의 재앙이 넘어갔습니다(passover). 유월(逾越)했습니다. 간과(看過, passover)했습니다.

'넘어가다,' '유월하다,' '간과하다' 는 말은 모두 동일한 표현입니다. '간과하다' 는 말은 '넘겨 주다,' '관대하게 보아 주다' 는 뜻입니다. 하나님께서는 어린 양의 피를 보면 그 집에는 죽음의 형벌을 거두셨습니다. 관대하게 봐주셨습니다. 마찬가지로 하나님은 죄인들이 어린 양 예수 그리스도의 피를 믿을 때, 그 피를 보고 죄인들의 죄를 간과하십니다. 죄에 대한 형벌을 내리지 않으십니다(unpunished). 최후의 심판 날에 모든 사람은 하나님의 심판대 앞에 서게 됩니다. 그날에 모든 사람은 자기의 죄를 낱낱이 고하게 될 것입니다.[102] 죄 있는 자는 무서운 지옥형벌을 받게 됩니다. 그러나 그리스도의 피를 믿는 자는 무서운 형벌을 면하게 될 것입니다. 믿음으로 그리스도의 피를 소유한 자는 형벌을 사함 받게 됩니다. 이 얼마나 큰 은혜입니까?

주 십자가를 지심으로 죄인을 구속하셨으니
그 피를 보고 믿는 자는 주님의 진노 면하겠네
내가 그 피를 유월절 그 양의 피를 볼 때에
내가 널 넘어서 가리라

구주의 사랑 크신 은혜 보혈의 능력 의지하세
심판의 불이 내릴 때에 주님의 진노 면하겠네
내가 그 피를 유월절 그 양의 피를 볼 때에
내가 널 넘어서 가리라[103]

---

102) 로마서 14:10-12. "네가 어찌하여 네 형제를 비판하느냐 어찌하여 네 형제를 업신여기느냐 우리가 다 하나님의 심판대 앞에 서리라 기록되었으되 주께서 이르시되 내가 살았노니 모든 무릎이 내게 꿇을 것이요 모든 혀가 하나님께 자백하리라 하였느니라 이러므로 우리 각 사람이 자기 일을 하나님께 직고하리라."

인간의 마음속 깊은 곳에는 불안이 도사리고 있습니다. 인간의 무지에서 오는 불안, 장래를 알 수 없는 데서 오는 불안, 무능력에서 오는 불안이 있습니다. 그러나 원초적인 불안의 근본은 자기 죄에 대해 하나님께서 내리실 심판의 형벌에서 옵니다. 그런데 그리스도의 피를 믿음으로 이 근본적인 불안에서 해방된 것입니다. 그 피를 믿는 자는 하나님으로부터 오는 참 평안을 선물로 받습니다. 우리는 최후 심판이 다가와도 무섭지 않습니다. 그리스도의 피를 믿기 때문입니다. 믿음으로 우리 영혼에 그리스도의 피가 발라져 있는 줄 믿습니다.

우리 죄를 간과하신 하나님의 은혜를 찬양합니다. 그리스도를 이 땅에 보내어 우리를 위한 화목제물로 삼으신 하나님의 크신 사랑을 찬양합니다. "하나님, 영광 받으시옵소서!" 아멘.

인류 구원을 통해 하나님의 의를 나타내심

하나님의 인류 구원의 은혜를 생각할 때 감격하지 않을 수 없습니다. 그런데 어떤 사람은 예수님을 믿는다고 하면서도 아무런 감동이 없는 것을 봅니다. 정말 내가 구원 받았는지 확신이 없는 사람도 있습니다. 하나님께서 이처럼 놀라운 구원을 이루셨는데도 구원의 확신을 갖지 못하는 이유는 무엇입니까? 첫째, 하나님 주도로 이루어진 구원을 알지 못하기 때문입니다. 둘째, 하나님의 의로운 성

103) 찬송가 265장.

품을 모르기 때문입니다. 셋째, 하나님의 크신 희생과 은혜를 모르기 때문입니다.

하나님 주도의 인류 구원

인류 구원이 하나님의 주도 아래 이루어진 일임을 깨달을 때 또 한 번 하나님의 은혜에 감격하게 됩니다. "이 예수를 하나님이… 세우셨으니." "이는 하나님께서… 자기의 의로우심을 나타내려 하심이니." 성경은 철저하게 성부 하나님께서 주도권을 쥐고 인류 구원을 이루셨음을 강조하고 있습니다.

인류를 구원해야겠다고 먼저 생각하신 분은 하나님입니다. 인류 구원은 하나님의 아이디어입니다. 독생자 예수님을 이 땅에 보내신 분도 하나님입니다. 대속의 제도를 만들어 죄인인 인간을 구원할 계획을 세우신 분도 하나님입니다. 인간과 화목하려고 독생자를 희목제물이 되도록 십자가에 죽게 하신 분도 하나님입니다. 물론 그리스도가 자발적으로 순종해 이루어진 일이지만 이 모두가 성부 하나님께서 계획하신 일입니다. 그러므로 나의 구원은 결코 우연히 이루어진 일이 아니라 하나님의 섭리 속에서 하나님께서 작정하고 이루신 일입니다. 천지를 창조하고 나를 창조하신 하나님께서 나를 구원하려고 독생자를 보내셨고 아버지 하나님의 뜻에 순종하신 예수님으로 말미암아 내가 구원을 받았습니다. 할렐루야! 창조주 하나님께서 나를 구원하셨습니다. 아멘.

하나님의 의로운 성품

하나님께서 인류를 구원하기로 작정하셨다면 그냥 인류 구원을 선포하시지 왜 당신의 독생자를 십자가에서 처참하게 죽게 하셨습니까? 하나님의 성품 때문입니다. 하나님은 사랑이십니다. 죄인들을 어떻게든 살리고자 하시는 사랑의 하나님이십니다.[104] 또한 하나님은 거룩하십니다.[105] 하나님은 거룩하고 의로우시기에 죄 있는 자를 죄 없다고 못하십니다. 또한 죄인이 거룩하신 하나님 앞에 설 수도 없습니다. 숨이 막혀 죽어 버릴 것입니다. 하나님과 인간 사이에 있는 이 죄의 장벽을 해결하기 위해 하나님께서는 대속의 제도를 만드셨습니다.

하나님께서는 죄를 미워하십니다. 그러나 죄인은 사랑하십니다. 이 딜레마를 해결하기 위해 하나님께서는 당신의 아들을 대신 죽게 하여 인간을 구원하고자 하셨습니다. 죄를 조금도 용납하실 수 없는 거룩한 하나님께서 죄로 가득 찬 인간을 자녀로 삼기 위해 당신의 독생자를 십자가에 죽게 하신 것입니다. 하나님께서 죄인을 얼마나 사랑하실까요? 십자가에서 당신의 독생자를 희생하기까지 사랑하십니다. 하나님께서 죄를 얼마나 미워하실까요? 십자가에서 당신의 독생자를 죽게 하실 만큼 죄를 미워하십니다. 하나님은 십자가에서 당신의 성품을 나타내셨습니다(demonstrate).

… 자기의 의로우심을 나타내려 하심이니(25c절).

곧 이때에 자기의 의로우심을 나타내사 자기도 의로우시며 또한 예수

---

104) 요한일서 4:8. "사랑하지 아니하는 자는 하나님을 알지 못하나니 이는 하나님은 사랑이심이라."

105) 레위기 11:45. "나는 너희의 하나님이 되려고 너희를 애굽 땅에서 인도하여 낸 여호와라 내가 거룩하니 너희도 거룩할지어다."

믿는 자를 의롭다하려 하심이라(26절).

십자가의 비밀은 하나님의 성품 속에 있습니다. 왜 전능하신 하나님께서 당신의 독생자에게 그 치욕의 십자가, 처참한 고통의 십자가, 죽음의 십자가를 지게 하셨습니까? 하나님의 성품 때문입니다. "하나님은 사랑이시며 의로우시다!"는 사실을 온 천하에 선포하신 사건이 십자가 사건입니다.

"나의 죄를 그렇게도 미워하신 하나님, 나를 그렇게도 사랑하신 하나님, 이 죄인을 구하려고 그렇게도 오랫동안 노심초사하셨습니까? 이까짓 죄인이 무엇이라고 그 큰 희생을 치르셨습니까? 연기처럼 사라져 버릴 이 죄인을 구하려고 그렇게도 오랫동안 큰일을 벌이셨습니까? 과연 하나님은 하나님이십니다. 누가 감히 하나님 같은 생각이라도 하겠습니까? 하나님, 고맙습니다. 이렇게도 의로우시고 이렇게도 사랑이신 하나님을 아버지라 부를 수 있으니 영광중의 영광입니다. 창조주 하나님, 영광 받으옵소서!"

하나님의 의로운 성품을 알 때 나의 구원의 위대함을 깨닫게 됩니다.

하나님의 거룩한 희생

하나님께서 치르신 값비싼 희생을 모르는 사람은 구원의 확신을 갖지 못합니다. 내가 한 일이 없는데 예수님을 믿는다는 이유로 구원을 받았다고 하니 실감이 나지 않습니다. 하다못해 천 일 동안 고행을 한다든지 채찍으로 1천 대를 맞았다든지 하나님께 1천억 원을 바쳤다든지 해서 구원을 얻었다면 확신이 생길 텐데 아무것도 행한 일 없이 단지 믿음으로 그 엄청난 구원을 주셨다니 구원의 확신이 서지 않습니다. 이런 이유로 구원을 확신하지 못하는 이들은 하나님께서 얼마나 큰 희생을 치르셨는지 모르는 사람입니다. 하나님께서 나 같은 미물을 위해 엄청난 희생을 치르셨음을 안다면 눈물로 감사하게 됩니다.

먼저 예수님의 희생을 생각해 봅시다. 예수님은 성부 하나님의 인류 구원 계획을 아시고 자발적으로 이 땅에 오셨습니다. 나환자들을 구원하기 위해 수억 원의 연봉을 버리고 나환자촌으로 들어가는 의사의 희생정신에 사람들은 감동합니다. 예수님은 하나님의 아들이면서 인간으로 성육신하고 죄인들과 함께 사셨습니다. 우리는 같은 죄인이면서도 자기보다 저급한 언어와 무례한 행동을 일삼는 사람들을 보면 견디기 힘들어합니다. 거룩하신 예수님은 죄인들 틈에 살면서 얼마나 힘드셨겠습니까? 아무 죄도 없으신 예수님은 죄인들을 위해 무서운 채찍을 맞으셨습니다. 한없는 치욕을 당하셨습니다. 십자가에 손과 발이 못박혔습니다. 무시무시한 지옥 고통을 당하셨습니다. 그리고 목숨까지 바치셨습니다.

성부 하나님의 희생은 더 큽니다. 수천 년 동안 인류 구원을 위해 끊임없이 선지자들을 보내셨습니다. 많은 약속을 하고 고스란히 지키셨습니다. 그리고 마침내 당신의 아들을 보내셨습니다. 아들을 사지에 밀어 넣는 아버지의 마음을 생각하면 성부 하나님의 희생이 엄청났음을 알 수 있습니다. 예수님이 십자가에 달리셨을 때 성부 하나님의 마음이 얼마나 아프셨겠습니까? 십자가에 매달리는 아들을 외면해야 하는 아버지의 마음은 얼마나 아프셨겠습니까? 전능한 창조주이면서도 피조물들의 악행을 그냥 참으셔야 하는 아버지 하나님의 인내는 측량하기 어려운 희생이었습니다. 그 고통을 참고 인류를 구원해 내신 성부 하나님의 사랑을 무슨 말로 표현할 수 있겠습니까? 성부 하나님의 위대한 사랑에 한없는 감사와 찬양을 드립니다.

그리스도의 십자가는 하나님의 성품을 온 천하에 선포한 사건입니다. 하나님의 거룩한 사랑과 의로우심을 온 천하에 선포한 사건입니다. 십자가를 통해 성부 하나님을 참으로 알면 하나님을 사랑하게 됩니다. 하나님을 믿게 됩니다. 하나님께 경배하며 순종하게 됩니다.

하나님의 의를 얻는 길

지금까지 하나님께서 인류 구원을 어떻게 이루셨는지 살펴보았습니다. 하나님은 독생자 예수님을 보내시고 십자가에서 인간을 대신해 죽게 하심으로 구원을 이루셨습니다. 그러면 인간 편에서는 아무것도 할 필요가 없습니까? 아닙니다. 믿음이 필요합니다. 하나님의 의를 얻기 위해서는 인간의 믿음이 필요합니다.

믿음의 법

하나님의 인류 구속을 말하면서 계속해서 믿음을 언급해 왔습니다. "예수 그리스도를 믿음으로 말미암아 모든 믿는 자에게 미치는 하나님의 의니"(22절). "이 예수를 하나님이 그의 피로써 믿음으로 말미암는 화목제물로 세우셨으니"(25절). "예수 믿는 자를 의롭다

하려 하심이라"(26절). 처음부터 믿음을 강조해 왔습니다. 하나님의 의가 믿음의 관을 통해 흘러들어가는 것임을 강조한 것입니다. 그리고 이제 본격적으로 믿음을 다룹니다.

> 그런즉 자랑할 데가 어디냐 있을 수가 없느니라 무슨 법으로냐 행위로냐 아니라 오직 믿음의 법으로니라(27절).

하나님께서 인류 구원을 이루셨는데 이를 믿어야 그 효력이 발생합니다. 그릇에 물이 가득 담겨 있어도 그것을 마시지 않으면 여전히 목마른 것과 같이 하나님의 의를 받아들여야 효력이 발생합니다. '오직 믿음으로' 하나님께서 주시는 구원을 받을 수 있습니다. 믿음이란 행위입니까? 아닙니다. '겸손히 받는 것' 입니다. 사람이 구원을 받기 위해 행한 일은 아무것도 없습니다. 하나님께서 다 하셨습니다. 그러므로 인간은 자랑할 것이 없습니다. 그저 겸손히 받을 뿐입니다.

그런데 왜 갑자기 이 대목에서 '자랑' 문제가 나왔습니까? 이유가 있습니다. 유대인들이 실패한 큰 이유가 '자랑' 때문이었습니다. 율법을 받았고, 율법을 잘 지킨다는 자랑 때문에 하나님의 의를 잃어 버리고 자기 의만 내세우다가 실패했습니다.[106] 즉 자기 자랑거리를 찾다가 하나님의 큰 은혜를 놓쳐 버리고 만 것입니다. 그래서 하나님께서는 인간의 자랑거리를 아예 없애셨습니다. 처음부터

---

106) 로마서 10:2, 3. "내가 증언하노니 그들이 하나님께 열심이 있으나 올바른 지식을 따른 것이 아니니라 하나님의 의를 모르고 자기 의를 세우려고 힘써 하나님의 의에 복종하지 아니하였느니라."

끝까지 온전히 하나님의 은혜로 인류를 구원하셨습니다. 이처럼 인간이 자랑할 것이 없도록 한 것은 오직 하나님의 은혜를 의지하도록 함입니다. 전적으로 하나님의 은혜만 의지하는 삶 속에 참된 기쁨과 생명이 있습니다.

자랑은 자기를 내세우는 것입니다. 구원이 없는 자기를 의지하고 자기를 내세우는 곳에는 실패가 있습니다. 자기중심성의 뿌리는 죄입니다. 자기중심성에서 자랑이 나옵니다. 자기 자랑은 은혜를 상실케 합니다. 감사와 기쁨을 빼앗습니다. 자기 자랑은 곧 자기 영광을 추구하는 것입니다. 자기를 의지하고 자기를 내세우면 하나님에게서 멀어집니다. 하나님의 은혜가 상실됩니다. 예수님을 믿는 사람일지라도 자기중심의 신앙에서 벗어나지 못한 사람은 은혜가 없습니다. 은혜가 없으니 억지로 신앙생활을 하고 위선과 거짓을 반복하게 됩니다. 유대인의 오류를 그대로 답습하고 맙니다.

믿음이란 오직 하나님만 전적으로 의지하는 것입니다. 오직 하나님의 은혜에 의지하는 것입니다. 자기중심성을 철저히 버리고 온전히 하나님의 은혜에만 의지할 때에 구원이 있습니다. 그리스도의 생명이 역사하는 것입니다.

신앙생활에서 가장 중요한 것은 '은혜' 입니다. 그 은혜가 신앙생활의 원동력입니다. 성화의 원동력입니다. 어떤 고난도 축복의 통로로 여기게 하는 힘입니다. 은혜는 하나님의 형상을 회복하게 하는 원동력입니다. 자기를 버리고 온전히 은혜 속에 거할 때 죄의 뿌리가 뽑힙니다. 그러므로 자기 자랑에서 나오는 행위의 법을 버리고 은혜와 깊이 연결되어 있는 믿음의 법을 따라야 합니다[표 1].

참으로 하나님의 은혜의 구원을 깨달은 자는 자연스럽게 믿음의

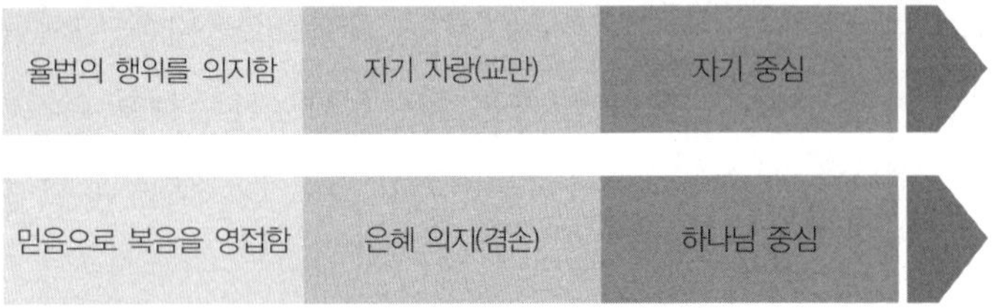

[표 1] 율법 행위와 복음을 믿음

법을 따르며 자기를 철저히 버리고 은혜를 귀하게 여깁니다. 하나님의 은혜를 의지할 때 참 기쁨과 감사가 넘칩니다. 겸손히 순종할 줄 알며 사랑을 베풀 줄 압니다. 그런 삶을 살 때 그리스도를 닮게 됩니다. 그리스도의 일을 즐거워하고 그리스도의 삶을 살게 됩니다. 이 은혜 속에 가슴 벅찬 감격의 삶이 있습니다. 자기중심성을 철저히 버리고 온전히 하나님의 은혜만 의지해 생명력이 있는 삶을 사시길 바랍니다.

온 인류에게 열린 믿음

'믿음의 법' 은 은혜가 충만한 삶을 열어줄 뿐만 아니라 모든 민족 누구에게나 구원받을 길을 열어 줍니다.

> 하나님은 다만 유대인의 하나님이시냐 또한 이방인의 하나님은 아니시냐 진실로 이방인의 하나님도 되시느니라 할례자도 믿음으로 말미암아 또한 무할례자도 믿음으로 말미암아 의롭다하실 하나님은 한 분이시니라(29-30절).

하나님께서 율법의 행위로 구원받는 길을 만들지 않고 믿음의 법으로 구원받는 길을 여신 까닭은 온 인류를 구원하시기 위해서였습니다. 율법을 지켜야만 구원을 받는다고 정하셨다면 유대인들도 지키기 힘든 그 법을 이방인들은 아예 지킬 엄두도 내지 못했을 것입니다. 그 대신 하나님께서는 믿음의 법을 만드심으로써 온 인류가 구원받을 길을 활짝 열어 놓으셨습니다. 그래서 오직 예수님을 믿으면 누구든지 죄를 사함 받고 구원을 얻을 수 있습니다. 하나님의 은혜로 가능한 이 믿음의 법이 어느 민족에게나 열려 있다는 말입니다.

왜 하나님은 이방인의 구원에 그처럼 관심을 두셨을까요? 하나님은 유대인만 창조하신 것이 아니라 온 인류를 창조하셨기 때문입니다. 하나님께서 이스라엘을 선택하신 것도 특별한 이유가 있어서가 아니라 단지 순서상 먼저였을 뿐입니다. 먼저 이스라엘을 선택하고 그들을 열국의 제사장 나라로 삼으신 다음, 그들을 통해 온 인류를 구원하고자 하신 것입니다. 그런데 이스라엘 사람들은 자기들만 선민이라고 생각해 교만과 오류에 빠지고 말았습니다.

오늘날도 마찬가지입니다. 하나님께서 우리 민족, 우리 교회, 우리들만 선택하셨다고 자기중심적인 생각에 빠져버린다면 큰 잘못을 범하는 것입니다. 철저히 하나님 중심으로 가야 합니다. 온 인류를 구원하고자 하시는 하나님의 마음을 알아 우리에게 맡겨진 사명을 겸손히 감당해야 합니다. 믿음의 법은 만민을 향해 문을 열어 놓았습니다. 믿음의 법은 세계성을 동반합니다. 믿음의 법은 우주적입니다.

율법을 굳게 세운 믿음

믿음의 법을 강조하니 유대인들은 불만을 가집니다. 그렇다면 율법은 소용없는 것입니까? 무엇 때문에 율법을 주셨습니까?

> 그런즉 우리가 믿음으로 말미암아 율법을 파기하느냐 그럴 수 없느니라 도리어 율법을 굳게 세우느니라(31절).

"믿음의 법은 율법에 반하는 것이 아닙니까? 율법은 하나님께서 주셨는데, 믿음의 법으로 그 율법이 폐기된다면 뭔가 잘못된 것이 아닙니까?" 이런 질문으로 믿음의 법을 반대하는 사람들이 있습니다. 그건 오해입니다. 믿음의 법은 율법에 반하는 것이 결코 아닙니다. 도리어 율법을 굳게 세우고 율법을 온전케 합니다. 하나님은 율법을 폐기하신 것이 아니라 믿음의 법으로 율법을 완성하셨습니다. 그 자세한 논증은 로마서 4장에서 다룰 예정입니다. 우선 여기서 다룰 수 있는 것은, 믿음은 율법을 파기하는 것이 아니라 도리어 굳게 세운다는 것입니다.

예를 들어 봅시다. 안식일을 거룩히 지키라는 제4계명을 율법적으로 어떻게 지켜야 합니까? 안식일에는 아무 일도 하지 않습니다. 심지어 바늘도 가지고 다니지 않습니다. 바늘을 작업도구라고 간주해서 그것을 운반하는 것조차 안식일을 범하는 일이라고 판단하기 때문입니다. 정말 놀랄 정도로 엄격하게 안식일을 지킵니다. 하지만 이런 생활을 지속하다 보니 기쁨이 없습니다. 마음에 없는데 지켜야 하기 때문에 억지로 하고 맙니다. 예물도 체면치레만 할 정도로 적당한 선에서 드립니다.

그런데 복음으로 구원을 받은 사람, 곧 믿음으로 사는 사람은 어떻습니까? 나를 구원하신 하나님께 예배드린다는 것이 몹시 감사하고 기쁘기만 합니다. 하나님을 알현하기 위해 전날부터 가장 좋은 옷을 준비하고 큰 기대 속에서 예배를 드리러 갑니다. 정성껏 마련한 예물을 드리면서도 더 많이 드리고 싶고 오히려 적게 드린 것 같아 죄송한 마음입니다.

자, 누가 안식일을 제대로 지키는 사람입니까? 당연히 믿음으로 사는 사람입니다. 믿음, 곧 은혜는 우리로 하여금 감사하게 하고 기쁨을 안겨 줍니다. 그래서 믿음으로 살면 근본적으로 하나님을 사랑하며 즐거이 하나님 요구를 이루게 됩니다. "믿음은 율법을 굳게 세우느니라." 아멘.

여기서 한 가지 생각할 것이 있습니다. 믿음이 사람을 방종케 한다는 우려입니다. 아닌 게 아니라 사람들이 엄한 사람 앞에서는 법을 잘 지키는데 은혜롭게 대하는 사람 앞에서는 방종하는 모습을 보이는 경향이 있습니다. 그래서 사람들은 은혜에서 그치면 안 되고 적당히 율법도 섞어야 한다고 주장합니다.

그러면 정말 믿음으로 사는 것에는 문제가 있습니까? 아닙니다. 참 믿음은 그렇지 않습니다. 가짜 믿음이 사람을 방종에 빠지게 만듭니다. 온갖 죄를 지으면서 소위 믿음이라는 걸 방패막이로 삼아 합리화시킵니다. 그러나 하나님께서 이 죄인을 위해 큰 사랑과 은혜를 베푸셨음을 제대로 믿는 사람이라면 결코 그럴 수 없습니다. 방종한 삶을 살다니 스스로도 용납할 수 없는 일입니다. "믿음은 율법을 굳게 세우느니라."

그런데 어느 날 무슨 일로 인해 잠시 은혜를 잃어 버리면 사람은 다시 율법적으로 돌아서게 됩니다. 그래서 유대인처럼 위선과 거짓에 가득 찬 삶을 살게 됩니다. 그러므로 은혜를 지속적으로 붙잡는 것이 중요합니다. 즉 믿음의 계속성이 중요합니다. 한때는 믿음으로 살았는데 언제부터인지 믿음을 잃게 되어 율법적으로 살아갈 때 기쁨은 사라지고 가슴은 답답함으로 가득 찹니다. 매사에 안개 속을 헤매는 것 같고 혼돈스럽습니다. 무미건조한 삶을 삽니다.

교회 안에 이런 사람들이 의외로 많습니다. 치료책이 무엇입니까? 참 믿음을 갖는 것입니다. 그래서 4장에서 믿음에 대해 자세히 얘기했습니다. 참 믿음은 은혜 충만합니다. 기쁨이 넘칩니다. 그리스도의 생명력이 넘칩니다. "믿음은 율법을 굳게 세우느니라." 그렇습니다. 참 믿음은 율법을 굳게 세웁니다.

다시 한 번 말씀을 묵상해 봅니다.

로마서 1장 17절에서 선포된 것처럼, 하나님의 의는 하나님께서 인간에게 주시는 의입니다. 예수 그리스도의 십자가 죽음으로 이루어진 의를 믿는 자에게 주시는 의입니다. 하나님의 의는 여러 가지로 설명할 수 있습니다.

하나님과의 관계로 설명할 수 있습니다. 죄는 하나님과의 관계를 파괴했지만 의는 하나님과의 관계를 회복시킵니다. 그리스도의 십자가 죽음으로 하나님과 인간 사이에 정상적인 관계를 회복할 수 있는 길이 나타났습니다.

하나님의 의는 죄인을 의롭게 해주는 법적 지위입니다. 죄인은 죄로 말미암아 하나님 앞에 설 수 있는 법적 지위를 상실했습니다. 그런데 그리스도의 십자가 죽음으로 죄인이 용서받고 법적 지위를 얻을 수 있는 길이 나타났습니다.

하나님의 의는 의롭게 살아갈 힘입니다. 죄를 지은 인간은 자기 죄로 인해 하나님이 무섭기만 하고 하나님께서 가르쳐 주신 길이 무거운 멍에로만 느껴집니다. 그런데 그리스도의 십자가의 용서와 사랑은 죄인의 마음을 완전히 녹여 버립니다. 사랑을 알게 하고 눈물의 감동을 일으킵니다. 그 은혜와 사랑으로 새 힘을 얻어 하나님을 사랑하게 되고 하나님께서 가르쳐 주신 길이 생명 길임을 알게 됩니다. 하나님께서 가르쳐 주신 길 곧 율법을 즐거이 행하게 됩니다. 그래서 의로운 새 삶을 살게 됩니다.

하나님의 의는 하나님 형상의 회복입니다. 원래 인간은 하나님의 형상대로 창조되어 하나님과 교제할 뿐만 아니라 하나님의 뜻을 기쁘게 행하며 살 능력이 있었지만 죄로 인해 하나님의 형상을 잃어버렸습니다. 하나님에 대한 바른 지식도 잃어 버렸고 거룩함도, 의로움도 잃어 버려 하나님이 부담스럽고 멀게만 느껴지게 되었습니다. 그래서 하나님을 자꾸 피하고 말았습니다. 그런데 하나님의 의, 곧 예수 그리스도의 죽음으로 말미암아 깨진 관계가 회복되었습니다. 하나님의 사랑에 감동하여 하나님께 가까이 나아가고 그분과 교제하게 되었습니다. 하나님의 형상을 회복하고 하나님의 뜻을 기쁘게 행하게 되었습니다.

이러한 하나님의 의를 받는 길은 '오직 믿음' 입니다. 믿음은 행위가 아닙니다. 그저 '겸손히 받는 것' 입니다. 믿음은 구원이 전적으로 하나님께서 행하신 일이고 나는 그저 겸손히 받았을 뿐임을 인정하는 태도입니다. 믿음은 나에 대한 의존도를 완전히 없애고 하나님에 대한 의존도를 절대적으로 높이는 자세입니다. 그래서 완전한 하나님의 은혜에 깊이 감동할 수 있는 것입니다.

'오직' 이란 다른 길은 없으며 단 하나뿐임을 가리키는 말입니다. 즉 사람이 의롭다함을 받는 길은 오직 예수 그리스도를 믿는 길뿐이라는 말입니다. 믿음은 무엇입니까? 믿음이란 무턱대고 믿는 것이 아니라 하나님의 계시를 나를 위해 허락하신 특별한 계시로 받아들이는 것입니다. 하나님의 놀라운 구원의 은혜를 내 것으로 받아들이는 것입니다. 성경은 믿음을 매우 강조하고 있습니다. 믿음이 없으면 하나님의 은혜가 내게 효력을 낼 수 없기 때문입니다.

믿음은 하나님의 객관적 구원의 사건을 나의 주관적 구원의 사건으로 만들어 줍니다. 믿음이 있어야 합니다. 믿음은 하나님의 은혜에 전폭적으로 나 자신을 맡기는 것입니다. 믿음은 나를 내세우기보다 나 자신을 버리는 것입니다. 믿음은 나를 자랑하기보다 오직 주님만을 자랑하는 것입니다. 주님만 자랑하고 주님만 신뢰할 때 내 안에 하나님의 은혜가 가득 차게 됩니다.

하나님께서는 온 인류에게 이 구원을 주시려고 믿음의 법을 세우셨습니다. 이 믿음의 법은 율법에 반하는 것이 아니라 도리어 율법을 완성하는 것입니다. 그래서 온전한 하나님 자녀의 형상을 회복해 하나님께 영광을 돌릴 수 있습니다.

인류의 구세주, 하나님께서 보내신 메시아, 예수님을 믿으십시오. 진정으로 믿으십시오. 그러면 놀라운 하나님의 구원을 받게 됩니다. 하나님의 의를 얻게 됩니다. 하나님의 형상을 회복하게 됩니다. 그 귀한 믿음을 가져서 하나님의 은혜가 충만하시기를 바랍니다. 하나님의 형상을 회복하고 영광의 삶을 사시기 바랍니다.

Chapter 09 믿음으로 의롭게 됨

로마서 4:1-25

1 그런즉 육신으로 우리 조상인 아브라함이 무엇을 얻었다 하리요

2 만일 아브라함이 행위로써 의롭다하심을 받았으면 자랑할 것이 있으려니와 하나님 앞에
서는 없느니라

3 성경이 무엇을 말하느냐 아브라함이 하나님을 믿으매 그것이 그에게 의로 여겨진 바 되
었느니라

4 일하는 자에게는 그 삯이 은혜로 여겨지지 아니하고 보수로 여겨지거니와

5 일을 아니할지라도 경건하지 아니한 자를 의롭다하시는 이를 믿는 자에게는 그의 믿음을
의로 여기시나니

6 일한 것이 없이 하나님께 의로 여기심을 받는 사람의 복에 대하여 다윗이 말한 바

7 불법이 사함을 받고 죄가 가리어짐을 받는 사람들은 복이 있고

8 주께서 그 죄를 인정하지 아니하실 사람은 복이 있도다 함과 같으니라

9 그런즉 이 복이 할례자에게냐 혹은 무할례자에게도냐 무릇 우리가 말하기를 아브라함에
게는 그 믿음이 의로 여겨졌다 하노라

10 그런즉 그것이 어떻게 여겨졌느냐 할례시냐 무할례시냐 할례시가 아니요 무할례시니라

11 그가 할례의 표를 받은 것은 무할례시에 믿음으로 된 의를 인친 것이니 이는 무할례자로
서 믿는 모든 자의 조상이 되어 그들도 의로 여기심을 얻게 하려 하심이라

12 또한 할례자의 조상이 되었나니 곧 할례 받을 자에게뿐 아니라 우리 조상 아브라함이 무
할례시에 가졌던 믿음의 자취를 따르는 자들에게도 그러하니라

13 아브라함이나 그 후손에게 세상의 상속자가 되리라고 하신 언약은 율법으로 말미암은
것이 아니요 오직 믿음의 의로 말미암은 것이니라

14 만일 율법에 속한 자들이 상속자이면 믿음은 헛것이 되고 약속은 파기되었느니라

15 율법은 진노를 이루게 하나니 율법이 없는 곳에는 범법도 없느니라

16 그러므로 상속자가 되는 그것이 은혜에 속하기 위하여 믿음으로 되나니 이는 그 약속을
그 모든 후손에게 굳게 하려 하심이라 율법에 속한 자에게뿐만 아니라 아브라함의 믿음
에 속한 자에게도 그러하니 아브라함은 우리 모든 사람의 조상이라

17 기록된 바 내가 너를 많은 민족의 조상으로 세웠다 하심과 같으니 그가 믿은 바 하나님
은 죽은 자를 살리시며 없는 것을 있는 것으로 부르시는 이시니라

18 아브라함이 바랄 수 없는 중에 바라고 믿었으니 이는 네 후손이 이같으리라 하신 말씀대
로 많은 민족의 조상이 되게 하려 하심이라

19 그가 백 세나 되어 자기 몸이 죽은 것 같고 사라의 태가 죽은 것 같음을 알고도 믿음이
약하여지지 아니하고

20 믿음이 없어 하나님의 약속을 의심하지 않고 믿음으로 견고하여져서 하나님께 영광을
돌리며

21 약속하신 그것을 또한 능히 이루실 줄을 확신했으니

22 그러므로 그것이 그에게 의로 여겨졌느니라

23 그에게 의로 여겨졌다 기록된 것은 아브라함만 위한 것이 아니요

24 의로 여기심을 받을 우리도 위함이니 곧 예수 우리 주를 죽은 자 가운데서 살리신 이를
믿는 자니라

25 예수는 우리가 범죄한 것 때문에 내줌이 되고 또한 우리를 의롭다하시기 위하여 살아나
셨느니라

주해 (註解)

'행위와 믿음' (2-4절)

바울 사도는 사람의 행위로는 의롭다함을 얻을 수 없으며 오직 믿음으로만 의롭다함을 얻을 수 있다는 사실을 계속해서 강조하고 있습니다. 다른 모든 종교와 사상, 도덕은 인간의 행위를 강조합니다. 자기의 노력과 수양, 선행, 공로로 완전함에 도달하려는 것이 인간의 일반적인 모습입니다. 그러나 바울 사도는 사람의

노력으로 완전해질 수 없음을 이미 1장 18절에서 3장 20절까지의 본문에서 상세히 다루었습니다. 그리고 3장 23절에서 "모든 사람이 죄를 범하였으매 하나님의 영광에 이르지 못하더니"라고 못박았습니다. 사람의 행위로는 의롭다고 할 육체가 없습니다. 인간은 근본적으로 타락한 죄성을 가지고 있기 때문입니다. 또한 비록 사람의 판단으로는 선해 보일지라도 하나님의 판단으로는 악하기 때문입니다. 중요한 것은 하나님의 판단입니다. 완전하신 하나님에게 인간은 불완전할 수밖에 없고 결코 의로울 수 없습니다. 그럼에도 인간은 결국 실패할 수밖에 없는 노력을 계속하고 있습니다.

이러한 인간들에게 기쁜 소식, 복음이 울려퍼졌습니다. 인간이 의로워질 수 있는 길을 하나님께서 친히 만드신 것입니다. 완전함에 이르는 길을 여시고 그 길로 인간을 초대하셨습니다. 이것이 은혜입니다. 인간은 그 은혜를 겸손히 받아들이기만 하면 됩니다. 이것이 믿음입니다. 알지 못하는 것을 무턱대고 수용하는 것은 결코 믿음이 아닙니다. 하나님께서 행하신 구원 사건을 나의 것으로 받아들이는 것이 믿음입니다. 의로워지는 것은 인간 스스로의 힘으로는 불가능하지만 하나님의 능력으로 가능합니다. 그러면 믿는 자는 더 이상 아무 행위도 필요가 없습니까? 그렇지 않습니다. 하나님의 은혜 속에서 하나님의 인도하심에 따라서 겸손히 순종하며 살아야 합니다.

그렇다면 앞의 행위와 뒤의 순종은 어떻게 다릅니까? 앞의 행위는 하나님 없이 자기를 절대시하는 가운데 내가 주도적으로 행하는 자력 구원의 노력이며, 뒤의 순종은 하나님과 하나님의 은혜를 절대시하며 하나님의 은혜가 온전히 내 안에 이루어지도록 하나님께서 주도적으로 하시는 일에 협력 내지 순종하는 것입니다. 하나님께 믿음으로 순종하고 협력하면 하나님께서 인간을 완전한 구원으로 인도하십니다.

Exegesis

'믿는 모든 자의 조상' (11, 16절)

아브라함을 믿음의 조상이라고 합니다. 아브라함의 믿음이 어떠해서 그가 믿음의 조상이 된 것입니까? 아브라함은 다음과 같은 믿음을 가졌습니다. 첫째, 자기 형편보다도 하나님의 약속을 더욱 붙들고 믿었습니다. 즉 자기를 버리고 하나님을 의지했습니다(3-4절). 둘째, 부활의 하나님, 창조주 하나님을 믿었습니다(17절). 셋째, 바랄 수 없는 중에도 하나님의 약속을 액면 그대로 믿었습니다(18절). 넷째, 자신과 아내에게 더 이상 생식 능력이 없음을 알고도 자식을 주리라는 하나님의 약속을 믿었습니다(19-21절). 다섯째, 자기를 완전히 포기하고 하나님을 절대적으로 신뢰하는 믿음의 본을 남겼습니다.

하나님께서는 아브라함의 이 믿음을, 장차 보내실 예수 그리스도 안에 있는 구원을 자기의 구원으로 받아들일 수 있는 믿음으로 보셨습니다. 이러한 하나님에 대한 절대적 믿음과 순종이 있을 때 하나님께서는 아브라함뿐만 아니라 아브라함 같은 모든 신자들을 완전한 새 인간으로 변화시키실 것을 내다보셨습니다. 그 믿음으로 장차 완전한 의를 얻을 것입니다. 하나님께서는 아브라함의 믿음을 의로 여기셨습니다. 의롭다함을 얻은 믿음을 소유한 아브라함은 장차 나타날 영원한 하나님의 백성들의 모습이었습니다.

진실한 하나님의 백성들은 누구나 아브라함처럼 자기를 완전히 포기하고 하나님의 은혜를 절대적으로 의지하고 순종합니다. 이 믿음이 영원한 하나님의 백성들이 갖추어야 하는 가장 근본적인 요소입니다. 그 믿음의 본보기를 처음으로 보여 주었으니 아브라함이야말로 믿음의 조상이라 불리는 것이 합당합니다.

믿음으로 의롭게 됨 (로마서 4:1-25)

"일을 아니할지라도 경건하지 아니한 자를 의롭다하시는 이를 믿는 자에게는 그의 믿음을 의로 여기시나니"(5절).

창조주 하나님께서 독생자 예수 그리스도를 보내어 인류를 구원하셨습니다. 얼마나 놀라운 하나님의 은혜입니까? 이것처럼 기쁜 일은 없습니다. 그런데 인간들은 왜 이 은혜를 받지 못합니까? 믿음이 없기 때문입니다. 믿음이 없어서 하나님의 그 큰 은혜를 누리지 못하고 있습니다. 하나님의 구원의 은혜를 나의 것으로 받아 누리려면 믿음이 있어야 합니다. "오직 의인은 믿음으로 살리라!"

하나님의 구원과 믿음, 즉 하나님의 은혜와 믿음은 떼려야 뗄 수 없는 관계입니다. 방송국과 TV 사이 같습니다. 방송국에서 아무리 유익한 프로그램을 제작해도 TV 수상기가 없으면 볼 수 없는 것과 같습니다. 그러므로 하나님께서 죄인들을 당신의 자녀로 삼으려고 행하신 구원의 은혜를 소유하려면 반드시 믿음이 있어야 합니다. "오직 의인은 믿음으로 살리라!"

믿음이란 무엇입니까? 아무것이나 무턱대고 받아들이는 것은 믿음이 아닙니다. 완전하신 하나님과 그 하나님께서 행하신 구원 사건을 나의 것으로 받아들이는 것이 믿음입니다. 창조주 하나님께서 독생자 예수 그리스도를 화목제물로 내주고 영원한 속죄를 이루셨음을 겸손히 인정하는 것이 믿음입니다. 그래서 나의 죄가 용서받았음을 확신하는 것입니다. 예수님을 구세주로 영접함으로 내가 의롭다함을 받았음을 확신하는 것입니다. 즉 예수님께서 십자가에서 피 흘리고 죽으심으로 나의 모든 죄가 씻기고 무죄 석방을 받았으며 그 결과로 하나님의 자녀가 되었음을 단순하게 믿는 것입니다. 정말로 단순히 그 사실을 믿으면 놀라운 은혜가 임합니다. 기쁨이 샘솟습니다. 마음에 평안이 옵니다.

그런데 사람들이 왜 그 단순한 믿음을 갖지 못합니까? 행위, 곧 자기 공로를 의지하기 때문입니다. 육체에 행한 할례를 의지하기 때문입니다. 또한 율법을 의존하기 때문입니다. 그래서 하나님께서는 바울을 통해 복음의 진리를 가르쳐 주십니다. 아브라함의 믿음을 통해 깨우쳐 줍니다. '공로' 가 아닌 '믿음' (1-8절), '할례' 가 아닌 '믿음' (9-12절), '율법' 이 아닌 '믿음' (13-29절)을 가르쳐 주십니다. 그리고 아브라함의 믿음이 오늘날 크리스천들의 믿음과 어떻게 연결되는지(17-25절) 설명해 줍니다. 이 '믿음의 법' 을 잘 깨달아 충만한 은혜를 누리시기 바랍니다.

이신칭의는 성경의 진리다(3절)

'이신칭의'[107]는 성경의 진리입니다. 하나님께서 세우신 하나님의 진리입니다. 바울 사도는 믿음의 법을 설명하면서 아브라함의

107) 이신칭의(以信稱義)란 믿음으로 의롭다함을 말한다. 이신칭의는 바울이 고안해낸 진리가 아니라 하나님께서 이미 아브라함을 통해 보여 주셨던 진리다. 단지 바울 사도가 발견해 증명한 것이다.

믿음을 실례로 설명합니다.

> 성경이 무엇을 말하느냐 아브라함이 하나님을 믿으매 그것이 그에게 의로 여겨진 바 되었느니라(3절).[108]

아브라함의 믿음을 예로 설명하는 이유는, 먼저 이 믿음의 법이 사람이 고안해 낸 것이 아니라 하나님께서 제정하신 원리임을 강조하기 위함입니다. 이 사실은 성경에 이미 기록되어 있습니다. 이 '이신칭의' 의 원리는 모든 인류가 따라야 할, 하나님께서 세우신 진리입니다.

'이신칭의' 가 하나님께서 세우신 진리라는 사실이 중요한 이유는 이것이 가지고 있는 보편성, 영원성, 그리고 능력성 때문입니다. 하나님께서 세우셨기에 어느 특정 민족에게만 국한되지 않고 모든 민족을 포괄합니다. 영원하신 하나님께서 세우신 진리이기에 영원토록 불변하는 진리입니다. 한 시대에만 적용되고 다음 세대에는 무효화되는 한시적인 진리가 아니라 시대를 초월하는 영원한 진리입니다.

또한 하나님께서 세우셨다는 사실에서 그 진리가 발휘하는 능력을 예상할 수 있습니다. 능력은 오직 전능하신 하나님으로부터 나옵니다. 그러므로 믿는 자를 의로 여겨 주시겠다는 그 약속이 실제로 죄인을 의롭게 할 수 있는 것입니다. 예수님을 믿는 자를 의롭게 하겠다는 약속이 사람으로부터 나왔다면 그렇지 않았을 것입니다.

---

108) 창세기 15:6. "아브람이 여호와를 믿으니 여호와께서 이를 그의 의로 여기시고."

그러나 하나님께서 제정하신 법이기에 실제로 그렇게 됩니다. 하나님께서 하신 일을 감히 누가 막거나 변경할 수 있습니까? 그러므로 이신칭의의 진리가 성경의 진리라는 사실은 매우 중요합니다.

바울 사도가 아브라함의 믿음을 예로 들어 믿음의 법을 설명하는 이유는 믿음은 이론이나 원리라기보다 실제적인 것임을 강조하기 위해서입니다. 믿음은 상상이나 생각이 아닙니다. 어떤 이론을 받아들이는 것도 아닙니다. 믿음은 실제로 믿는 것입니다.

이론과 실제는 어떻게 다릅니까? 요리를 예로 들어봅시다. 책에 실린 갈비구이 사진과 조리법을 보면서 매우 맛있을 것이라고 상상하는 것은 실제가 아닙니다. 이론입니다. 직접 갈비를 조리해 구이를 만들어 먹으면서 맛있다고 느끼는 것이 실제입니다. 아브라함도 하나님의 약속을 이론적으로 이해한 것이 아닙니다. 꿈을 꾸거나 상상한 것도 아닙니다. 아브라함은 하나님의 약속을 실제로 믿고 그 믿음대로 살았습니다.

하나님께서 나를 구원하기 위해 행하신 일도 마찬가지입니다. 그것을 원리나 이론으로 받아들일 게 아니라 실제로 믿어야 합니다. 예수 그리스도가 나를 위해 십자가에서 피 흘려 죽으셨음을 실제로 믿으시기 바랍니다. 분석하고 공부하고 이해하는 데서 그치지 말고 실제로 믿고 그대로 사시기 바랍니다. 창조주 하나님께서 나를 위해 그 엄청난 일을 하셨음을 실제로 믿을 때 형언할 수 없는 감격이 옵니다.

"오, 창조주 하나님! 위대하신 하나님께서 저 같은 미천한 자를 구원하려고 예수 그리스도를 보내셨단 말입니까? 귀하고 귀한 외아들을 십자가에 죽게 하셨단 말입니까? 이 죄인을 살게 하시려고 예수님을 사흘째 되던 날에 부활시키셨습니까? 참으로 감사드립니다. 믿습니다. 하나님의 구원을 믿습니다. 진실로 하나님께서 보내신 나의 구주 예수님을 믿습니다. 창조주 하나님께 영광! 구원의 하나님께 영광! 영원토록 영광을 받으옵소서!"

<u>행위(자기 공로)가 아니라 믿음으로 의롭다함을 받음(1-8절)</u>

믿음은 하나님의 구원의 은혜를 나의 것이 되게 합니다. 하나님의 구원이 내 안에서 효력을 발생하게 합니다. 믿음으로 말미암아 나는 죄에서 해방되어 자유인이 됩니다. 하나님의 자녀가 됩니다. 이렇게 좋은 믿음을 갖지 않는 것이 오히려 이상한 일입니다. 왜 사람들은 믿음을 갖지 않습니까?

사람들이 믿음을 갖지 못하는 이유

하나님의 은혜로 구원을 받기 위해 절대적으로 필요한 것은 '믿음' 임을 앞서 살펴보았습니다. 믿음으로 의롭게 되는 이 진리에 가장 큰 걸림돌은 자기 공로로 구원을 이루겠다는 사상입니다. 실제로 하나님의 복음을 말하지 않는 모든 종교는 자기 공로로 구원을 이룰 수 있다고 가르칩니다. 심지어 은혜로 부르심을 받은 사람들조차 자기도 모르는 사이에 '은혜' 보다 '자기 공로' 를 더 의지하고 살기도 합니다.

인간은 죄를 짓고 하나님을 떠나 살면서 자기중심적이 되고 말았습니다. 체질적으로 자기 자신만 의지하도록 변해 버렸습니다. 생각, 감정, 행동의 모든 기준이 자기 자신이 되고 말았습니다. 이런 사람들은 하나님께서 은혜로 나를 구원해 주셨다는 사실을 실감하지 못합니다. 무등산 꼭대기의 서석대[109]에 올라가 100일 동안 기도하고 나서 구원을 받았다고 하면 차라리 확신을 가질 것입니다.

사람들은 하나님보다 자기를 더 의지하고 있어 믿음을 가지기가 참 어렵습니다. 자기 공로를 쌓는 데만 정신이 팔려 있습니다. 하나님께서 엄청난 희생을 치러 나를 구원해 주셨다고 해도 별로 관심을 두지 않습니다. 내가 열심히 노력해서 구원 얻는 것을 더 자랑스럽게 여깁니다. 하나님의 구원을 크게 생각하고 자기가 한 일을 작게 여겨야 할 터인데 그 반대로 행동합니다. 그러니 하나님의 구원은 관심 밖에 있고 오직 자기가 행한 일만 큰 관심거리입니다.

이것이 바로 죄인의 모습입니다. 자기 노력으로는 구원을 얻을 수 없음에도 불구하고 인간은 그런 시도를 결코 포기하지 않습니다. 다른 모든 세속 종교인들이 그렇게 살아가고 있습니다. 유대인들도 마찬가지입니다. 결국 모두들 구원을 얻는 데 실패합니다.

[표 2]를 보십시오. 하나님 중심의 사람은 자기 공로보다 하나님의 은혜를 더 소중히 여깁니다. 하나님의 은혜를 겸손히 믿습니다. 마음 깊은 곳에 하나님을 의지하고 있기 때문입니다. 하나님의 은혜를 붙들고 있기 때문에 감사와 기쁨이 넘칩니다. 감사와 기쁨은 위대한 삶을 살 수 있는 원동력이 됩니다. 그러나 자기중심적인 죄인들은 하나님의 은혜보다도 자기 공로를 더 의지합니다. 마음 깊

109) 광주광역시 인근의 1,187미터 산 정상에 있는 거대한 바위. 세속 종교인들은 이곳에 와서 촛불을 켜고 소원을 빌기도 한다.

하나님 중심	하나님 은혜	하나님 의지(믿음)	감사
자기 중심	자기 공로(행위)	자기 의지(노력)	자기 자랑

[표 2] 행위(자기 공로)와 믿음

은 곳에 자기 영광을 추구하려는 의지가 가득차 있어 자기를 포기하지 못합니다. 엄청난 열심으로 갖은 수고를 기울이지만 결국은 물거품뿐임을 고생을 겪을 만큼 겪고 나서야 깨닫습니다.

아브라함의 믿음

그런데 아브라함은 어땠습니까? 아브라함이 의롭게 여김을 받은 근거는 그의 행위 때문이었습니까? 아닙니다. 아브라함은 아무 일도 하지 않았습니다. 어떤 수고도 하지 않았습니다. 단지 믿고 순종했습니다. 그런데 하나님께서는 그의 믿음을 보시고 그것을 그의 의로 여기셨습니다.

창세기 15장 1-6절을 보면 아브라함의 믿음이 어땠는지 알 수 있습니다. 아브라함은 조카 롯을 구하기 위해 여러 족속의 연합군과 전쟁을 벌였습니다. 조카 롯을 구하긴 했지만 심히 두려웠습니다. 전쟁까지 벌였으니 훗날이 두려웠습니다. 여러 족속의 왕들이 군사를 이끌고 쳐들어와 자기를 죽일지도 모른다는 두려움에 사로잡혔습니다. 소돔 왕의 뇌물을 거절한 후라 피해의식도 있었습니다. 아브라함의 마음에 평안이 없었습니다.

하나님께서 불안에 떨고 있는 아브라함에게 나타나 말씀하셨습니다. "아브람아 두려워하지 말라 나는 네 방패요 너의 지극히 큰 상급이니라."[110] 그러나 아브라함의 고민은 사라지지 않았습니다. 하나님께서 자기에게 무엇을 주시려 하느냐고 따졌습니다. 너무 힘든 상황이라 그 전에 주셨던 하나님의 약속을 잊어 버리고 말았던 것입니다. 하나님께서는 아브라함에게 약속의 말씀을 해주셨습니다. "네 몸에서 날 자가 네 상속자가 되리라." 그러고는 아브라함을 밖으로 데리고 나가 또 말씀하셨습니다. "하늘을 우러러 뭇별을 셀 수 있나 보라… 네 자손이 이와 같으리라." 아브라함은 하나님의 약속을 믿었습니다. 그때 하나님께서 "합격!" "됐다!" "의롭다!"고 그 믿음을 의로 여기셨습니다. 즉 '의롭다함'을 주셨습니다.

아브라함은 급박한 자기 형편을 뒤로하고 하나님의 약속을 먼저 믿었습니다. 자기 생각을 내려놓고 하나님의 말씀을 붙잡았습니다. 자기를 절대시하기보다 하나님을 절대시했습니다. 이것이 바로 믿음입니다. 자기를 의지하지 않고 하나님을 의지하는 것이 믿음입니다. 내 생각과 주장도 많지만 다 내려놓고 하나님의 약속을 순수하게 믿는 것입니다.

아브라함은 잘한 것이 아무것도 없었지만 하나님께서 그를 의롭다고 여겨 주셨습니다. 참 믿음은 의로움으로 가는 문입니다. 자기 형편이나 자기 생각이나 주장을 내려놓고 하나님의 약속을 최우선으로 붙잡는 것이야말로 구원받을 만한 믿음입니다. 하나님은 아브

110) 창세기 15:1.

라함에게 필요한 것을 모두 주실 뿐만 아니라 원수처럼 갈라진 관계 문제, 먹고사는 경제 문제, 대를 잇는 후사 문제 등을 몸소 해결해 주실 만큼 능력이 많으신 분입니다. 그런데 정작 사람들은 믿음이 없어 그런 하나님을 외면하고 말았습니다. 그런데 아브라함이 하나님의 약속을 믿음으로 모든 문제를 해결 받을 길을 연 것입니다.

정말 중요한 것은 그 믿음이 바로 영원한 하나님의 구원을 받을 그릇이라는 사실입니다. 하나님의 약속을 절대적인 것으로 받아들이는 믿음이 있다면 장차 예수 그리스도를 통한 구원을 받을 수 있다는 것입니다. 하나님의 구원을 받을 그릇은 아브라함과 같은 '믿음' 입니다. 아브라함 같은 믿음의 자세로 복음을 받는다면 그 사람은 죄 사함을 받고 자유함을 얻을 것이며, 하나님의 자녀로서 영광을 누리고 하나님의 형상을 회복할 뿐만 아니라 마침내 의에 도달할 수 있습니다. 하나님의 약속을 절대적으로 믿는 믿음이야말로 의롭다함을 받을 그릇임을 하나님은 아브라함의 믿음을 통해 온 천하에 공포하셨습니다.

전능하신 하나님께서는 인간의 일보다는 인간과의 관계를 중요하게 여기십니다. 그러므로 하나님에 대한 우리의 절대적 신뢰, 곧 믿음이 중요합니다. 하나님의 약속을 절대적으로 받아들일 믿음이 있다면 하나님께서는 우리를 완전히 새사람으로 만들어 하나님의 형상으로 회복시키실 것입니다. 하나님께서 원하시는 완전한 의에 도달하도록 이끄실 것입니다. 하나님에 대한 절대적 신뢰와 절대적 순종이 있다면 하나님께서 우리를 완전히 구원하실 것입니다. 그토록 고대하시던 '믿음' 을 아브라함에게서 보셨을 때 하나님께서는 몹시 기뻐하셨습니다.

다윗의 믿음

아브라함과 같은 '믿음' 을 다윗에게서도 볼 수 있습니다. 다윗은 거저 주시는 하나님의 은혜를 노래했습니다. 믿음은 자기가 수고한 일의 삯을 받는 것이 아니라 은혜 곧 선물을 거저 받는 것입니다. 그렇기 때문에 믿음으로 사는 자는 자랑할 게 없습니다. 감사할 따름입니다. 그러나 일의 삯으로 받는 자는 이것을 은혜 곧 '선물' 로 여기지 않고 당연히 받을 '보수' 로 여깁니다. 그러니 감사하기보다 자랑이 먼저 나옵니다. "내가 열심히 수고해서 이렇게 보수를 받았다!"

믿음으로 사는 자는 자랑할 것이 없습니다. 은혜 곧 선물을 받은 자에게 자랑할 것이 뭐가 있겠습니까? 자랑할 것이 있다면 선물을 주신 그분을 오직 자랑할 뿐입니다. 일하지 않은 자에게 열심히 일한 사람과 똑같이 보수를 주는 것은 경건하지 않은 죄인을 의롭다고 여겨 주시는 것과 똑같습니다. 하나님 앞에 부끄러운 죄인을 의롭다고 여겨 주시니 그것이 감사할 따름입니다.

다윗은 일한 것 없이 하나님께 의로 여기심을 받는 사람의 복에 대해 고백했습니다.

> 불법이 사함을 받고 죄가 가리어짐을 받는 사람들은 복이 있고 주께서 그 죄를 인정하지 아니하실 사람은 복이 있도다(7-8절).[111]

다윗은 간음죄와 살인죄를 저질렀습니다. 하나님의 큰 은혜를 입

---

111) 시편 32:1, 2.

은 자가 죄를 지었으므로 그 죄는 매우 중했습니다. 그러나 다윗은 곧 회개했습니다. 하나님께서는 용서를 베푸셨고 다윗은 하나님의 용서를 믿었습니다. 자기의 무거운 죄에 붙들려 있지 않고, 용서하시는 하나님의 은혜를 붙들었습니다. 내 죄가 아무리 흉악하고 크다고 한들 하나님의 은혜에 비하면 지극히 작습니다. 다윗은 자기 죄가 심히 무겁고 부끄러웠지만 하나님의 은혜를 덧입어 죄를 털어버리고 일어났습니다. 불법을 용서받은 은혜를 믿고 감사했습니다. 경건치 않은 자를 의롭다고 하시는 하나님의 용서를 믿었습니다. 자기 죄를 상대화하고 하나님의 은혜를 절대시했습니다.

그런데 많은 사람들이 다윗 같은 믿음을 갖지 못합니다. 하나님께서 용서해 주셨는데도 하나님의 은혜를 붙들지 않고 여전히 자기 죄를 붙들고 있습니다. 자기 감정을 하나님의 은혜보다 더 앞세웁니다. 흉악한 나의 죄, 부끄러운 나의 죄를 부둥켜안고 놓을 줄 모릅니다. 이런 모습은 참 안타깝습니다.

할머니가 무거운 보따리를 머리에 이고 길을 걷고 있었습니다. 차를 타고 그 길을 지나던 어떤 목사가 차를 세워 할머니를 태워 드렸습니다. 그런데 한참을 달렸는데도 할머니는 무거운 보따리를 여전히 머리에 이고 앉아 있었습니다. 목사는 할머니에게 말했습니다. “할머니, 보따리는 옆에 내려놓으세요. 무거운데 왜 머리에 이고 계세요?” 그러자 할머니가 대답했습니다. “차를 태워 준 것도 고마운데 어떻게 보따리까지 내려놓을 수 있나요?”

차에 올라탄 후에도 여전히 무거운 보따리를 머리에 이고 가는 할머니 같은 신자들이 얼마나 많습니까? 하나님을 믿게 된 것도 고마운데 내 더러운 죄까지 해결해 달라는 게 염치없다며 죄를 끌어

안고 사는 사람들입니다. 그들은 무거운 짐을 혼자서 지고 있습니다. 여전히 어두운 얼굴로 괴로워하며 삽니다.

사랑하는 형제여! 죄의 보따리를 내려놓으십시오. 십자가 앞에 모든 더러운 죄를 내려놓으시기 바랍니다. 하나님께서 우리를 부르실 때는 우리의 죄 문제를 모두 해결하려고 부르셨습니다. 하나님께서는 우리의 죄를 낱낱이 아실 뿐만 아니라 그리스도의 피로 깨끗이 해주십니다. 하나님의 죄 사함을 받아들이시기 바랍니다. 무거운 죄의 짐을 내려놓고 주님의 품에 안겨 진정한 자유함을 경험하기 바랍니다. 그러면 깊은 죄의 감옥에서 빠져나와 자유의 공기를 마시며 마음껏 활보할 수 있게 될 것입니다.

다윗이 그랬습니다. 다윗은 믿음이 있었습니다. 하나님의 죄 사함의 은혜를 붙들고 일어섰습니다. 자기 죄가 너무 부끄럽고 아팠지만 결코 절대시하지 않았습니다. 하나님의 은혜를 절대시했습니다. 하나님의 사랑을 붙들었을 때 죄 사함의 행복을 깨달았습니다. 날마다 그 행복을 노래했습니다. 믿음이 얼마나 고귀합니까? 그 믿음을 소유하고 사시기 바랍니다.

할례가 아니라 믿음으로 의롭게 됨(9-12절)

하나님의 백성인 유대인들이 그리스도를 믿지 못했다니 놀라지 않을 수 없습니다. 바울 사도는 로마서에서 유대인의 영적 고질병을 아주 심도 있게 다룹니다. 유대인의 문제는 단지 유대인의 문제로만 그치지 않습니다. 예수님을 믿고 교회에 출석하는 신자들 중에도 유대인들과 같은 전철을 밟는 사람들이 많습니다. 그래서 유대인 문제를 매우 비중 있게 다루는 것입니다. 이 본문은 한편으로는 "유대인들은 왜 예수님을 믿지 않습니까?" 에 대한 답변이며, 또 다른 한편으로는 "왜 신자들도 저 모양입니까?" 하는 질문에 대한 답변입니다.

할례와 믿음

왜 갑자기 할례 이야기가 나옵니까? 유대인들은 율법과 할례를 아주 귀한 것으로 여겼습니다. 거의 절대적인 것으로 간주했습니다. 유대인들은 할례를 받았으므로 이미 구원을 받았고 다른 식의 구원은 필요없다는 태도를 보였습니다. 복음을 믿어야 죄 사함을 받고 구원을 받는다는 말을 아예 외면한 이유도 이 때문이었습니다. 할례 문제가 그들에게는 믿음을 갖는 데 오히려 장애물이 되었습니다.

할례가 무엇입니까? 할례는 하나님의 백성이라는 언약의 징표로 남자의 생식기에 흔적을 남기는 예식입니다. 유대인들은 할례를 생각할 때마다 "우리는 하나님께서 택한 백성이다. 언약을 받은 백성이다"라는 자부심을 가졌습니다. 그러나 결과적으로 이것 때문에 하나님의 구원을 거절하고 말았습니다. 할례는 단지 하나님의 언약을 믿음으로 얻게 된 징표라는 사실을 깨닫지 못한 것입니다.

할례를 받았느냐의 여부가 중요한 것이 아니라 할례가 의미하는 바, 곧 하나님의 언약에 대한 믿음을 소유했느냐가 중요합니다. 언약에 대한 믿음 없이 할례를 받았다면 그 할례는 아무 소용없습니다. 할례는 다만 언약을 믿는 자에게 주는 표이기 때문입니다. 명문

대학교의 배지도 그 학교를 다닐 때에나 가치가 있지, 퇴학을 당하고 나서도 여전히 배지를 달고 다닌다면 웃음거리가 될 뿐입니다. 유대인들의 오류가 그것이었습니다. 그래서 바울 사도는 아브라함의 예를 들어 이 사실을 깨우치고 있습니다.

아브라함의 할례와 믿음

아브라함이 믿음으로 의롭다함을 받은 때가 할례를 받은 후였습니까 받기 전이었습니까? 받기 전이었습니다. 믿음으로 의롭다함을 받은 사건은 창세기 15장에서 일어났고, 아브라함이 할례를 받은 사건은 창세기 17장에서 일어납니다. 아브라함이 할례를 받은 것은 할례를 받지 않은 시점에 믿음으로 의롭다함을 얻은 사실을 인친 것, 즉 확인도장일 뿐입니다. 그러므로 믿음이 없는 할례는 아무런 의미가 없습니다.

아브라함은 할례를 받기도 전에 믿음으로 의롭다함을 받음으로 할례 받지 않은 자들의 믿음의 조상이 되었습니다. 할례를 받지 않아도 믿음으로 의롭게 되는 길을 연 것입니다. 아브라함은 이후에 할례를 받음으로 할례 받은 자의 조상도 되었습니다. 아브라함은 무할례자들과 할례자들에게 동일하게 믿음의 조상이 되었습니다.

여기에 깊은 뜻이 숨어 있습니다. 하나님께서는 아브라함이 할례를 받지 않은 시점에서 그를 믿음으로 의롭게 여겨 주심으로써 온 인류가 할례 없이, 오직 메시아를 믿음으로 의롭게 여겨 주시겠다는 계획을 알리셨습니다. 참으로 하나님의 섭리는 놀랍습니다. 하나님은 먼 훗날까지 내다보고 이처럼 길을 열어 놓으셨습니다.

또한 하나님의 그 섭리를 예리하게 찾아낸 바울 사도의 영적 통찰력도 놀랍습니다. 성경의 저자인 성령님께서 바울 사도에게 영감을 주어 성경의 진리를 보게 하신 것입니다. 하나님께서 이 진리를 세우셨고 이 진리를 발견하게 하셨고 이 진리를 기록하게 하셨습니다. "하나님, 감사합니다. 이 놀라운 진리를 계시하시고 기록하게 하시고 깨닫게 해주신 은혜에 감사드립니다."

할례와 비슷한 영적 문제

할례 문제는 유대인들의 불신을 다루기 위해 언급되었지만, 이 문제를 현대 크리스천에게도 적용해볼 수 있습니다. 어떤 신자가 하나님의 구원의 은혜에 전적으로 의지하지 않으면서도, 나는 세례를 받았으므로 천국 가는 데 아무 문제가 없다고 생각하며 살고 있다면 그는 유대인의 복사판입니다. 세례는 믿음의 표에 불과합니다. 믿음이 없는 세례는 아무 의미가 없습니다. 믿음이 있을 때에라야 비로소 세례가 가치 있습니다. 중요한 것은 그리스도의 구원의 은혜를 붙잡고 사는 '믿음' 입니다.

좀 더 확대시켜 적용해 봅시다. 목사, 장로, 안수집사, 권사, 전도사, 교사 등의 직분을 천국에 확실히 가는 표로 생각하고 있다면 큰 오해입니다. 그렇게까지는 아니더라도 직분 받은 사람들 중에 죄를 짓고서도 회개를 게을리하고 은혜를 붙들지 않는 사람들이 있습니다. 믿음으로 살지 않으면서 직분을 도피처로 삼고 있다면 영적으로 크게 오류를 범하고 있는 것입니다. 이것은 재앙입니다.

먼저 본인에게 큰 불행입니다. 푸짐한 음식을 옆에 두고서도 굶는 사람과 비슷합니다. 신비한 치료제를 옆에 두고서도 죽어 가는 환자와 비슷합니다. 자기에게 닥칠 무서운 심판을 알지 못한 채 영적 거드름을 피우고 있는 불쌍한 착각증 환자인 셈입니다. 믿음으로 살면서 직분을 잘 감당할 때에야 비로소 그 직분은 가치가 있습니다. 믿음으로 살지 않으면서 직분만 내세우고 있다면 할례를 앞세워 영적 거드름을 피우는 유대인과 다를 바가 없습니다.

믿음으로 살지 않는 크리스천은 다른 사람들에게 큰 피해를 주는 사람입니다. 목사, 장로, 집사, 권사, 전도사, 교사, 성가대원이라고 하면 대단한 사람인 것처럼 보입니다. 그런데 가만히 들여다보니 삶이 엉터리입니다. 그리스도의 생명이 없습니다. 기쁨이 없습니다. 하나님의 은혜에 대한 감사가 없습니다. 하나님께서 주신 직분도 태만하게 감당합니다. 예배는 드려도 거룩한 척할 뿐 하나님께 예배드리는 것이 아닙니다. 그러면 오히려 더 부끄러워질 뿐입니다. 사람들은 속일 수 있지만 하나님은 속일 수 없습니다.

> 내가 네 행위를 아노니 네가 살았다 하는 이름은 가졌으나 죽은 자로다 너는 일깨어 그 남은 바 죽게 된 것을 굳건하게 하라 내 하나님 앞에 네 행위의 온전한 것을 찾지 못했으니 그러므로 네가 어떻게 받았으며 어떻게 들었는지 생각하고 지켜 회개하라 만일 일깨지 아니하면 내가 도둑같이 이르리니 어느 때에 네게 이를는지 네가 알지 못하리라.[112]

위선적인 사람들은 다른 사람의 신앙을 오염시킵니다. 결핵환자가 결핵균을 무시로 퍼뜨리는 것 같이 거짓 신앙과 거짓 삶을 주위에 퍼뜨리며 삽니다. 그래서 다른 사람의 신앙을 방해하고 잘못된

112) 요한계시록 3:1b-3.

길로 빠지게 만듭니다. 하나님께서 주신 귀한 직분을 천한 것으로 만들어 버리는 죄를 하나님께서 심판하지 않으시겠습니까? 영적 교만에서 벗어나야 합니다. 하나님 앞에 두 손을 들고 나아와 회개해야 합니다.

"오, 하나님 아버지! 제가 바로 완고한 유대인이었습니다. 죄인 중의 괴수입니다. 하나님께서 귀한 구원의 은혜를 주셨는데 그 은혜를 붙잡지 않고 오히려 제가 가지고 있는 것을 붙잡고 영적 교만을 떨었습니다. 저의 잘못을 뼈저리게 느낍니다. 눈물로 회개합니다. 새롭게 시작하겠습니다. 오직 하나님의 은혜만 붙잡고 겸손하게 살겠습니다. 주님, 새롭게 시작하도록 도와주옵소서! 제 속에 정한 마음을 회복시켜 주옵소서! 성령님과 함께 새 출발하도록 도와주옵소서!"

교회의 직분은 하나님의 교회를 섬기라고 맡기신 하나님의 청지기직입니다. 천국을 보장하는 표가 아닙니다. 영적 게으름을 면해주는 도피처가 아닙니다. 천국의 계급장이 아닙니다. 영적 우월감을 가지라고 주는 특권층의 전유물이 아닙니다.

교회 직분자들은 더욱 하나님의 은혜를 붙들고 믿음으로 살아야 합니다. 직분을 통해 하나님께 영광을 돌려야 합니다. 직분을 통해 교회에 유익을 끼쳐야 합니다. 교회 직분자들은 '산 위의 동네요' '등경 위의 등불'과 같은 존재이므로 오직 하나님의 은혜만 의지하며 기쁘게 섬겨야 합니다. 할례만 자랑하며 믿음으로 살기보다 영적 거드름을 피우는 유대인의 모습을 과감하게 청산해야 합니다. 겸손히 믿음으로 살아야 합니다. 우리는 할례나 직분으로 의롭게 되는 것이 아니라 복음을 믿음으로 의롭게 됩니다.

율법이 아니라 믿음으로 의롭게 됨(13-22절)

믿음으로 의롭게 되는 진리를 다룰 때 율법 문제가 대두됩니다. '의' 와 '율법' 은 깊은 관련성이 있기 때문입니다. 율법은 의를 가르쳐 줍니다. 율법의 가르침을 온전히 행한 상태가 의로운 상태입니다. 율법은 하나님의 요구를 담고 있습니다. 율법을 주신 분이 하나님이시기 때문입니다. 그러므로 율법에 대한 분명한 이해가 있어야 믿음으로 의롭게 되는 진리를 깨달을 수 있습니다.

언약과 율법

언약은 무엇이고 율법은 무엇입니까? 여기서 말하는 '언약' 은 하나님께서 하신 약속을 의미하는데, 특히 "네 씨로 말미암아 천하 만민이 복을 받으리니"[113]라고 아브라함에게 하신 약속을 말합니다. 즉 아브라함이나 그 후손에게 세상의 후사(상속자)가 되리라고 하신 언약입니다. 열방 중에 선택받은 백성이 되리라는 언약입니다. 이 언약은 율법을 잘 지켜서 보상으로 받은 것이 아닙니다. 오직 하나님의 약속을 믿음으로써 의롭다 여김을 받고 그 의로 받은 것입니다. 다시 말해, 언약은 율법과 상관없이 받은 것입니다.

그렇다면 율법은 무엇입니까? 율법은 하나님의 백성이 되기 위해 지켜야 할 법이 아니라 하나님의 백성으로 선택 받은 후에 지켜야 할 법입니다. 여기에서 중요한 원칙을 찾아볼 수 있습니다. '선(先) 언약, 후(後) 율법,' 즉 '선(先) 믿음, 후(後) 율법' 의 원칙입니다. 하나

113) 창세기 22:18.

님께서 율법을 지킨 자에게 언약을 주시지 않고 믿는 자에게 주신 큰 뜻이 있습니다. 만일 율법을 지킨 자에게 언약을 주고자 하셨다면 언약을 받을 사람이 아무도 없었을 것입니다. 율법은 온전히 지킬 것을 요구하는데 그것을 온전히 지킬 사람이 어디 있겠습니까?

다행히 하나님께서는 믿음으로 나아오는 자에게 언약을 주셨습니다. 그래서 비록 부족하지만 누구든지 믿음을 가질 수 있는 것입니다. 율법에 속한 자들만 하나님의 백성이 될 수 있다면 믿음은 아무 소용없게 될 것입니다. 하나님의 약속도 무용지물이 되고 말 것입니다. 그래서 하나님께서 믿는 자에게 언약을 주신 것입니다.하나님께서는 모든 민족을 구원하려고 처음부터 믿음의 원칙을 세우셨습니다. 그런 점에서 믿음의 법은 모든 인류에게 희망을 줍니다.[114] 부족해도 구원 받을 길을 열어 주시는 것입니다.

반면에 율법은 그렇지 않습니다. 다 지켜 행하지 않는 자에게 진노가 임하는 것이 율법입니다. 율법에는 저주와 형벌이 따릅니다. 하나님께서 율법을 기준으로 언약을 주고자 하신다면 받을 사람이 아무도 없을 것입니다. 율법이 없으면 옳고 그른 것을 따질 수 없으니 언약을 받을 자격이 있느냐 없느냐를 따질 수 없습니다. "율법이 없는 곳에는 범함도 없느니라." 그래서 하나님께서는 율법이 없을 때 믿음의 법을 세워 믿음으로 의롭다함을 받게 하시고 믿는 자에게 언약을 주신 것입니다.

---

114) 믿음의 법은 첫째, 율법 이전에 세우신 법 둘째, 모든 인류에게 희망을 주는 법 셋째, 율법을 다 지키지 않아도 의롭다함을 받을 수 있는 법 넷째, 온 인류에게 차별이 없는 법 다섯째, 행위 공로가 없어도 구원받을 수 있는 은혜의 법 여섯째, 믿음의 조상 아브라함을 통해 세우신 법이다.

참으로 하나님은 은혜로우신 분입니다. 인간의 연약함을 알고 믿음의 법을 세우셨습니다. 부족해도 믿으면 언약을 주십니다. 하나님의 약속을 믿으면 당신의 백성으로 삼아 주십니다. 얼마나 좋습니까? 믿음으로 의롭게 되는 진리를 세우신 하나님은 인간의 연약함을 알고 인간에게 살 길을 열어 주셨습니다. 그리고 인종, 국가, 문화를 초월해 만민을 구원하려고 믿음으로 의롭다함을 받는 길을 열어 놓으셨습니다. 하나님은 아무도 대항하지 못하도록 이 중요한 진리를 믿음의 조상 아브라함을 통해 세우셨습니다.

> 그러므로 상속자가 되는 그것이 은혜에 속하기 위하여 믿음으로 되나니 이는 그 약속을 그 모든 후손에게 굳게 하려 하심이라 율법에 속한 자에게 뿐 아니라 아브라함의 믿음에 속한 자에게도 그러하니 아브라함은 우리 모든 사람의 조상이라.[115)]

아브라함을 통해 이 진리를 세우지 않았다면 많은 사람들이 반론을 제기했을 것입니다. 그러나 믿음의 조상을 통해 하나님께서 세우셨으니 누가 감히 토를 달 수 있겠습니까?

아브라함의 믿음

참으로 아브라함은 고마운 존재가 아닐 수 없습니다. 아브라함은 유대인의 조상이 될 뿐만 아니라 믿음으로 사는 사람들의 조상도 됩니다. 하나님께서도 그런 뜻으로 말씀하셨습니다. "내가 너를 많

115) 로마서 4:16.

은 민족의 조상으로 세웠다!" 그러므로 아브라함의 믿음을 좀 더 깊이 생각해 봐야 하겠습니다. 아브라함의 신앙이 어땠기에 그가 믿음의 조상으로 불리게 된 것입니까? 아브라함은 나이 75세에 하나님의 부르심을 받았습니다. 그는 학식이 높거나 공적을 많이 쌓지도 않았습니다.

그런데 아브라함이 어째서 그런 유명한 사람이 된 것입니까? 하나님을 믿는 믿음 덕분입니다. 아브라함은 자기 생각을 앞세우지 않고 하나님의 말씀을 순수하게 믿었습니다. 그리고 하나님의 말씀에 순종했습니다. 자기를 붙들 수밖에 없는 상황 속에서도 자기를 내려놓고 하나님을 붙들었습니다. 크게 보면 아브라함이 그렇게 믿고 순종하도록 하나님께서 그를 이끌어 주셨습니다. 아무튼 아브라함은 믿음으로 하나님께 인정을 받았습니다. 아브라함이 가진 믿음의 특징은 무엇입니까? 그의 신앙은 부활 신앙과 창조 신앙이었습니다.

● **부활 신앙** — 아브라함이 소유한 부활 신앙이란 무엇입니까? 그는 '죽은 자를 살리시는 하나님' 곧 부활의 하나님, '없는 것을 있는 것으로 부르시는 하나님' 곧 창조의 하나님을 믿었습니다.

> 기록된 바 내가 너를 많은 민족의 조상으로 세웠다 하심과 같으니 그가 믿은 바 하나님은 죽은 자를 살리시며 없는 것을 있는 것으로 부르시는 이시니라.[116)]

아브라함이 언제 죽은 자를 살리시는 하나님을 믿었습니까? 아브라함은 100세가 되어 하나님으로부터 자손을 주겠다는 약속을 받을 때 자기에게 생식 능력이 죽은 것 같음을 알았습니다. 그러나 하나님의 약속을 믿었습니다. 아내 사라의 태가 말라 버렸고 경수가 끊긴 지 오래인 것을 알고도 하나님의 약속을 믿었습니다. 아브라함은 하나님께서 생식 능력이 죽어 버린 자기 몸을 부활시켜 자손을 낳게 해주실 줄 믿었습니다.

> 그가 백 세나 되어 자기 몸이 죽은 것 같고 사라의 태가 죽은 것 같음을 알고도 믿음이 약하여지지 아니하고 믿음이 없어 하나님의 약속을 의심하지 않고 믿음으로 견고하여져서 하나님께 영광을 돌리며 약속하신 그것을 또한 능히 이루실 줄을 확신하였으니 그러므로 그것이 그에게 의로 여겨졌느니라.[117]

아브라함의 부활 신앙은 그가 자신의 외아들 이삭을 모리아 산에 번제물로 바칠 때에도 나타났습니다. 아브라함은 이삭과 함께 산으로 올라가면서 종들에게 말했습니다. "너희는 나귀와 함께 여기서 기다리라 내가 아이와 함께 저기 가서 예배하고 우리가 너희에게로 돌아오리라."[118] 아브라함은 분명 "우리가 너희에게로 돌아오리라"고 말했습니다. 혼자가 아니라 아들 이삭과 함께 돌아오리라고 말했습니다. 이것은 아브라함이 이삭을 번제물로 바쳐도 하나님께서 다시 살려 주시리라는 믿음이 있었음을 나타내 줍니다.

---

116) 로마서 4:17.
117) 로마서 4:19-22.
118) 창세기 22:5.

또한 아브라함이 하나님의 약속의 성취인 독자 이삭을 죽이면 약속도 소멸되고 말 텐데 어떻게 그 아들을 번제로 드릴 수 있었겠습니까? 이삭은 하나님께서 주신 아들이요, 100세에 얻은 아들이었습니다. 그러나 부활 신앙을 가진 아브라함은 하나님께서 잿더미 가운데서 죽은 자식을 부활시켜 주시리라고 믿었습니다.

그는 모리아 산에 올라가 아들을 번제물로 드리기에 앞서 영원하신 하나님의 이름을 불렀습니다.[119] 하나님은 영원하시며 영생을 선물로 주시는 분임을 믿음으로 고백했습니다. 하나님께서도 그의 부활 신앙을 보고 더 큰 계시를 주기 위해 아브라함에게 독생자를 번제로 드리라고 명하셨던 것입니다.[120] 아브라함은 하나님의 명령에 순종해 수천 년 후에 이루어질 메시아의 구원을 볼 수 있었습니다.[121]

● **창조 신앙** — 아브라함에게는 또한 창조 신앙이 있었습니다. 그는 없는 것을 있는 것으로 부르시는 하나님을 믿었습니다. 하나님은 무에서 유를 창조하시는 전능하신 분입니다. 전능하신 하나님

---

119) 창세기 21:33. "아브라함은 브엘세바에 에셀 나무를 심고 거기서 영원하신 여호와의 이름을 불렀으며."

120) 하나님께서 아브라함에게 독생자를 번제로 바치라고 명하심은 아브라함에게 있어 가혹한 시험이었다. 그러나 하나님께서 그런 일을 명하심에는 그만한 뜻이 있었다. 아브라함에게 시험을 감당할 만한 믿음이 있음을 보고 시험하신 것이다. 또한 하나님께서는 성숙한 믿음을 가진 아브라함에게 장차 어떻게 인류를 구원하실지 하나님의 인류 구원계시를 보여 주고자 하셨다. 즉 하나님께서 당신의 독생자를 바쳐 인류를 구원하려는 계획을 아브라함에게 보여 주신 것이다. 독생자를 바치는 하나님의 마음이 어떠한지 아버지의 마음을 체험해 보도록 믿음의 조상에게 깨달음을 주신 것이다.

121) 예수님께서 유대인들에게 아브라함의 믿음을 설명하셨다. "너희 조상 아브라함은 나의 때 볼 것을 즐거워하다가 보고 기뻐하였느니라"(요 8:56).

이시기에 죽은 자를 부활시키는 것도 가능하며 100세에 자식을 낳게 하는 것도 가능합니다. 아브라함은 그런 창조주 하나님을 믿었습니다.

그런데 여기서 주목할 점은 순서입니다. 창조 신앙 다음에 부활 신앙을 언급하는 것이 자연스러울 텐데 왜 먼저 부활 신앙을 언급하고 다음에 창조 신앙을 말하고 있습니까? 물론 부활 신앙을 강조하는 문맥에서 자연스럽게 창조 신앙을 먼저 언급하는 것도 고려할 수 있겠으나 여기에는 더 큰 뜻이 있습니다.

하나님의 인류 구원 계시에서 가장 선명하고 큰 계시는 그리스도의 십자가 죽음과 부활 사건입니다. 인류를 향한 하나님의 뜻을 가장 강력하게 나타내신 곳이 바로 십자가와 부활 사건입니다. 또한 하나님의 존재, 하나님의 성품, 하나님의 계획을 가장 선명하게 드러내신 곳이 십자가와 부활 사건입니다. 가장 밝고 큰 계시가 드러나면 주위에 있던 희미한 부분도 선명하게 밝혀지기 때문입니다. 아브라함은 죽은 자를 다시 살리시는 부활의 하나님을 체험하고 나서 과연 하나님은 창조주이며 없는 것을 있게 하시는 전능하신 분임을 다시금 확신하게 되었습니다. 오늘날 우리도 마찬가지입니다. 그리스도의 십자가와 부활을 통해 부활 신앙을 가진 후 확실한 창조 신앙을 갖게 됩니다.

● **바랄 수 없는 중에 바라는 신앙** — 아브라함은 바랄 수 없는 중에도 하나님의 약속을 절대적으로 신뢰했습니다. 자기 형편과 처지를 생각하면 도저히 하나님의 약속을 믿을 수 없었습니다. 그러나 아브라함은 하나님의 전능하심과 신실하심을 믿었습니다. "하

나님은 절대로 거짓말하실 분이 아니야. 하나님의 약속은 반드시 이루어질 정확 무오한 말씀이야" 하면서 그분의 약속을 붙잡았습니다. 죄성을 가진 인간으로서 이것이 얼마나 어려운 일입니까? 자기 몸의 상태를 생각하면 결코 신뢰가 가지 않겠지만 하나님 약속이기에 절대적으로 신뢰했습니다. 바랄 수 없는 중에 바라고 믿었습니다. 여기서 참 믿음이 무엇인지 알 수 있습니다. 참 믿음은 하나님에 대한 전폭적인 신뢰입니다. 창조주에 대한 절대적 신뢰에서 나오는 순종입니다. 내 생각, 내 주장, 내 형편보다 하나님의 말씀을 절대적으로 붙잡는 것이 진정한 믿음입니다.

아브라함의 믿음과 신자의 믿음(17-25절)

하나님께서 바울 사도에게 아브라함의 신앙을 언급하게 하신 데는 깊은 뜻이 있습니다. 먼저 이신칭의의 진리가 사람이 고안해 낸 사상이 아니라 하나님께서 세우신 진리임을 밝히려는 것입니다. 하나님께서는 율법으로 의롭다함을 얻을 수 있는 것이 아니라 믿음으로만 의롭다함을 얻을 수 있다는 것을 밝히고자 하셨습니다. 이처럼 믿음의 법을 세워서 온 인류를 구원하시려는 깊은 뜻이 담겨 있습니다. 아브라함의 신앙은 모든 크리스천이 본받아야 할 신앙의 원형입니다. 하나님께서 아브라함의 믿음을 보고 그의 의로 여기신 것을 기록하신 이유도 아브라함만을 위해서가 아니라 장차 믿는 모든 사람을 위해서였습니다. 즉 오늘날 예수 그리스도의 십자가 죽음과 부활을 믿는 우리를 위해서였습니다.

아브라함	크리스천
창조 신앙 ◀--▶	창조 신앙
믿음으로 약속을 받음 ◀--▶	믿음으로 구원을 받음
믿음으로 의롭다함을 받음 ◀--▶	믿음으로 의롭다함을 받음
하나님을 절대적으로 신뢰함 ◀--▶	하나님을 절대적으로 신뢰함

[표 3] 아브라함 신앙과 크리스천의 신앙 비교

[표 3]에서 보는 바와 같이 아브라함의 신앙과 오늘날 크리스천의 신앙은 동일합니다. 하나님께서는 어제나 오늘이나 동일하시어 믿음의 법을 세우셨습니다. 구약 성도들도 믿음의 법으로, 신약 성도들도 믿음의 법으로 의롭다함을 받도록 하셨습니다. 하나님께서는 그리스도가 오시기 2천 년 전에 당신의 아들을 통한 인류 구원의 계획을 미리 작성하고 계셨던 것입니다. 그래서 아브라함의 믿음을 보고 그것을 의로 여기셨습니다. 장차 그리스도의 구원이 선포될 때 아브라함처럼 하나님의 약속을 절대적으로 믿는 사람을 다 구원하고 의로 여기실 작정이었습니다.

하나님은 죽은 자들 가운데 있는 자도 부활시키실 수 있는 부활의 하나님이십니다. 하나님은 인간의 생각으로는 불가능하게 보이는 일도 능히 하실 수 있으며, 없는 것을 있게 하시는 창조의 하나님이십니다. 하나님은 바랄 수 없는 중에도 바라고 믿는 자에게 능력으로 나타내시는 권능의 하나님이십니다. 하나님께서는 우리를 구원하셨습니다. 하나님께서 보내신 독생자를 믿는 자들을 의롭다하며 구원하신 것입니다.

하나님께서 보내신 독생자 예수 그리스도를 믿으십시오. 하나님의 독생자가 나를 대신해 십자가에 죽으심으로 하나님과 화목하는 길을 여신 것을 믿으시기 바랍니다. 하나님의 독생자 예수 그리스도가 부활하심으로 말미암아, 그것을 믿는 나도 부활의 생명을 누리며 천국에 갈 수 있음을 믿으시기 바랍니다. 전능하신 하나님의 약속은 일점일획도 틀림없음을 믿으시기 바랍니다. 하나님의 언약을 절대적으로 믿을 때 하나님의 구원이 임할 것을 믿습니다. 하나님께서 보내신 구세주 예수 그리스도를 믿는 당신은 분명히 구원받았음을 선포합니다. 하나님의 구원은 참으로 놀랍습니다. 하나님께서 수천 년 전부터 인류의 구원을 계획하시고 집요하게 그 뜻을 이루셨음을 생각할 때 무릎 꿇어 경배 드리지 않을 수 없습니다.

"독생자를 보내어 인류를 구원하신 하나님 우리 아버지, 이름을 높여 드립니다. 하나님께 불순종하고 타락한 인류를 위해 그 큰일을 이루시다니 진실로 하나님은 사랑이십니다. 아버지, 못된 죄인들을 위해 어떻게 그 큰 사랑을 행하셨습니까? 하나님께서 거룩한 사랑으로 인류를 구원하신 것을 이 죄인 이제 깨달았습니다. 죄라곤 그림자도 모르는 거룩하신 예수님, 어떻게 그 치욕의 십자가를 참으셨습니까? 이 죄인을 죄에서 구원하시려고 참으신 것을 이 죄인 이제 깨닫습니다.

이 못된 나를 위해 모진 고통을 다 참고 피 흘리신 예수님, 참 감사합니다. 주님의 보혈로 저의 더러운 죄가 씻겼음을 믿습니다. 악독한 죄, 부끄러운 죄, 은밀한 죄가 주님이 흘리신 보혈로 다 씻겼음을 믿습니다. 십자가의 보혈을 믿는 믿음으로 과거의 죄가 다 녹아 없어졌음을 믿습니다. 현재의 죄, 미래의 죄까지도 다 씻어 주셨음을 믿습니다. 주님의 보혈이 죄와 죄책과 죄의 세력권에서 저를 해방시키셨음을 깨닫고 이 죄인은 형언할 수 없는 환희와 감격을 맛봅니다. 우리 주 예수님 만세! 우리 주 예수님께 영광!

하나님 아버지의 구원을 믿습니다. 예수 그리스도를 통한 하나님의 구원을 믿습니다. 그리스도가 부활하심으로 말미암아 인류를 사망의 권세에서 해방하셨음을 믿습니다. 그리스도의 부활을 믿는 자에게 영생을 주셔서 천국에 가게 하심을 믿습니다. 부활을 생각할 때 마냥 즐거워집니다. 아버지 하나님, 정말 저도 천국에 갑니까? '예수 그리스도의 십자가와 부활을 믿는 자는 천국에 가리라.' 예, 믿습니다. 이 죄인도 죄 사함을 받고 천국 백성이 되었고 하나님의 자녀가 되었으므로 천국에 갈 줄 믿습니다.

아버지 하나님, 구원의 은혜를 체험하고 나니 믿음의 조상 아브라함의 믿음이 이해가 됩니다. 아브라함도 하나님의 사랑과 은혜를 깨달았고 하나님의 약속은 틀림없음을 확신했습니다. 아브라함은 영생의 하나님을 믿었고 부활 신앙을 통해 창조 신앙을 더욱 굳건히 했습니다. 하나님의 약속을 절대적으로 믿는 그를 보고 매우 기뻐하셨던 하나님 아버지의 심정을 이제 알 것 같습니다. 모든 시대의 모든 민족 누구에게나 차별 없이 구원하고자 하셨던 아버지 하나님의 넓은 뜻을 이제 조금이나마 깨닫습니다.

구원의 하나님 우리 아버지, 이 죄인이 구원의 확신을 가지니 참 기쁩니다. 아버지 하나님, 아직도 복음을 알지 못하고 구원의 확신을 갖지 못한 영혼들을 위해 기도합니다. 그들을 긍휼히 여겨 주옵소서! 이 종을 보내 주옵소서! 우리 주 예수 그리스도 안에 있는 구원의 복음을 힘 있게 전하고 저들도 구원받도록 힘쓰겠습니다. 능력 있게 복음을 전하도록 성령님 도와주옵소서! 예수님의 이름으로 기도합니다. 아멘."

Chapter 10 의롭게 된 자가 누리는 복

로마서 5:1-11

1 그러므로 우리가 믿음으로 의롭다하심을 받았으니 우리 주 예수 그리스도로 말미암아 하
나님과 화평을 누리자
2 또한 그로 말미암아 우리가 믿음으로 서 있는 이 은혜에 들어감을 얻었으며 하나님의 영
광을 바라고 즐거워하느니라
3 다만 이뿐 아니라 우리가 환난 중에도 즐거워하나니 이는 환난은 인내를,
4 인내는 연단을, 연단은 소망을 이루는 줄 앎이로다
5 소망이 우리를 부끄럽게 하지 아니함은 우리에게 주신 성령으로 말미암아 하나님의 사랑
이 우리 마음에 부은 바 됨이니
6 우리가 아직 연약할 때에 기약대로 그리스도께서 경건하지 않은 자를 위하여 죽으셨도다
7 의인을 위하여 죽는 자가 쉽지 않고 선인을 위하여 용감히 죽는 자가 혹 있거니와
8 우리가 아직 죄인 되었을 때에 그리스도께서 우리를 위하여 죽으심으로 하나님께서 우리
에 대한 자기의 사랑을 확증하셨느니라
9 그러면 이제 우리가 그의 피로 말미암아 의롭다하심을 받았으니 더욱 그로 말미암아 진
노하심에서 구원을 받을 것이니
10 곧 우리가 원수 되었을 때에 그의 아들의 죽으심으로 말미암아 하나님과 화목하게 되었
은즉 화목하게 된 자로서는 더욱 그의 살아나심으로 말미암아 구원을 받을 것이니라
11 그뿐 아니라 이제 우리로 화목하게 하신 우리 주 예수 그리스도로 말미암아 하나님 안에
서 또한 즐거워하느니라

Exegesis

주해 (註解)

'은혜에 들어감' (2-4절)

'은혜에 들어감'이라는 표현은 어느 공간 속에 들어가는 것 같은 뉘앙스를 풍깁니다. 예수 그리스도로 말미암아 우리는 그 은혜 안에 들어가게 되었습니다. 믿음으로 들어가게 되었습니다. 이 말씀은 성전을 연상케 합니다. 성전에는 이방인이 들어갈 수 없는 곳이 있습니다. 또한 일반 백성들은 성소에 들어갈 수 없습니다. 심지어 제사장들도 지성소에는 들어갈 수 없었습니다. 그런데 믿음으로 의롭게 된 하나님의 자녀들은 하나님의 존전에 나아가 하나님께 감히 아뢸 수 있게 되었으니 은혜 중의 은혜입니다. 또한 우리는 모든 것이 풍성하게 공급되고 베풀어지는 영혼의 고향, 하나님의 품 안, 곧 은혜 속에 서 있습니다.

바울 사도는 칭의의 결과를 현재적인 측면에서는 '하나님과의 화평,' 과거적인 측면에서는 '은혜에 들어감,' 미래적인 측면에서는 '하나님의 영광'으로 말하고 있습니다. 하나님의 자녀들은 과거, 현재, 미래를 초월하여 하나님의 초월적인 은혜를 덧입은 것입니다. 이런 큰 은혜를 덧입은 하나님의 자녀들은 즐거워하며 그 큰 은혜를 한없이 누려야 합니다.

'소망' (2, 4, 5절)

의롭게 된 하나님의 자녀들은 놀라운 소망을 품게 됩니다. 먼저 신자의 소망은 하나님의 영광을 보고 그 영광에 이르는 것입니다. "하나님의 영광을 바라고 즐거워하느니라"(2절)는 말씀은 3장 23절의 "하나님의 영광에 이르지 못하더니"와 대조되는 말씀입니다. 죄 속에 있는 죄인들은 하나님의 영광을 가리는 존재였습니다. 그들의 존재는 하나님의 기쁨이 되지 못했고 하나님의 기대에 이르지 못했고 하나님의 슬픔이 되었습니다. 뿐만 아니라 죄인들은 하나님을 두려워했고 하나님께 등을 돌렸으며 하나님에게서 멀리 떨어져 나갔습니다. 그러나 의롭게 된 하나님의 자녀들은 하나님의 영광을 바라며 즐거워했습니다. 하나님을 기뻐하며 하나님께 나아가 하나님의 거룩하신 모습을 뵈옵는 것을 최고의 기쁨으로 여겼습니다. 또한 그들은 하나님의 사랑을 받는 존재, 하나님의 기쁨의 대상이 되는 존재가 된 것을 무한한 영광으로 생각하며 즐거워했습니다. 신자들의 소망은 하나님의 영광이었습니다.

그 영광의 소망이 환난 중에도 깨지지 않고 도리어 그 소망이 고난을 인내하게 만들고 더욱 성숙한 신자로 연단 받게 하고 어떤 고난도 이기는 참 하나님의 자녀가 되게 하는 것이었습니다. 그 하나님의 영광의 소망은 고난을 이기게 했고 고난 속에서 더욱 분명해지는 것이었습니다. 그리고 험악한 고난 속에서도 부끄러워 아니하는 것은 그 소망 때문입니다. 하나님을 뵈올 것을 생각하면 모든 고난을 다 이길 수 있습니다. 또한 성령님께서 부어 주신 하나님의 사랑으로 말미암아 모든 고난을 거뜬히 이길 수 있습니다. 그러므로 소망은 삶을 이끌어 가는 견인차입니다.

의롭게 된 자가 누리는 복 (로마서 5:1-11)

"그러므로 우리가 믿음으로 의롭다하심을 얻었은즉
우리 주 예수 그리스도로 말미암아 하나님으로 더불어 화평을 누리자"(1절).

하나님께서는 당신의 독생자를 희생하여 타락한 인류를 구원하셨습니다. 하나님의 인류 구원은 크게 칭의(稱義), 성화(聖化), 영화(榮化) 3단계로 구분됩니다.

칭의는 성화의 기초요, 영화로 가는 길입니다. 칭의의 기초를 튼튼히 하지 않고는 성화의 길을 갈 수 없습니다. 칭의의 기초를 튼튼히 하지 않은 사람은 곧 율법주의에 빠져 감사와 기쁨을 상실한 채 포로처럼 신앙생활을 하게 됩니다. 율법은 선하지만 죄인이 율법의 요구를 감당할 수 없으므로 율법으로는 연약한 죄인을 구원할 수 없다는 점은 이미 논한 바입니다. 그래서 하나님께서는 사랑과 은혜로 죄인을 구원하셨습니다. 그러므로 칭의의 기초를 튼튼히 하는 것은 매우 중요합니다.

칭의는 하나님과의 관계 회복입니다. 하나님의 측량할 수 없는 은혜로 의롭다고 여겨 주시는 것입니다. 죄로 말미암아 하나님과 원수가 되고 하나님의 진노를 받을 수밖에 없는 인간이 그리스도의 죽음으로 하나님과 화목하게 된 것입니다. 의로우신 하나님은 죄인인 인간을 죽일 수밖에 없지만 그리스도의 대속으로 말미암아 용서하셨습니다. 죽을 수밖에 없던 인간은 그리스도의 대속으로 말미암아 하나님 앞에 나아갈 길을 얻게 되었습니다. 그리스도의 죽음은 하나님께는 영광이요 인간에게는 생명이었습니다.[122)]

하나님과 관계를 회복하게 된 인간은 이 칭의의 은혜를 절대 잊지 말고 굳게 붙잡아야 합니다. 그리고 칭의의 복을 누려야 합니다. 사람이 예수 그리스도를 믿음으로 의롭다함을 얻었을 때 누리는 축복이 무엇입니까? 하나님 안에서 누리는 즐거움(2, 3, 11절), 과거의 죄 문제 해결(1, 2절), 현재의 고난 문제 해결(3-5절), 미래의 보장 문제 해결(6-11절)입니다. 이는 참으로 죄인인 인간이 감히 누릴 수 없는 지고한 복입니다.

하나님 안에서 누리는 즐거움(2, 3, 11절)

예수 그리스도의 복음을 믿고 가장 먼저 얻는 복은 감사와 기쁨입니다. 하나님을 떠난 인간은 항상 두려움과 불안과 초조 속에 살아야 했습니다. 하나님의 진노하심과 심판과 형벌에 대한 두려움이 영혼의 밑바닥에 도사리고 있었습니다. 실존주의 철학자들이 "인간의 본질은 불안이다"[123)]라고 말한 것은 이를 간파한 것입니다. 인간은 늘 본질적인 불안에 갇혀 살아야만 했습니다. 그런데 하나님께서 보내신 예수 그리스도를 마음에 모신 후부터는 마음에 평안이 있고 감사와 기쁨이 넘치게 되었습니다.

---

122) 그리스도의 탄생 시 천사들의 찬양 내용인 "지극히 높은 곳에서는 하나님께 영광이요 땅에서는 하나님이 기뻐하신 사람들 중에 평화로다"(눅 2:14)는 이를 두고 한 뜻이다.

123) 실존주의 철학자 하이데거는 "인간 실존은 불안이다"라고 말했다.

> 또한 그로 말미암아 우리가 믿음으로 서 있는 이 은혜에 들어감을 얻었으며 하나님의 영광을 바라고 **즐거워하느니라**(2절).
>
> 다만 이뿐 아니라 우리가 환난 중에도 **즐거워하나니** 이는 환난은 인내를(3절).
>
> 그뿐 아니라 이제 우리로 화목하게 하신 우리 주 예수 그리스도로 말미암아 하나님 안에서 또한 **즐거워하느니라**(11절).

'즐거워하느니라,' '즐거워하나니,' '즐거워하느니라.' 예수 그리스도를 믿고 하나님과 화목하게 된 인간은 그저 감사하며 즐거워하게 됩니다. 그리스도를 믿고서도 환희와 감격에 빠지지 못한 사람은 아직도 자기가 받은 축복이 얼마나 크고 영광스러운지 모르는 사람입니다. 진실로 자기가 그리스도를 믿고 죄사함을 받고 하나님과 정상적인 관계를 맺고 하나님을 아버지로 부를 수 있게 된 사실을 제대로 안다면 기뻐서 자다가도 일어나 펄쩍펄쩍 뛸 일입니다.

저는 성경을 강해하면서 이런 사람들을 많이 보았습니다. 복음의 진수를 맛보고 견딜 수 없는 환희와 감격을 경험한 사람들입니다. 송충이가 나비가 되어 하늘을 날듯 현상계에 꽉 갇혀 살던 죄인이 죄사함을 받고 영원 세계를 경험한 것입니다. 이렇게 복음에 감동된 사람들은 창조주 하나님께서 보내신 예수 그리스도가 자기를 구원한 사실에 감격하여 체면도 격식도 버리고 기뻐 어쩔 줄 모르며 감격의 찬양을 부릅니다.

> 오! 이 기쁨, 주님 주신 것
> 오! 이 기쁨, 주님 주신 것

오! 이 기쁨, 주님 주신 것
주께 영광 할렐루야 주만 찬양해.
앞뒤 동산에 꽃은 피었고
내 맘속엔 웃음꽃 피었네.
오! 이 기쁨, 주님 주신 것,
주께 영광 할렐루야 주만 찬양해.

그렇습니다. 구원의 감격을 경험한 사람의 신앙생활은 즐겁습니다. 창조주 하나님을 아버지로 부르며 아버지의 사랑을 받으니 그저 감사하고 기쁠 따름입니다. 최고의 영광입니다. 고아로 온갖 고생을 다하고 서러움과 멸시 천대를 받아온 사람이 어느 날 자기 아버지가 생존해 계심을 알고 상봉했을 때 감격은 이루 말할 수 없을 텐데, 그보다도 더 큰 감격과 기쁨이 의롭다함을 받은 사람의 영혼에 임합니다. 성 어거스틴도 바로 이 기쁨에 겨워 유명한 고백을 했습니다. "당신을 위해 우리를 지으셨으므로, 당신 안에서 쉼을 얻을 때까지 우리의 마음에는 쉼이 없나이다."

예수님은 형식적인 종교 생활을 하는 자들에게 참 신앙생활에 대해 가르쳐 주셨습니다. "혼인 집 손님들이 신랑과 함께 있을 때에 금식할 수 있느냐 신랑과 함께 있을 동안에는 금식할 수 없느니라."[124] 신앙생활이란 신랑 되신 예수님과 함께 기뻐하고 즐거워하는 것입니다. 예수 그리스도를 믿고 의롭다함을 받은 사람, 곧 모든 죄를 사함 받고 하나님 자녀의 지위를 얻은 사람, 하나님을 아버지라 부

124) 마가복음 2:19.

르며 하나님과 바른 관계를 회복하고 하나님의 사랑을 받는 사람, 하나님의 생명을 받고 하나님의 일을 하며 하나님의 은총을 누리는 사람이 되었으니 어찌 기뻐하지 않겠습니까?

'즐거워하느니라,' '즐거워하나니,' '즐거워하느니라.' 진정한 신앙생활은 즐거움입니다. 육체의 욕망을 채우는 즐거움과는 판이하게 다른 숭고한 즐거움입니다.

사랑하는 그리스도인이여! 당신은 신령한 복을 받은 사람, 최고의 복을 받은 사람입니다. 기뻐하고, 감사하고, 즐거워하십시오. 영광의 하나님을 찬양하고 마음껏 기뻐하십시오. 나 같은 죄인을 구원하신 은혜의 하나님을 찬양하십시오. 티끌 같이 미미한 자를 자녀로 삼으신 영광의 하나님께 목청을 높여 찬양하십시오! 신앙생활은 주님을 모시고 천국의 기쁨을 누리는 것이므로 마음껏 기뻐하고 주님을 찬양하며 사시기 바랍니다.

> 항상 기뻐하라… 이것이 그리스도 예수 안에서 너희를 향하신 하나님의 뜻이니라.[125]

과거의 죄 문제 해결(1, 2절)

우리 믿는 자들이 기뻐하고 즐거워하는 이유는 죄 문제를 해결받았기 때문입니다. 죄 사함의 은혜는 가장 기본적인 은혜입니다.

---

125) 데살로니가전서 5:16-18.

무엇이 인간을 항상 슬프고 불안에 떨게 만듭니까? 바로 죄입니다. 새사람이 되어 잘 살아 보고자 해도 얼마 못 가서 실패하는 주 원인은 죄의 인력 때문입니다. 죄 때문에 인간은 늘 좌절하고 속물로 전락해 비참하게 살아가는 것입니다.

그런데 하나님께서 보내신 메시아 예수 그리스도를 믿고 죄에서 해방되었으니 얼마나 기쁜 일입니까?

> 그러므로 우리가 믿음으로 의롭다하심을 받았으니 우리 주 예수 그리스도로 말미암아 하나님과 화평을 누리자 또한 그로 말미암아 우리가 믿음으로 서 있는 이 은혜에 들어감을 얻었으며 하나님의 영광을 바라고 즐거워하느니라(1-2절).

하나님께서 주시는 죄 사함의 은혜를 굳게 붙잡고 누려야겠습니다. 죄에는 달콤한 유혹이 있습니다. 그러나 죄의 유혹에 빠지면 참 즐거움과 복을 상실해 버립니다. 아담이 선악과를 따먹을 때 하나님과 동등한 존재가 되어 하나님처럼 살 것으로 착각했으나 죄를 지은 후 어떠했습니까? 복은커녕 저주가 임했습니다. 하나님을 잃어 버리고, 참 자아를 잃어 버리고, 참 이웃을 잃어 버렸습니다. 세 가지 상실에 빠졌습니다.

죄는 인간을 망칩니다. 반면에 그리스도는 인간을 살립니다. 이제 죄에서 벗어나 하나님과의 관계를 원래대로 회복했으므로 하나님과 화평을 누려야겠습니다. [표 4]를 보며 죄와 의롭다함을 비교해 봅시다.

죄가 무엇입니까? 죄 하면 윤리적인 죄, 법률적인 죄, 신앙적인

죄	의롭다함
하나님과 단절 ◀---▶	하나님과 화평
하나님께 나아가지 못함 ◀---▶	은혜에 들어감
심판, 형벌을 두려워함 ◀---▶	하나님의 영광을 바라고 즐거워함

[표 4] 죄와 의롭다함의 결과

죄 모두를 총칭하지만 그 본질은 하나님을 거역한 것입니다. 하나님과의 단절입니다. 우주의 왕이신 하나님께 등을 돌리고 불순종하며 사는 것이 죄의 본질입니다. 영원한 생명이요, 사랑과 능력의 원천이신 하나님과 단절되어 살므로 자기 자신에 갇혀 사는 답답함이 죄의 본질적 현상입니다.

그런데 하나님께서 보내신 메시아를 믿음으로 이러한 죄에서 벗어나게 되었습니다. 칭의의 은혜로 죄 문제를 해결 받았습니다. 그 지긋지긋한 죄 문제를 해결 받고 자유를 얻었으니 이 얼마나 감사한 일입니까? 그러므로 이제는 그 귀한 자유를 누리며 살아야 하지 않겠습니까? 하나님과 단절되어 제한된 자기에 의존해서 고달픈 인생을 살아왔으나 이제는 전지전능하고 완전한 사랑이신 하나님과 교통하며 화평을 누릴 수 있으니 얼마나 기쁜 일입니까?

죄 속에서 살 때는 하나님의 진노와 심판 때문에 항상 불안하고 두려움에 떨어야 했습니다. 그러나 이제는 믿음으로 하나님과 화목을 이루었으므로 하나님 안에서 무한한 자유를 누릴 수 있게 되었습니다. 할렐루야! 하나님께 늘 상의 드리고 하나님의 도우심을 받으며 사는 특권을 받았으니 그 특권을 누려야 하지 않겠습니까? 예수님을 배우며 예수님과 동행하고 예수님의 일을 하며 값지게 살아야겠습니다.

'누리다'는 말은 '지니고 즐기다'는 뜻입니다. 하나님의 사랑과 은총을 가슴 깊이 지니고 그 은총을 즐겨야겠습니다. 날마다 감사하며 기뻐하고 생활에 적용하며 사는 것입니다. 사탄이 나의 지난 죄악을 들추어 내며 다시 내 마음에 불안과 죄책감을 조장할 때 예수 그리스도의 십자가 보혈과 사랑을 붙잡고 하나님 앞에 나아가 하나님의 은총을 누리는 것입니다.

우리는 이렇게 선포할 수 있습니다. "사탄아 물러가라. 나의 더러운 과거는 그리스도의 십자가에서 해결되었다. 나의 옛사람은 죽었고 나는 그리스도 안에서 거듭난 새 피조물이다!" "거듭난 나는 하나님의 자녀이다. 하나님 아버지는 나를 사랑하신다."

탕자가 집에 돌아가 아버지 품에 안겨 사랑을 받듯이 그리스도를 믿는 우리는 하나님 품에 안겨 사랑을 누려야겠습니다.

또한 우리는 화평을 누려야 합니다. "하나님과 화평을 누리자"(1절). 하나님과 화평을 누리는 상태를 '은혜에 들어감을 얻었다'로 표현합니다. 죄인이 하나님과 화평을 누리는 것은 말로 다할 수 없는 은혜입니다. '은혜에 들어갔다'는 표현은 어느 공간 속에 들어가는 듯한 뉘앙스를 풍깁니다. 노아의 방주에 들어갔다는 것과 같은 표현입니다. 예수 그리스도로 말미암아 우리는 은혜 안으로 들어가게 되었습니다.

이 말씀은 성전을 연상케 합니다. 성전에는 이방인은 들어갈 수 없는 곳이 있었습니다. 또한 일반 백성들은 성소에 들어갈 수 없었습니다. 제사장들조차 지성소에는 들어갈 수 없었습니다. 오직 대제사장만 1년에 한 번 지성소에 들어갈 수 있었습니다. 그런데 믿음으로 의롭게 된 하나님의 자녀들은 하나님의 존전에 나아가 감히 하나님께 아뢸 수 있게 되었으니 은혜 중의 은혜가 아니겠습니까? 우리는 모든 것이 풍성하게 공급되고 베풀어지는 영혼의 고향, 하나님의 품 안, 곧 은혜 속에 서 있습니다. 또한 하나님의 영광을 뵈올 날을 학수고대하며 즐거워합니다.

며칠 후 며칠 후 요단강 건너가 만나리.[126]

바울 사도는 칭의의 결과를 현재적인 측면에서는 '하나님과 화평'으로, 과거적인 측면에서는 '은혜에 들어감,' 미래적인 측면에서는 '하나님의 영광'으로 설명하고 있습니다. 하나님의 자녀들은 과거, 현재, 미래를 초월하는 하나님의 은혜를 덧입었습니다. 그런데 왜 1, 2절을 과거의 죄 문제 해결이라고 말합니까? 정확하게 표현하자면 과거의 죄뿐만 아니라 과거와 현재, 그리고 미래를 아우르는 모든 죄 문제의 해결입니다.

그런데 신자의 마음속에 어두운 그림자를 남기고 있는 것은 주로 과거의 죄이기 때문에 그렇게 표현한 것뿐입니다. 신자는 과거에도 죄와 죄의 세력에 끌려다니는 고통을 겪었지만, 현재와 미래에도 죄의 영향력을 받습니다. 죄와 죄의 세력을 떨쳐 버리고 의롭게 살

126) 찬송가 606장 가사 후렴.

수 있는 길은 하나님과 화평을 누리는 것입니다. 또한 하나님의 은혜를 붙드는 것입니다. 더 나아가 하나님 영광을 바라며 즐거워하고 적극적으로 믿음으로 사는 것입니다.

과거의 죄에 묻혀 살 때에는 하나님의 진노와 심판, 형벌의 두려움 때문에 하나님 앞에 나아갈 수 없었습니다. 하나님 앞에 나아가면 모든 문제를 해결할 수 있는데도 그럴 수 없었습니다. 심판받는 것에 대한 두려움 때문입니다. 그런데 믿음으로 의롭다함을 받은 사람은 더 이상 두려워할 필요가 없습니다. 오히려 하나님을 사모합니다. 하나님을 아버지라고 부를 수 있습니다. 하나님과 정상적인 관계를 회복하게 된 것입니다. 하나님과 교통할 수 있게 되었습니다. 어느 때나 하나님 존전에 나아가 자신의 형편을 아뢰고 아버지의 도우심을 받을 수 있게 되었습니다. 그래서 지난 날 자신에 갇혀 항상 불안하고 답답하게 살았다면 이제는 그 감옥에서 벗어나 감사와 기쁨이 넘치는 영적 상태에 이르렀습니다. 죄의 상태 곧 하나님과의 단절 문제가 해결되고 하나님과 화평을 누리며 하나님의 품안에서 무한한 사랑과 자유를 누릴 수 있게 되었습니다.

나의 근본적인 죄 문제의 해결, 이것처럼 즐겁고 감사한 일이 없습니다. 늘 망령처럼 따라다니던 과거의 죄가 도말되었습니다. 그 기록부가 불타 없어졌습니다. 모든 죄를 털어 버리고 죄에서 자유로워졌다는 것은 큰 복 중의 복입니다. 과거의 죄 때문에 앞으로 한 걸음도 나아가지 못했던 사람이 이제는 과거의 죄 짐을 벗고 앞으로 달려갈 수 있으니 얼마나 기쁜 일입니까?

이제는 죄 문제가 근본적으로 해결됨으로 "화평을 누리자," "은혜에 들어감을 얻었다," "하나님의 영광을 바라고 즐거워하자"는 말씀의 뜻을 이해할 수 있게 되었습니다. 과거의 죄 문제의 근본적인 해결, 즉 칭의로 말미암아 하나님과의 정상적인 관계 회복(화평), 하나님과의 은혜의 교통, 영광의 나라에 대한 소망, 이 은혜로 말미암아 성화 즉 거룩하게 살 수 있는 기초를 갖게 된 것입니다. 이것이야말로 측량할 수 없는 하나님의 은혜입니다. 이 은혜를 값없이 선물로 주신 하나님을 찬양합니다.

현재의 고난 문제 해결(3-5절)

칭의의 결과로 현재의 고난 문제를 해결할 수 있게 된 것은 은혜 중의 은혜입니다. 예수님을 믿고 과거 죄의 무거운 짐을 벗어 버린 사람은 영혼의 해방감에 한없이 기뻐합니다.

그런데 현실로 돌아오면 또다시 답답한 일을 만납니다. 경제적인 어려움, 인간관계의 어려움, 해결해야 할 업무 등에 기쁨을 빼앗겨 버립니다. 가난, 취업, 부채, 성적 부진, 배신당함, 무능력, 결혼, 자녀, 교회 등 현실 문제에 부딪칠 때면 기쁨을 주던 은혜가 싹 사라져 버린 것처럼 느껴집니다. "아, 나는 이렇게 연약한 존재인가? 별것 아닌 것 같은 일에도 고귀한 은혜를 한순간에 빼앗겨 버린다니." 탄식하게 됩니다.

그런데 참으로 기쁜 소식은 칭의로 말미암아 현재의 고난 문제를 해결할 수 있다는 것입니다. 현재의 고난 문제를 해결할 수만 있다면 그것이야말로 복음이 아니겠습니까?

> 다만 이뿐 아니라 우리가 환난 중에도 즐거워하나니 이는 환난은 인내를, 인내는 연단을, 연단은 소망을 이루는 줄을 앎이로다 소망이 우리를 부끄럽게 하지 아니함은 우리에게 주신 성령으로 말미암아 하나님의 사랑이 우리 마음에 부은바 됨이니(3-5절).

고난의 문제는 먼저 영적으로 해결하고, 그 다음에 현실적으로 해결하는 것이 순서입니다. 그러면 어떻게 해야 고난의 문제를 영적으로 해결할 수 있습니까?

> 초월적인 하나님의 은혜 → 환난 중에도 즐거워함 → 고난을 참고 이김 → 정금 같은 신앙으로 연단됨 → 천국의 소망을 확실히 붙잡음

이 모든 과정은 보혜사 성령님께서 부어 주시는 하나님의 넘치는 사랑으로 가능합니다. 하나님께서 주신 은혜로 해결됩니다. '우리가 환난 중에도 즐거워하나니.' 하나님께서 나 같은 자를 선택해 주시고 예수님을 통해 죄 사함을 받게 해주심을 생각할 때 감사하지 않을 수 없습니다. 그뿐 아니라 나 같은 죄인을 자녀로 삼아 주신 은혜에 감격하게 됩니다. 성령님께서 하나님의 은혜와 사랑을 깨닫게 해주십니다. 환난 가운데서도 하나님의 은혜를 간직하고 있을 때 감사와 기쁨을 유지할 수 있습니다.

이 은혜와 사랑을 간직하고 있으면 환난이 닥쳐도 인내할 수 있습니다. '환난은 인내를!' 나 같은 죄인을 살리려고 십자가에서 귀한 생명을 바치신 예수님을 생각하면 어떤 어려움이라도 인내할 수 있습니다. 성령님께서 깨우쳐 주시는 은혜가 충만하면 비록 가난하

다 할지라도 기뻐할 수 있습니다. 주님이 주신 은혜로 능히 이길 수 있습니다.

주와 함께라면 가난해도 좋아
참된 부요함이 내 맘에 가득하니까.

그렇습니다. 주님께서 주신 사랑과 은혜의 부요함이 내 마음에 가득할 때 우리는 현실적인 가난이나 고난을 초월할 수 있습니다. 이렇게 고난을 인내하다 보면 인격이 연단됩니다. 살아 계신 하나님을 만납니다. 놀라운 은혜를 체험합니다. 고난 속에서 받은 은혜는 더욱 값집니다. 고난 속에서 은혜를 붙잡고 나가면 어떤 고난도 이길 수 있습니다.

'인내는 연단을!' 여기서 연단은 연단된 인격을 가리킵니다. 용광로에서 불순물이 제거되고 정금으로 나오듯이 고난을 믿음으로 잘 인내하다 보면 훌륭한 신앙 인격으로 변화됩니다. 물론 그 과정에 어려움이 있습니다. 그러나 말씀으로 은혜를 새롭게 하고 기도로 믿음을 새롭게 하면서 잘 참고 견디면 고난도 은혜가 됩니다. "고난당한 것이 내게 유익이라 이로 말미암아 내가 주의 율례들을 배우게 되었나이다."[127)]

믿음 없이 고난을 당하면 고생뿐입니다. 그러나 하나님의 은혜를 간직하고 믿음으로 고난을 받으면 신앙과 인격이 크게 성장합니다. 훌륭한 신앙인으로 성장하는 자신을 바라보면서 다시 소망을 발견

---

127) 시편 119:71.

합니다. '연단은 소망을!' 고난 속에서 하나님의 은혜를 더욱 확실히 체험할 때 소망이 더욱 확실해집니다. 소망은 무엇이겠습니까? 천국에서 주님을 만날 소망, 천국에서 주님으로부터 칭찬받고 상 받을 소망, 성부 하나님과 함께 누릴 영광에 대한 소망입니다. 고난 속에서 믿음으로 이기고 나면 하나님의 약속의 말씀이 더욱 확실하게 다가옵니다. 하나님께서 약속하신 말씀이 그대로 이루어질 것을 확신할 때 이미 이루어진 것처럼 현실적으로 다가옵니다.

'소망이 우리를 부끄럽게 하지 아니함'은 "이 소망은 절대로 우리의 기대를 저버리지 않습니다"[128]로 읽을 수 있습니다. 헛된 소망이 아닙니다. 하나님께서 약속하신, 보증수표와 같은 틀림없는 약속입니다. 그 소망이 우리 마음에 틀림없는 사실로 다가오는 것은 성령의 도우심 때문입니다. 성령님께서 우리 마음에 확신을 심어주십니다. 고난 속에서 믿음으로 인내하고 연단을 받는 가운데 확신을 주시는 것입니다. 보혜사 성령님께서 하나님의 사랑을 부어주심으로 우리가 갖는 영생의 소망, 천국에서 주님을 만나는 소망, 주님으로부터 상 받을 소망, 성부 하나님의 영광을 볼 소망이 확실해집니다. 성령님께서는 예수님의 구속의 사랑을 확신시켜 줍니다. 그러므로 하나님과의 생명의 관계를 가지고 있는 참 신앙은 고난 중에 신앙이 위축되는 것이 아니라 더욱 깊어지고 정금같이 단련됩니다.

이와 같이 예수님을 믿고 하나님과 생명의 관계를 가진 사람은 신앙으로 현실의 고난을 초월하게 됩니다. 그렇다고 고난의 문제가

---

128) 쉬운성경 로마서 5:5.

완전히 해결된 것은 아닙니다. 내 영혼 속에서는 해결되었지만 현실적인 문제는 아직 해결되지 않았습니다. 마음에는 자유로움이 있지만 현실에서는 자유로움이 없습니다. 가난은 그대로 있고, 부채는 계속 쌓여 가고, 성적은 여전히 바닥이고, 인간관계는 악화될 대로 악화된 상태 그대로입니다.

그러나 하나님의 은혜로 말미암아 고난이 주는 고통은 제거되었습니다. 고난이 휘두르는 횡포는 사라졌습니다. 그렇다면 하나님의 은혜로 이제 기쁜 마음으로 현실적인 문제 해결을 시도할 수 있습니다. 가난을 해결하기 위해 무슨 일이든지 할 수 있습니다. 아주 열심히 일할 수 있습니다. 하나님을 모시고 하나님의 청지기처럼 생명을 바쳐 일하니 안 될 일이 없습니다. "나 같은 것이 하나님 자녀가 되다니?" "나 같은 것이 하나님의 종이라니?" 감격하며 죽을힘을 다해 복음 운동에 매진합니다.

그러면 성령님께서 도와주십니다. 기적 같은 일이 일어납니다. 그리하여 현실적인 문제가 조금씩 고쳐집니다. 점점 좋아지다가 마침내 지긋지긋한 현실적인 문제마저도 해결되고 맙니다. 현재의 고난이 완전히 해결되는 그 순간 하나님께 찬양을 올리지 않을 수 없습니다. "영광의 하나님께 감사와 찬양을 드립니다. 영광 영광 할렐루야, 영광 영광 할렐루야! 승리를 주신 하나님께 찬양을 드립니다!"

하나님의 은혜로 고난의 문제가 해결될 수 있다는 것은 놀라운 축복입니다. 인류는 고난의 문제를 해결하려고 몸부림쳐 왔습니다. 많은 철학자들과 종교인들이 이 문제를 해결하려고 부단히 애썼습니다. 그리고 겨우 내놓는다는 답은 "인생은 허무한 것이므로 욕심을 버리고 현실에 얽매이지 말고 현세의 무거운 짐을 벗어 버려라"는 것입니다. 영원 속에서 나의 문제는 지극히 작은 것임을 깨닫고 먼지 같이 여겨 버림으로 자유를 얻으라는 것입니다. 그러나 그 말대로 온 인류가 산다면 인류는 삶을 포기하고 죽으라는 말과 다르지 않습니다. 이것은 진정한 해결책이 아닙니다.

그런데 복음의 은혜로 고난 문제를 해결했다니 이것은 득도(得道)입니다. 공자는 조문도 석사가의(朝聞道 夕死可矣), 즉 "아침에 도를 들으면 저녁에 죽어도 좋다"라고 했습니다. 많은 사람들이 참 도를 듣기를 갈망했는데 바로 그 도가 복음입니다.

복음은 고난의 문제를 해결해 줍니다. 하나님께서는 인생의 의미와 가치를 깨닫게 하심으로 고난 문제를 해결해 주십니다. 거듭난 기쁨을 알게 하여 고난을 극복하게 하십니다. 보혜사 성령님을 보내어 성령의 능력으로 고난의 문제를 해결하도록 해주십니다. 인간 영혼을 짓누르는 죄의 문제를 벗겨 주심으로 기쁘게 창조 생활을 하게 하시고 고난의 문제를 해결해 주십니다. 우리에게 영원한 소망을 주어 그 소망으로 현실 문제를 뛰어넘게 해주십니다. 소망은 놀라운 기쁨과 새 힘을 줍니다.

영원한 소망, 놀라운 기쁨, 새 힘으로 우리는 어떤 고난도 능히 이길 수 있습니다. 복음을 주어 고난의 문제를 해결해 주신 하나님을 찬양합니다. 고난의 문제를 영적으로 해결할 뿐만 아니라 현실적으로 해결해 주신 하나님을 영원토록 찬양합니다.

미래의 보장 문제 해결(6-11절)

칭의의 결과로 과거의 죄 문제가 해결된 것만도 얼마나 감사합니까? 그런데 현재의 고난 문제까지 해결했으니 더 바랄 것이 없을 정도로 좋습니다. 여기에 한 걸음 더 나아가 미래의 보장 문제도 해결해 주시니 감사에 감사를 더하게 됩니다. 미래의 보장 문제란 무엇입니까? 고난 중에 분투하다 보면 문득 의심이 들 때가 있습니다. 물론 사탄이 주는 생각이겠지요. '하나님께서 정말 나를 사랑하시는가? 혹 나를 버리신 것은 아닌가? 내가 헛다리짚고 있는 것은 아닌가?' 이런 의심이 드는 순간 그 좋던 신앙은 어디로 가버리고 한없는 절망의 나락으로 빠져 듭니다. 지금까지 고난과 싸우던 기백과 용기는 어디로 가버리고 바람 빠진 풍선처럼 축 늘어져 버립니다. 어떤 고난 중에라도 절망하지 않고서 붙잡고 나올 희망의 밧줄은 어디 없습니까? 있습니다. 그것이 바로 미래의 보장 문제입니다.

어떤 상황에서도 절대로 변할 수 없는 영원한 하나님의 사랑이 바로 희망의 밧줄입니다. "나는 너를 영원토록 사랑한다. 나는 너를 절대로 버리지 않았다." "하나님, 그 증거가 무엇입니까? 그 증거만 주신다면 아무리 절망이 크더라도 딛고 일어서겠습니다."

> 우리가 아직 연약할 때에 기약대로 그리스도께서 경건하지 않은 자를 위하여 죽으셨도다 의인을 위하여 죽는 자가 쉽지 않고 선인을 위하여 용감히 죽는 자가 혹 있거니와 우리가 아직 죄인 되었을 때에 그리스도께서 우리를 위하여 죽으심으로 하나님께서 우리에 대한 자기의 사랑을 확증하셨느니라(6-8절).

어떤 고난 중에서도 붙잡고 나올 수 있는 희망의 밧줄은 십자가입니다. 십자가에서 드러난 주님의 사랑은 신비한 사랑입니다. 아무 쓸모없는 죄인을 위해 창조주 하나님의 아들이 목숨을 바쳐 죽으신 이유가 무엇입니까? 거룩한 사랑입니다. 무조건적인 아가페 사랑입니다. 우리는 그 거룩한 사랑의 깊이와 높이와 넓이를 알지 못합니다.

참으로 신비한 사랑입니다. 혹 의인을 위해 죽는 사람들이 있습니다. 그러나 아무 쓸모없는 죄인, 죽어 마땅한 죄인을 위해 목숨을 바친 사람은 없습니다. 그것도 천지를 창조하신 하나님의 아들이 고귀한 목숨을 바치신 것은 평범한 사람들로서는 이해할 수 없는 신비한 사랑입니다. 하나님께서는 연약한 인간들이 고난 중에 사탄에게 속아서 절망할 것을 아시고 영원한 희망의 십자가 사랑을 보여 주신 것입니다.

"우리가 아직 죄인 되었을 때에 그리스도께서 우리를 위하여 죽으심으로 하나님께서 우리에 대한 자기의 사랑을 확증하셨느니라" (8절). 확증이 무엇입니까? 수많은 논쟁을 종결짓는 대법원 최후의 판결문 같은 것입니다. 한마디로 확실한 증거입니다. 하나님께서는 우리를 진실로 사랑하십니다. 그 증거가 무엇입니까? 십자가입니다. 자기 아들을 아끼지 아니하시고 내주신 하나님의 거룩한 사랑 앞에서 무슨 다른 말이 필요합니까? 나같이 쓸모없는 죄인을 위해 목숨을 바치신 주님의 사랑은 언제나 우리를 울게 하고 다시 일어서게 만듭니다.

"오, 주님! 아무리 힘들고 어렵더라도 주님께서 이 죄인을 사랑하여 십자가에서 죽으신 거룩한 사랑은 의심할 수 없는 영원한 사랑입니다. 무가치한 죄인을 위해 목숨을 바친 주님의 사랑을 어찌 잊을 수 있겠습니까? 제가 잠시 사탄의 유혹에 눈이 멀었나이다. 주님의 십자가 밑에서 다시금 영원한 사랑을 발견하고 이 죄인 다시 일어섭니다. 이 죄인을 영원토록 사랑하신 주님을 찬양합니다."

> 만왕의 왕 내 주께서 왜 고초 당했나
> 이 벌레 같은 날 위해 그 보혈 흘렸네.
> 십자가, 십자가 내가 처음 볼 때에
> 나의 맘에 큰 고통 사라져 오늘 믿고서
> 내 눈 밝았네. 참 내 기쁨 영원하도다.[129)]

우리 주 예수 그리스도가 십자가에서 보이신 거룩한 사랑은 죽어가는 신자를 살리는 신비한 영약입니다. 십자가의 참 사랑을 맛본 사람은 다 죽어가다가도 벌떡 일어납니다. "청년아 일어나라!" 주님의 말씀에 죽은 청년이 벌떡 일어났습니다. 오늘날도 주님의 십자가 사랑에 감동된 사람은 그와 같이 일어납니다. 극심한 고난 중에 절망한 사람도 주님의 십자가 사랑의 묘약을 먹고 나면 죽은 자가 살아나듯이 벌떡 일어납니다.

"고달픈 인생길에 낙심한 자여, 그대만 그런 고통을 겪는 것이 아닙니다. 그대보다 훨씬 큰 고통을 당한 사람도 십자가 사랑으로 치료되었습니다. 천지를 창조하신 주님께서 당신을 얼마나 사랑하고 계신지 아십니까? 눈물로 그대를 위해 기도하실 뿐만 아니라 그대

129) 찬송가 151장.

를 위해 귀한 목숨까지 바치셨습니다. 지금도 당신이 일어나 위대한 인생으로 새 출발하기를 위해 주님은 눈물로 기도하고 계십니다. 믿음의 주요 온전케 하시는 이인 예수님을 바라보십시오. 힘을 내십시오. 일어나십시오. 주님의 사랑에 의지해 멋있는 인생을 사십시오."

그리스도의 십자가 사랑은 소극적으로 해석하면 죄를 처리하는 십자가입니다. 그런데 이것을 적극적으로 해석하면 위대한 새 인생의 보장이 됩니다.

주님의 십자가 보혈로 우리 죄를 사함 받았으니 살아나신 그분으로 말미암아 하나님의 진노를 받을 일은 없을 것입니다. 비록 내가 부족하고 실수투성이일지라도 진실로 예수님을 믿어 그리스도의 생명이 내 안에 들어왔다면 하나님께서는 진노를 거두고 나를 자녀로 삼으십니다. 나의 행위를 보고 나를 사랑하신 것이 아니라 나의 믿음을 통해 내 안에 들어온 그리스도의 생명을 보고 나를 자녀로 삼아 주시는 것입니다. 탕자가 아버지 집을 떠나 가산을 탕진하고 돌아왔지만 아버지가 가락지를 끼우고 "너는 내 아들이다!" 라고 품어 주시듯 하나님께서는 우리를 품어 주십니다.

> 곧 우리가 원수 되었을 때에 그의 아들의 죽으심으로 말미암아 하나님과 화목하게 되었은즉 화목하게 된 자로서는 더욱 그의 살아나심으로 말미암아 구원을 받을 것이니라 그뿐 아니라 이제 우리로 화목하게 하신 우리 주 예수 그리스도로 말미암아 하나님 안에서 또한 즐거워하느니라(10-11절).

우리가 하나님의 원수로 살 때에도 하나님께서 우리를 사랑하사 구원해 주셨는데 믿음으로 살려고 하는 우리를 어찌 내버려두시겠습니까? 주의 자녀에게 어찌 사랑을 베풀어 주시지 않겠습니까? 십자가 죽음으로 그처럼 큰 사랑을 주신 주님께서 부활하심으로는 얼마나 더 큰 사랑을 주시겠습니까? 하나님의 그 큰 사랑으로 인해 우리는 어떤 상황에서도 하나님의 사랑의 보장을 믿고 일어설 수 있습니다.

그리스도의 십자가는 하나님의 영원하신 사랑의 보장, 의롭다함의 보장 곧 하나님 자녀의 신분 보장, 하나님의 진노를 면해 주는 진노사면의 보장, 완전한 구원의 보장, 영원한 구원의 보장을 해주셨습니다. 이러한 확실한 보장이 있기 때문에 우리는 어떤 절망적인 상황에서도 벌떡 일어설 수 있습니다. 하나님께서는 이에 대한 절대적인 보장을 당신 아들의 죽음과 부활로 해주셨습니다. 그리스도 안에 있는 한 우리는 언제나 안전합니다. 하나님께서 해주신 구원의 보장을 확실히 믿고 절대 흔들리지 말고 의연히 믿음의 길을 걸으시기 바랍니다. 아무리 힘들고 어려운 상황이라 할지라도 그 신비한 사랑의 묘약을 먹고 벌떡 일어서서 위대한 천로역정을 떠나시기 바랍니다.

칭의, 곧 인류의 메시아인 예수 그리스도를 믿는 자에게는 의롭다함이라는 놀라운 결과가 돌아갑니다. 과거의 죄 문제 해결. 이 한 가지만 놓고 보아도 얼마나 감사한 일입니까? 그런데 현재 나의 삶의 숙제인 고난 문제까지 해결해 주시니 얼마나 더 감사한 일입니까? 또한 미래의 보장 문제에도 안전장치를 해주시니 감사하기 이를 데 없습니다.

우리 인생은 과거, 현재, 미래가 서로 엮여 전진해 갑니다. 과거의 좋은 경험이 현재의 삶에 지혜를 줍니다. 미래의 꿈과 소망이 현재의 삶에 활력을 줍니다. 나쁜 과거가 현재 삶의 목을 조릅니다. 불확실한 미래가 현재 삶의 기를 꺾어 버립니다. 이와 같이 우리의 과거와 미래가 현재 나의 삶에 지대한 영향을 미칩니다.

신앙생활도 마찬가지입니다. 과거 죄 사함의 은혜, 현재의 고난을 극복하는 삶, 미래의 영광스러운 보장이 서로 긴밀히 어우러져 위대한 새 삶을 창조해 갑니다. 하나님과 단절되어 초라한 삶을 살던 내가 하나님과 관계 회복을 이루어 화평하게 되고 힘차게 현재를 개척하며 살 수 있습니다. 미래의 영광스러운 약속의 보장이 현재의 어떤 고난도 이길 힘을 줍니다.

하나님께서는 당신의 자녀를 이처럼 사랑하시어 죄인을 의로운 하나님 자녀로 만들어 가십니다. 죄인을 의롭다고 선언해 주시고 정말 현실적으로 의롭게 살도록 만들어 가십니다.

Chapter 11 시간과 공간을 초월한 구원

로마서 5:12-21

12 그러므로 한 사람으로 말미암아 죄가 세상에 들어오고 죄로 말미암아 사망이 들어왔나
니 이와 같이 모든 사람이 죄를 지었으므로 사망이 모든 사람에게 이르렀느니라
13 죄가 율법 있기 전에도 세상에 있었으나 율법이 없었을 때에는 죄를 죄로 여기지 아니하
였느니라
14 그러나 아담으로부터 모세까지 아담의 범죄와 같은 죄를 짓지 아니한 자들까지도 사망
이 왕 노릇 하였나니 아담은 오실 자의 모형이라
15 그러나 이 은사는 그 범죄와 같지 아니하니 곧 한 사람의 범죄를 인하여 많은 사람이 죽
었은즉 더욱 하나님의 은혜와 또한 한 사람 예수 그리스도의 은혜로 말미암은 선물은 많
은 사람에게 넘쳤느니라
16 또 이 선물은 범죄한 한 사람으로 말미암은 것과 같지 아니하니 심판은 한 사람으로 말
미암아 정죄에 이르렀으나 은사는 많은 범죄로 말미암아 의롭다하심에 이름이니라
17 한 사람의 범죄로 말미암아 사망이 그 한 사람을 통하여 왕 노릇 했은즉 더욱 은혜와 의
의 선물을 넘치게 받는 자들은 한 분 예수 그리스도를 통하여 생명 안에서 왕 노릇 하리
로다
18 그런즉 한 범죄로 많은 사람이 정죄에 이른 것 같이 한 의로운 행위로 말미암아 많은 사
람이 의롭다하심을 받아 생명에 이르렀느니라
19 한 사람이 순종하지 아니함으로 많은 사람이 죄인 된 것 같이 한 사람이 순종하심으로
많은 사람이 의인이 되리라
20 율법이 들어온 것은 범죄를 더하게 하려 함이라 그러나 죄가 더한 곳에 은혜가 더욱 넘
쳤나니
21 이는 죄가 사망 안에서 왕 노릇 한 것 같이 은혜도 또한 의로 말미암아 왕 노릇 하여 우
리 주 예수 그리스도로 말미암아 영생에 이르게 하려 함이라

Exegesis

주해 (註解)

'아담은 오실 자의 모형' (14절)

한 사람의 행동이 어떻게 모든 시대, 모든 공간의 모든 사람에게 미칠 수 있습니까? 그런 예가 여기 있습니다. 아담의 경우입니다. 아담의 범죄가 먼 훗날까지 모든 후손에게 영향을 미쳤습니다. 모세의 율법이 나타나기 전에는 죄가 죄로 정죄 받기 전인데도 다 죽었습니다. 그 이유는 무엇입니까? 죄가 있었던 까닭입니다. 즉 아담의 범죄인 원죄가 자손들에게 강력하게 영향력을 끼치고 있었습니다. 아담의 죄는 시간과 공간을 초월해 영향력을 미쳤습니다. 마찬가지로 예수 그리스도의 구원도 시간과 공간을 초월해 모든 사람에게 그 영향력을 미칩니다. 예수 그리스도의 구원은 모든 시대, 모든 지역, 모든 사람에게 효력을 강력하게 발휘합니다. 그래서 아담을 오실 자, 예수 그리스도의 모형(표상)이라고 합니다. 이를 대표 원리라고도 부릅니다.

'더욱… 넘쳤느니라' (15절)

'더욱'은 앞과 뒤를 비교해 볼 때 앞의 것보다 뒤의 양이 훨씬 많다는 뜻입니다. 혹은 질이 월등히 높다는 뜻입니다. 비교가 안 될 정도로 풍성하고 우월함을 말합니다. 즉 그리스도의 은혜는 아담의 죄를 다 덮고도 넘친다는 말입니다. 그리스도의 은혜는 아담의 죄와 그 결과를 다 해결할 뿐만 아니라 한 걸음 더 나아가 영생을 주고 하나님의 자녀의 새 지위를 부여합니다.
또한 첫 아담의 영향이 그러했을진대 둘째 아담, 그리스도의 영향력은 얼마나 지대할 것인가를 깨우치는 말입니다.

'죄가 더한 곳에 은혜가 더욱 넘쳤나니'(20절)

율법으로 말미암아 죄가 죄로 확연하게 드러났습니다. 율법으로 말미암아 인간의 죄의식이 민감해지고 죄의 가증함과 무서운 결과가 드러났습니다. 율법으로 말미암아 사람들은 자기 힘으로는 죄를 극복할 수 없음을 깨닫고 예수 그리스도 안에 있는 하나님의 은혜를 간절히 사모하게 되었습니다. 그리고 그리스도의 은혜가 더욱 빛을 발하게 되었습니다.

죄가 많을수록 죄 용서의 은혜도 더욱 넘칩니다. 작은 죄를 용서받은 사람보다 큰 죄를 용서받은 사람에게 은혜가 더욱 넘치는 법입니다. 작은 죄를 용서받은 사람보다 큰 죄를 용서받은 사람에게 용서받은 은혜와 감격이 더욱 클 것입니다. 아무리 죄가 크고 많아도 그리스도의 은혜는 그 죄를 다 씻어 버리고 새로운 하나님의 의를 덧입혀 주십니다. 죄가 많은 곳에 은혜가 더욱 넘칩니다.

시간과 공간을 초월한 구원 (로마서 5:12-21)

"한 사람이 순종하지 아니함으로 많은 사람이 죄인된 것 같이
한 사람이 순종하심으로 많은 사람이 의인이 되리라"(19절).

로마서는 서론(1:1-17), 죄악론(1:18-3:20), 칭의론(3:21-5:21), 성화론(6:1-8:39)으로 계속됩니다. 칭의론에서는 죄인인 인간이 의롭다 함을 받을 수 있는 근거(3:21-31), 믿음으로 의롭게 된 성경적 근거(4:1-25)를 논한 후에 믿음으로 의롭게 되는 이 진리의 영원성과 절대성(5:1-21)을 가르쳐 주고 있습니다. 칭의의 결론으로 "하나님께서 주신 의는 영원하다"는 사실을 증명해 믿음의 견고한 기초를 세우고 있습니다. 하나님께서 예수 그리스도를 믿는 자에게 주신 의는 영원하다는 것을 하나님과의 관계회복(5:1-2), 고난으로 파괴되지 않음(5:3-5), 하나님께서 사랑으로 확정하고 보장하심(5:6-11)으로 이미 증명했습니다. 그리고 결론적으로 그리스도 안에 있는 구원의 우주성을 밝힘으로 칭의는 모든 세대, 모든 공간, 모든 사람들에게 영원토록 유효함을 밝혀 주고 있습니다.

창조주 하나님의 아들이신 예수 그리스도의 구원은 시간과 공간을 초월한 구원입니다. 모든 세대, 모든 지역, 모든 믿는 사람들에게 영원하고 절대적인 구원입니다. 그리스도의 구원은 우주적이기 때문입니다. 하나님께서 절대적으로 행하신 하나님의 사건이기 때문입니다. 그리스도의 구원의 우주성을 아담과 그리스도를 비교 대조

해(12-14절) 설명합니다. 죄와 선물(15절), 정죄와 칭의(16절), 사망과 생명(17절), 범죄와 의로움(18절), 불순종과 순종(19절), 죄를 더함과 은혜를 풍성케 함(20절), 죄의 지배력과 은혜의 통치(20절) 각 부분을 비교 대조해 그리스도 안에 있는 구원의 우주성을 밝히고 있습니다.

"예수 그리스도의 구원은 영원하고 절대적이다." 이것은 하나님께서 가르쳐 주신 영원한 진리입니다. 이 진리는 우리 인간에게 확실한 믿음의 기초를 만들어 주고 기쁨과 영원한 확신을 줍니다.

신앙생활을 막 시작하려는 사람에게서 종종 이런 질문을 받습니다. "예수 그리스도가 인류를 구원하는 메시아임은 믿겠는데, 2천 년 전에 돌아가신 그리스도가 어떻게 2천 년 후에 사는 나의 죄를 씻을 수 있습니까?" 이 질문은 그리스도 속죄의 범위 곧 칭의의 범위를 묻고 있습니다. "예수 그리스도의 속죄가 당시 눈으로 목격한 사람들에게만 유효한가, 아니면 2천 년 후에 사는 우리에게도 유효한가?" 하는 질문입니다. 이 질문에 대한 답은 그리스도의 우주성을 깨달음으로 해결됩니다. 즉 그리스도의 구원이 시간과 공간을 초월한 우주적인 사건임을 깨달으면 해결됩니다. 이를 증명하기 위해 바울 사도는 아담과 그리스도를 비교 대조합니다.

아담과 그리스도

칭의를 설명하다가 왜 갑자기 아담 이야기가 나옵니까? 그리스도 안에 있는 구원의 영원성을 설명하기 위해서입니다. 즉 그리스도를 믿는 자에게 주시는 하나님의 의는 모든 시대, 모든 공간, 모든 사람들에게 미친다는 것을 증명하기 위함입니다. "2천 년 전에 돌아가신 그리스도가 어떻게 오늘날 나의 죄를 씻어 준다는 말입니까?" 하는 질문에 답하기 위해서입니다. 이 질문에 대한 답은 그리스도의 우주성, 곧 시간과 공간에 대한 초월성을 증명하면 됩니다. 그 좋은 예가 아담입니다. 시간 공간을 초월해 모든 시대, 모든 공간, 모든 사람에게 영향을 미치는 사람이 바로 아담입니다.

아담은 나쁜 면에 있어서 온 인류에게 영향을 미치고 있습니다. 죄의 영향력입니다. 아담의 죄가 어떻게 모든 인류에게 영향을 주었습니까? 아담 한 사람의 죄로 말미암아 온 인류에게 죄의 굴레가 씌워졌습니다. 이 죄를 흔히 원죄라고 부릅니다. 각 사람이 스스로 지은 죄를 자범죄라고 합니다. 아담은 하나님의 명령을 어기고 선악과를 따먹음으로 죄를 지었고 죽음의 형벌을 받았습니다. 그런데 아담의 후손, 곧 인류는 아담과 동일한 죄를 짓지 않았음에도 불구하고 죽음의 형벌을 받았습니다. 왜 그렇습니까? 아담이 저지른 죄의 영향권에 들어 있었기 때문입니다. 죽음은 죄의 대가로 받는 것입니다. 아담은 인류의 조상이었고 인류의 대표였기 때문에 그의 죄가 온 인류에게 씌워져 모든 인간이 그 대가로 죽음의 형벌을 받는 것입니다.

이 대표성 원리를 이해하기 쉽게 이런 질문을 해봅니다. "당신은 100년 전 어디에 있었습니까?" 이렇게 대답합니다. "아버지 혹은 할아버지 허리에 있었습니다." 맞는 말입니다. "그렇다면 아담이 에덴동산에 거닐던 당시 당신은 어디에 있었습니까?" "아담의 허리에 있었습니다." "아담이 하나님의 말씀에 불순종해 선악과를 따먹을 때 당신은 어디에 있었습니까?" "아담의 허리에 있었습니다." 즉 아담이 범죄할 때 당신도 거기에 함께 있었다는 말입니다. 아담의 피가 당신에게 이어져 왔듯이 아담의 죄도 당신에게 유전되어 온 것입니다. 죄는 율법이 있기 이전에도 세상에 존재했습니다. 그러나 율법이 없었을 때에는 죄를 죄로 여기지 않았습니다. 율법이 없으니 죄를 죄로 밝히지 못했던 것입니다. 그러나 죄를 죄로 드러내지는 못했더라도 죄 자체가 없었던 것은 아닙니다. 죄가 있었다는 명백한 증거로 죄의 형벌인 죽음이 존재하지 않습니까?

아담으로부터 율법이 오기까지 즉 '아담으로부터 모세까지'[130] 아담의 범죄와 같은 죄를 짓지 않은 자들까지도 사망이 왕 노릇[131] 했습니다. 아담처럼 선악과를 따먹지 않은 사람들도 다 죽었던 것입니다. 즉 온 인류는 아담과 동일한 죄를 짓지 않았음에도 불구하고 이미 아담의 죄의 영향권에 들어 있었던 셈입니다. 아담이 인류의 조상이어서 그의 행위가 시간과 공간을 초월해 모든 사람에게 영향을 미치는 것은 장차 오실 메시아가 온 인류에게 동일한 영향을 미치는 예를 만들어 줍니다. 그래서 아담은 오실 메시아의 모형이 됩니다. "아담은 오실 자의 모형이라."[132] 모형은 참 형상을 보여주기 위한 것입니다. 모델하우스는 실제 건물을 보여 주기 위한 모형입니다. 모델하우스를 통해 미래에 입주할 집을 미리 들어가 볼 수 있습니다.

---

130) 하나님으로부터 율법을 받아 선포한 사람이 모세다. 그러므로 '아담으로부터 율법이 있기까지'를 '아담으로부터 모세까지'로 표현한 것이다.

131) 사망이 왕 노릇 했다는 것은 '사망이 왕처럼 절대적으로 군림하며 지배했다'라는 표현이다.

132) 모형은 τὺποζ 전형(type), 표상, 예표의 뜻을 가진다.

	아담	그리스도
공통점	• 온 인류의 조상 • 온 인류와 육적 연합(혈통으로) • 언약의 대표(행위언약) • 온 인류에게 영향을 줌	• 새 인류의 조상 • 온 인류와 영적 연합(믿음으로) • 언약의 대표(구속언약) • 온 인류에게 영향을 줌
다른 점	• 불순종함 • 온 인류를 죄에 빠뜨림 • 온 인류를 죽음에 이르게 함	• 순종함 • 온 인류를 의에 이르게 함 • 온 인류를 영생에 이르게 함

[표 5] 아담과 그리스도 비교

[표 5]에서 보듯이 아담과 그리스도는 인류의 대표로서 전 인류에게 영향을 미치고 있습니다. 첫 아담이 인류의 조상으로서 실패했기 때문에 성부 하나님께서는 둘째 아담 곧 새 인류의 조상, 새 인류의 대표로서 그리스도를 이 땅에 보내셨습니다. 예수 그리스도는 하나님께서 보내신 유일한 메시아입니다.[133] 인류의 유일한 메시아인 그리스도는 인류의 새 조상, 인류의 새 대표로 오신 것입니다.

133) 메시아의 3대 기본 요건은 신성(神聖), 인성(人性), 무죄성(無罪性)이다. 구원의 본질은 하나님과 단절된 인간을 하나님과 화목함인데, 이를 이루기 위해서는 하나님을 잘 알아야 하고 하나님을 설득할 수 있어야 한다. 그러므로 신성은 메시아의 절대적 요건이 된다. 또한 인간을 이해하고 인간을 감동케 하기 위해서 반드시 인성을 가져야 한다. 동시에 인간의 죄를 대속하기 위해서는 무죄해야 한다. 죄가 있는 사람이 다른 사람의 죄를 대속할 수는 없기 때문이다. 이러한 조건을 갖추기 위해 예수 그리스도는 동정녀의 몸을 빌려서 성령으로 잉태하셨다. 메시아의 3대 요건을 갖춘 분은 오직 예수 그리스도뿐이다.

아담은 인류에게 죽음의 형벌을 가져왔으나 예수 그리스도는 은사(恩賜, gift)를 가지고 오셨습니다. 그 은사, 곧 선물은 아담이 가져온 형벌과 비교할 수 없는 크고 선한 것이었습니다. 아담이 지은 죄로 인해 많은 사람이 죽게 되었습니다. 그러나 그리스도의 은혜로 말미암은 선물이 더욱 많은 사람에게 넘쳤습니다.

아담의 죄와 하나님의 선물은 큰 차이가 있습니다. 아담 한 사람의 죄로 많은 사람들이 심판을 받고 정죄받기에 이르렀으나 하나님의 은혜의 선물은 많은 범죄 때문에 오게 되었고 덕분에 많은 사람들이 의롭다함을 받았습니다. 한 사람의 죄로 사망이 온 인류를 지배했다면 역시 한 사람의 의로운 행동으로 말미암아 생명이 온 인류를 지배할 수 있지 않겠습니까? 첫 아담보다 둘째 아담이 신성, 인성, 무죄성을 갖춘 더 큰 능력의 조상이라면 그 영향력이 더 크지 않겠습니까? 그래서 새 인류의 조상인 예수 그리스도를 믿고 그분 안으로 들어온 자는 하나님의 은혜와 의의 선물을 풍성히 받고 누릴 수 있는 것입니다. 결론적으로 우리는 이렇게 말할 수 있습니다.

> 한 사람이 순종하지 아니함으로 많은 사람이 죄인 된 것 같이 한 사람이 순종하심으로 많은 사람이 의인이 되리라(19절).

예수 그리스도의 출현과 그분의 순종하심은 온 인류에게 얼마나 큰 은혜요 복인지 모릅니다. 그분이 오시지 않았다면 인류는 절망과 어둠과 멸망뿐이었을 텐데 그분의 오심으로 구원의 소망과 빛과 영생을 얻게 되었습니다. 예수 그리스도의 순종은 얼마나 값진 것이었는지 모릅니다. 아담의 불순종은 인류를 멸망의 구렁텅이로 몰

아담의 영향력	그리스도의 영향력
불순종	순종
↓	↓
죄	의
↓	↓
정죄	의롭다함
↓	↓
죄인	의인
↓	↓
심판	구원(생명)
↓	↓
사망	영생
↓	↓
죄와 사망이 왕노릇	의와 은혜의 왕노릇

[표 6] 아담과 그리스도의 영향력

아 넣었지만 그리스도의 순종으로 인류는 구원을 얻게 되었습니다. 하나님께 온전히 순종하여 인류를 구원하신 우리 주 예수 그리스도를 찬양합니다.

대표 원리, 연합 원리

로마서 칭의론의 결론 부분인 5장 12-21절의 핵심 사상은 대표 원리와 연합 원리입니다. 먼저 대표 원리를 생각해 봅시다.

첫 아담은 인류의 조상이었고 인류의 대표였습니다. 그의 행위가 그의 후손, 곧 모든 인류에게 영향을 미칠 수 있었던 것은 그가 인류의 대표였기 때문입니다. 그렇다면 아담을 누가 인류의 대표로 세웠습니까? 말할 것도 없이 창조주 하나님입니다. 하나님께서 인류의 조상, 인류의 대표자로 아담을 세우시고 그에게 명령하셨습니다. 그에게 명령한 것은 곧 온 인류에게 명령하신 것입니다. 그러므로 아담이 하나님의 명령에 불순종한 것은 온 인류가 불순종한 것과 마찬가지입니다. 그래서 아담과 동일한 죄를 짓지 않은 사람에게도 아담에게 선고된 죽음의 형벌이 내려졌습니다.

둘째 아담이라 일컬어지는 예수 그리스도는 마찬가지로 새 인류의 조상이요 대표입니다. 처음 창조가 인류의 죄로 인해 하나님의 영광을 가리고 창조 목적을 이루지 못하자 하나님께서는 예수 그리스도를 보내어 인류를 구속(救贖)하고 새 인류로 만들어 새로운 세상을 이루고자 하셨습니다. 그러면 예수 그리스도를 새 인류의 조상이요 대표로 세우신 분은 누구입니까? 말할 것도 없이 하나님이십니다. 하나님께서 예수 그리스도를 새 인류의 대표로 세우셨습니다.

예수님은 우리를 죄와 사망에서 건져 내신 구주이실 뿐만 아니라 새 인류의 언약의 대표로 오셨습니다. 이것을 신학적으로 표현하면, 첫 아담은 하나님과 행위 언약[134]을 이행하지 못해 사망의 형벌을 받았는데 둘째 아담이신 예수 그리스도께서 구속 언약[135]을 이행하시고 그의 의로 말미암아 인류와 하나님 사이에 은혜 언약[136]을

134) 행위언약이란 말 그대로 행위를 요구하는 언약으로 하나님과 아담 사이에 세워진 언약, 하나님과 그리스도 사이에 세워진 언약을 말한다. 아담은 요구된 행위를 하지 않아, 즉 행위언약을 어겨 형벌을 받게 되었다.

135) 구속언약이란 성부 하나님과 성자 그리스도 간에 이루어진 언약이다. 구속 언약은 행위언약이었다.

136) 은혜언약은 성부 하나님과 구원받은 하나님 백성 사이에 세워진 언약이다. 은혜언약은 행위언약과 다르다. 행위가 없어도 은혜를 믿음으로 세워지는 언약이다. 은혜언약은 구속언약의 기초 위에 세워진 은혜로운 언약이다.

세우셨습니다. 성부 하나님을 우리의 하나님으로 영접하고 우리는 하나님의 백성이 되는 이 놀라운 은혜 언약은 예수 그리스도의 성부 하나님과의 구속 언약, 곧 행위 언약을 이행한 의에 기초합니다. 예수 그리스도는 새 인류의 조상이요 대표이십니다. 하나님께서 그렇게 하셨습니다.

인류의 대표와 인류 사이에 연합은 어떻게 이루어집니까? 먼저 첫 아담과 인류 사이에는 혈통으로 연합이 이루어집니다. 인류는 아담의 혈통을 이어받아 존재합니다. 인류는 이 혈통 관계로 조상과 연합되어 있습니다. 아담의 피를 받은 사람은 누구나 아담에게 속해 있고 아담과 연합되어 있습니다. 그래서 아담의 원죄를 뒤집어쓰고 있는 것입니다.

그렇다면 새 인류의 조상인 그리스도와 인류는 어떻게 연합을 이룹니까? 육의 방법이 아닌 영의 방법으로 연합됩니다. 혈통이나 인간관계나 정으로서가 아니라[137] 신령한 영의 방법으로 연합을 이룹니다. 즉 예수 그리스도를 믿음으로 그리스도와 연합됩니다. 좀 더 자세히 말하면, 예수 그리스도를 믿을 때 성령님께서 그리스도와 내가 하나가 되게 해주십니다.[138] 나의 믿음과 동시에 성령님의 신

---

137) 요한복음 1:12, 13. "영접하는 자 곧 그 이름을 믿는 자들에게는 하나님의 자녀가 되는 권세를 주셨으니 이는 혈통으로나 육정으로나 사람의 뜻으로 나지 아니하고 오직 하나님께로부터 난 자들이니라."

138) 요한복음 15:5. "나는 포도나무요 너희는 가지라 그가 내 안에, 내가 그 안에 거하면 사람이 열매를 많이 맺나니 나를 떠나서는 너희가 아무것도 할 수 없음이라."
갈라디아서 2:20. "내가 그리스도와 함께 십자가에 못 박혔나니 그런즉 이제는 내가 사는 것이 아니요 오직 내 안에 그리스도께서 사시는 것이라 이제 내가 육체 가운데 사는 것은 나를 사랑하사 나를 위하여 자기 자신을 버리신 하나님의 아들을 믿는 믿음 안에서 사는 것이라."

비로운 사역으로 말미암아 내 영혼과 그리스도가 하나로 연합되는 것입니다. 그리스도가 하나님께서 보내신 새 인류의 대표이시며, 내가 그리스도와 연합되어 있음을 믿을 때 그리스도의 의(義)가 내 안에 전가되어[139] 나는 죄 사함을 받은 영원한 하나님의 백성임을 확신하게 됩니다. 이 의의 전가가 믿음으로 의롭게 되는 이신칭의의 기초입니다.

아담과 그리스도 사이의 율법

아담과 그리스도를 비교 대조해 구원의 은혜를 논할 때 유대인들의 강한 반발이 예상됩니다. "그렇다면 율법의 위치는 무엇입니까? 율법도 하나님께서 주셨는데 아담에서 그리스도로 넘어가 버리면 율법을 인류 구속 역사에서 제외시키는 것 아닙니까?" 그렇지 않습니다. 원래 율법은 하나님의 인류 구속 역사에 삽입 괄호와 같은 성격입니다. 율법은 처음부터 있었던 것은 아닙니다. 이미 13절에서 언급한 바와 같이 인류 역사의 중간에 끼어들어 왔습니다.[140] 하나님의 최종 목적이 아닙니다. 그렇다면 하나님께서는 율법을 왜 주셨습니까? 율법에는 그리스도 안에 있는 구속의 은혜를 풍성케 하

139) 의의 전가(轉嫁). 구약 성전 제사 때 예배자는 자기가 바칠 제물 위에 안수했다. 그 의미는 나의 죄를 제물 위에 전가하는 것이었다. 그리스도를 믿을 때 나의 죄는 그리스도에게 전가되고 그리스도의 의는 나에게 전가되는 것이다. 의의 전가는 놀라운 하나님의 은혜다.

140) 갈라디아서 3:19. "그런즉 율법은 무엇이냐 범법하므로 더하여진 것이라 천사들을 통하여 한 중보자의 손으로 베푸신 것인데 약속하신 자손이 오시기까지 있을 것이라."

시려는 하나님의 뜻이 담겨 있습니다. 율법이 그리스도 안에 있는 구속의 은혜를 풍성케 한다고요? 어떻게 그렇습니까?

율법이 없으면 죄를 죄로 여기지 않습니다. 우리는 율법을 통해 죄를 깨닫습니다. 그럴수록 그리스도 안에 있는 속죄를 간절히 구하게 됩니다. 그러므로 율법은 죄를 깨닫게 하고 죄에 대한 무서운 심판의 압력을 가중시켜 그리스도의 속죄를 갈망하게 만듭니다. 그래서 그리스도의 보혈로 죄 사함을 받았을 때 감격이 큰 것입니다. 율법은 우리를 그리스도께로 인도하는 몽학선생(초등교사)입니다.[141] 여기서 한 법칙을 발견합니다.

"죄를 깊이 깨달을수록 은혜를 더욱 깊이 깨닫는다!"

20절의 "율법이 들어온 것은 범죄를 더하게 하려 함이라"는 말씀을 잘못 오해할 수 있습니다. 율법이 사람을 충동해 죄를 짓도록 만든다거나 율법 자체가 죄라는 말이 아닙니다. 죄를 죄로 폭로해 구속의 필요를 더하려는 목적입니다. 죄가 많은 곳에 죄 사함의 은혜가 더욱 많습니다. 죄를 적게 지은 사람과 많이 지은 사람이 다 용서함을 받지만 누가 더 감사가 크겠습니까? 당연히 죄를 많이 지은 사람입니다. 죄를 깨닫지 못하는 사람과 죄를 깊이 깨달은 사람 모두 죄 사함을 받았을 때 누가 더 하나님의 은혜를 깊이 깨닫겠습니까? 당연히 죄를 깊이 깨달은 사람입니다.

141) 갈라디아서 3:24. "이같이 율법이 우리를 그리스도께로 인도하는 초등교사(몽학선생)가 되어 우리로 하여금 믿음으로 말미암아 의롭다함을 얻게 하려 함이라."

"죄가 더한 곳에 은혜가 더욱 넘쳤나니" "죄를 깊이 깨달을수록 은혜를 더 깊이 깨닫는다!" 이 말씀은 6장부터 나오는 성화론의 기초가 됩니다. 죄를 깨달을수록 그리스도를 더욱 의지하고 사랑함으로써 강한 은혜의 통치를 받게 됩니다. 율법은 인류의 구속 역사에 꼭 필요하지만 최종 목적은 아닙니다. 그런데 유대인들은 이것을 최종 목적으로 착각해 오류를 범하고 말았습니다.

21절에는 죄와 은혜가 비교되어 있습니다. 죄가 율법으로 말미암아 풍성해지지만 은혜는 그리스도 안에서 더욱 풍성해집니다. 죄가 사망을 무기로 강력한 통치력을 발휘하나 은혜는 하나님께서 주시는 의로 말미암아 더욱 강력한 통치력을 발휘합니다. 죄는 인간을 사망에 이르게 만드나 은혜는 영생에 이르게 합니다. 여기에서 죄와 은혜를 비교하는 이유는 죄가 아무리 크다 할지라도 은혜는 몇천 배 몇만 배 더 크다는 사실을 강조하기 위함입니다. 죄가 더욱 은혜를 풍성케 해 의를 재촉하게 됩니다. 이 진리에 대해서는 6장에서 집중적으로 다루겠습니다.

"많아지는 죄, 그러나 더욱 풍성해진 은혜!" "죄가 하나면 은혜는 열!" 죄와 은혜는 서로의 경쟁상대가 되지 못합니다. 그래서 중대한 결론에 이르게 됩니다. "하나님의 의는 결코 실패할 수 없다!" "하나님의 의는 영원하다!"

어떻게 시간과 공간을 초월할 수 있는가?

어떻게 시간과 공간을 초월할 수 있습니까? 시간과 공간 속에서 사는 우리 인간들에게는 불가능한 일입니다. 그러나 시간과 공간을 창조하신 초월자 하나님에게는 얼마든지 가능합니다. 실제로 하나님은 시간과 공간을 초월해 계십니다. 초월자 하나님께서는 시간과 공간 속에서, 즉 역사 속에서 초월적인 일을 하실 수 있습니다. 하나님의 초월성을 깨닫는다면 그리스도 속죄의 초월성을 쉽게 깨달을 수 있습니다.

하나님께서는 예수 그리스도를 이 땅에 보내셨습니다. 인류의 새 대표로 파송된 그리스도의 십자가 죽음을 통해 믿는 사람들의 죄를 사해 주기로 작정하셨습니다. 하나님의 이 계획을 아신 그리스도는 겟세마네 동산에서 간절히 기도하셨습니다. "내 아버지여 만일 할 만하시거든 이 잔을 내게서 지나가게 하옵소서. 그러나 나의 원대로 마시옵고 아버지의 원대로 하옵소서!" 예수 그리스도는 마침내 하나님 아버지의 뜻을 알고 십자가 앞에 기꺼이 나아가셨습니다. 성부 하나님은 독생자의 순종을 보고 그의 십자가 희생을 받으셨습니다.

그리스도의 십자가 사건이 하나님께서 간섭하여 이루신 영원한 속죄의 사건이었음을 확정한 사건이 바로 부활입니다.[142] 하나님께서는 그리스도의 부활을 통해 예수 그리스도의 십자가 구원 사건이 시간과 공간을 초월한 영원한 속죄임을 선포하셨습니다. 시간과 공간을 초월해 계시는 하나님께서 이루신 절대적 사건이므로 모든 시대 모든 지역 모든 사람들은 그리스도를 믿음으로 죄 사함을 얻고

142) 로마서 1:3, 4. "그의 아들에 관하여 말하면 육신으로는 다윗의 혈통에서 나셨고 성결의 영으로는 죽은 자들 가운데서 부활하사 능력으로 하나님의 아들로 선포되셨으니 곧 우리 주 예수 그리스도시니라."

의롭다함을 얻을 수 있습니다. 하나님께서 열어 놓으신 길입니다. 율법과 선지자 곧 구약성경이 증명한 사실입니다. 성령님께서 각 마음속에서 인치신 사실입니다.

시간과 공간을 초월한 하나님의 사건이므로 두 번이 필요 없는, 단번으로 충분한 사건입니다. '단번에(once for all)' 라는 말이 로마서 6장 10절, 히브리서 7장 27절, 9장 12, 26, 28절, 10장 2, 10절에 나옵니다. 즉 영원하신 하나님께서 직접 개입하셔서 시간과 공간을 초월한 영원한 사건이므로 두 번이 필요 없고 단번에 이룬 영원한 속죄의 사건이라는 것입니다. 바꿔 말하면 모든 시대, 모든 지역, 모든 사람들이 언제든지 영접할 수 있는 사건이라는 말입니다. 비록 2천 년 전에 일어난 사건이라 할지라도 바로 오늘 내 앞에서 일어난 일과 똑같은 효과를 가져올 수 있는 사건이라는 말입니다.

아담과 그리스도를 비교 대조해 말씀하시는 하나님의 뜻은 그리스도를 믿는 자에게 주신 칭의의 범위를 알리시려는 데 있습니다. 인류의 조상이자 대표인 아담의 영향력이 온 인류에게 미친 것과 같이 새 인류의 조상이자 대표이신 그리스도의 영향력은 더욱 큰 것입니다. 아담은 죄와 사망을 가져와 인류를 멸망에 이르게 했으나 그리스도는 구원의 큰 선물, 곧 의와 영생을 가져와 인류를 구원에 이르게 하셨습니다. 아담과 그리스도(12-14절), 죄와 선물(15절), 정죄와 칭의(16절), 사망과 생명(17절), 범죄와 의로움(18절), 불순종과 순종(19절), 죄를 더함과 풍성한 은혜(20절), 죄의 지배력과 은혜의 통치(21절)를 비교해 볼 때 그리스도가 주신 은혜가 더욱 풍성하고 큰 것을 알 수 있습니다.

이러한 모든 사실로부터 우리는 중요한 결론에 이르게 됩니다.

- 예수 그리스도의 구원은 영원하고 절대적이다!
- 하나님께서 주신 의는 영원하다!
- 예수 그리스도 안에 있는 의는 시간과 공간을 초월한 하나님의 의다!
- 예수 그리스도 안에 있는 하나님의 의는 모든 시대, 모든 지역, 모든 사람들이 언제든지 믿음으로 얻을 수 있는 의다!

"하나님 아버지, 이 놀라운 진리를 깨닫게 하신 분은 바로 아버지께서 보내신 성령님이신 것을 고백합니다. 성령님을 보내어 이 놀라운 진리를 깨닫게 하신 하나님을 찬양합니다. 이 놀라운 구원이 예수 그리스도의 순종으로 이루어졌음을 발견하고 감사드립니다. 아담 한 사람의 불순종이 그처럼 무섭고 치명적인 결과를 몰고 왔음을 깨닫고 이 죄인의 불순종을 깊이 회개합니다. 저의 불순종이 하나님의 마음을 아프게 할 뿐만 아니라 우리 공동체와 후손에게 큰 불행을 가져옴을 뼈저리게 느낍니다.

우리 주님의 순종이 이처럼 복된 결과를 가져왔음을 깊이 감사드립니다. '나의 원대로 하지 마시옵고 아버지의 원대로 하옵소서!' 라고 기도하신 주님의 뜻과 삶을 철저히 배우겠나이다. 하나님은 순종하는 사람을 쓰십니다. 하나님은 순종을 사용해 역사를 이루십니다. 하나님은 순종하는 자에게 큰 역사를 맡기십니다. 큰 상급도 주십니다. 주님, 제 안에 있는 불순종의 요소를 제거해 주시고 그리스도의 순종으로 채워 주소서! 그리스도의 순종의 정신과 삶을 그대로 배우고 실천하게 하소서!

하나님 아버지, 그리스도를 믿는 자에게 주시는 하나님의 의가 영원하고 절대적이라는 말씀이 어찌 그리 단지요? 인간의 죄가 극성을 부리고 사탄이 방해공작을 벌여 우리의 구원을 위협하지만 하나님께서 주신 은혜는 더욱 크고 절대적이어서 영원하다는 말씀이 가슴에 사무치게 감사합니다. 어떤 고난이나 어려움이 있을지라도 하나님께서 이루신 구원은 영원할 줄 믿습니다. 결코 흔들리지 않고 영원할 줄 믿습니다. 영원하고 절대적인 의를 주신 하나님을 찬양합니다. 할렐루야!"

Chapter 12 그리스도와 연합한 삶

로마서 6:1-14

1 그런즉 우리가 무슨 말을 하리요 은혜를 더하게 하려고 죄에 거하겠느냐

2 그럴 수 없느니라 죄에 대하여 죽은 우리가 어찌 그 가운데 더 살리요

3 무릇 그리스도 예수와 합하여 세례를 받은 우리는 그의 죽으심과 합하여 세례를 받은 줄
을 알지 못하느냐

4 그러므로 우리가 그의 죽으심과 합하여 세례를 받음으로 그와 함께 장사되었나니 이는
아버지의 영광으로 말미암아 그리스도를 죽은 자 가운데서 살리심과 같이 우리로 또한
새 생명 가운데서 행하게 하려 함이라

5 만일 우리가 그의 죽으심과 같은 모양으로 연합한 자가 되었으면 또한 그의 부활과 같은
모양으로 연합한 자도 되리라

6 우리가 알거니와 우리의 옛 사람이 예수와 함께 십자가에 못박힌 것은 죄의 몸이 죽어
다시는 우리가 죄에게 종 노릇 하지 아니하려 함이니

7 이는 죽은 자가 죄에서 벗어나 의롭다하심을 얻었음이라

8 만일 우리가 그리스도와 함께 죽었으면 또한 그와 함께 살 줄을 믿노니

9 이는 그리스도께서 죽은 자 가운데서 살아나셨으매 다시 죽지 아니하시고 사망이 다시
그를 주장하지 못할 줄을 앎이로라

10 그가 죽으심은 죄에 대하여 단번에 죽으심이요 그가 살아 계심은 하나님께 대하여 살아
계심이니

11 이와 같이 너희도 너희 자신을 죄에 대하여는 죽은 자요 그리스도 예수 안에서 하나님께
대하여는 살아 있는 자로 여길지어다

12 그러므로 너희는 죄가 너희 죽을 몸을 지배하지 못하게 하여 몸의 사욕에 순종하지 말고

13 또한 너희 지체를 불의의 무기로 죄에게 내주지 말고 오직 너희 자신을 죽은 자 가운데
서 다시 살아난 자 같이 하나님께 드리며 너희 지체를 의의 무기로 하나님께 드리라

14 죄가 너희를 주장하지 못하리니 이는 너희가 법 아래에 있지 아니하고 은혜 아래에 있음
이라

Exegesis

주해 (註解)

'그리스도 예수와 합하여 세례를 받은 우리' (3절)

세례는 죄 씻음을 받았다는 믿음을 여러 사람 앞에서 공인 받는 것입니다. 세례 받을 만한 믿음은 예수 그리스도를 진실로 믿는 믿음입니다. 예수님을 진실로 믿는 믿음은 그리스도가 하나님의 아들이며, 그 거룩하신 분이 인류와 나를 위해 십자가에 대신 죽으셨고 부활하여 인류와 나를 구원하셨다는 믿음입니다. 이 믿음을 가진 사람은 세례를 받을 자격이 있습니다. 세례는 첫째, 그리스도를 진실로 믿고 그리스도와 연합해 죄 씻음을 받았다는 믿음에 대한 인정이며, 둘째, 새 언약을 받은 하나님의 백성이 되었음을 인치는 것이며, 셋째, 정식 교인이 되어 교회(공동체)의 책임 있는 일원이 되었음을 인정받는 것입니다.

믿음은 첫째, 하나님의 계시를 영접함(요 1:12), 둘째, 하나님의 뜻에 순종함(롬 1:5), 셋째, 연합(롬 6:3)의 의미가 있습니다. 그리스도를 마음에 모시고 영접하면 성령님께서 그 영혼을 그리스도와 연합하게 하십니다. 나를 위해 그리스도가 십자가에 죽으셨음을 믿는 것은 내가 그리스도와 함께 십자가에 연합하여 함께 죽었음을 믿는 것입니다. 그러므로 믿음은 연합입니다.

그리스도와의 신비로운 연합으로 우리는 죄와 사망에서 벗어날 수 있습니다. 성령님께서 그리스도와의 신비로운 연합을 통해 우리를 거룩한 하나님의 자녀로 성화시켜 주십니다.

'드리라' (13절)

인간은 지, 정, 의 인격을 가진 존재로서 생각, 감정, 행동이 변화되어야 진정한 변화가 이루어집니다. 그래서 바울 사도는 그리스도와의 연합을 통한 성화를 설명하면서 '알라(know)', '여기라(reckon)', '드리라(yield)' 고 강조했습니다. '드리라' 는 표현은 '항복하다, 양도하다, 헌신하다' 는 의미가 있습니다. 삶의 주도권을 양도하는 것이 바로 드린다는 것의 의미입니다. 내 몸의 일부인 입을 죄의 도구로 죄에게 드릴 수도 있고, 하나님의 도구로 드릴 수도 있을 때 내 입의 지배권을 하나님께 드리는 것이 여기서 말하는 드림의 의미입니다. 나의 지체를 하나님께 의의 병기로 드리는 것이 헌신입니다. 이와 같이 우리의 각 지체 곧 눈, 귀, 입, 손, 발 등을 하나님께서 의의 병기로 쓰시도록 양도할 때 우리는 성화를 이룹니다.

그리스도와 연합한 삶 (로마서 6:1–14)

"만일 우리가 그의 죽으심과 같은 모양으로 연합한 자가 되었으면 또한 그의 부활과 같은 모양으로 연합한 자도 되리라"(5절).

하나님의 구원은 칭의, 성화, 영화의 3단계를 거쳐 완성됩니다. 정통 개혁주의 신학에서는 이를 좀 더 세밀하게 9단계로 구분하기도 합니다.[143] 칭의를 소명, 중생, 회개, 신앙, 칭의, 수양의 6단계로 구분하고, 성화를 성화, 성도의 견인 2단계로 확대 구분합니다. 그리고 마지막의 영화는 그대로 영화로 하여 9단계의 구원 과정을 말합니다.

하나님의 구원에서 가장 기초가 되는 것은 칭의입니다. 신앙생활의 기초가 되는 칭의를 소홀히 하면 성화가 더뎌집니다. 심지어 신앙을 잃어 버리기도 합니다. 사탄이 방해 공작을 펼 뿐만 아니라, 칭의의 기초가 약해 성화로 나아가지 못하기 때문입니다. 이미 우리는 칭의의 진리를 깊이 탐구했습니다. 이 칭의의 은혜 위에서 성화로 나아가야 합니다.

칭의는 하나님의 형상을 잃어 버리고 하나님과의 관계를 상실한

143) 소명(하나님의 부르심), 중생(거듭남), 회개(죄를 깨닫고 하나님께 돌아옴), 신앙(그리스도를 주로 모심), 칭의(의롭다함을 받음), 수양(하나님의 양자가 됨), 성화(거룩하게 됨), 견인(하나님께서 택한 자를 끝까지 지키심을 깨닫고 견고한 믿음으로 참고 견딤), 영화(영광스러운 모습으로 변화됨).

인간(1:18-3:20)이 그리스도의 피를 믿음으로 하나님과의 관계를 정상적으로 회복하는 것입니다(3:21-5:21). 하나님과의 관계를 회복한 인간은 그리스도를 본받아 거룩한 새사람으로 성장해 갑니다. 이 과정을 성화라고 부릅니다(6:1-8:39). 성화의 과정을 거쳐 인간은 신령한 새 몸인 영체를 받아 영화에 들어갑니다(8:30). 이 영화는 종말에 영원한 천국에서 이루어집니다.

성화는 그리스도와의 연합(6:1-23)을 통해 이루어집니다. 또한 은혜 속에서 율법과 새로운 관계를 가짐(7:1-25)으로써 성화됩니다. 이 모든 과정 곧 그리스도와 연합과 율법과의 새 관계는 성령의 인도하심(8:1-39)을 통해 이루어집니다. 그래서 성화는 그리스도와의 연합(6:1-23), 율법과의 새 관계(7:1-25), 성령의 인도하심(8:1-39)으로 이루어집니다.

그리스도와의 연합을 통한 성화는 은혜와 죄(1, 2절), 그리스도와 연합과 세례(3-5절), 그리고 그리스도와 연합한 삶(6-14절)을 깨닫고 실천할 때 이루어집니다. 이 시간 그리스도와의 연합을 체험하시길 기도합니다. 성령님의 도우심으로 그리스도와의 신비로운 연합을 체험할 수 있습니다. 동시에 예수 그리스도를 믿음으로 그리스도와의 신비로운 연합을 경험할 수 있습니다. 성령의 도우심으로 예수 그리스도와의 신비로운 연합을 경험하여 모든 죄를 벗어 버리시기 바랍니다. 그리스도를 믿고 그와 연합해 그리스도의 거룩한 형상을 닮는 놀라운 영적 체험을 하시길 간절히 기도합니다. 성령님께 의지하는 마음으로 말씀을 상고하시기 바랍니다.

예수 그리스도를 통한 인류 구원의 큰 그림

하나님께서 예수 그리스도를 통해 인류를 구원하셨습니다. 그 놀라운 구원을 큰 그림으로 그려 보면 다음과 같습니다.

- 창조 → 타락(죄) → 구속(救贖, 구원) → 완성
- 죄(원죄, 자범죄, 죄성, 하나님의 영광에 이르지 못함) → 구원(칭의 → 성화 → 영화)

죄	의(구원)	
• 원죄 • 과거에 지은 죄	• 죄 사함 • 죄의 대가를 지불함	구원의 과거 (의롭다함, 칭의) Justicification
• 죄성(죄의 뿌리) • 현재 죄악된 모습(생각, 언어, 행위, 습관이 옛사람) • 율법의 요구에 이르지 못함 • 하나님의 영광에 이르지 못함(자기 노력)	• 죄성의 제거 • 은혜로운 새 삶(생각, 언어, 행위, 습관이 그리스도를 닮음) • 의에 헌신함(율법의 요구를 이룸) • 하나님께 기쁨이 되도록 새로운 삶의 능력을 받음(성령의 능력)	구원의 현재 (거룩하게 변화됨. 성화) Sanctification
• 완전한 하나님의 영광에 이르지 못함	• 완전한 죄의 제거 • 완전한 하나님의 영광에 이름	구원의 미래 (영화롭게 됨. 영화) Glorification

[표 7] 죄와 의(구원)

[표 7] 죄와 의에서 보는 바와 같이 하나님의 구원은 칭의, 성화, 영화의 과정을 거쳐 완성됩니다. 하나님은 칭의를 통해 하나님과 관계를 정상화한 하나님의 자녀를 성화로 이끄십니다. 성화가 이루어지려면 4가지 문제가 해결되어야 합니다.

첫째, 인간 내면에 깊이 박혀 있는 죄성이 제거되어야 합니다. 죄의 뿌리가 뽑히지 않으면 어느 정도 잘 나가다 다시 죄가 성장해 죄에 빠지고 맙니다. 인간 내면에 깊이 박혀 있는 죄성을 어떻게 제거할 수 있습니까?

둘째, 현재 죄악된 모습을 벗어 버리고 예수 그리스도를 닮은 거룩한 모습으로 변화되어야 합니다. 현재의 생각, 언어, 행위, 습관이 거룩하게 변화되어야 진정한 하나님 자녀의 모습으로 나타나게 됩니다. 어떻게 그렇게 변화될 수 있습니까?

셋째, 율법의 요구를 기쁘게 감당해 하나님의 영광에 이르러야 합니다. 거룩하게 변화된다는 것은 표면적으로만 율법을 지키는 것이 아니라 내면적으로 율법을 지키는 것입니다. 억지로 율법을 지키는 것이 아니라 기쁘게 자원해 율법을 지키는 것입니다. 어떻게 그처럼 될 수 있습니까? 그것이 성화의 비밀입니다.

넷째, 이 모든 성화는 인간의 노력과 함께 성령의 도우심으로 가능합니다. 인간의 힘만으로는 성화가 이루어지지 않습니다. 인간의 힘으로 할 수 없는 것이기 때문에 하나님께서 친히 구원하신 것이 아닙니까? 칭의는 전적으로 하나님께서 이루신 법적 선포이지만 성화는 성령의 도우심과 인간의 노력으로 그리스도를 닮아가는 과정입니다.

칭의와 성화는 어떻게 다른가?

성화가 칭의와 어떻게 다른지 깨달을 때 성화를 명확하게 이해할 수 있습니다. 칭의와 성화는 어떻게 다릅니까?

첫째, 칭의가 신분의 변화라면 성화는 상태의 변화입니다. 예수 그리스도를 믿음으로 죄사함을 받고 의롭다함을 받았습니다. 즉 칭의로 하나님의 자녀의 신분을 받았지만 상태까지 완전히 변화된 것은 아닙니다. 하나님의 자녀다운 거룩한 모습으로 변화를 이루어 가는 과정이 성화입니다. 그러므로 성화의 과정을 통해 많은 은혜를 누릴 수 있습니다.

둘째, 칭의는 단번에 이루어지지만 성화는 긴 시간 속에서 점진적으로 이루어집니다. 예수 그리스도를 주인으로 모시고 신앙고백을 하는 즉시 의롭다함, 곧 칭의를 단번에 받습니다. 반면에 성화는 점진적으로 계속됩니다. 오랜 시간을 거쳐 이루어집니다. 자기중심적인 생각과 삶의 태도가 하나님 중심적인 생각과 삶의 태도로 바뀌기까지는 상당한 시간이 필요합니다.

셋째, 성화는 칭의의 실제화(actualization)입니다. 하나님께서 예수 그리스도를 믿는 자에게 하나님의 자녀의 신분을 주셨는데 그 은혜를 실제 삶 속에서 온전히 이루어 가는 과정입니다.

넷째, 칭의는 순전한 하나님의 선물이지만 성화는 인간의 노력도 필요합니다. 칭의는 그리스도를 믿는 자에게 주시는 하나님의 선물로서 여기에 인간의 노력은 전적으로 배제되어 있습니다. 그러나 성화는 성령의 사역이기는 하지만 여기에는 인간의 노력도 필요합니다. 성령님께서 인간의 노력을 사용하여 성화를 이루십니다. 성화는 구원의 은혜를 받고 의지적으로 순종하는 자에게 주시는 하나님의 선물입니다. 성화는 하나님께서 칭의를 통해 이루신 구원의 은혜를 나의 실제 삶 속에서 이루어 가는 과정입니다. 하나님의 구원의 은혜를 실제화하는 과정에서 나의 노력이 필요한 것입니다.

칭의		성화
신분의 변화	◀---▶	상태의 변화
단번의 은혜	◀---▶	점진적인 은혜
성화의 기초	◀---▶	칭의의 실제화
그리스도를 믿는 자에게 주시는 하나님의 전적인 은혜	◀---▶	하나님의 은혜에 감사하고 의지적으로 순종하고 노력하는 자에게 주시는 하나님의 은혜

[표 8] 칭의와 성화의 비교

많은 크리스천들이 비록 거듭났다고 하지만 성화의 과정을 무시하다가 하나님의 구원의 은혜를 헛된 것으로 만들거나[144] 누리지 못하는 경우가 흔합니다. 모든 종교는 구원이 목표이지만 기독교는 구원이 출발입니다. 신자들은 하나님의 구원을 실제 삶 속에서 이

144) 성화 교리를 무시한 이단 구원파는 칭의를 너무 강조한 나머지 성화의 진리를 무시하여 이단으로 낙인 찍혔다. 이들은 도덕률 폐기론의 입장에 서 있다. 구원파뿐 아니라 정통 교회에 다니는 신자들 가운데서도 성화의 진리를 깨닫지 못하여 불신자와 방불한 삶을 사는 사람이 많다.

루며 하나님께 큰 영광을 돌리는 위대한 삶을 이제 시작하는 것입니다. 그 위대한 삶을 살펴봅시다.

그리스도의 은혜와 죄(1, 2절)

5장 마지막에서 은혜와 죄의 관계를 언급했습니다. "율법이 들어온 것은 범죄를 더하게 하려 함이라 그러나 죄가 더한 곳에 은혜가 더욱 넘쳤나니 이는 죄가 사망 안에서 왕 노릇 한 것 같이 은혜도 또한 의로 말미암아 왕 노릇하여 우리 주 예수 그리스도로 말미암아 영생에 이르게 하려함이라"(20-21절).

하나님께서 율법을 왜 주셨습니까? 그리스도 안에 있는 구속의 은혜를 풍성하게 하시기 위함입니다. 죄를 깨닫지 못하면 죄 용서함의 은혜도 깨닫지 못합니다. 죄의 심각성을 깨달을 때 은혜의 고마움을 깊이 깨닫습니다. 죄를 깨닫고 은혜를 절실히 갈구하게 하려면 어떻게 해야겠습니까? 율법이 있어야 합니다. 율법이 없으면 죄를 죄로 여기지 않습니다. 율법은 죄를 깨닫게 해줍니다. 죄를 깨달을 때 그리스도 안에 있는 속죄를 간절히 구하게 됩니다. 그러므로 율법은 죄를 깨닫게 하고 죄에 대한 무서운 심판의 압력을 가중시켜서 그리스도의 속죄를 절실히 간구하게 만듭니다. 그래서 그리스도의 보혈로 죄 사함을 받았을 때 감격이 넘치는 것입니다.

율법이 사람들의 죄를 죄로 폭로해 구속의 필요를 더하게 합니다. 죄가 많은 곳에 은혜가 더욱 넘칩니다. 죄를 적게 지은 사람과 많이 지은 사람이 둘 다 용서받았을 때 누가 더 은혜를 많이 느끼겠습니까? 당연히 많이 지은 사람입니다. 죄를 깨닫지 못하는 사람과 죄를 깊이 깨달은 사람 중 누가 더 하나님의 은혜를 깊이 깨닫겠습니까? 당연히 죄를 깊이 깨닫는 사람입니다. "죄가 더한 곳에 은혜가 더욱 넘쳤나니."

죄를 깨달을수록 그리스도를 더욱 의지하고 사랑함으로 강한 은혜의 통치를 받게 됩니다. 율법은 인류 구속 역사에 불필요한 것이 아니라 꼭 필요한 것입니다. 그러나 율법이 인류 구속 역사에서 최종 목적이 아닌데 유대인들은 최종 목적으로 착각해 오류를 범했습니다. 인류 구속 역사의 최종 목적은 하나님입니다. 그러므로 인간은 하나님에게 모든 초점을 맞춰야 합니다.

죄가 율법으로 말미암아 강력한 힘을 발합니다. 은혜는 그리스도 안에서 더욱 풍성해집니다. 죄가 사망을 무기로 강한 통치력을 발휘하나 은혜는 하나님께서 주시는 의로 말미암아 더욱 강력한 통치력을 발휘합니다. 죄는 인간을 사망에 이르게 만드나 은혜는 영생에 이르게 합니다. 여기에서 죄와 은혜를 비교하는 것은 죄가 아무리 크다 할지라도 은혜는 그보다 몇천 배 더 크다는 사실을 보여 주기 위해서입니다. 죄가 많을수록 은혜는 더욱 풍성해져 의를 재촉하게 됩니다. "많아지는 죄, 더욱 풍성해진 은혜!" "죄가 하나면 은혜는 천!" "죄가 더한 곳에 은혜가 넘칩니다!"

이처럼 은혜를 강조하니 반발하는 사람이 있을지 모르겠습니다. 은혜 곧 죄 용서를 강조하니 사람들이 쉽게 죄를 짓는다는 논리입니다. 죄에 대한 형벌을 무섭게 해야 죄가 근절되지, 죄를 지어도 바로 용서해 주면 사람들이 죄 짓는 것을 두려워하지 않는다는 것입니다. 은혜가 죄를 근절하기는커녕 오히려 조장한다는 것이 율법주의자들의 주장입니다. 이런 주장에 대한 답변은 무엇입니까?

> 은혜를 더하게 하려고 죄에 거하겠느냐 그럴 수 없느니라 죄에 대하여 죽은 우리가 어찌 그 가운데 더 살리요(1-2절).

율법주의자들은 은혜를 강조하면 죄를 조장하게 된다고 반대합니다. 죄를 엄하게 다루어 범죄자를 중벌에 처해야 하는데 죄인들을 용서해 주는 복음은 도덕률을 파괴한다고 주장합니다. 그러나 그들은 하나님의 은혜와 도덕률 폐기론(antinomianism)을 구분하지 못하는 오류를 범하고 있습니다. 도덕률 폐기론자들은 하나님의 은혜를 오해하고 있습니다. 하나님의 은혜를 색욕거리로 만든 자들입니다(유 4). 하나님의 은혜의 복음은 율법을 폐하는 것이 아니라 도리어 굳게 세웁니다(3:31).

"죄가 더한 곳에 은혜가 더욱 넘쳤나니." 이 말씀은 더욱 죄를 많이 지으라는 뜻이 아니라 아무리 죄가 많아도 하나님의 은혜가 더욱 풍성해 죄를 덮어 버린다는 뜻입니다. 죄에 대해 죽은 사람이 어찌 죄를 두둔하고 죄 속에 거하겠습니까? 주님께서 죄에서 해방시켜 주기 위해 귀한 목숨까지 바치셨는데 그리스도를 왕으로 모신 사람이 어찌 계속해서 죄 가운데서 살겠습니까?

여기서 '죄에 대하여 죽은 우리'[145]에 대한 여러 해석이 있습니다. '죄에 대하여 죽은 우리'는 죄를 완전히 벗어 버린 우리라는 말이 아닙니다. "그리스도를 믿음으로 죄와의 관계를 끊어 버린 우리가 또다시 죄 가운데 살겠는가" 하는 의미입니다. 하나님의 죄 용서를 이용해 더욱 과감히 죄를 짓는 자는 실은 하나님의 은혜를 전혀 모르는 자입니다. 하나님께서 왜 독생자를 희생해 인간을 죄에서 구원해 주셨습니까? 마음대로 죄를 지으라고 그러셨습니까? 그렇지 않습니다. 다시는 죄짓지 말고 거룩하고 아름다운 하나님의 자녀의 삶을 살라고 구원해 주신 것입니다. 하나님의 은혜는 죄를 조장하는 것이 아니라 죄에서 벗어나 거룩한 삶을 살도록 만듭니다.

그리스도와의 연합과 세례(3-5절)

죄인이 어떻게 성화를 이룹니까? 그리스도와 연합한 삶을 통해서라면 가능합니다. 하나님을 떠나 죄 가운데 살던 죄인들이 어떻게 하나님의 형상을 회복하며 거룩한 삶을 살 수 있습니까? 예수 그리스도와 연합하는 삶을 통해 가능합니다. 어떻게 마음속 깊이 뿌리박혀 있는 죄성을 제거하고 그리스도를 닮은 새로운 삶을 살 수 있습니까? 예수 그리스도와 연합하는 삶을 통해 가능합니다.

신자는 이미 예수 그리스도와 연합한 사람입니다. 예수님을 믿는다는 것은 예수 그리스도가 나를 위해 십자가에 못박히고 내 죄를 대신해 죽으셨음을 믿는 것입니다. 또한 죽은 지 사흘 만에 부활하

145) '죄에 대하여 죽은 우리' 신자들은 시체처럼 죄에 대해 무감각하고 죽은 자라는 해석은 옳지 않다. 존 스토트는 이 해석의 부당함을 3가지로 지적했다. 첫째, 그리스도의 죽음의 의미와 상반된다(2, 10, 11절). 그리스도가 죄에 대하여 아무런 반응을 할 수 없는 경우는 아니었다. 둘째, 바울의 결론적 권고들과 상반된다. "죄의 사욕에 순종하지 말라"(12절). "지체를 죄에게 드리지 말라"(13절). 셋째, 그리스도인들의 경험과 상반된다. 거듭난 그리스도인들 안에도 죄의 정욕이 살아 있다. 바른 해석은 무엇인가? 이는 육체적 설명이 아니라 법적인 설명이다. 죄의 형벌을 다 치렀으므로 죄가 대가를 요구할 수 없는 상태다.

셨음을 믿는 것입니다. 내가 그리스도와 연합해 십자가에 죽었고 그리스도와 연합해 부활했음을 믿는 것입니다. 그리스도의 십자가 죽음과 부활에 연합했음을 고백하는 믿음을 확인하는 것이 곧 세례입니다. 세례의 원형은 침례였습니다. 물속에 잠기는 것은 그리스도와 연합해 죽어 장사지냄을, 물 밖으로 나오는 것은 부활했음을 표현하는 것입니다. 예수 그리스도를 나의 마음에 모실 때 성령님께서 그리스도와의 신비로운 연합을 이루어 주십니다.

> 무릇 그리스도 예수와 합하여 세례를 받은 우리는 그의 죽으심과 합하여 세례를 받은 줄을 알지 못하느냐(3절).

그리스도를 주님으로 모신 크리스천들은 그리스도와 연합해 옛사람은 죽고 새사람으로 부활한 사람입니다. 우리가 어떻게 그리스도와 연합할 수 있습니까? 믿음으로 가능합니다. 복음을 믿을 때 성령님께서 그리스도와 신비로운 연합을 이루어 주십니다. 내가 그리스도와 연합해 십자가에 함께 죽었으며, 또한 그리스도와 연합해 함께 부활해 새사람 되었음을 믿는 것이 참된 믿음입니다.

이 연합은 구약성경에도 그려져 있습니다. 성전에서 제물을 바칠 때 제물의 머리에 안수하고 죄를 고백합니다. 이는 제물과 자신을 동일시하는 것입니다. 나의 죄를 제물에게 전가시키는 것입니다. 제물의 죽음은 곧 나의 죽음이요 제물의 피 흘림은 곧 나의 피 흘림입니다. 제물과 나 자신의 동일시가 구약 제사 때 있었는데 신약시대에는 속죄제물이 되신 그리스도와 나 자신을 동일시하는 것입니다. 이것이 진정한 기독교 신앙입니다.

참된 기독교 신앙은 그리스도의 십자가 죽음과 부활에 연합한 신앙입니다. 그리스도의 십자가에 연합한 사람은 그리스도의 부활에 연합할 것입니다. 그리스도가 우리를 위해 십자가에 죽으심은 우리를 구원하여 그리스도처럼 영광스럽게 살게 하기 위함입니다. 영원한 생명을 가지고 새로운 생명의 삶을 살게 하기 위함입니다. 그러므로 그리스도의 십자가 죽음과 부활에 연합한 신앙과 삶이 중요합니다.

> 만일 우리가 그의 죽으심과 같은 모양으로 연합한 자가 되었으면 또한 그의 부활과 같은 모양으로 연합한 자도 되리라(5절).

바른 기독교 신앙은 예수 그리스도와의 연합이 기초입니다. 그리스도의 십자가 죽음이 나를 위한 죽음이었으며, 나는 그리스도와 연합하여 그리스도와 함께 십자가에 못박혔음을 믿는 것입니다. 마찬가지로 나는 부활하신 그리스도를 믿으며, 그리스도와 연합해 함께 부활하고 부활의 생명을 받았음을 믿는 것입니다. 그리스도와 나를 동일시하는 것(identify)이 바로 진정한 기독교 신앙입니다.

사람들의 마음에는 죄 공장이 있습니다. 이 죄 공장을 부숴 버려야 성화가 이루어집니다. 조금 성화되었다가 도로 죄를 짓고 괴로워하는 것은 죄 공장이 파괴되지 않은 채 계속해서 죄를 만들어 내기 때문입니다. 어떻게 해야 내 마음에 있는 죄 공장을 부숴 버릴 수 있습니까? 어떻게 해야 죄의 본성을 뿌리채 뽑아버릴 수 있습니까? 그 답은 바로 5절 말씀입니다. 그리스도의 십자가와 부활에 연합한 신앙과 삶을 통해 죄의 공장을 부숴 버릴 수 있습니다.

그리스도와 연합한 삶(6-14절)

첫째 아담에 속해 살겠습니까? 아니면 둘째 아담인 그리스도에 속해 살겠습니까? 우리는 엄숙한 선택을 하지 않으면 안 됩니다. 아담에게 속해 있을 때 인간은 원죄를 피할 수 없습니다. 아담에게 속해 있을 때 인간은 죄에 매여 있고 결국은 죽음을 맞습니다. 사람이 죄와 죽음을 피하는 길은 둘째 아담, 곧 새 인류의 조상인 그리스도에게 속하는 것뿐입니다. 즉 사람이 원죄와 함께 죄성을 뿌리 뽑을 수 있는 길은 둘째 아담인 그리스도에게 온전히 속하는 것입니다. 그리스도의 강한 통치를 받는 것입니다. 그리스도의 은혜에 충만했을 때 죄는 인간 안에 발붙일 수 없습니다. 그리스도의 은혜에 충만한 길이 바로 그리스도의 십자가 죽음과 부활에 연합하여 사는 삶입니다.

그리스도의 십자가는 칭의를 위한 십자가입니다. 동시에 성화를 위한 십자가이기도 합니다. 많은 사람들이 그리스도의 십자가와 부활을 칭의를 위한 것으로만 알고 있습니다. 즉 나의 죄 사함을 위해 십자가 보혈을 찾습니다. 그러나 나의 성화를 위해서는 찾지 않습니다. 그래서 사람들이 성화되지 못하고 늘 죄에 빠져 허우적거리는 것입니다.

그리스도와 연합해 죄의 뿌리를 제거하고 그리스도를 닮아 의롭게 되는 길은 무엇입니까? '알라' (6-9절), '여기라' (10, 11절), '드리라' (12, 13절)는 세 동사에 주목해야 합니다.

알라(6–9절)

신자가 그리스도와 연합하고 죄를 극복하기 위해 꼭 필요한 일은 무엇입니까?(6-9절) '우리가 알거니와' (6절), '앎이로라' (9절). 알기를 강조하고 있습니다. 우리 믿는 자들이 꼭 알아야 할 것은 2가지입니다.

첫째, 죄와 죄의 지배에서 벗어난 사실을 알아야 합니다.

> 우리가 알거니와 우리의 옛사람이 예수와 함께 십자가에 못박힌 것은 죄의 몸이 죽어 다시는 우리가 죄에게 종노릇 하지 아니하려 함이니(6절).

원죄와 자범죄가 해결되지 않았을 때에는 우리의 약점 때문에 죄에 끌려다녀야 했습니다. 남편 몰래 간음을 저지른 여인이 죄를 숨기고 있을 때 악당들에게 끌려다닐 수밖에 없는 것과 같습니다. 자기 죄의 약점 때문에 돈을 빼앗기고 악당들이 요구하는 대로 따르지 않을 수 없습니다. 그러나 남편에게 모든 사실을 털어 놓고 갚아야 할 것을 다 갚은 후에는 악당들에게 다시 끌려다닐 필요가 없습니다.

그리스도가 나 대신 죽으심으로 나의 옛사람, 즉 죄의 몸[146)]이 죽어 다시는 죄의 종노릇하지 않게 만들어 주셨습니다. 그리스도가 나를 대신해 십자가에 못박혀 죽으신 목적은 나를 죄와 죄의 세력

---

146) '죄의 몸.' "너희 몸은 너희가 하나님께로부터 받은 바 너희 가운데 계신 성령의 전"(고전 6:19)이라는 말씀에 비추어 볼 때 몸이 죄 자체이거나 죄악 덩어리라는 뜻은 아니다. "죄에 예속되어 죄의 도구로 사용당하고 있는 몸"이라는 해석이 옳다.

에서 건지시기 위함입니다. 죄의 노예가 아니라 하나님의 자녀로 당당히 살아가게 하시기 위함입니다. 우리는 예수 그리스도의 십자가 죽음에 연합해 옛사람이 죽었으므로 더 이상 죄의 채무를 지지 않습니다. 죄와 죄의 세력에서 벗어났음을 잊지 말고 자유로운 하나님의 자녀로 살아야 합니다.

둘째, 신자는 죄와 죄의 세력으로부터 반드시 승리한다는 사실을 알아야 합니다.

> 만일 우리가 그리스도와 함께 죽었으면 또한 그와 함께 살 줄을 믿노니 이는 그리스도께서 죽은 자 가운데서 살아나셨으매 다시 죽지 아니하시고 사망이 다시 그를 주장하지 못할 줄을 앎이로라(8-9절).

그리스도는 죽으셨지만 다시 살아나셨습니다. 사망 권세를 이기고 승리하셨습니다. 그러므로 우리가 그리스도와 함께 십자가에 죽었으면 그리스도와 함께 부활할 줄 믿습니다. 그리스도가 죽은 자 가운데서 살아나셨으므로 다시는 죽는 일도 없고 죽음이 그분을 지배하지 못합니다. 그리스도와 연합해 함께 십자가에 죽었다면 우리는 그리스도처럼 죄의 지배를 받지 않고 승리의 삶을 살 수 있습니다. 세상에서 여전히 죄의 유혹을 받아 넘어지지만 그리스도가 최종 승리를 하셨기 때문에 나도 언젠가는 죄의 세력에서 승리할 것이라는 확신을 가질 때 죄와 투쟁하며 다시 일어설 수 있습니다.

복음 진리에 대한 지식이 성화의 기초가 됩니다. 복음에 대한 확신이 그리스도와 연합된 삶을 살게 하며 죄의 세력으로부터 벗어나게 합니다. 복음 진리에 대한 명확한 지식이 있을 때 성령님께서 그 지식을 통해 우리 믿는 자들을 하나님의 자녀로 살도록 인도하십니다. 그러므로 복음 진리를 알아야 합니다. "내 백성이 지식이 없으므로 망하는도다."[147] "알라. 알아야 한다. 확신하라." "복음 진리의 지식을 명확하게 알고 확신하라. 그 진리가 너희를 자유롭게 하리라." 복음 진리를 확신할 때 성령님께서 내가 붙잡고 있는 그 진리의 말씀을 통해 자유롭게 해주실 것입니다.

여기라(10, 11절)

'여기라' 는 말은 없는 사실을 있는 것처럼 여기라는 의미가 아닙니다. 실제로 일어난 실제적인 사건을 파악하여 굳게 붙잡으라는 말씀입니다. 너무 엄청난 사실이라서 영접하지 못하고 어리둥절해 있지 말고 나를 위해 일어난 사건임을 확신하고 크게 기뻐하며 누리라는 말입니다. 그렇다면 무슨 내용을 마음에 영접하고 기뻐해야 합니까?

> 그가 죽으심은 죄에 대하여 단번에 죽으심이요 그가 살아 계심은 하나님께 대하여 살아 계심이니 이와 같이 너희도 너희 자신을 죄에 대하여 죽은 자요 그리스도 예수 안에서 하나님을 대하여는 살아 있는 자로 여길지어다(10-11절).

'죄에 대하여 내가 죽었음' 과 '하나님을 대하여[148] 내가 살아 있

147) 호세아 4:6 참조.

음'을 확신하고 사실로 여기라는 것입니다. 우리는 죽은 적이 없기 때문에 이 말씀이 실감 나지 않을지 모릅니다. 부활도 실감이 나지 않을지 모릅니다. 그러나 그리스도와 연합한 사람은 그리스도와 함께 십자가에 죽었습니다. 그리고 그리스도와 연합해 부활했습니다. 그러니 이를 진짜로 믿고 자기에게 일어난 사실로 여기라는 말씀입니다.

우리나라에 인조반정 사건이 있었습니다. 광해군이 폭정을 일삼자 신하들이 그의 왕위를 폐하고 대신 인조를 왕위에 모신 사건입니다. 당시 인조는 난리를 피해 왕자 신분을 감추고 강화도에서 소금을 팔며 촌부로 지내고 있었습니다. 시골에서 소금을 팔던 촌부가 어느 날 갑자기 왕이 되었을 때 자기가 맞이한 현실이 실감이 났겠습니까? 그러나 이제 그는 더 이상 소금장수가 아니라 엄연히 왕이었습니다. 비록 감정적으로 실감 나지 않더라도 사실을 받아들이고 스스로를 왕으로 여겨야 합니다.

마찬가지로 그리스도의 죽음과 부활에 연합한 자는 실감이 나지 않더라도 자신을 그리스도와 함께 십자가에 죽어 죄에 대해 죽은 자요 그리스도와 함께 부활해 하나님께 대해 산 자로 여겨야 합니다. 왕이 되었는데도 여전히 자신을 소금장수로 여기고 있다면 현재 왕으로 살아가는 삶이 거북하게 느껴질 것입니다. 그래서는 왕의 특권과 영광스러운 삶을 누릴 수 없습니다. 그러므로 감정적으로는 어렵겠지만 사실을 사실로 받아들이고 누려야 합니다. 크리스

148) '하나님을 대하여'를 '하나님으로 말미암아' 혹은 '하나님 안에서'로 해석한 학자들(칼빈, 크리소스톰)이 있고 '하나님을 위하여' 혹은 '하나님 영광을 위하여'로 해석한 학자들(머레이, 메이어, 헨드릭슨)이 있다.

천들도 자신이 죄에 대해 죽고 하나님에 대해 산 자임을 마음 깊이 받아들이고 누려야 합니다. 그럴 때 죄의 세력에서 벗어나 자유를 누릴 수 있습니다. "너희 자신을 죄에 대해 죽은 자로 여길지어다! 하나님 앞에 다시 태어난 자로 여길지어다!"

드리라(12, 13절)

그리스도와 연합한 삶에서 가장 중요한 것은 '드리라!' 입니다. 그리스도께 나 자신을 드림으로 죄의 세력에서 벗어나 성화를 이루는 것입니다. "오직 너희 자신을… 하나님께 드리며," "너희 지체를 의의 무기로 하나님께 드리라!" 고 하나님은 말씀하십니다. '드린다(yield)' 는 것은 '항복하다,' '양도하다,' '헌신하다' 는 의미입니다. 내 삶의 주도권을 하나님께 양도하고 헌신하는 것을 말합니다. 삶의 주도권을 양도한 후에는 다시 하나님께 받아 하나님의 뜻대로 살아갑니다. 그럴 때 진정한 성화가 이루어집니다.

그 그림이 오병이어 사건에 나타나 있습니다. 보리 떡 다섯 개와 물고기 두 마리 그 자체는 한 사람의 식사 양으로도 부족했습니다. 그러나 오병이어를 주님께 드리자 주님께서 축사하신 후에 다시 나누어 주셨고 오천 명을 먹일 수 있었습니다. 바로 그것입니다. 거듭난 하나님의 자녀들은 자기의 생명이 주님의 소유임을 인정하고, 그 생명을 주님으로부터 받아 주님의 뜻대로 살아갑니다. 주님께서 내 안에서 왕이 되어 다스리실 때 내 안에 천국이 이루어집니다.

거듭난 하나님의 자녀는 의의 자녀의 신분일지라도 여전히 죄인과 같은 상태로 있습니다. 육체 안에 죄의 본성이 살아 있고 '몸의 사욕' 이 남아 있습니다. 삶의 주도권을 '몸의 사욕' 에 내맡기면 나는 여지없이 죄의 지배를 받게 됩니다. 그러나 삶의 주도권을 하나님께 드리면 죄가 나를 주장하지 못하게 됩니다. 내 삶의 주도권을 '몸의 사욕'에 맡길 것인가 아니면 하나님께 맡길 것인가에 따라 죄의 지배를 받을 것인가 아니면 하나님의 통치를 받을 것인가가 결정됩니다.

하나님께 나 자신을 드릴 때 "너희 지체를 불의의 무기로 죄에게 내주지 말고… 너희 지체를 의의 무기로 하나님께 드리라"(13절)는 말씀을 주목해 보아야 합니다. 먼저 자신에서 '지체'로 바뀌었습니다. 구체적인 표현입니다. 예수님을 믿기 전에는 나의 손이 폭력을 행하고 있었다면 이제는 섬기고 베푸는 손으로 하나님께 드리라는 것입니다. 복음을 받기 전에 내 입은 나 자신을 높이는 일에만 사용되었다면 이제 복음을 받은 후에는 하나님을 찬양하고 복음을 증거하는데 사용되도록 하나님께 드리라는 것입니다.

"너희 지체를 의의 무기로 하나님께 드리라!" 다음에 주목할 점은 '불의의 무기'와 '의의 무기'입니다. 악에 사용되는 무기가 불의의 무기입니다. 의의 무기는 의를 행하는 데 사용되는 무기입니다. 나의 지체 곧 손, 발, 눈, 입, 귀 등이 불의의 무기로 사용되도록 죄에게 내주지 말고 하나님의 뜻을 행하는 의의 무기가 되도록 하나님께 드리는 것이 성화에 중요합니다. 그러므로 매 순간 성령님께 상의드려야 합니다. "성령님, 제 손과 발을 어떻게 사용해야 할까요? 가르쳐 주소서!" 매 순간 성령님의 도움을 받아 지체를 하나님께 드릴 때 죄가 나를 주장하지 못합니다. 죄의 세력에서 해방되고 하나님의 은혜 속에서 참 자유를 누리게 됩니다.

'알라!' '여기라!' '드리라!'

사람은 어떻게 해야 죄의 본성에서 벗어날 수 있습니까? 그리스도와의 연합을 통해 죄에서 벗어나 성화를 이룰 수 있습니다. 그리스도와 어떻게 연합합니까? '믿음' 으로 가능합니다. 예수님의 십자가와 부활을 믿을 때 성령님께서 나를 그리스도와 연합시켜 주십니다. 예수님께서 나를 구원하기 위해 나 대신 십자가에 못박혀 죽으셨음을 믿을 때 그리스도의 십자가에 연합됩니다. 또한 그리스도가 나를 구원하기 위해 부활하셨음을 믿을 때 나는 그리스도의 부활의 생명을 받게 되며 그리스도와 연합하게 됩니다. 또한 '알라!' '여기라!' '드리라!'를 통해 그리스도와 구체적으로 연합할 수 있습니다.

구체적인 예를 들어봅시다. 지각을 자주 하는 어떤 사람이 있습니다. 능력은 많지만 지각하는 것 때문에 주변의 평가도 나쁘고 일의 결과도 좋지 않았습니다. 그는 결심합니다. "지각하는 습관을 고치지 않고는 성공할 수 없다." 그는 앞으로는 지각하지 않기로 결심했지만 다시 지각하고 말았습니다. 사탄은 그의 귀에 속삭입니다. "이런 네가 무슨 하나님의 아들이니? 너는 평생 실패하고 말 거야."

그는 이 문제를 가지고 하나님께 나아갑니다. "하나님, 오늘 또 지각하고 말았습니다. 정말 괴롭습니다. 저를 위해 주님은 십자가에서 목숨까지 버리셨는데 참으로 죄송합니다. 주님께서 십자가에 죽으신 것은 약점이 많은 저를 구원하시기 위함임을 믿습니다. 제가 지금은 이렇게 비틀거리지만 언젠가는 약한 모습을 벗고 주님의 기쁨이 될 줄 믿습니다. 사탄이 저를 향해 비웃고 있습니다. 저는 조롱받아 마땅한 자입니다. 그러나 주님을 믿습니다. 주님은 저를 위해 고귀한 생명을 바치셨으므로 제가 반드시 이 게으른 습관을 벗어 버릴 줄 믿습니다. 주님 다시 일어섭니다. 이런 죄인을 위해 목숨까지 버리신 주님을 찬양합니다. 늘 게으르고 지각하는 저 자신을 십자가에 못박아 버립니다. 부지런하고 의로운 새사람으로 빚어 주셨으니 은혜를 붙들고 다시 일어서겠습니다. 특별히 제가 밤늦게까지 컴퓨터를 하느라 피곤해서 일찍 일어나지 못하는 걸 알았습니다. 절제력을 키워 이 문제를 해결하겠습니다. 제 자신을 십자가에 못박으오니 그리스도 안에서 새로운 피조물로 살아가게 하소서!"

그날밤 그는 컴퓨터의 유혹을 물리치고 밤 11시에 잠자리에 들었고 다음 날 지각하지 않고 회사에 출근 시간 10분 전에 도착했습니다. 사람들이 놀랍니다. "해가 서쪽에서 뜨겠네. ○○○ 씨가 벌써 오다니! 기적이 일어났네." 그는 이렇게 대답했습니다. "네, 기적이 일어났습니다. 옛사람이 죽고 제가 새사람으로 태어났습니다." 그리고 감사기도를 드렸습니다. "주님 지금까지 수십 년 동안 이 게으름 때문에 사람들의 비웃음을 사고 늘 좋은 결과를 얻지 못했습니다. 오늘 주님께서 십자가의 복음, 부활의 복음으로 치료해 주시니 감사합니다. 성화의 길을 체험케 해주심을 감사합니다. 하나님께 영광 돌립니다. 아멘."

주님의 십자가는 칭의를 위한 십자가입니다. 또한 성화를 위한 십자가입니다. 주님의 십자가와 부활에 연합함을 통해 죄에서 벗어나 성화를 이룹니다. "나는 날마다 죽노라!" 그리고 "나는 날마다 사노라!"

은혜 신앙은 방종이나 율법주의 신앙과 어떻게 다른가?

복음을 받은 사람은 하나님의 구원의 은혜에 감동합니다. 하나님의 은혜를 최우선으로 생각하며 절대적으로 감사합니다. 하나님의 구원의 은혜를 붙들고 그 은혜에 보답하는 삶을 살고자 힘씁니다. 그러다보니 은혜가 그의 생각, 감정, 행동을 지배하게 되고 은혜에 감격해 기쁨으로 살아갑니다. 오직 의인은 믿음으로 살리라! 오직 의인은 복음으로 살리라! 오직 의인은 예수님으로 살리라! 오직 의인은 은혜로 살리라! 은혜 신앙은 '환희' 와 '감격' 입니다.

'환희' 와 '감격' ! 성령의 감동으로 영의 눈이 열릴 때 그리스도 안에서 바로 이 '환희' 와 '감격' 을 발견합니다. 말할 수 없는 기쁨, 천국의 기쁨, 성령의 기쁨에 가득 찹니다. 성령의 감동을 입어 '환희' 와 '감격' 에 충만하게 될 때 평소 어렵게 여겼던 일도 즐거이 감당하게 됩니다. 주위 사람들에게까지 감동을 줍니다. 그 '환희' 와 '감격' 으로 율법도 즐거이 행하여 성화를 이루게 됩니다.

은혜 신앙은 방종과는 본질적으로 다릅니다. 방종의 본질은 자기중심주의입니다. 하나님의 은혜를 자기 안위와 행복을 위해 이용하는 신앙입니다. 거기에는 진리가 없습니다. 중심에 자기가 있고 하나님의 은혜를 이용해 자기 기쁨과 자기만족을 추구합니다. 하나님께서 용서해 주셨으니 이제 마음대로 죄를 짓자는 태도입니다. 성화가 없습니다. 경건의 모양은 있으나 경건의 능력은 없습니다. 하나님을 섬기는 것 같으나 실은 자기를 섬기며 살아갑니다. 그의 영에 하나님이 없습니다. 그러기에 진정한 감사가 없습니다. 하나님을 만난 감격이 없습니다. 초자연적인 은혜를 알지 못합니다. 하나님의 은혜가 약간 기분 좋게 할 뿐 자기를 변화시키지 못합니다. 복음 신앙을 가진 사람들도 조금만 방심하면 방종 신앙에 빠질 수 있습니다.

사탄이 하나님의 자녀를 타락시키기 쉬운 길이 바로 이것입니다. "하나님은 네 모든 죄를 용서해 주셨어. 그러므로 이까짓 죄 정도는 다 용서해 주실 거야." 많은 하나님의 자녀들이 이 함정에 빠져 타락합니다. 은혜를 상실해 버리고 은혜 없는 삶으로 돌아갑니다. "하나님께서 죄를 용서해 주셨는데 내가 또 죄를 지으면 어떻게 하겠는가? 하나님의 은혜를 배신하지 말아야지. 주님, 저는 이제 주님의 것입니다. 주님뿐입니다. 잠시 악한 생각을 했지만 회개합니다. 저에겐 주님뿐입니다. 이런 연약한 죄인을 구원하신 주님을 찬양합니다."

자기를 철저히 버리고 은혜를 붙들 때 은혜 신앙을 회복하게 됩니다. 은혜 신앙은 율법주의 신앙과 본질적으로 다릅니다. 율법주의 신앙은 겉으로 보기에 하나님을 대단히 잘 섬기는 것 같습니다. 주일 성수와 십일조 생활도 엄격하게 잘 지킵니다. 주위에서 칭찬을 받습니다. 그러나 내면을 깊이 통찰해 보면 기쁨이 없습니다. 감사가 없습니다. 하나님의 은혜에 대한 환희와 감격이 없습니다. 율법주의 신앙에서 돋보이는 것은 '의무감' 입니다. 남을 정죄합니다. 비난을 잘합니다.

자기가 만들어 놓은 법으로 남을 정죄합니다. 자기도 지키지 못하면서 남에게 지킬 것을 강요합니다. 은혜 신앙을 가진 사람도 잠시 방심하다가 은혜를 상실하면 어쩔 수 없이 율법주의 신앙으로 전락할 수 있습니다. 은혜가 떨어지면 율법주의 신앙으로 전락합니다. 의무감으로 버팁니다. 기쁨도 빼앗겨 버리고 감격도 없이 신앙생활을 합니다. 마지못해 끌려가듯 하다보니 내면이 변화되지 않습니다. 그래서 율법주의 신앙은 전도를 못합니다. 향기를 잃어 버린 꽃처럼 선한 영향력을 끼치지 못합니다. 율법주의 신앙의 핵심은 하나님이 아니라 자기입니다. 하나님의 영광이 아니라 자기 영광에 민감합니다. 율법주의 신앙을 가진 사람은 고집이 세서 고치기가 쉽지 않습니다. 겉으로는 경건해 보이기 때문에 무엇이 잘못되었는지 발견하기 어렵습니다. 몇 가지 질문을 해보아야 합니다.

"나의 내면에 '환희'와 '감격'이 있는가?"

"나는 근본적으로 변화가 되고 있는가?"

"내 주위 사람들이 나를 보고 감동을 받고 있는가? 전도를 잘하고 있는가?"

율법주의 신앙에서 은혜 신앙으로 회복되려면 자기를 버리고 은혜를 붙잡아야 합니다. 나를 구원하신 예수 그리스도와의 관계를 회복해야 합니다. 그리스도 안에서 내가 죽고 다시 태어나야 합니다. "여호와는 나의 목자시니 내게 부족함이 없으리로다. 나의 기쁨, 나의 소망, 나의 생명이신 예수님께 이 생명을 바칩니다." 이런 고백이 나오도록 은혜를 붙잡고 은혜의 삶을 시작해야 합니다. 은혜 신앙의 핵심은 예수님입니다. 예수님이 바로 은혜입니다. "믿음으로 살리라!" "복음으로 살리라!" "오직 예수 그리스도로 말미암아 살리라!" 그런 신앙과 삶 속에 '환희'와 '감격'이 넘칠 것입니다.

Chapter 13 거룩함에 이르라

로마서 6:15-23

15 그런즉 어찌하리요 우리가 법 아래에 있지 아니하고 은혜 아래에 있으니 죄를 지으리요
그럴 수 없느니라
16 너희 자신을 종으로 내주어 누구에게 순종하든지 그 순종함을 받는 자의 종이 되는 줄을
너희가 알지 못하느냐 혹은 죄의 종으로 사망에 이르고 혹은 순종의 종으로 의에 이르느
니라
17 하나님께 감사하리로다 너희가 본래 죄의 종이더니 너희에게 전하여 준 바 교훈의 본을
마음으로 순종하여
18 죄로부터 해방되어 의에게 종이 되었느니라
19 너희 육신이 연약하므로 내가 사람의 예대로 말하노니 전에 너희가 너희 지체를 부정과
불법에 내주어 불법에 이른 것 같이 이제는 너희 지체를 의에게 종으로 내주어 거룩함에
이르라
20 너희가 죄의 종이 되었을 때에는 의에 대하여 자유로웠느니라
21 너희가 그때에 무슨 열매를 얻었느냐 이제는 너희가 그 일을 부끄러워하나니 이는 그 마
지막이 사망임이라
22 그러나 이제는 너희가 죄로부터 해방되고 하나님께 종이 되어 거룩함에 이르는 열매를
맺었으니 그 마지막은 영생이라
23 죄의 삯은 사망이요 하나님의 은사는 그리스도 예수 우리 주 안에 있는 영생이니라

Exegesis

주해 (註解)

'법 아래 있지 아니하고 은혜 아래 있음'(15절)

이 짧은 말은 바울 사도의 거대한 신학 사상을 나타내고 있습니다. '법 아래'라는 말은 '율법체계 아래'라는 말이며 '은혜 아래'라는 말은 '은혜체계 아래'라는 말입니다. 율법체계 아래는 곧 자력 구원체계를 말합니다. 스스로를 구원할 수 없는 인간은 하나님의 은혜 밖에서는 구원을 찾아 발버둥칠 수밖에 없습니다. 그렇게 인간은 자기 힘으로 온갖 노력을 한 후에 최고의 법은 하나님의 율법이라는 것을 발견하게 됩니다. 그렇습니다. 율법은 하나님께서 인간에게 계시하신 최고의 법이 분명합니다. 그런데 문제는 인간의 본성이 타락해 율법을 지킬 수 없다는 것입니다. 인간은 자신의 죄성을 깨닫지 못하고 자기 노력으로 율법을 지키려고 몸부림을 칩니다. 율법을 붙들고 자기 힘과 노력으로 구원에 이르고자 발버둥쳐 보지만 결국 절망과 좌절, 거짓 평화와 위선에 빠질 수밖에 없습니다. 자력 구원체계 아래서는 아무리 노력해도 결국 구원에 이르지 못합니다.

은혜체계 아래에서는 그렇지 않습니다. 하나님께서 인간의 죄성과 연약함을 아시고 구원을 선물로 주셨기 때문입니다. 선물은 값없이 거저 주는 것입니다. 그러므로 은혜는 곧 선물이라는 뜻과 같습니다. 하나님께서 은혜로 구원을 베풀어 주셨으므로 겸손히 하나님의 선물을 받아들이면 구원을 받습니다. 나의 선이나 공로가 없이 하나님의 은혜로 이미 구원받았으므로 그저 감사하고 기쁩니다. 하나님의 은혜를 믿고 감사하며 순종하며 나가면 하나님께서 다 이루어 주시니 율법 아래 있을 때처럼 긴장과 고통, 끊임없는 좌절과 처절한 싸움이 필요 없습니다. 나의 공로 없이도 하나님의 은혜와 그리스도의 공로로 구원받는 것입니다. 그러므로 은혜 아래 있을 때는 항상 감사하고 즐겁습니다.

부족한 자기 힘과 능력으로 죄와 싸울 때 사람은 더욱 죄의 지배를 받을 수밖에 없습니다. 그래서 율법 아래 있을 때 도리어 더 죄의 영향을 받고 죄의 지배 속에서 살게 됩니다. 그러나 은혜 아래 있을 때는 죄의 지배를 벗어났으므로 죄가 주관치 못합니다. 은혜 아래 사는 신자는 하나님의 은혜의 보자기에 싸여 있으므로 죄의 영향력에서 벗어나 하나님의 은혜 가운데서 자유와 기쁨을 누리게 됩니다.

'사람의 예대로 말하노니'(19절)

사람의 예대로 말한다함은 이해하기 힘든 영적 진리를 사람들이 이해하기 쉬운 방식대로 설명한다는 말입니다. 그렇다면 무슨 진리를 사람의 예대로 말한다는 것입니까? 죄에 순종하지 말고 의에 순종해 거룩함에 이르라는 진리였습니다. 사람들은 그리스도를 믿기 전에는 제멋대로 살았습니다. 밤새워 술 마시고 놀며 도박도 했습니다. 연애하는 사람은 밤새워 연애편지를 쓰고 온갖 선물로 사랑을 표현하기도 했습니다.

그런 생활의 결과는 어떠합니까? 지체를 부정과 불법에 드린 결과는 죄악된 삶, 불법, 부끄러움의 열매였고 더 나아가 사망이었습니다. 죄악된 삶에 쏟던 에너지와 돈과 노력을 의에 쏟았다면 얼마나 풍성한 은혜와 축복이 있었겠습니까? 돈을 뿌리며 밤새워 술 마시고 노는 데 들인 노력을 성경공부하는 데 쏟는다면 얼마나 은혜가 풍성한 의롭고 복된 삶을 살겠습니까? 게임하는 데 쏟는 노력만큼 하나님 일에 봉사한다면 복음 역사가 달라질 것입니다. 연애하는 열정으로 소감쓰기와 제자양육에 힘쓴다면 놀라운 영적 열매를 맺게 될 것입니다. "이제는 너희 지체를 의에게 종으로 내주어 거룩함에 이르라"(19절).

성화의 길이 어렵지 않습니다. 하나님의 은혜에 감사하고 이제 은혜 받은 자로서의 새 삶의 방식, 곧 순종과 사랑의 헌신을 몸에 익혀 살면 새사람으로 변화되어 영생의 열매를 맺으며 거룩하게 복되게 살아갈 것입니다.

거룩함에 이르라 (로마서 6:15-23)

"그러나 이제는 너희가 죄로부터 해방되고 하나님께 종이 되어 거룩함에 이르는 열매를 맺었으니 이 마지막은 영생이라"(22절).

신앙생활다운 신앙생활은 예수님을 닮아 가는 것입니다. 이를 성화(sanctification)라고 하며 그 과정 속에서 우리는 큰 은혜를 체험하게 됩니다. 예수님을 닮아 거룩하게 되는 과정입니다. 아담의 범죄 이후 잃어 버린 하나님의 형상을 회복하는 과정입니다. 칭의는 단번에 이루어졌지만 성화는 긴 과정을 통해 이루어집니다. 칭의가 어린양의 피를 바르고 애굽에서 해방된 출애굽 사건이라면, 성화는 출애굽 이후 가나안 땅에 들어가기 전까지 광야에서 받아야 했던 연단과 같습니다.

성화는 칭의(justification)의 은혜가 나의 인격과 삶에서 구체화되는 것입니다. 그러므로 성화는 철저히 칭의의 은혜에 기초해 이루어집니다. 칭의의 신앙적 기초가 약한 사람은 성화가 잘 이루어지지 않지만 칭의의 큰 은혜를 깨달은 사람은 성화가 빨리 이루어집니다. 성화는 칭의와 마찬가지로 성령의 도우심으로 이루어집니다. 그런데 성화는 믿는 자의 협조가 있을 때 잘 이루어집니다. 칭의는 하나님의 은혜를 '오직 믿음으로' 받을 수 있는 은혜인데 비해 성화는 '계속 믿음으로' 받을 수 있는 은혜[149)]입니다.

예나 지금이나 신자들의 성화가 더딘 것이 문제입니다. "거룩한 하나님의 백성이라 하면서 왜 그 모양으로 사는가?" "기독교인들은 위선자가 아닌가?" "구원받았다는 사람들이 왜 아직도 죄에서 벗어나지 못하고 있는가?" "신앙생활을 한 지 오래되었는데도 왜 나는 변화되지 않는가?" "정말 나는 구원받았는가?" 이 모두가 성화되지 못했기 때문에 나오는 말들입니다. 이로 인해 많은 문제가 파생되고 있습니다. 로마서는 반대자들의 질문에 대한 답변과 함께 참진리를 밝혀 가는 방식으로 하나님의 진리를 전하고 있습니다. 반대자들은 은혜 속에 살면 마음 놓고 죄를 지어도 되지 않겠는가 하며 비아냥거립니다. 믿음으로 사는 것은 첫째, 하나님의 은혜 구원체계 속에 살고, 둘째, 죄의 종으로 살지 않고, 셋째, 하나님의 종으로 살기 때문에 그리스도를 닮아 거룩하게 변화되어 가는 과정입니다.

성화의 진리를 가슴 깊이 새겨 놀랍게 성화되어 신앙생활의 진수를 맛보시길 기도합니다. 어떻게 하면 그리스도를 닮아 거룩하게 변화될 수 있습니까? 어떻게 하면 성화되어 하나님의 기쁨이 될 수 있습니까? 어떻게 하면 모든 사람들에게 빛과 소금으로 인정받아 하나님께 영광을 돌릴 수 있습니까?

은혜 속에 풍덩 빠져라!

성화의 핵심 열쇠는 은혜입니다. 거듭난 신자라 할지라도 은혜를

---

149) "믿음으로 믿음에(from faith to faith)"는 첫째, '오직 믿음으로' 둘째, '계속 믿음으로'의 뜻이 있는 데, 칭의는 '오직 믿음으로'를, 성화는 '계속 믿음으로'를 강조한다.

체험하지 못하고 의무감으로 버티고 살다 보면 성화와는 반대의 길로 가고 맙니다. 성화에 실패한 경우는 대부분 칭의의 기초를 튼튼히 하지 않았기 때문입니다. 또한 변화되지 않는 경우는 계속해서 은혜 속에 살지 못하고 은혜를 상실했기 때문입니다. 은혜를 상실하면 어쩔 수 없이 율법으로 돌아가게 됩니다. 성실과 노력으로 율법을 지키며 신앙의 명맥을 유지하는 것입니다.

그러므로 거듭난 하나님의 자녀는 계속해서 은혜 속에 거하며 사는 것이 중요합니다. 은혜에 푹 젖어 살아야 합니다. 은혜가 메말라 버리지 않고 강물처럼 흐르게 해야 합니다. 은혜를 계속 붙잡고 살아야 합니다. 그것이 바로 믿음으로 사는 것이며 '은혜 아래' 사는 것입니다. '은혜 아래' 살지 아니하면 어쩔 수 없이 '율법 아래' 살게 될 것입니다.

성화의 길을 걸으려면 이제 내가 율법 아래 있지 아니하고 은혜 아래 있음을 확실히 알아야 합니다. 성화, 즉 거룩하게 변화됨은 칭의의 연장선상에 있음을 잊지 말아야 합니다. 칭의, 즉 예수 그리스도를 믿고 의롭다함을 받은 크리스천이 당장 완전히 성화될 수는 없습니다. 신분은 하나님의 자녀로 바뀌었지만 아직은 죄인의 상태입니다. 죄인의 상태에서 의인의 상태로 바뀌어 가는 과정이 성화입니다. 의인의 신분이 되었지만 죄인의 모습이 아직 많이 보입니다. 그래서 불신자들은 크리스천들을 비난합니다. 하나님의 자녀라면서 왜 죄인의 모습이 보이느냐고 비난합니다. 저 자신조차 종종 회의에 빠집니다. "나는 구원받았다면서 왜 옛날 모습 그대로인가?" 사탄은 영적 진리를 잘 모르는 우리를 공격합니다. 그래서 방황하는 사람들이 아주 많습니다.

이때 기억해야 할 진리는 나는 율법 아래 있지 아니하고 은혜 아래 있다는 사실입니다. 율법 아래 있다는 것은 율법 체계 곧 자력 구원체계 속에 있다는 말입니다. 구원이 없는 인간은 하나님의 은혜 밖에서 자기 힘으로 구원을 찾아 발버둥칠 수밖에 없습니다. 인간은 온갖 노력을 해본 후에 최고의 법이 하나님의 율법이라는 것을 발견하게 됩니다.

그렇습니다. 율법은 하나님께서 인간에게 계시하신 최고의 법이 분명합니다. 문제는 인간의 본성이 타락해 율법을 다 지킬 수 없다는 것입니다. 그런데 인간은 자신의 한계를 깨닫지 못하고 자기 노력으로 율법을 지키려고 몸부림을 칩니다. 율법을 붙들고 자기 힘과 노력으로 구원에 이르고자 발버둥을 쳐보지만 결국 절망과 좌절, 거짓 평화와 위선에 빠질 수밖에 없습니다. 자력 구원체계 아래서는 엄청난 노력이 있으나 결국 구원에 이르지 못합니다. 아무리 노력해도 늘 부족합니다.

그러나 은혜체계 아래에서는 그렇지 않습니다. 하나님께서 인간의 연약함을 아시고 구원을 선물로 주셨습니다. 선물이란 값을 받지 않고 거저 주는 것입니다. 그러므로 은혜에는 선물이라는 뜻이 담겨 있습니다. 하나님께서 은혜로 구원을 베풀어 주셨으므로 겸손히 하나님의 선물을 받아들이면 구원을 받게 됩니다. 나의 선이나 공로가 없어도 하나님의 은혜로 구원받았으므로 그저 감사하고 기쁩니다. 하나님의 은혜를 믿고 감사하면서 순종하고 나가면 하나님께서 다 이루어 주시니 율법 아래 있을 때처럼 긴장과 고통, 끊임없는 좌절과 처절한 싸움이 필요 없습니다. 나의 공로 없이도 하나님의 은혜와 그리스도의 공로로 구원받는 것입니다.

그러므로 은혜 아래 있을 때는 항상 감사하고 즐겁습니다. 부족한 나를 의지하는 것이 아니라 완전한 구원을 주신 하나님을 의지하기 때문에 나는 부족해도 기를 펴고 살 수 있습니다. 은혜 아래, 즉 은혜의 통치 가운데 있을 때 나의 부족함은 문제가 되지 않습니다. 하나님께서 나에게 그리스도의 의를 덧입혀 주셨기 때문에 나는 더 이상 정죄 받지 않습니다. 나의 부족한 점도 주님께서 채워 주시고 온전하게 만들어 주실 것을 믿고 감사함으로 살아갈 수 있기 때문입니다.

부족한 자기 힘과 능력으로 죄와 싸울 때 사람은 더욱 죄의 지배를 받을 수밖에 없습니다. 그래서 '율법 아래' 있을 때는 도리어 죄의 영향을 더 받고 죄의 지배 속에서 살게 됩니다. 그러나 '은혜 아래' 있을 때는 죄의 지배를 벗어났으므로 죄가 주관치 못합니다.

'은혜 아래' 사는 신자는 하나님의 은혜의 보자기에 싸여 있으므로 죄의 영향력에서 벗어나 하나님의 은혜 속에서 자유와 기쁨을 누리게 됩니다. 그리고 날마다 은혜 속에서 거룩하게 변화되어 갑니다. 율법 아래 있을 때는 숨이 막힐 것 같은 답답함과 긴장감을 느꼈지만 은혜 아래 있을 때는 참 자유와 평안함이 넘칩니다. 감사함과 기쁨이 가득합니다. 그래서 더욱 하나님을 사랑하고 하나님의 말씀을 즐겁게 듣고 순종하며 나아가게 됩니다. 그 기쁨과 감사, 즐거운 순종이 성화의 원동력이 됩니다.

> 죄가 너희를 주장하지 못하리니 이는 너희가 법 아래에 있지 아니하고 은혜 아래에 있음이라(14절).

은혜 아래 있을 때 죄가 주장하지 못하는 이유는 이미 죄의 대가를 다 치렀기 때문입니다. 아직 죄가 남아 있더라도 죄가 힘을 쓰지 못합니다. 남은 죄의 세력도 성령님의 도우심으로 물리치며 그리스도의 형상을 본받아 가는 것입니다. 은혜를 빙자해 마음 놓고 죄를 짓는 것은 은혜를 모르는 사람들의 소치입니다.

주님께서 나 같은 죄인을 위해 그 몸서리치는 고통을 다 당하고 나를 구원해 주셨음을 기억한다면 또 다시 죄의 구렁텅이로 들어갈 수는 없습니다. 혹 실수로 죄를 지었을 때라도 즉각 회개하고 빠져나오게 됩니다.

> 그런즉 어찌하리요 우리가 법 아래 있지 아니하고 은혜 아래 있으니 죄를 지으리요 그럴 수 없느니라(15절).

하나님의 구원의 은혜를 진정으로 깨달은 사람은 죄를 짓는 것이 꺼려집니다. 죄가 미워지며 주님을 가까이 하게 됩니다. 주님 말씀에 순종해 죄를 벗어나 주님을 본받게 됩니다. 죄를 멀리하고 거룩한 삶을 살게 됩니다. 은혜 때문입니다. 은혜로 말미암아 주님을 사랑하게 되었기 때문입니다. 은혜는 주님을 사모하게 만듭니다. 주님이 베푸신 은혜만 생각하면 감사한 마음이 생깁니다. 그래서 주님을 찾고, 주님을 사랑하며 기쁨으로 순종하고 싶어집니다. 이 감사한 마음, 즐거운 순종이 성화의 원동력이 되어 거룩한 삶을 살게 합니다.

하나님의 자녀들이여! 은혜 속에 풍덩 빠지십시오! 나를 구원하신 주님을 찬양하시기 바랍니다. 어떤 절망적인 순간에도 나를 사랑해 자기 생명을 버리신 주님의 사랑을 생각하고 벌떡 일어나십시오. 이까짓 일을 가지고 생명의 은혜를 받은 몸이 의기소침해서야 되겠습니까? 하나님의 거룩한 사랑을 받은 몸이 이까짓 시련 앞에 쭈그러들어서야 되겠습니까?

"주님, 염려마십시오. 하나님의 은혜가 저를 감싸고 있습니다. 하나님의 사랑을 생각하며 일어서겠습니다. 하나님의 은혜에는 신비한 힘이 있음을 믿습니다. 완전한 밑바닥에서도 희망을 갖게 합니다. 하나님의 신비한 사랑이 다시 희망의 불꽃을 일으켜 줍니다. 다시 일어서게 만듭니다.

주님, 사랑합니다. 주님의 거룩한 사랑에 눈을 뜨고 사랑의 걸음마를 배우고 있습니다. 저도 언젠가는 저 위대한 사도들처럼 똑바로 걸어갈 수 있으리라 믿습니다. 주님, 은혜를 붙잡고 살겠습니다. 제가 받은 은혜가 시들지 않도록 은혜 관리 잘하겠습니다. 벅찬 감동과 사랑 속에서 힘차게 살겠습니다.

'의인은 오직 믿음으로 살리라!' 주님, 믿음으로 살겠습니다. 은혜로 살겠습니다. 은혜 충만하도록 늘 말씀과 기도로 새롭게 하며 주님을 찬송하며 살겠습니다."

은혜가 충만해 죄의 세력이 얼씬하지 못하게 해야 합니다. 그리하면 은혜가 나를 거룩하게 변화되도록 만듭니다. 주님께서 나를 변화시켜 새사람이 되게 만드십니다. 내가 사는 것은 내가 아니요 내 안에 계신 그리스도라 고백하게 만듭니다.

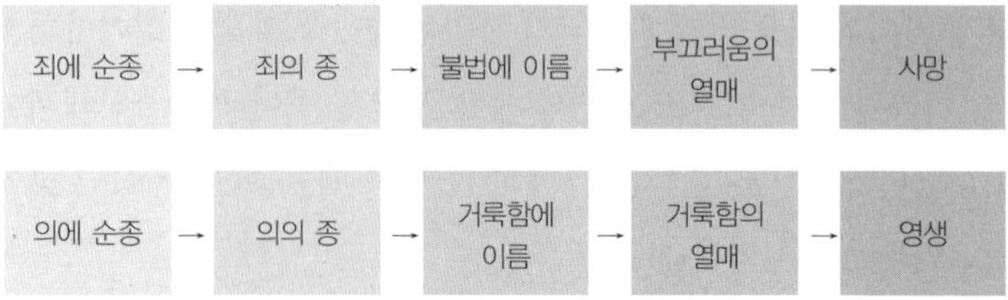

[표 9] 죄에 순종과 의에 순종, 그 선택의 결과

거룩한 선택을 하라!

성화는 선택입니다. 타락한 삶을 선택할 것인가, 거룩한 삶을 선택할 것인가? 삶은 매 순간마다 우리를 선택의 갈림길에 서게 만듭니다. 죄의 종으로 살 것인가, 의의 종으로 살 것인가? 즉 나의 몸을 죄의 요구에 맡길 것인가, 하나님의 요구에 맡길 것인가? 마음속으로는 성화를 원하면서도 실제로 세속화를 선택하면 당연히 세속화의 길을 걷게 됩니다. 어느 쪽을 선택하는가는 나에게 달려 있지만 그 결과는 엄청나게 달라집니다. 죄에 몸을 내주어 죄의 종이 되겠습니까, 아니면 의에 몸을 맡기어 의의 종이 되겠습니까? 그 선택을 잘하도록 바울 사도는 선택의 결과를 상기시키고 있습니다[표 9].

죄의 종이 되어 살고 싶은 사람이 누가 있겠습니까? 그런데 의외로 죄의 종이 되어 죄에게 질질 끌려다니며 사는 사람들이 너무도 많습니다. 죄의 종이 된다는 표현은 죄의 세력에서 벗어나지 못하고 죄에 얽매여 사는 모습을 말합니다.

우리의 영혼은 예수 그리스도를 믿음으로 깨끗해졌습니다. 그러나 우리 몸에는 타락한 습성이 남아 있습니다. 그래서 육체가 요구하는 대로 따르면 성화의 반대 길로 가게 됩니다. 죄의 욕구에 끌려 방탕한 생활을 하게 되어 크리스천의 거룩한 모습은 전혀 볼 수 없습니다. 결국 죄의 종노릇을 하게 됩니다. 얼마나 많은 사람들이 이 부분에서 실수를 많이 하는지 모릅니다. 신앙생활한 지 오래 되었는데도 변화되지 않고 이 모양 이 꼴인가 하는 생각이 드는 사람은 많은 선택의 순간에 죄 쪽을 선택했기 때문입니다. 선택은 분명 내가 합니다. 그런데 선택을 하자마자 나의 선택이 나를 이리저리 끌고 다닙니다. 죄에 몸을 맡기면 죄의 종이 되고, 하나님께 몸을 맡기면 하나님께서 나를 거룩한 길로 이끌어 주십니다.

그런데 사람들은 왜 유익하지 못한 죄의 길을 선택할까요? 이유는 두 가지입니다. 하나는 죄 속에 있는 달콤한 쾌락의 미끼 때문입니다. 또 하나는 자유 때문입니다. 인간은 죄성이 남아 있어서 하나님께 순종하는 것을 속박으로 생각해 자유를 누리고자 죄 쪽을 선택합니다.

> 너희가 죄의 종이 되었을 때에는 의에 대하여 자유로웠느니라(20절).

의의 종노릇, 죄의 종노릇은 자유와 연관지어 설명할 수 있습니다. 하나는 진짜 자유이고 또 하나는 가짜 자유입니다. 자유를 누리고자 죄를 택한 것은 엄밀히 말하자면 자유가 아니라 방종입니다. 자유를 얻은 것 같지만 실은 죄의 속박을 받아 비참함에 이르고 맙니다.

어떤 사람이 내 맘대로 살겠다고 결심한 후 불법을 저질러 회사

돈을 마음대로 인출해 썼다고 합시다. 그 결과가 어떠하겠습니까? 일시적으로 자유를 누린 것 같지만 죄의 노예가 되어 살다가 결국 감옥에 갇히게 됩니다. 존 스토트는 이와 관련해 유명한 말을 했습니다. "종노릇은 자유이고, 자유는 종노릇이다."

의에 순종하며 사는 의의 종노릇은 자유이고, 자유처럼 보이는 '내 맘대로 식'의 방종은 종노릇입니다. 하나님의 사랑에 사로잡힌 포로가 되어 하나님께 충성스러운 종이 되어 살면 얼핏 보기에 답답해 보일지 몰라도 그 속에 참 평화와 은혜가 있습니다. 그 사람은 결국 거룩한 열매를 맺습니다. 참자유는 사랑의 종노릇을 할 때 누릴 수 있습니다.[150)]

어떤 사람은 "하나님께서 왜 인간에게 선택권을 줘서 나를 이처럼 곤란하게 만드시는가"라고 푸념을 늘어 놓습니다. 하나님께서 인생들에게 선택권을 주신 이유는 무엇입니까? 아예 죄짓지 못하게 한 길만 만들어 놓고 일방통행하게 하실 수도 있었을 텐데 말입니다. 하나님께서 그렇게 하지 않으신 이유는, 인간을 기계가 아니라 인격체로 창조하셨기 때문입니다. 하나님은 인격적인 분이어서 인간에게도 자유 선택권을 주셨습니다. 인격체의 기본 요건은 자유선택권입니다. 이 선택에 따라 우리는 아름답고 거룩하게 성화될 수도 있고 타락해 죄에 질질 끌려 다니며 추악하게 살 수도 있습니다. 자, 어떤 선택을 하시겠습니까? 선택은 1회에 그치지 않고 매순간 계속해서 해야 합니다.

150) 갈라디아서 5:13. "형제들아 너희가 자유를 위하여 부르심을 입었으나 그러나 그 자유로 육체의 기회를 삼지 말고 오직 사랑으로 서로 종노릇 하라."

성경은 "몸을 드리다"에서 "지체를 드리다"로 표현을 구체화하고 있습니다.

> 너희 지체를 불의의 무기로 죄에게 내주지 말고 오직 너희 자신을 죽은 자 가운데서 다시 살아난 자 같이 하나님께 드리며 너희 지체를 의의 무기로 하나님께 드리라(13절).
>
> 전에 너희가 너희 지체를 부정과 불법에 내주어 불법에 이른 것 같이 이제는 너희 지체를 의에게 종으로 내주어 거룩함에 이르라(19절).

우리의 지체인 눈, 귀, 입, 손, 발을 죄에 내주어 죄의 도구로 사용되게 하지 말라는 것입니다. 우리의 지체를 의에 내주어 의의 도구로 사용되도록 거룩함에 이르는 선택을 하라는 것입니다. "거룩한 선택을 하라!" 예수님께서도 '넓은 문'과 '좁은 문' 사이에서 바른 선택을 하라고 말씀하셨습니다. "좁은 문으로 들어가라 멸망으로 인도하는 문은 크고 그 길이 넓어 그리로 들어가는 자가 많고 생명으로 인도하는 문은 좁고 그 길이 협착하여 찾는 자가 적음이라."[151)]

우리 지체를 죄의 무기로 사용되도록 죄에 내주시겠습니까? 아니면 의의 무기로 사용되도록 의에 내주시겠습니까? 바른 선택을 해야 합니다. 입을 예로 들어 봅시다. 나의 입을 남을 저주하고 욕하고 비난하던 일에 쓰이도록 죄에 내주시겠습니까? 아니면 하나님을 찬양하고 복음을 전하고 남을 위로하고 살리는 일에 쓰이도록 의에 내주시겠습니까?

---

151) 마태복음 7:13, 14.

내 지체가 의의 도구로 사용되도록 거룩한 선택을 해야 합니다. 내 몸이 하나님 영광을 위해 사용되도록 거룩한 선택을 해야 합니다. 그럴 때 우리는 성령님의 도우심을 받아 거룩하게 변화되어 갑니다. 어떤 사람이 열차를 타고 가는데 앞자리에 앉은 승객들이 함께 화투를 치자고 청했습니다. 그러자 그는 "나는 손이 없어 화투를 못 친다"며 거절했습니다. "멀쩡한 손을 두고 무슨 소리냐"고 사람들이 묻자 그는 이렇게 대답했습니다. "이 손은 주님의 손입니다. 내게는 화투 치는 손이 없습니다."

죄의 길을 버리고 의의 길을 선택하는 것은 정말이지 중요합니다. 우리가 바른 선택을 할 수 있도록 하는 것은 무엇입니까? 하나님의 칭의의 은혜입니다. 그 은혜가 바른 선택을 하도록 이끕니다. 예수님의 사랑이 바른 선택을 하도록 만들어 줍니다. 예수님과 인격적인 관계를 맺으면 죄의 힘에 끌려가지 않고 예수님께서 원하시는 길을 걸어 가게 됩니다. 진리의 말씀(17절)이 내 마음에 살아 있고 성령님께서 나를 도우시기에 달콤한 죄의 길을 버리고 의의 길을 선택할 수 있는 것입니다. 그렇게 우리는 거룩한 선택을 통해 의롭게 변화되어 갑니다.

죄인이 하나님을 선택하다니요. 죄의 길을 버리고 의의 길을 선택하다니요. 이것이 바로 기적이요 영적 혁명입니다!

하나님께 순종하며 살라

성화는 순종입니다. 우리는 하나님께 순종함으로 거룩하게 변화됩니다. 순종은 수도관처럼 통로 역할을 합니다. 그리스도의 사랑과 진리가 순종이라는 길을 통해 믿는 자의 영혼과 삶 속으로 흘러 들어갑니다. 복음의 은혜를 받은 사람은 하나님께 순종합니다. 하나님을 사랑하는 사람은 하나님께 순종합니다. 순종은 사랑의 표현입니다. 순종은 굴복이 아닙니다. 순종은 사랑입니다. 우리는 사랑의 순종을 통해 예수님을 닮아 거룩하게 변화됩니다. 이것이 바로 성화입니다.

예수님의 사랑에 눈을 떴거든 예수님께 사랑의 순종을 배우십시오. "아빠 아버지여, 아버지께는 모든 것이 가능하오니 이 잔을 내게서 옮기시옵소서. 그러나 나의 원대로 마시옵고 아버지의 원대로 하옵소서!"[152] 예수님은 성부 하나님께 사랑의 순종을 한 모범입니다. 사랑의 순종을 통해 성화되어 가는 것입니다.

> 복음에는 하나님의 의가 나타나서 믿음으로 믿음에 이르게 하나니 기록된 바 오직 의인은 믿음으로 말미암아 살리라 함과 같으니라(1:17).

오직 의인은 믿음으로 살리라! 오직 은혜 받은 하나님의 백성은 예수님께 순종하며 살리라! 오직 순종하며 거룩함을 이루리라! 오직 순종함으로 변화되리라! 오직 순종함으로 하나님의 형상을 회복하리라! 오직 순종함으로 온전한 하나님의 자녀가 되리라! 아멘.

성경은 '순종의 종' (16절) '의의 종' (18절) '하나님의 종' (22절)을 말하고 있습니다. '순종의 종' 은 삶의 태도를 묘사하며, '의의

---

152) 마가복음 14:36.

종'은 삶의 모습을 표현하고, '하나님의 종'은 삶의 방향을 묘사합니다. 성화의 출발은 순종입니다. 순종하다 보니 의롭게 변화됩니다. 그리하여 하나님과 깊은 인격적 관계를 가지고 하나님의 뜻을 이루는 하나님의 종이 됩니다.

하나님의 은혜는 순종하도록 동기부여를 해줍니다. 하나님의 은혜로 말미암아 주님과 좋은 인격적 관계가 형성되었으므로 기쁘게 순종할 수 있는 것입니다. 은혜 받은 사람이 순종을 잘하는 것은 그 때문입니다. 주님의 사랑은 자발적인 순종을 낳습니다. 공포에 사로잡혀 억지로 하는 순종이 아니라 사랑하기 때문에 자발적으로 순종하는 것입니다. 자발적인 순종은 성화의 원동력입니다. 자발적인 순종 속에서 예수님을 배우게 되며 예수님의 인격을 닮고 예수님의 일을 하게 됩니다.

"순종하라! 순종하라! 기쁘게 순종하라! 진실로 사랑으로 순종하라! 그 속에 성화의 비밀이 있다." 성경은 우리를 향해 하나님의 메시지를 전달하고 있습니다. 은혜 속에 있는 자는 순종함으로써 성화의 길을 걷게 됩니다. 그러므로 '은혜 아래' 있다는 것이 얼마나 중요한지 모릅니다. 순종다운 순종을 배우지 못한 사람은 아직도 신앙의 초보를 벗어나지 못한 영적 어린아이에 불과합니다.

하나님의 은혜에 감사하면서 순종을 특권으로 여기며 기쁘게 순종하는 사람이야말로 신앙의 비밀을 터득한 사람입니다. 순종의 자세가 확립되면 곧 의로운 삶이 나타납니다. "이제는 내가 사는 것이 아니요 오직 내 안에 그리스도께서 사시는 것이라"(갈 2:20). 그리스도의 모습이 비칩니다. 그리스도가 내 안에 계시며 나를 사용해 일하시기 시작합니다. 어느덧 나는 작은 예수가 되어 주님의 일을 하기 시작합니다. "와, 저 사람이 ○○○ 맞아? 저렇게 변화되었어? 기적이야! 영적 혁명이 일어났어!"

아브라함은 불신자들에게 놀라운 칭찬을 들었습니다. "네가 무슨 일을 하든지 하나님이 너와 함께 계시도다."[153] 이삭도 불신자들에게 큰 칭찬을 들었습니다. "여호와께서 너와 함께 계심을 우리가 분명히 보았으므로…."[154] 사람들은 우리가 그리스도 안에서 성화된 모습을 볼 때 감동합니다. 그때 바로 진정한 전도가 이루어집니다.

그렇다면 죄의 종노릇을 하지 않는 길은 무엇입니까? 해답은 하나님께 순종함입니다. 죄지을 틈도 없이 하나님의 일을 열심히 하는 것이 성화의 지름길입니다. 한가한 시간이 있는 사람은 죄지을 기회가 많습니다. 자녀를 다 키운 엄마들이 가정불화를 많이 겪는다는 통계가 있습니다. 자녀를 키우느라 정신없이 바쁠 때에는 죄지을 틈이 없었는데, 자녀가 장성해 시간의 여유가 생기자 죄를 짓게 되고 가정불화에 사로잡힌 것입니다. '시간의 여유'가 화근입니다. 정확하게 말하자면 죄의 길을 선택한 것이 화근입니다. 죄의 쾌락에 약한 우리 인간들이기에 죄의 길을 선택할 여지가 생겨서는 안 됩니다. 죄의 원천봉쇄가 필요합니다.

요셉이 이에 대한 모범입니다. 사탄은 요셉의 인생을 파멸시키기 위해 주인 여자를 통해 그를 유혹했습니다. 요셉이 그 순간의 유혹

153) 창세기 21:22.
154) 창세기 26:28.

을 이기지 못해 죄의 선택을 했다면 그의 인생은 곧 천길만길 낭떠러지로 추락해 버리고 말았을 것입니다. 그러나 요셉은 과감히 유혹을 뿌리쳤습니다. 뿐만 아니라 여자와 함께 있지도 않았습니다.[155)]

'함께 있지도 아니한 것' 이 지혜입니다. 죄가 발붙일 기회를 주지 않는 것이 지혜입니다. 죄지을 틈도 없이 오직 앞만 바라보고 열심히 하나님의 일에 전념하는 것이 성화의 지름길이요 참 지혜입니다. 성화는 순종입니다. 딴 생각하지 말고 열심히 하나님께 순종하며 살 때 성령님께서 거룩하게 변화시켜 주십니다.

하나님께서는 바울 사도를 통해 말씀하십니다. "너희 몸을 죄에 내주지 말라! 너희 몸의 사욕에 순종하지 말라! 죄에 네 몸을 맡겨 죄의 종이 되게 하지 말라! 너희 지체를 부정과 불법에 내주지 말라!" 좀더 적극적으로 말씀하십니다. "너희 자신을 하나님께 드리라! 너희 지체를 의의 무기로 하나님께 드리라!" 하나님께서 나의 지체를 의의 무기로 사용하시도록 내드리며 사는 것이 지혜입니다. 나의 지체를 의의 무기로 사용하도록 내드릴 때 거룩함에 이르는 열매를 맺게 됩니다.

삶의 열매로 점검하라

성화의 길이 무엇입니까? 성화와 관련해 앞서 "은혜 속에 풍덩

155) 창세기 39:7-10.

빠져라!" "은혜의 통치 속으로 들어가 은혜에 사로잡혀 살아라!" "거룩한 선택을 하라!" "성화는 선택이다. 죄의 길과 의의 길 두 길 가운데 과감히 의의 길을 선택하라!" "성화는 순종이다." "죄 지을 틈을 주지 말고 열심히 하나님께 자발적으로 순종할 때 거룩함을 이루라!" 고 말했습니다. 그런데 우리가 할 일이 한 가지 더 남아 있습니다. 삶의 열매로 점검하는 것입니다.

지금 내가 성화의 길로 잘 가고 있는지 점검할 필요가 있습니다. 점검법은 간단합니다. 삶의 열매를 헤아려 보는 것입니다. 지금 무슨 삶의 열매를 맺고 사십니까? 부끄러움의 열매입니까, 아니면 거룩함의 열매입니까? 삶 속에 부끄러운 일들이 많다면 내가 죄의 종이 되어 죄에 끌려 살고 있다는 증거입니다. 반대로 삶 속에 거룩함의 열매가 가득하다면 내가 지금 하나님의 종이 되어 의의 순종을 통해 성화의 길로 달려가고 있다는 증거입니다.

부끄러움의 열매가 무엇입니까? 음행, 더러운 것, 호색, 우상숭배, 주술, 원수 맺는 것, 분쟁, 시기, 분 냄, 당 짓는 것, 분열, 이단, 투기, 술 취함, 방탕함 같은 것들입니다.[156] 예수님의 모습과 반대되는 일들입니다. 거룩함의 열매들은 무엇입니까? 예수님을 닮은 삶입니다. 사랑, 희락, 화평, 오래 참음, 자비, 양선, 충성, 온유, 절제 등이 성령의 열매요 예수님을 닮은 모습입니다. 전도와 충성스러운 봉사를 통해 맺은 좋은 결과들입니다.

삶의 열매를 점검해 보면 더욱 성화의 길을 걸어 가게 됩니다. 내가 얼마나 성화되었는지 그 정도를 점검해 보면 성화에 대해 자극

156) 갈라디아서 5:19-21.

을 받게 됩니다. 또한 거룩함의 열매를 통해 더욱 믿음의 확신을 갖게 됩니다. 거룩함의 열매를 확인하면서 성화에 더욱 매진하게 됩니다. 산에 오르다가 잠시 쉬면서 지금까지 걸어온 길을 뒤돌아보면서 "언제 이렇게 많이 걸어 왔지?" 하고 자신을 다독이면서 조금만 더 걸어서 목표 지점에 다다르겠다는 소망을 가지는 것과 흡사합니다.

삶의 열매를 통해 자신의 성화 정도를 측정해 보면서 그 종착역을 생각해 봅시다.

- 죄에 순종 → 죄의 종 → 불법에 이름 → 부끄러움의 열매 → 사망
- 의에 순종 → 의의 종 → 거룩함에 이름 → 거룩함의 열매 → 영생

죄에게 순종하다 보니 죄에 끌려 다니는 죄의 종이 되어 살았습니다. 죄의 종이 되어 의에 대해 자유로워졌다고 좋아했건만 알고 보니 그것은 자유가 아니라 방종이었으며 심히 부끄러운 삶이었습니다. 부끄러운 삶을 통해 맺은 부끄러운 열매들로 심히 괴롭습니다. 아직도 과거의 일들은 청산되지 못한 채 내 발목을 잡고 있습니다. "아, 내가 왜 그리 어리석었던고? 발을 찍고 싶도다." 크게 후회해도 거꾸로 돌릴 수 없는 시간 앞에서 죄의 짐들을 고스란히 짊어질 수밖에 없습니다. 죄 짐을 지고 가는 삶은 심히 부끄럽고 고통스럽습니다. 그 죄악된 삶을 그대로 계속한다면 무서운 심판을 받게 되고 최종적으로는 사망에 이르게 됩니다. 여기서 사망이란 하나님과의 영원한 단절을 말합니다. 요한계시록에 나오는 둘째 사망을 말합니다.[157)]

그러나 예수님을 믿고 구원받아 하나님께 순종하며 살 때 마음에 평안이 찾아왔습니다. 마음속에 예수님의 거룩한 사랑이 들어왔고 사람들에 대한 원망과 미움이 점점 용서와 사랑으로 바뀌었습니다. 부끄러운 삶을 벗어나게 되었습니다. 조금씩 예수님을 닮게 되었습니다. 하나님의 일도 하게 되었습니다. 이제는 남을 위해 봉사하는 기쁨을 알게 되었습니다. 전도의 열매도 맺고, 남을 섬기는 경험을 통해 예수님을 배운다는 말을 실감하게 되었습니다. 비록 작지만 거룩함의 열매를 맺은 내 모습을 보며 하나님의 은혜가 내게 임했음을 다시금 확신하게 되었습니다. 그리고 장차 하나님께서 주실 큰 은혜를 바라보게 되었습니다. 영생입니다. 영생은 하나님과의 영광스러운 교제를 말합니다. 영원한 천국에 가서 성부 하나님, 성자 예수님, 성령 하나님과 영원토록 영생복락을 누리는 것을 말합니다.

> 죄의 삯은 사망이요 하나님의 은사는 그리스도 예수 우리 주 안에 있는 영생이니라(23절).

영원한 천국에 이르러 성삼위 하나님께 마음껏 찬양하고 경배드릴 것을 생각하니 가슴이 터질 것 같습니다. 아브라함, 이삭, 야곱, 요셉, 모세, 다윗, 이사야, 바울, 베드로, 야고보, 요한, 안드레 등 존귀한 주의 종들과 함께 예배드릴 것을 생각하니 기쁨의 전율이 흐

157) 요한계시록 21:8. "그러나 두려워하는 자들과 믿지 아니하는 자들과 흉악한 자들과 살인자들과 음행하는 자들과 점술가들과 우상 숭배자들과 거짓말하는 모든 자들은 불과 유황으로 타는 못에 던져지리니 이것이 둘째 사망이라."

릅니다. 죄의 그림자도 없는 밝은 천국에 이르러 주님과 함께 영생 복락을 누릴 것을 생각하니 감동의 눈물이 흐릅니다.

“오 사랑의 주님! 나 같은 죄인이 무엇이관대 이렇게도 사랑해 주시는지 그저 감사 감사드립니다. 이제야 주님의 사랑과 은혜에 조금 눈을 뜬 것 같습니다. 왜 주님께서 그렇게도 이 죄인을 구원해 주시려고 애쓰셨는지 알 것 같습니다.

‘법 아래’ 허덕이며 살 저를 ‘은혜 아래’ 살게 해주신 주님을 찬양합니다. 평생 죄의 종노릇을 하며 부끄러움의 열매를 맺고 저주 아래 살 저를 구원해 주셔서 이제는 주님과 함께 거룩함의 열매를 맺으며 삶의 참맛을 알아가게 하셨습니다. 그런 주님을 생각하니 눈물이 납니다.

사랑하는 주님, 정말 주님을 사랑합니다. 평생 주님을 위해 살겠습니다. 주님은 저의 생명이요 소망이요 기쁨입니다. 영원한 천국에서 거룩한 주의 종들, 거룩한 천사들과 함께 거룩한 찬송을 부를 그날을 생각합니다. 성부 성자 성령 성삼위 하나님의 거룩한 교제에 저희를 초대해 주셔서 성스러운 교제를 나눌 것을 생각하니 온몸에 기쁨의 전율이 흐릅니다.

사랑하는 주님, 날마다 주님을 찬양하며 기쁨으로 순종의 삶을 살면서 거룩함에 이르겠습니다. 오직 주님께 영광을 돌리며 살겠습니다. 아멘.”

Chapter 14 율법과 성화

로마서 7:1-25

1 형제들아 내가 법 아는 자들에게 말하노니 너희는 그 법이 사람이 살 동안만 그를 주관하는 줄 알지 못하느냐

2 남편 있는 여인이 그 남편 생전에는 법으로 그에게 매인 바 되나 만일 그 남편이 죽으면 남편의 법에서 벗어나느니라

3 그러므로 만일 그 남편 생전에 다른 남자에게 가면 음녀라 그러나 만일 남편이 죽으면 그 법에서 자유롭게 되나니 다른 남자에게 갈지라도 음녀가 되지 아니하느니라

4 그러므로 내 형제들아 너희도 그리스도의 몸으로 말미암아 율법에 대하여 죽임을 당하였으니 이는 다른 이 곧 죽은 자 가운데서 살아나신 이에게 가서 우리가 하나님을 위하여 열매를 맺게 하려 함이라

5 우리가 육신에 있을 때에는 율법으로 말미암는 죄의 정욕이 우리 지체 중에 역사하여 우리로 사망을 위하여 열매를 맺게 하였더니

6 이제는 우리가 얽매였던 것에 대하여 죽었으므로 율법에서 벗어났으니 이러므로 우리가 영의 새로운 것으로 섬길 것이요 율법 조문의 묵은 것으로 아니할지니라

7 그런즉 우리가 무슨 말을 하리요 율법이 죄냐 그럴 수 없느니라 율법으로 말미암지 않고는 내가 죄를 알지 못하였으니 곧 율법이 탐내지 말라 하지 아니하였더라면 내가 탐심을 알지 못하였으리라

8 그러나 죄가 기회를 타서 계명으로 말미암아 내 속에서 온갖 탐심을 이루었나니 이는 율법이 없으면 죄가 죽은 것임이라

9 전에 율법을 깨닫지 못했을 때에는 내가 살았더니 계명이 이르매 죄는 살아나고 나는 죽었도다

10 생명에 이르게 할 그 계명이 내게 대하여 도리어 사망에 이르게 하는 것이 되었도다

11 죄가 기회를 타서 계명으로 말미암아 나를 속이고 그것으로 나를 죽였는지라

12 이로 보건대 율법은 거룩하고 계명도 거룩하고 의로우며 선하도다

13 그런즉 선한 것이 내게 사망이 되었느냐 그럴 수 없느니라 오직 죄가 죄로 드러나기 위하여 선한 그것으로 말미암아 나를 죽게 만들었으니 이는 계명으로 말미암아 죄로 심히 죄 되게 하려 함이라

14 우리가 율법은 신령한 줄 알거니와 나는 육신에 속하여 죄 아래에 팔렸도다

15 내가 행하는 것을 내가 알지 못하노니 곧 내가 원하는 것은 행하지 아니하고 도리어 미

워하는 것을 행함이라
16 만일 내가 원하지 아니하는 그것을 행하면 내가 이로써 율법이 선한 것을 시인하노니
17 이제는 그것을 행하는 자가 내가 아니요 내 속에 거하는 죄니라
18 내 속 곧 내 육신에 선한 것이 거하지 아니하는 줄을 아노니 원함은 내게 있으나 선을
행하는 것은 없노라
19 내가 원하는 바 선은 행하지 아니하고 도리어 원하지 아니하는 바 악을 행하는도다
20 만일 내가 원하지 아니하는 그것을 하면 이를 행하는 자는 내가 아니요 내 속에 거하는
죄니라
21 그러므로 내가 한 법을 깨달았노니 곧 선을 행하기 원하는 나에게 악이 함께 있는 것이
로다
22 내 속사람으로는 하나님의 법을 즐거워하되
23 내 지체 속에서 한 다른 법이 내 마음의 법과 싸워 내 지체 속에 있는 죄의 법으로 나를
사로잡는 것을 보는도다
24 오호라 나는 곤고한 사람이로다 이 사망의 몸에서 누가 나를 건져내랴
25 우리 주 예수 그리스도로 말미암아 하나님께 감사하리로다 그런즉 내 자신이 마음으로
는 하나님의 법을 육신으로는 죄의 법을 섬기노라

주해 (註解)

'남편이 죽으면'(2, 3절)

성화에 있어서는 율법을 대하는 신자의 자세가 매우 중요합니다. 율법을 도외시하고 살면 방탕한 자가 되고 말지만, 얽매어 살면 율법주의자가 되어 그리스도

안에 있는 자유를 누리지 못하게 됩니다. 그렇다면 율법에 대한 신자의 바른 태도는 무엇입니까? 그것은 그리스도의 은혜를 절대시하면서도 율법에 얽매이거나 무시하지 않고 성령의 인도하심 속에서 율법의 요구를 기쁘게 이루는 것입니다. 예수님도 믿고 율법도 지키는 것이 아니라, 철저히 그리스도의 은혜에 의지하고 살면서 그리스도의 은혜 속에서 율법에 계시된 하나님의 뜻을 기쁘게 행하는 것입니다.

이 관계를 설명하기 위해 바울 사도는 남편과 아내의 비유를 들어 설명하고 있습니다. 결혼한 여인은 남편의 법에 묶여 있습니다. 그러나 남편이 죽었다면 여인은 남편의 법에서 해방된 것입니다. 남편이 내린 명령이나 정해 놓은 규정에 속박되지 않습니다. 자유입니다. 신자는 율법으로부터 해방되었습니다. 신자는 율법의 지배에서 벗어나 그리스도의 품에 안겼습니다. 이제 새 남편 되신 그리스도의 은혜와 사랑 속에서 사는 것입니다.

이 비유 속에서는 남편이 죽은 것으로 되어 있으나 실제로는 율법이 죽은 것이 아니라 신자가 율법에 대해 죽은 것입니다. 그리스도가 신자를 대신해 죽었으므로 그리스도와 연합한 자는 율법에 대해 죽은 것입니다. 비유는 이해를 돕기 위한 것이므로 그 핵심을 잘 이해해야겠습니다. 신자는 율법의 지배에서 벗어나 그리스도 사랑의 보호 속으로 옮겨진 것입니다. 율법의 완성자인 그리스도의 품안에서 신자는 이미 이루어진 율법의 완성을 바라보고 완성을 향해 나아갑니다. 그러므로 율법의 속박에서 벗어났고, 성령의 인도하심 속에서 기쁜 마음으로 율법의 요구를 이루는 것입니다.

'율법으로 말미암는 죄의 정욕' (5절)

죄의 정욕이란 죄짓고 싶어 하는 욕망을 말합니다. 죄의 정욕은 대부분은 타락한 본성이나 사탄으로 인해 생기지만 인간의 죄성 때문에 율법을 들을 때 생기기도

합니다. 잔디밭에 들어가지 말라는 경고문을 볼 때 오히려 더 들어가고 싶은 욕망, 노트북을 훔치지 말라는 말에 더 훔치고 싶은 욕망을 느끼듯이 율법을 들을 때 죄 짓고 싶어 하는 욕망이 일어나기도 합니다.

'영의 새로운 것' (6절)

'영의 새로운 것'은 '율법 조문의 묵은 것'과 대조되어 있습니다. 율법 조문(written code)은 기록된 율법을 가리킵니다. 영은 그리스도의 영인 성령을 가리킵니다. 과거 그리스도 밖에 있을 때는 성화되기 위해 기록된 율법을 꼬박 꼬박 지키며 노력했는데 이제는 그리스도 안에서 성화되며 낡고 나쁜 삶의 방식을 버리고 새롭고 은혜로운 삶의 방식인 영(靈, Spirit)의 인도함을 받는 삶을 살라는 것입니다.

주일성수를 해야 한다는 계명에 얽매여 주일을 지킨다면 교회에 가서도 무미건조한 마음과 함께 다른 유혹을 받게 됩니다. 그러나 그리스도 안에서 성령 충만해 예수님의 구원의 은혜와 사랑과 높은 뜻을 알고 나서는 주일 지키는 것이 즐겁고 오히려 큰 복으로 여겨집니다. 율법 조문의 묵은 것으로 섬길 때는 성화를 이룰 수 없고 영의 새로운 것으로 섬길 때 성화를 이룰 수 있습니다.

'내가 한 법을 깨달았노니' (21절)

하나님의 구원을 모르는 인간은 자기가 가지고 있는 지식, 선, 의지, 힘으로 완전한 선에 도달하기 위해 부단히 노력합니다. 그래서 어느 정도까지는 효과를 봅니다. 어느 정도까지는 선해지고 의로워집니다. 그러나 곧 큰 장벽에 부딪칩니다. 선하게 살려고 노력하는 중에 죄의 유혹을 받습니다. 그 죄의 유혹을 물리쳐야 되는 것을 알면서도 죄에 빨려 들어갈 때가 있습니다. 죄를 짓고 나서는 "내가 왜 미친 짓을 했는가?"라고 후회합니다. 그렇게 내 속에는 선한 의지만 가득 차 있는 것이 아니라 선한 의지와 반대되는 다른 세력이 있다는 것을 알게 됩니다. 그 다른 세력이란 도대체 무엇일까요? 타락한 죄의 본성입니다. 인간은 누구나 죄의 타락한 본성을 지니고 있습니다.

그렇다면 사람은 누구나 두 가지 본성을 가지고 있습니다. 선하게 살려는 본성과 죄 짓고 싶어 하는 죄의 본성이 그것입니다. 인간은 누구에게나 천사처럼 살 가능성도, 악마처럼 살 가능성도 모두 지니고 있습니다. 불행한 것은 인간에게는 선한 의지보다 죄의 본성이 더 강하다는 것입니다. 그래서 어떤 인간도 스스로의 힘으로는 완전한 선에 도달할 수 없습니다.

율법과 성화 (로마서 7:1-25)

"그러므로 내 형제들아 너희도 그리스도의 몸으로 말미암아 율법에 대하여 죽임을 당하였으니 이는 다른 이 곧 죽은 자 가운데서 살아나신 이에게 가서 우리가 하나님을 위하여 열매를 맺게 하려 함이라"(4절).

성화(聖化, sanctification)는 그리스도와의 연합된 삶(6장), 율법의 요구를 이루는 삶(7장), 성령의 인도함을 받는 삶(8장)으로 이루어집니다. 예수 그리스도와 연합해 그 은혜로 거룩함의 열매를 맺는 것입니다. 이것에 대해서는 이미 6장에서 살펴보았습니다. 성령님의 도우심으로 성화되는 것에 대해서는 8장에서 다룰 것입니다. 성화에서 빼놓을 수 없는 것이 율법(律法, law)입니다. 율법에 대해서는 이미 여러 곳에서 부분적으로 다루었습니다. 이제 로마서 7장에서 율법에 대해 집중적으로 다루겠습니다.

율법은 구약성경, 모세오경, 십계명을 비롯한 하나님의 계명을 가리킵니다. 로마서 7장에서 다루는 율법은 주로 십계명을 비롯한 하나님의 계명[158]을 말합니다. 율법이 성화에서 중요한 부분을 차지하는 이유는 그것이 하나님의 거룩한 요구이기 때문입니다. "너는 하나님의 백성이니 거룩하게 살라!" 그것은 구약 백성들뿐만 아니라 신약 백성들에게도 동일하게 요구되는 사항입니다. 하나님의 자

158) 계명에는 '하라' 는 계명 248개와 '하지 말라' 는 계명 365개, 모두 합해 613개의 계명이 있다.

녀가 되었으니 이제는 거룩하게 살아야 마땅합니다.

그런데 거룩하게 살아 보려고 하니 율법과의 관계가 심각하게 대두됩니다. 율법과의 관계를 바르게 하지 못하면 '법 아래' 로 다시 들어가게 되어 '은혜 아래' 삶의 체계가 뒤흔들려 버리기 때문입니다. 사실 많은 크리스천들이 예수님을 믿고 해방의 기쁨을 누리다가 이 대목에서 서툴러 다시금 율법의 무거운 짐을 지고 신앙생활을 하게 되는 경우도 많습니다.

은혜 충만한 크리스천들은 율법에 얽매이지 않으면서도 율법의 요구를 충족시키는 삶을 삽니다. 그러니까 율법의 지배에서는 벗어났지만 성숙한 자세로 율법의 요구를 자발적으로 성취하는 것입니다. 그 속에 성화의 비밀이 들어 있습니다. 신자와 율법과의 관계는 당대 유대인 크리스천들이 직면한 심각한 문제였습니다. 그러나 이는 유대인 크리스천뿐 아니라 모든 크리스천들도 피할 수 없는 중요한 문제입니다.

율법의 요구는 하나님의 거룩한 요구입니다. 그러므로 신자는 율법의 요구를 외면할 수 없습니다. 율법의 요구라 함은 좁게는 십계명을 비롯한 구약성경의 율법을 말하며 넓게는 영적, 윤리적 요구 등 모든 거룩한 요구를 말합니다. 율법의 요구를 외면하면 방탕한 자, 도덕률폐기론자가 되고 맙니다. 또 율법의 요구를 다 이루자니 다시 율법 신앙으로 돌아가 율법에 얽매이게 됩니다. 그렇다면 율법에 얽매이지 않으면서 어떻게 율법의 요구를 기쁘게 이룰 수 있습니까? 율법의 요구를 기쁘게 이루어 성화되는 길은 무엇입니까? 첫째, 율법에서 해방됨을 깨달음(1-6절) 둘째, 율법으로는 죄에서 해방되지 못함을 깨달음(7-11절) 셋째, 율법의 한계와 기능을 깨달음(12-13절) 넷째, 율법 아래에서 갈등과 절망을 겪음(14-24절) 다섯째, 그리스도 안에서 해방을 체험하고 감사함(25절)입니다.

율법은 성화의 필수 과정입니다. 이 관문을 통과하지 않고는 성화될 수 없습니다. 크리스천과 율법과의 관계를 잘 파악하면 성화에 큰 도움이 됩니다. 율법과 성화에 대한 올바른 배움을 통해 예수님을 닮아 성화되는 은혜의 삶을 체험하시길 간절히 기도합니다.

율법에서 해방됨을 깨달음(1-6절)

거듭난 하나님의 자녀들이 깊이 깨달아야 할 사실은 그들은 이미 율법에서 해방되었다는 사실입니다. 그런데도 이 사실이 실감나지 않는 것은 거룩한 요구가 남아 있기 때문입니다. 거듭난 크리스천들은 거룩한 요구에 직면합니다. 예를 들어 "주일성수하라. 전도하라. 기도하라. 봉사하라. 십일조 헌금하라"와 같은 요구들은 하나님의 자녀라면 당연히 해야 하는 것 아닙니까? 이 거룩한 요구 앞에 신자들은 마땅히 해야 할 것으로 알고 순종합니다. 그런데 순종하다 보니 율법의 짐을 지는 것 같습니다. 심한 경우에는 율법주의 신앙과 구별되지 않습니다.

자력 구원체계 속에서 살다가 예수 그리스도의 대속의 죽음을 통해 구원받아 은혜 구원체계 속으로 들어왔는데 거룩한 요구 때문에 다시금 자력 구원체계 속으로 되돌아가는 일이 일어납니다. '법 아래' 서 살다가 '은혜 아래' 로 들어왔는데 신앙생활을 계속하다 보니 다시 '법 아래' 로 돌아가는 현상이 일어난 것입니다.

그렇다면 하나님의 거룩한 요구를 외면하고 살아야 합니까? 그것은 말도 안 되는 소리입니다. 거룩한 요구를 외면하고 살면 방종 상태로 전락하고 맙니다. 도덕률폐기론자가 되고 맙니다.[159] 구원받은 성도가 하나님의 백성으로서 감당해야 할 의무를 회피하고 다시금 죄짓고 자기 마음대로 살아도 된다면 예수님께서 왜 십자가에서 죽으셨습니까? 성도들이 마음 편하게 죄짓고 제 마음대로 살게 하기 위해 그 값비싼 희생을 치렀단 말입니까? 그 위대한 하나님의 복음이 겨우 인간들의 죄책감이나 덜어 주기 위한 것이라는 말입니까? 아닙니다.

예수님께서 십자가에서 우리를 대신해 지옥 고통을 당하신 것은 우리로 하여금 거룩한 하나님의 자녀로 살게 하기 위함입니다. 복음은 죄인을 의롭게 만들어 주는 진리입니다. "복음에는 하나님의 의가 나타나서…." 복음은 죄인을 의롭게 만드시는 하나님의 선물입니다. '의'가 빠진 복음은 가짜 복음입니다. "내가 거룩하니 너희도 거룩할지어다."[160] "그러므로 하늘에 계신 너희 아버지의 온전하심과 같이 너희도 온전하라."[161]

바른 신앙생활은 하나님의 은혜로 인해 의롭게 변화되어 의로운 삶을 사는 것입니다. 거듭난 하나님의 자녀들은 하나님의 거룩한 요구를 피할 수 없습니다. 그러면 거룩한 요구를 어떻게 기쁜 마음

159) 도덕률 폐기론자들은 성화의 교리를 부정하는 자들이다. 그리스도 안에서 죄 사함을 받았으니 자유라고 하면서 성화의 길을 걷지 않는다. 그리스도의 속죄의 죽음을 무효화하고 하나님의 은혜를 방탕한 것으로 바꾸는 자들(유 1:4)이다. 구원파는 성화 교리를 부인하는 이단자들이다.

160) 레위기 11:45.

161) 마태복음 5:48.

으로 감당할 수 있습니까?

성화에 있어 율법을 대하는 신자의 자세가 매우 중요합니다. 율법을 도외시하고 살면 방탕한 자가 되고 맙니다. 율법에 얽매여 살면 율법주의자가 되어 그리스도 안의 자유를 누리지 못하고 삽니다. 그렇다면 율법을 대하는 신자의 바른 태도는 무엇입니까?

그리스도의 은혜를 절대시하면서도 율법에 얽매이거나 무시하지 않고 성령님의 인도하심 속에서 율법의 요구를 기쁘게 이루는 것입니다. 예수님도 믿고 율법도 지키는 것이 아니라, 절대적으로 그리스도의 은혜에 의지하며 사는 가운데 성령님의 인도하심을 받아 율법 속에 계시된 하나님의 뜻을 기쁘게 행하는 것입니다. 하나님의 자녀들이 율법에 얽매이면 안 됩니다. 율법에 얽매이면 율법주의에 빠져 버리기 때문입니다. 율법에 자유로우면서 기쁜 마음으로 율법의 요구를 이루는 것이 정답입니다. 하나님께서 이미 그 길을 만들어 놓으셨습니다.

> 형제들아 내가 법 아는 자들에게 말하노니 너희는 그 법이 사람이 살 동안만 그를 주관하는 줄 알지 못하느냐(1절).

여기서 법적 논리를 설명하고 있습니다. 인간의 모든 의무는 사람이 살아 있는 동안에만 부과됩니다. 죽은 사람에게 의무를 요구할 수는 없습니다. 그런데 크리스천들은 법적으로 죽은 자들입니다. 그리스도와 연합해 십자가에서 죽었기 때문입니다. 신자는 율법에서 해방된 자유의 몸입니다.

이를 좀더 쉽게 이해하기 위해 결혼의 비유를 들어 보겠습니다.

남편이 죽으면 여자는 남편의 법에서 벗어납니다. 다른 남자와 결혼해도 음녀가 되지 않습니다. 남편의 법은 남편이 살아 있는 동안에만 적용되는 것입니다. 신자는 율법남편과 결혼했다가 이제 은혜남편과 결혼한 사람입니다. 이해를 돕기 위해 이 이야기를 좀더 해보겠습니다.

어떤 여자가 아주 멋있고 완벽한 남자와 결혼을 했습니다. 이 남자는 율법남편입니다. 그는 아주 부지런해 새벽 5시만 되면 일어나 하루를 준비하는 사람입니다. 얼마나 부지런하고 성실한지 부인은 도저히 따라갈 수 없었습니다. 청소도 아주 깨끗하게 하고 모든 가구와 물품들을 정확하게 정돈하는 사람이었습니다.

처음에 아내는 부지런한 남편이 좋았는데 살수록 부담이 되었습니다. 아무리 일찍 일어나려 해도 일어나 보면 새벽 6시, 늘 남편이 먼저 깨어 있었습니다. 열심히 집 안을 치운다 해도 남편의 성에는 차지 않아 남편은 아내가 정리해 놓은 집안을 다시 치우고 정돈합니다. 그런 일이 반복되다 보니 아내는 남편 앞에 서면 한없이 작아지고 주눅이 들었습니다.

식사를 하는데 하필 남편 밥에서 돌이 나옵니다. 머리카락이 들어 있습니다. 수저에 고추 가루가 묻어 있습니다. 남편이 말합니다. "이게 뭐야? 머리카락 아니야?" 사사건건 남편이 지적할 때마다 아내는 죽고 싶은 심정이었습니다. 날이 갈수록 아내의 마음속에는 결혼이 주는 기쁨이 사그라져 갔습니다. 숨도 못 쉴 지경이었습니다. 그런데 어느 날 남편이 먼저 죽고 말았습니다. 못난 아내를 지켜봐 오다 화병으로 죽어 버린 것입니다.

얼마 후 여자는 재혼했습니다. 새 남편은 은혜남편이었습니다. 새 남편 역시 부지런하고 완벽한 사람이었습니다. 새벽 4시면 일어나 하루를 준비하는 성실한 사람이었습니다. 그러나 은혜남편은 아내가 미안해할까 봐 6시쯤에 다시 잠자리로 돌아와 자는 척하다가 아내가 깰 때 같이 일어납니다. 그리고 "여보 일어났어? 역시 우리 허니는 부지런하단 말이야. 내가 뭐 도와줄까?" 라고 말하며 식사 준비를 돕습니다. 청소도 해줍니다. 아내가 조금만 잘해도 칭찬하며 용기와 희망을 심어 줍니다. 식사할 때 수저에 고추 가루가 묻어 있어도 몰래 닦아 냅니다. 밥을 먹다가 돌이 씹혀도 "그럴 수도 있지. 지난번 돌보다는 작은 걸!" 하면서 아내를 감싸 줍니다.

아내는 남편의 참사랑에 감동해 더 잘 해야겠다는 생각을 합니다. 그리하여 조금씩 남편의 성실과 사랑을 배웁니다. 어느덧 남편과 비슷한 시간에 일어나고 남편과 함께 새벽운동도 합니다. 남편을 닮아 갑니다. 남편처럼 부지런하고 성실한 사람이 되어 갑니다. 남편처럼 사랑으로 이해하고 상대방을 배려할 줄 아는 사람이 되어 갑니다. 날마다 행복을 느낍니다. 부족해도 행복합니다. 사랑으로 감싸 주는 남편이 있기 때문입니다.

여기서 전 남편은 율법입니다. 새 남편은 예수님입니다. 예수님은 완벽하지만 죄인인 우리를 받아 주시고 감싸 주시며 한 걸음 한 걸음 거룩한 길로 인도해 주십니다. 심히 부족하고 연약한 우리지만 주님의 거룩한 사랑에 감동되어 한 걸음 한 걸음씩 변화되어 갑니다.

그러므로 내 형제들아 너희도 그리스도의 몸으로 말미암아 율법에 대하여 죽임을 당하였으니 이는 다른 이 곧 죽은 자 가운데서 살아나신 이에게 가서 우리가 하나님을 위하여 열매를 맺게 하려 함이라(4절).

하나님을 위해 열매를 맺는다는 것은 무엇입니까? 하나님께서 기뻐하시는 삶을 사는 것입니다. 이는 의로운 삶입니다. 하나님 나라 곧 교회를 위해 헌신을 다하는 것입니다. 성령의 9가지 열매를 맺으며 예수님을 닮아 예수님의 일을 하는 것입니다. 아래의 말씀은 하나님을 위해 열매 맺는 삶이 얼마나 아름다운지 확실히 깨닫도록 하기 위해 이전의 삶과 대조해 보여 줍니다. 이것은 6장 21절과 22절에서 죄의 종이 맺는 열매, 의의 종이 맺는 열매를 비교하던 것과 같습니다.

우리가 육신에 있을 때에는 율법으로 말미암는 죄의 정욕이 우리 지체 중에 역사하여 우리로 사망을 위하여 열매를 맺게 하였더니 이제는 우리가 얽매였던 것에 대하여 죽었으므로 율법에서 벗어났으니 이러므로 우리가 영의 새로운 것으로 섬길 것이요 율법 조문의 묵은 것으로 아니 할지니라(5-6절).

성화는 무수한 선택의 과정[162] 속에서 이루어집니다. 우리로 하여금 더러운 선택을 하지 아니하고 거룩한 선택을 하도록 선택 후에

162) 성화는 무수한 선택의 과정을 통해 이루어진다. 육체의 소욕과 성령의 소욕 중의 선택, 죄의 유혹과 성령의 인도하심 사이의 선택을 올바로 해야 거룩해진다.

일어날 일들을 비교 대조해서 보여 주고 있습니다.

먼저 악의 선택을 보여 줍니다. 과거 육신으로 있을 때란 그리스도를 알기 전 육적인 생활을 하고 있을 때를 말합니다. 그때는 율법으로 말미암는 죄의 정욕[163]이 우리 지체 중에 역사해 사망을 위한 열매를 맺게 했습니다. 율법이 죄를 짓게 한 것이 아니라 죄를 짓고자 하는 욕망이 율법의 자극을 받아 마음을 사로잡고 죄를 짓게 합니다. 죄의 정욕이 지체 중에 역사하는 것은 지체가 죄의 도구로 사용된다는 말입니다. 그렇게 죄를 쌓다가 결국 가장 무서운 형벌인 사망에 이르게 하는 것입니다. 이 그림을 7-11절에서 상세하게 보여 줍니다.

그러나 그리스도의 구속을 받아 하나님의 자녀가 된 지금은 얽매였던 것에 대해 죽어 율법에서 벗어났습니다. '얽매였던 것' 이란 율법, 즉 '율법의 통치' '율법의 지배' 를 말합니다. 그렇다고 율법의 지배를 벗어나서 마음대로 죄짓는다는 말이 아닙니다. 성령님의 인도하심에 따라 새 남편 예수 그리스도를 본받아 즐겁게 사는 것입니다. 그것이 바로 영의 새로운 것으로 섬기는 것입니다.

영이란 성령님을 말합니다. 성령님이 인도하신 새로운 삶, 구속의 사랑으로 사는 것입니다. 구속의 사랑에 감동되어 기쁘게 거룩한 요구를 행하는 삶입니다. 율법 조문에 얽매여서 억지로 하던 것과는 아주 다릅니다. 형식적인 눈가림식으로 율법 조문을 지키던 것과는 본질적으로 다릅니다. 구속의 사랑에 감동하여 하나님에 대

163) '율법으로 말미암는 죄의 정욕' 을 렌스키(Lenski)는 '죄악스런 욕망' 이라 했고, 메이어(Meyer)는 '죄로 나아가고자 하는 욕구' 라고 말했다.

한 사랑표현으로 거룩한 요구를 이루는 것입니다. 그리하여 참 성화를 이루는 것입니다.

여기서 중요한 것은 율법에서 해방되어 율법의 지배를 받지 않게 되는 것입니다. 율법의 지배가 아니라 그리스도의 통치를 받습니다. 예수님께서는 인격적으로 나를 사랑하십니다. 성령님을 보내어 깨우쳐 주시고, 본을 보여 주시고, 일할 의욕을 북돋아 주시고, 새 힘을 주십니다. 예수님만 생각하면 마음이 편하고 감사합니다. 율법의 지배를 받던 때와는 완전히 다릅니다. 그러나 다시 율법의 지배 속으로 들어가면 자력 구원체계 속에서 신음하던 옛 방식으로 돌아가 형식적인 종교생활을 하게 됩니다.

몹시 안타깝게도 수많은 크리스천들이 이 함정에 빠져 있습니다. 예수님을 믿고 구원받았음에도 불구하고 다시 율법의 멍에를 메고 율법의 지배 속에서 신음하는 이중생활을 하고 있는 것입니다. 심지어 어떤 사람은 예수님을 믿는 것만으로는 구원받지 못하며, 예수님도 믿고 율법도 지켜야 구원받는다는 주장을 합니다.[164] 이것은 명백한 이단입니다. 그리스도의 완전 속죄를 부인하는 이단입니다. 자유케 된 하나님의 자녀에게 율법의 멍에를 다시 뒤집어씌운 것입니다.

정상적인 교회 안에서도 성화의 진리를 제대로 모르고 아직도 율법의 지배 속에서 시름시름 앓으며 괴로운 종교생활을 하는 사람이

164) 제칠일안식교는 예수님을 믿음 + 율법 지킴 = 구원이라는 구원관을 주장함으로 성경에서 크게 벗어난 이단이 되었다. 이들의 가장 큰 오류는 예수님의 완전 속죄를 부인한 데 있다. 성화의 길을 찾지 못한 결과로 이단이 된 것이다.

많이 있습니다. 심히 안타까운 일입니다. 그래서 예수님을 모시고 '환희'와 '감격' 속에서 살아갈 하나님의 자녀들이 시커먼 얼굴을 하고는 무미건조하게 종교생활을 하고 있습니다.

"안타깝도다. 안타깝도다. 하나님의 자녀들이여! 율법의 통치에서 벗어나 그리스도의 통치를 받으라! 영광스러운 하나님의 자녀의 삶을 시작하라!"

사랑하는 하나님의 자녀들이여! 우리는 예수 그리스도의 대속의 죽음으로 말미암아 율법의 지배에서 벗어났습니다. 율법에서 해방되었습니다. 이제 율법 조문에 얽매여 사는 낡은 삶에서 벗어났습니다. 율법의 눈치를 보며 주눅 들어 사는 삶에서 해방되었습니다. 이제는 복음이 임했습니다. 누구든지 그리스도 안에 있으면 새로운 피조물이라! 우리는 새로운 피조물이 되었습니다. 이제는 그리스도의 통치를 받게 되었습니다.

예수님께서는 인격적으로 우리를 인도하시며 진리와 사랑으로 이끌어 주십니다. 친히 모범을 보이시며 우리를 거룩한 하나님의 세계로 한 걸음 한 걸음씩 인도해 주십니다. 성령님을 보내어 도와주십니다. 우리를 구속해 주신 주님의 놀라운 사랑을 알기에 그분의 거룩한 요구가 부담되지 않습니다. 율법 아래 있을 때는 마지못해 형식적으로 예배당에 가서 앉아 있다 왔지만 구속의 사랑에 눈뜬 지금은 예배가 최고의 가치요 즐거움으로 다가옵니다.

성부 하나님께 예배드림이 최고로 영광스러운 것이요 하나님의 큰 복을 받는 길입니다. 예배는 더 이상 의무가 아니라 축복이요 영광이 되었습니다. 이전에는 십일조가 아깝게 느껴졌지만 이제는 생명의 은인되시는 주님께 나 자신 전부를 드리는 마음으로 기쁘게 헌금하게 되었습니다. 돈을 더 많이 벌어 더 많이 헌금하고 싶은 심정입니다. 헌금은 주님에 대한 사랑의 표현이요 축복이자 영광입니다. 나 같은 존재도 하나님께 예배드리고 헌금할 수 있다는 것이 은혜임을 깨닫습니다. 헌금을 하면서도 주님의 사랑을 느낍니다. 주님의 복이 내 위에 임해 있음을 느낍니다. 할렐루야! 주님께 영광을 돌립니다.

주님의 사랑은 성화의 원동력입니다. 무겁게 느껴졌던 짐들이 주님의 사랑으로 인해 모두 즐거움이요 축복으로 느껴지는 신비한 체험을 하게 되었습니다. 하나님이 무서워 벌받을까 봐 의무를 감당하는 것이 아니라 하나님이 참 좋아서 그분이 기뻐하시는 뜻을 찾아 자발적으로 감당하는 것입니다. 노예같이 질질 끌려 다니는 인생에서 이제 아버지의 가락지를 낀 왕자가 되어 창조적으로 사는 인생으로 변화된 것입니다. 기적이 일어났습니다. 그리스도 안에서 새 인간이 창조되었습니다. 율법에서 해방된 하나님의 자녀는 영의 새로운 것으로 섬기면서 성화되어 갑니다.

율법으로는 죄에서 해방되지 못함을 깨달음(7-11절)

율법에서 해방되었다고 쾌재를 부르다 보니 마치 율법이 우리를 괴롭히는 폭군처럼 느껴집니다. 율법은 과연 죄일까요? 아닙니다. 결코 아닙니다. 율법은 하나님께서 주신 법입니다. 좋은 것입니다. 그러면 왜 율법에서 해방되었다고 왜 그리 좋아하는 것입니까? 지금까지는 율법을 다소 부정적인 뉘앙스로 말해 왔던 것이 사실입니다. 율법 자체가 나빠서가 아니라 죄인인 인간의 성향 때문에 그랬습니다. 율법이 나쁜 것이 아니라 율법을 지키지 못한 인간이 나쁜 것입니다. "하나님께서 주신 것이라면 율법을 지켜야 하지 않습니까?" 하고 율법옹호주의자들은 거세게 반박합니다.

7-11절은 왜 우리가 율법을 의지할 수 없는가에 대한 답변입니다. 한마디로 율법은 죄인을 죄에서 해방시켜 주지 못한다는 약점이 있습니다. 율법은 온전히 순종하는 의인들에게는 더할 나위 없이 좋은 생명의 말씀이 되지만 죄인들에게는 무서운 공포의 짐이 됩니다. 율법은 죄인을 살리는 일을 하지 못합니다. 율법은 죄인에게 죄를 지적하고 죄가 무엇인지 깨닫게 해주지만 죄인을 죄에서 해방시켜 주지는 못합니다. 그러므로 율법을 의지해서는 안 됩니다. 율법을 의지하면 결코 죄 문제를 해결할 수 없습니다. 아니 도리어 깊은 죄의 수렁에 빠지고 맙니다. 율법 때문이 아니라 인간들의 죄성(罪性) 때문입니다.

율법과 죄는 미묘한 관계를 가지고 있습니다. 율법과 죄의 관계는 이러합니다. 첫째, 율법은 죄를 알게 해줍니다.

> 율법으로 말미암지 않고는 내가 죄를 알지 못하였으니 곧 율법이 탐내지 말라 하지 아니하였더라면 내가 탐심을 알지 못하였으리라(7절).

율법이 없었다면 탐심이 죄인지 몰랐을 것입니다. 그러나 율법을 통해 탐심이 죄라는 것을 알게 되었습니다.

둘째, 율법은 죄를 부추깁니다. 좀더 정확하게 표현하면 사탄이 율법을 이용해 죄인들 가슴속에 죄의 정욕을 일으킵니다.

> 죄가 기회를 타서 계명으로 말미암아 내 속에서 온갖 탐심을 이루었나니(8절).

잔디밭에 들어가지 말라는 경고문을 보고는 오히려 들어가고 싶은 마음이 일어나는 것입니다. 남의 노트북을 훔치지 말라는 경고문을 보고는 한번 훔쳐 볼까 하는 생각이 드는 것입니다. 이 경우에 경고문이 잘못된 것입니까? 아닙니다. 인간의 타락한 본성 때문에 경고문을 보고 죄의 정욕이 일어나는 것입니다.

셋째, 율법은 죄인을 죽게 만듭니다. 율법이 없었다면 죄의 존재조차 모르기에 그런대로 지낼 수 있었는데 율법으로 인해 죄가 죄로 드러나 죽게 된 것입니다.

> 전에 율법을 깨닫지 못했을 때에는 내가 살았더니 계명이 이르매 죄는 살아나고 나는 죽었도다(9절).

넷째, 결론은 율법은 죄인을 살리지 못합니다.

> 생명에 이르게 할 그 계명이 내게 대하여 도리어 사망에 이르게 하는 것이 되었도다 죄가 기회를 타서 계명으로 말미암아 나를 속이고[165] 그것

165) 창세기 3장 1-7절에서 사탄이 하와와 아담을 유혹하던 장면을 생각하면 쉽게 이해할 수 있다. 사탄은 계명을 가지고 아담과 하와를 속이고 죄를 짓게 하여 죽게 만들었다.

으로 나를 죽였는지라(10-11절).

율법은 분명히 하나님께서 주신 좋은 것입니다. 하나님의 백성들이 지켜야 할 계명입니다. 율법 자체에는 흠이 없습니다. 문제는 죄인인 인간에게 있습니다. 율법의 내용은 백 번 옳은 것이지만 결국 죄인을 죽이는 결과를 가져옵니다. 율법의 요구는 옳고 정당합니다. 죄를 정죄하고 의를 가르치며 악을 징계하고 선을 장려합니다. 그런데 죄인이 그 가르침을 따라가지 못합니다. 율법 앞에 숨도 못 쉬고 주눅이 들어 점점 말라갑니다. 율법이 무서워서 자기 속마음을 털어 놓지도 못하고 형식적으로 순종하는 체 합니다. 위선만 늘어가고 영혼은 피폐해 갑니다. 결국 말라 죽게 됩니다. "전에 율법을 깨닫지 못했을 때에는 내가 살았더니 계명이 이르매 죄는 살아나고 나는 죽었도다"(9절) 하며 처절한 탄식을 하게 됩니다.

아주 뛰어난 능력을 가졌지만 학생들을 매우 엄하게 가르치는 선생님이 있었습니다. 이 선생님은 학생들을 크게 성장시키고자 온갖 사랑을 베풀며 수준 높은 교육을 시켰습니다. 그런데 선생님은 엄하기만 하고 학생들의 형편과 입장을 고려하지 않았습니다. 학생들이 잘 따라올 때는 그런 교육이 엄청난 효과를 발휘하다가도 어느 날 누가 혹시라도 딴짓이라도 하면 불호령이 떨어졌습니다. 선생님은 딴짓을 한 학생을 무섭게 질책했고 학생은 선생님만 보면 무서워 아무 일도 못했습니다. 선생님이 재촉하면 할수록 학생은 주눅이 들어 더욱 퇴보했습니다. 선생님의 실망이 이만저만이 아니었습니다. 결국 학생은 정신병이 들고 말았습니다.

율법이 이와 비슷합니다. 율법 자체는 훌륭하지만 죄인을 살리지는 못하는 한 가지 단점으로 인해 죄인을 더욱 절망의 구렁텅이로 몰아갑니다. 그러면 어떻게 해야 합니까? 죄인이 살 길은 어디에 있습니까? 그 길은 율법을 의지하는 데 있지 않습니다. 율법을 의지하면 할수록 내 죄는 커지고 영혼은 말라 죽게 됩니다. 율법이 잘하는 것은 정죄하고 지적하는 것입니다. 그리고 의로운 요구를 하는 것입니다. 율법은 틀린 말을 하지 않습니다. 언제나 옳고 수준 높은 말을 합니다.

그러나 율법이 못하는 게 있습니다. 죄인을 살리지 못합니다. 엉터리 인간들을 이해하고 그들을 끌어 올리는 일을 하지 못합니다. 그러므로 죄인들이 율법으로 구원받을 수 있다는 환상에서 빨리 벗어나야 합니다. 아무리 파도 물이 나오지 않는 땅에서 물을 얻으려고 계속 땅을 팔수록 물은 얻지 못하고 지쳐 죽게 될 뿐입니다.

율법은 죄인을 구원하지 못합니다. 율법은 죄인의 죄를 밝혀 주고 그가 심판받아 죽을 자라는 사실을 가르쳐줍니다. 하나님의 거룩한 길을 가르쳐 줍니다. 하지만 그 거룩한 요구를 행할 능력이 없는 나는 더욱 죄의식이 들고 비참해집니다. 그렇다면 율법은 우리 크리스천들에게 소용없는 것이 아닙니까? 그럽다면 율법을 내팽개쳐야 할까요?

율법의 한계와 기능을 깨달음(12-13절)

율법은 성화에 불필요한 것이 아닙니다. 율법의 용도를 잘 모르고 사용하므로 오작동이 일어난 것일 뿐입니다. 하나님께서 아무 쓸모 없는 것을 주실 리 있습니까? 쓸모가 있으니 주셨겠지요. 하나님께서 주신 율법은 어떤 기능과 목적이 있습니까?

> 이로 보건대 율법은 거룩하고 계명도 거룩하고 의로우며 선하도다(12절).

이로 보건대는 '참으로(surely)', '의심할 여지 없이(undoubtedly)' 라는 뜻입니다. 이상의 사실들을 정리해서 내린 결론입니다. 율법 자체는 죄가 아닙니다. 율법이 인간으로 하여금 죄를 짓게 하는 것이 아니라 죄가 인간의 타락한 본성을 충동질하는 것입니다. 율법은 거룩하며 의롭고 선합니다. 율법은 하나님의 뜻을 나타냅니다. 하나님의 백성들이 거룩하고 의롭게 선하게 사는 법을 가르칩니다. 율법은 하나님의 거룩한 요구를 담고 있습니다. 그 거룩한 율법이 죄인들의 죄성으로 인해 하나님과 더욱 멀어지게 하는 것이 되고 만 것입니다.

> 그런즉 선한 것이 내게 사망이 되었느냐 그럴 수 없느니라 오직 죄가 죄로 드러나기 위하여 선한 그것으로 말미암아 나를 죽게 만들었으니 이는 계명으로 말미암아 죄로 심히 죄 되게 하려 함이라(13절).

율법의 기능이 무엇입니까? 첫째, '죄를 깨닫게 함' 입니다.[166] '죄를 죄로 드러나게 함' '죄로 심히 죄 되게 하려 함' 입니다. 둘째, '죄를 심판하려 함' 입니다.[167] 셋째, '하나님의 의로운 뜻을 계시함'

입니다.[168] 넷째, '그리스도께로 인도하기 위함' 입니다. 갈라디아서 3장 24절은 율법에 관한 비밀을 푸는 중요한 말씀입니다. "이같이 율법이 우리를 그리스도께로 인도하는 초등교사가 되어 우리로 하여금 믿음으로 말미암아 의롭다 함을 얻게 하려 함이라."

본문을 묵상하면서 놓지 말아야 할 흐름은 '성화' 입니다. 지금 율법학을 강론하는 것이 아닙니다. 성화를 강론하면서 율법을 말하고 있는 것입니다. 성화와 율법이 무슨 상관이 있습니까? 깊은 상관이 있습니다. 성화는 하나님의 거룩한 요구를 이루어 의로워지는 것입니다.

죄인이 어떻게 하나님의 거룩한 뜻을 알 수 있습니까? 율법을 통해 알 수 있습니다. 하나님 백성의 도리를 어떻게 알 수 있습니까? 율법을 통해 알 수 있습니다. 율법이 없다면 크리스천은 심히 답답할 것입니다. 어떤 것이 의로운 것인지, 어떤 것이 하나님의 거룩한 뜻인지 알기 어렵습니다. 그런데 율법을 통해 그 거룩한 뜻을 알 수 있으니 얼마나 고마운 일입니까?

그런데 이렇게 집요하게 율법 문제를 다루고 있는 이유는, 율법에 나타난 거룩한 요구를 이행하다가 자력 구원체계 속으로 빠질 수 있기 때문입니다. 율법의 포로가 되어 나의 의지와 노력으로 하

---

166) 로마서 3:20. "그러므로 율법의 행위로 그의 앞에 의롭다하심을 얻을 육체가 없나니 율법으로는 죄를 깨달음이니라."

167) 로마서 2:12. "무릇 율법 없이 범죄한 자는 또한 율법 없이 망하고 무릇 율법이 있고 범죄한 자는 율법으로 말미암아 심판을 받으리라."

168) 로마서 3:19. "우리가 알거니와 무릇 율법이 말하는 바는 율법 아래에 있는 자들에게 말하는 것이니 이는 모든 입을 막고 온 세상으로 하나님의 심판 아래에 있게 하려 함이라." 시편 119:105. "주의 말씀은 내 발에 등이요 내 길에 빛이니이다."

나님의 거룩한 요구를 행하려고 하면 나 중심적으로 전락하고 맙니다. 제한된 나의 능력으로 율법을 지키려 하다 보면 다 지킬 수도 없고, 무거운 율법의 짐 밑에서 내 영혼은 말라 죽어 갑니다.

자력 구원체계의 가장 큰 단점은 그리스도의 구속의 은혜를 외면하는 것입니다. 감히 하나님의 구원을 거절하는 것입니다. 불의로 진리를 막는 죄를 범하는 것입니다. 하나님께서 주신 살 길을 거절하고 죽을 길을 붙잡고 처절한 사투를 벌이는 것입니다. 자력구원은 복음이 없을 때 인간들이 어쩔 수 없이 벌이는 최후 발악과 같은 것입니다. 하나님께서 이런 불쌍한 인간들을 구원하려고 예수님을 보내 주셨는데, 인간은 어리석게도 그 구원의 밧줄을 붙잡지 않고 구원에 이르지 못할 썩은 동아줄을 잡고 있으니 통탄하지 않을 수 없습니다. 이렇게 수십 번 반복해서 강조해도 인간은 잠시만 방심해도 다시 그 낡은 율법의 통치 아래로 빠져 들어가 버리기 때문에 거듭 반복해서 강조하는 것입니다.

"오직 의인은 믿음으로 살리라." 하나님의 구원 은혜를 붙잡고 율법에 나타난 거룩한 하나님의 뜻을 이행할 때 우리는 거룩하게 변화되어 갑니다.

전도를 예로 들어 봅니다. 전도하라는 말씀을 '율법 아래' 곧 율법 통치 속에서는 의무로 알고 감당합니다. 때로는 바빠서 할 수 없는 상황인데도 억지로 하려다 보니 짜증이 납니다. 마음속에 반발이 일어납니다. "교회 확장을 위해 그렇게 매달릴 필요가 있는가?" "교회가 회사인가?" "내가 교회의 종인가?" 하면서 전도 반대운동을 은근히 벌입니다. 참으로 경악할 만한 일들이 일어납니다. 좋은 마음 밭을 가진 사람 입에서 어찌 그런 말이 나오는지 놀라지 않을 수 없습니다.

그러나 '은혜 아래' 에서는 상황이 전혀 다릅니다. 전도하라는 말씀을 기쁘게 받습니다. "전도하라는 말씀을 통해 제가 목숨 걸고 해야 할 일이 무엇인지 알게 되었습니다. 그것은 바로 전도입니다." 전도야말로 주님께서 가장 원하시는 바요, 가장 강조하신 일입니다. 전도는 신자의 의무일 뿐 아니라 큰 축복이요 영광스러운 일입니다. 그리스도의 3중직 선지자직, 제사장직, 왕직을 경험할 수 있는 복된 일입니다. 내가 성장할 기회입니다.

"아멘, 전도해야지요. 열심히 전도하겠습니다. 주님의 몸된 교회 성장을 위한 길이니 더욱 열심히 감당해야지요. 비록 바빠서 많이 전도하지 못하지만 가능한 시간을 내서 열심히 전도하고 있습니다."

전도하면서 예수님을 만날 수 있습니다. 전도를 통해 천국을 체험합니다. 전도는 나의 최고 가치입니다. 전도를 하면서 나의 신앙과 인격이 매우 성숙해집니다. 교회에 큰 기쁨이 됩니다. 교회의 자랑이 됩니다. 교회에 없어서는 안 될 보배로운 일꾼이 됩니다.

은혜 중심적 삶의 체계, 곧 하나님 중심적인 삶 속에서는 율법도 은혜가 됩니다. 율법을 은혜로 해석해 은혜로 감당합니다. 주님과의 사랑의 관계 속에서는 율법도 사랑으로 이해하고 기쁘게 감당합니다. 그 삶이 바로 은혜로 사는 것, 믿음으로 사는 것입니다. 반면에 자력 구원체계는 결국 인본주의로 전락합니다. 구원 없는 자기 안에 갇혀 버리는 것입니다. 은혜 구원체계 속에 들어가 하나님 품에 안겨 성령님의 인도하심을 받을 때 우리는 비로소 자신으로부터 해방되는 것입니다. 하나님을 제대로 섬기는 하나님 중심의 인간이 됩니다.

율법은 하나님께서 주신 거룩한 요구입니다. 인간들의 죄를 깨닫게 해주고 죄를 피하게 만들어 줍니다. 죄를 죄로 알아 심판에 이르게 하여 빨리 두 손 들고 그리스도께로 달려가게 만듭니다. 율법은 인간의 한계를 깨닫게 해주는 하나님의 도구입니다. 동시에 하나님의 거룩한 뜻을 알려 주어 하나님의 길로 가게 하는 등불입니다.

율법은 성화의 나침판입니다. 율법의 용도를 잘 알고 적절하게 잘 사용한다면 성화에 아주 긴요하게 쓸 수 있습니다. 성화에 있어 신자의 율법에 대한 자세가 매우 중요합니다. 율법을 도외시하고 살면 방탕한 자가 되고 맙니다. 율법에 얽매어 살면 율법주의자가 되어 그리스도 안의 자유를 누리지 못하고 삽니다.

그러나 그리스도의 은혜를 절대시하면서 율법에 얽매이지도 않고, 무시하지도 않고, 성령의 인도하심 속에서 율법의 요구를 기쁘게 이루고 살면 천국을 체험합니다. 예수님도 믿고 율법도 지키는 것이 아니라, 절대적으로 그리스도의 은혜에 의지하고 살면서 그리스도의 은혜 속에서 성령님의 인도하심을 받아 율법 속에 계시된 하나님의 뜻을 기쁘게 행하는 것입니다. 하나님의 자녀들이 율법에 얽매이면 안 됩니다. 율법에 얽매이면 율법주의에 빠져 버립니다. 율법에 자유로우면서 기쁘게 율법의 요구를 이루는 것이 정답입니다. 하나님께서 복음 안에 그 길을 만들어 놓으셨습니다.

율법 아래에서 갈등과 절망을 겪음(14-24절)

죄 속에서 살다가 예수님을 믿고 하나님 자녀가 되면 거룩하게 살아가려고 노력하게 됩니다. 이 과정에 있는 성도들에게 피할 수 없는 것이 율법과의 갈등입니다. 여기에는 위험한 두 가지 길이 있습니다. 하나는 신자가 율법을 무시해 버리고 방탕한 삶으로 전락해 버리고 마는 것입니다. 방탕한 삶을 살면 구원이 소용없는 것처럼 되고 맙니다. 또 하나는 율법을 잘 지키려다 다시 율법주의에 빠지는 길입니다. 그래서 은혜를 상실하고 무미건조한 종교생활을 합니다.

신자는 예수님의 손을 잡고 신나고 즐거운 천국여행을 해야 정상입니다. 예수님의 손을 잡고 율법이 가르치는 거룩한 삶을 기쁘게 살아가야 정상입니다. 그래서 거룩해지고 의로워져 하나님의 형상을 회복해 가며 천국을 맛봐야 합니다. 그런데 율법 아래서의 갈등 문제를 해결하지 못하면 즐거운 천국생활을 하지 못합니다. 이 율법과의 갈등 고개를 넘지 못해 즐거운 천국 길을 포기하는 사람이 있으니 얼마나 안타까운 일입니까? 신자들이 성화에 실패하는 이유는 율법과의 관계 조정에 실패했기 때문입니다.

그 실패하는 이유를 성경은 놀랍게 설명하고 있습니다. 신자의 깊은 내면에서 이루어지는 일을 이처럼 잘 묘사한 성경 말씀에 경탄을 금할 수 없습니다.

'나'는 누구인가?

로마서 7장 14-24절 부분에 대해 학자들 간에 논란이 많습니다.

이 부분의 '나(내)'가 24회 나오는데 도대체 그 '나'는 누구인가? 바울 자신의 이야기인가? 어떤 다른 사람의 이야기인가? 바울 사도의 중생 전의 이야기인가? 중생 후의 이야기인가? 논란이 많습니다. 중생 전이라고 주장한 사람들은 그 근거로 "죄 아래 팔렸도다" "죄의 법으로 나를 사로잡는 것을 보는도다" "이 사망의 몸에서 누가 나를 건져내랴"의 말씀을 들어 이것이 거듭난 하나님 자녀들의 탄식일 수 없다는 것입니다. 그러므로 중생 이전의 바울의 고뇌[169)]라는 것입니다.

반대로 이것은 중생 후의 바울의 고백[170)]이라는 주장도 있습니다. 거듭나지 않은 사람이 이런 진지한 고뇌를 겪을 수 없다는 것입니다. 하나님도 모르는 사람이 어찌 하나님 앞에서 진지한 고민을 할 수 있느냐는 것입니다. 하나님 앞에 양심이 회복되었기 때문에 자기 죄에서 벗어나려고 몸부림을 치는 것이라고 봅니다.

제3의 의견은 양자가 다 일리가 있기 때문에 한편으로는 크리스천의 고민이요 다른 한편으로는 거듭나긴 했으나 성령의 인도함을 받지 못한 신자, 곧 오순절 성령받기 이전의 제자들과 같은 상태[171)]라고 말합니다.

이 주장을 들어 보면 이 말이 맞는 것 같고, 저 주장을 들으면 저

---

169) 중생 전의 바울의 경험이라고 주장하는 학자는 Origen, Chrysostom, Meyer, Olshausen, De Wette, Godet, Bengel 등이다.

170) 중생 후 바울의 경험이라고 주장하는 학자는 Augustine, Jerome, Luther, Calvin, Melanchton, Beza, Hodge 등이다.

171) 존 스토트는 유대인 그리스도인 혹은 오순절 이전의 신자들이라고 주장한다.

말이 맞는 것 같습니다. 어느 말이 옳은지 분별하기가 쉽지 않습니다. 이러한 때 해답을 찾는 비결은 크게 보는 것입니다. 그리고 흐름을 파악하는 것입니다. 로마서 7장은 성화를 다루는 말씀입니다. 성화에서 율법의 역할을 다루는 말씀입니다. 신자들의 성화를 다루다가 갑자기 중생 이전의 이야기를 할 리가 없습니다. 그러므로 이 말씀은 성화 중인 크리스천들의 내면의 투쟁을 말한다고 볼 수 있습니다.

성화 과정에 있는 크리스천들은 죄와 투쟁을 합니다. 죄와 싸우다가 보면 어느덧 '나' 중심으로 전락해 영락없이 로마서 7장의 괴로운 투쟁을 합니다. 그러므로 로마서 7장 14-24절의 '나'는 중생한 신자입니다. 로마서 7장의 갈등은 중생한 신자가 성화의 문제를 '나' 중심적으로 해결하려고 할 때 겪는 고뇌입니다. 이것을 꼭 바울 사도의 개인 고뇌라고 국한하는 것은 짧은 생각입니다. 모든 신자가 성령을 의지하지 않고 '나' 중심적으로 죄와 투쟁할 때 누구든지 겪게 되는 내적 갈등입니다.

물론 구약 성도들도 하나님 앞에 진실하게 살려고 했을 때 이런 고뇌를 겪을 수 있었습니다. 그러나 분명한 것은 칭의를 얻은 하나님의 자녀들이 성화의 과정을 겪을 때 성령님께 의지하는 법을 잠시 잊고 '나(내)' 중심이 되어 성화하려고 할 경우 이런 갈등을 겪게 된다는 것입니다.

그러므로 이 부분은 중생 이전인가 이후인가, 바울의 경험인가 사람의 다른 경험인가를 따져야 하는 문제가 아니라 '나(내)' 중심적인 방식으로 죄 문제를 해결하고자 했을 때 나타나는 신자의 모습인 것입니다. 즉 은혜 구원체계 속에서가 아니라 자력 구원체계

방식으로 성화과정을 겪는 모습입니다. '은혜 아래' 에서 성화의 길을 걷지 못하고 '법 아래' 에서 성화의 길을 걸을 때의 고뇌입니다.

크리스천들이 '나(내)' 중심적으로 거룩하게 살려고 하면 누구든지 이 갈등을 겪게 됩니다. 그러므로 신자들은 '나' 중심의 사고를 버리고 '하나님께서' 라고 주어를 바꾸어야 합니다. 하나님 중심으로 생각하고 하나님 중심으로 살지 아니하면 로마서 7장의 갈등은 어김없이 찾아옵니다.

'율법 아래' 갈등은 필요한가?

성화가 아무 갈등도 없이 되는 것은 아닙니다. 내면의 투쟁, 영적 투쟁 가운데 이루어집니다. 더러운 죄의 욕망을 끊어 버리고 거룩한 모습으로 변화되려면 진지한 영적 투쟁이 필요합니다. 어찌 보면 이 괴로운 투쟁 과정이 꼭 필요한 것일는지도 모릅니다. 이러한 철저한 투쟁을 거치고 나야 복음의 은혜를 갈망하게 됩니다. "오호라 나는 곤고한 사람이로다 이 사망의 몸에서 누가 나를 건져내랴" (24절) 하는 처절한 절망을 맛본 후에야 "우리 주 예수 그리스도로 말미암아 하나님께 감사하리로다!" 하는 감사 찬송이 터져 나오는 것입니다.

진정 성화의 길을 걷기 위해서는 내면에 찾아오는 죄의 유혹을 물리쳐야 합니다. 성숙한 사람은 말씀과 기도, 성령에 의지해 죄의 유혹을 물리치며 예수님을 닮아 거룩하게 성장해 갑니다. 신앙이 성숙하지 못한 크리스천들은 자기 의지와 노력으로 죄의 유혹을 물리칩니다. 어느 정도까지는 잘 물리칩니다. 그러다 어느 순간에서는 내가 이래서는 안 되는데 하면서 죄에 끌려가는 자신을 보게 됩니다. 죄의 유혹에 끌려가서 죄를 짓고서는 엄청 후회를 합니다. "도대체 내가 신자인가? 내가 집사인가? 내가 장로인가? 내가 목사인가? 이런 짓을 하다니? 오호라 나는 곤고한 사람이로다. 이 사망의 몸에서 누가 나를 건져내랴?"

이 돈을 받아야 할지 말아야 할지 고민할 때 양심은 "받아서는 안 된다"고 말하고 또 다른 생각은 "이것은 아무 문제 없는 돈인데 받으면 어떠한가?"라고 말합니다. 결국 받아서는 안 된다고 하면서도 받고 마는 자신을 보면서 괴로워합니다. 음란한 곳을 가서는 안 된다는 양심의 소리와 이 정도는 지금 보편화되어 있기 때문에 괜찮다는 생각 사이에서 고민하다가 죄에 끌려가는 자신을 보면서 탄식합니다. "오호라 나는 곤고한 사람이로다. 이 사망의 몸에서 누가 나를 건져내랴?" 이렇게 처절한 내면의 갈등을 겪으면서 성경 진리를 깊이 깨닫습니다.

> 의인은 없나니 하나도 없으며.[172)]
> 모든 사람이 죄를 범하였으매 하나님의 영광에 이르지 못하더니.[173)]

자기 아성이 무너집니다. 자기를 포기하지 못하던 미련을 완전히 버릴 수 있습니다. "하나님, 정말 저는 죄인입니다. 이 죄인 완전히 항복합니다. 두 손 듭니다. 저는 하나님의 도우심 없이는 구원받을 수 없는 불쌍한 죄인입니다. 오, 하나님! 저를 불쌍히 여겨 주소서!

---

172) 로마서 3:10.
173) 로마서 3:23.

이 죄인 회개하오니 살려 주소서!"

하나님 앞에 무릎을 꿇게 됩니다. 정말 절실한 마음으로 예수님을 찾게 됩니다. 인간이 전적으로 타락했다는 진리를 깨닫게 됩니다. 인간의 선이라는 것이 얼마나 보잘것없는 거품인지 실감하게 됩니다. 예수님의 구원의 은혜가 얼마나 절대적으로 필요한지 절실히 깨닫습니다. 성령님의 도우심이 얼마나 절대적으로 필요한지 고백하게 됩니다.

영적 투쟁을 통해 이러한 놀라운 진리를 깨달았다면 이 갈등은 정말 요긴한 것이 아닙니까? 비록 '나' 중심의 영적 투쟁이 거룩하게 성화되는 데는 실패했어도 '나' 중심의 영적 투쟁이 잘못되었다는 사실을 깨닫고 그리스도의 은혜를 갈망하게 되었으니 결과적으로 유익한 것이 되었습니다.

이 부분을 정리해 봅시다. 첫째, 갈등은 '나' 중심으로 영적 투쟁을 했기 때문에 발생합니다. 둘째, '나' 중심의 영적 투쟁으로는 성화될 수 없습니다. 셋째, '나' 중심의 영적 투쟁은 나의 한계를 깨닫고 나를 포기하며 그리스도의 은혜를 절실히 구하는 믿음을 갖는데 도움이 됩니다.

하나님 앞에서 거룩하게 살려고 몸부림치십시오. 선한 영적 투쟁을 하십시오. 그리스도의 은혜를 붙들고 선한 영적 투쟁을 하는 바른 방법을 찾을 때까지 진지하게 영적 투쟁을 하십시오. 그런 사람에게 발전이 있습니다. 의롭게 살고자 하는 노력이 없는 자에게는 발전이 없습니다. 더러운 죄를 짓고 살면서 아무런 고민도 하지 않고 사는 사람에게 참된 평화가 있겠습니까? 하나님의 깊은 은혜를 체험하겠습니까? 진지한 영적 투쟁이 없는 사람은 죄 속에 휩싸여 떠내려가고 있는 것입니다. '주님께서 나를 위해 십자가에 못박히셨는데 내가 어찌 또 죄를 지으리요?' 하는 마음으로 처절하게 영적 투쟁을 하십시오.

때로는 '나' 중심으로 성화의 길을 걷는다 할라도 진지한 영적 투쟁이 있다면 결국은 예수 그리스도의 은혜를 절실히 갈망하게 됩니다. 그래서 참 길을 찾을 수 있습니다. 영적 투쟁이 없기 때문에 성화의 길을 찾지 못하고 미지근한 신앙생활을 하고 있는 것입니다. 진지한 영적 투쟁을 통해 '나' 중심의 영적 투쟁이 지닌 한계를 빨리 깨닫고 성령 안에서 성화되는 길을 찾으시기 바랍니다. "너희가 죄와 싸우되 아직 피흘리기까지는 대항하지 아니하고"[174]라는 말씀처럼 처절한 영적 투쟁이 없기 때문에 성화되지 못하고 있는 것입니다.

사람이 자기 의가 완전히 바닥이 날 때 두 손 들고 하나님 앞에 나오게 됩니다. 자기를 완전히 포기한 후에 그리스도를 절대적으로 신뢰하게 됩니다. 그때 진정한 신앙생활이 시작됩니다.

인간 내면의 구조

인간 내면에는 본질적인 두 세력이 있습니다. 선의 욕구와 악의 욕구입니다. 내 안에서 두 세력간의 다툼이 일어납니다.

> 내가 행하는 것을 내가 알지 못하노니 곧 내가 원하는 것은 행하지 아니

---

174) 히브리서 12:4.

하고 도리어 미워하는 것을 행함이라(15절).

내가 원하는 바 선은 행하지 아니하고 도리어 원하지 아니하는 악을 행하는도다(19절).

정직한 크리스천이 하나님 앞에서 진실하게 살려고 힘쓰다 보면 자기 안에 자기 의지와 상반되는 또 다른 세력이 있음을 발견하고 놀라게 됩니다. 분명 내 마음은 내가 다스리고 있습니다. 내가 내 삶의 주도권을 행사하고 있습니다. 그런데 내 마음 깊은 곳에 나의 통치가 미치지 않는 영역이 있습니다. 내 의지 밖에서 활동하는 또 다른 세력이 있습니다.

만일 내가 원하지 아니하는 그것을 행하면 내가 이로써 율법이 선한 것을 시인하노니 이제는 그것을 행하는 자가 내가 아니요 내 속에 서하는 죄니라(16-17절).

내가 원하지 아니하는 그것을 하면 이를 행하는 자는 내가 아니요 내 속에 거하는 죄니라(20절).

내가 원하는 것은 의지입니다. 내가 명령하는 것입니다. 그런데 내가 원하지 아니하는 것을 내가 행하고 있습니다. 나의 의지 통제 밖에 또 다른 세력이 있습니다. 내 마음은 그것이 아닌데 내 뜻과는 다른 일을 행하는 그 세력의 정체는 무엇입니까? '내 속에 거하는 죄' 입니다. 내 마음속에 거하지만 내 의지의 통제 밖에 있는 세력입니다. 때로는 그 죄가 힘이 세서 나의 의지를 물리칩니다. 내 안에 선하게 살려고 애쓰는 선한 의지가 있습니다. 그리고 동시에 이와 상반되는 죄의 세력이 도사리고 있습니다. 그 죄의 세력은 내 육체의 본능과 결탁해 존재합니다.

그래서 성경은 하나님께서 주신 몸과 구분해 육신[175]이라는 단어를 사용하고 있습니다. 거룩한 하나님의 뜻을 따르려고 하는 선한 의지와 육신에 거점을 두고 반항하는 죄의 세력이 내 안에 동시에 존재함을 깨닫게 됩니다.

> 그러므로 내가 한 법을 깨달았노니 곧 선을 행하기 원하는 나에게 악이 함께 있는 것이로다(21절).

인간 내면이 근본적으로 선으로 되어 있다는 성선설(性善說)과 악으로 가득 차 있다는 성악설(性惡說)이 있습니다. 창세기 1장 31절을 보면 성선설이 맞습니다. 그러나 인간이 타락한 후인 창세기 3장과 창세기 8장 21절, 시편 14편 3절, 예레미야 17장 9절 등을 보면 성악설이 맞습니다. 그런데 로마서 7장 21절에서는 성선성악설(性善性惡說)을 가르치고 있습니다. 인간 본성에 선의 요소와 악의 요소가 모두 있다는 것입니다. 인간은 천사와 같이 선하게 살 가능성과 악마처럼 살 가능성 두 가지를 동시에 갖고 있습니다.

인간 내면에는 지, 정, 의, 곧 생각, 감정, 의지가 동시에 거하는 마음이 있습니다. 마음을 종교의 자리라고도 부릅니다. 그 마음에

175) 육체(body)와 구별되게 타락한 본성을 나타내는 육신(flesh)이라는 단어를 사용한다(14절). "우리가 율법은 신령한 줄 알지만 나는 신령하지 못하여 죄의 노예로 팔려 오고 있다"(We know that the law is spiritual; but I am unspiritual, sold as a slave to sin - NIV 번역).

는 하나님께서 거하실 마음의 보좌가 있습니다. 인간이 마음 보좌에서 하나님을 내쫓고 자신이나 다른 피조물을 앉히는 반역을 행함으로 인간은 모순과 갈등, 악마적인 존재로 전락하고 말았습니다. 그러나 타락한 후에 인간의 마음이 완전히 파괴되어 버린 것은 아니어서 그 마음에 복음이 들어가고 그리스도의 보혈의 은혜로 죄를 씻고 나면 성령님의 도우심으로 다시 복구됩니다. 다시 하나님을 모실 수 있습니다.

인간 내면의 이중성에 대해 가르치는 것은 성화의 길을 걸을 때 왜 내 뜻대로 성화되지 않는가를 설명하기 위함입니다. 그리고 성화의 길을 가르쳐 주기 위함입니다. 성화되기 위해서는 나 자신을 알아야 합니다. 내가 선하게 살고자 하지만 내 마음과는 또 다른 본성이 내 안에 있어서 반항하고 있다는 것입니다.

내 속에 있는 그 타락한 본성은 사탄과 연결되어 있습니나. 사탄의 활동 거점은 타락한 본성 곧 육신입니다. 사탄은 그 거점을 활용해 나를 농락하고 짓밟고 있습니다. 그것도 모르고 엉뚱하게 자신을 학대하고 탓하는 것은 심히 안타까운 일입니다. 사탄이 나를 농락하고 있는 것을 모르고 선한 자아까지 싸잡아서 학대하는 것은 빈대를 잡으려고 초가삼간까지 태우는 것과 같습니다. 내 안에 남아 있는 죄와 그것을 이용해 나를 괴롭히는 사탄과 싸워야 합니다. 그리스도 안에서 양심을 회복한 자아를 아끼고 지키며 선한 의지를 꺾고자 하는 죄의 세력과 사탄을 물리쳐야 합니다.

내 안에 두 자아가 있습니다. 하나님의 뜻대로 살고자 하는 선한 자아가 있고, 또 다른 자아인 죄가 육신에 거점을 두고 선한 자아를 방해합니다. 때로 이 두 자아가 충돌합니다. 그런데 선한 자아가 악한 자아를 물리치지 못하고 끌려갑니다.

> 내 속사람으로는 하나님의 법을 즐거워하되 내 지체 속에서 한 다른 법이 내 마음의 법과 싸워 내 지체 속에 있는 죄의 법으로 나를 사로잡는 것을 보는도다 오호라 나는 곤고한 사람이로다 이 사망의 몸에서 누가 나를 건져내랴(22-24절).

결국 내 마음속에서 일어나는 죄와의 전쟁에서 쓰디쓴 패배를 경험합니다. 나의 의가 박살납니다. "아, 나는 아무것도 아니구나! 그동안 스스로 대단한 존재처럼 자랑하고 으스대며 살았건만 이 작은 유혹도 물리치지 못하다니…. 아, 나는 죄인이로다. 나는 지옥형벌을 받아 마땅한 죄인이로다. 아, 나는 망했도다."

이런 참담한 실패의 원인은 외부의 요인보다는 내부의 요인에 있습니다. 내 안에 있는 죄의 세력을 물리치지 못한 나의 부족함 때문에 실패한 것입니다. 내 안에 죄의 세력이 남아 있어 외부 사탄과 밀통해 나를 죄의 포로로 만들어 버린 것입니다. 스스로 나를 구원할 능력도 없으면서 '나'를 의지한 것이 화근이었습니다. 이미 칭의에 관한 말씀에서 충분히 다루었지만 성화의 과정에서 잠시 잊어 버리고 옛 습관이 남아서 '나' 중심으로 죄와 싸우다가 여지없이 참패한 것입니다.

"칭의도 믿음으로! 성화도 믿음으로!" "칭의도 전적으로 하나님을 의지하는 믿음으로! 성화도 전적으로 하나님을 의지하는 믿음으로!" "오직 의인은 믿음으로 살리라!" 그런데 잠시 믿음의 줄을 놓고 내 힘만으로 죄를 물리치고자 노력하다가 실패한 것입니다. 처음부터 마지막까지 오직 믿음으로 나가야 합니다. '나' 중심으로 성화하려는 노력을 포기하고 성령님께 의존하며 순종하는 성화가 필요합니다.

그리스도 안에서의 해방과 감사(25절)

죄와의 영적 투쟁에서 참패할 때의 참담함이란 이루 말할 수 없습니다. 죽고 싶은 심정입니다. 지옥에 던져진 기분입니다. 나의 의가 완전히 바닥이 내팽개쳐진 처참한 상태입니다. 재벌이었다가 완전히 망해 거리로 쫓겨난 노숙자가 된 기분입니다. 가문의 보배처럼 여겨 왔딘 지존심도 완전히 사라져 버린 상태입니다.

바로 그때 "수고하고 무거운 짐진 자들아 다 내게로 오라 내가 너희를 쉬게 하리라"(마 11:28), "주 예수를 믿으라 그리하면 너와 네 집이 구원을 받으리라"(행 16:31)는 말씀이 들려옵니다. 평소에는 전혀 들려오지 않던 그 말씀이 이렇게 고맙게 들릴 수 없습니다. 심장병을 앓기 전에는 심장병약 선전이 귓가에 전혀 들리지 않다가 심각한 심장병을 앓은 후에는 심장병을 치료하는 약 선전에 귀가 번쩍 뜨이는 것과 같습니다.

"하나님께서 보내신 인류의 구세주 예수 그리스도! 바로 그분이 나의 구세주시구나! 예수님께서 나를 죄에서 구원해 주신 것은 단지 죄를 사해 주시고 의롭다고 인정해 주신 것뿐 아니라 나를 거룩한 하나님 자녀로 변화시켜 주시기 위해서였구나! 주님께서는 나의 칭의뿐만 아니라 성화까지 다 준비해 놓고 나를 도와주려고 문밖에 서서 기다리셨건만, 교만한 내가 주님을 외면하고 살아 왔구나! 세상에 내가 주님을 문밖에 그렇게도 오래 세워 놓았단 말인가?

오, 주님! 이 교만하기 짝이 없는 죄인을 그렇게도 오래 기다리셨나이까? 얼마나 괴로우셨습니까? 주님 죄송합니다. 아무 의도 없는 죄인이 의를 내세우려고 거만을 떨다가 이렇게 처참하게 망했나이다. 주님, 두손들고 주 앞에 나아가오니 이 죄인을 받아 주소서!"

자기 의가 바닥이 날 때 진정 하나님께서 주시는 고귀한 하나님의 의를 받을 수 있습니다. 예수님이 그렇게 반가울 수 없습니다. 성화의 과정에서 여러 차례 주님을 만납니다. 여러 차례 죽을 고비에서 주님의 도우심으로 일어납니다. 주님이 그처럼 고마울 수 없습니다. 주님이 생명이라는 말씀이 실감나게 다가옵니다. 굶주려 죽기 직전에 음식을 만났을 때처럼 감격합니다. 괴한에게 납치되어 죽을 고비를 수없이 넘기다가 기적적으로 경찰에게 구출되었을 때처럼 감격의 눈물을 터뜨립니다. 진지한 영적 전투에서 예수님을 만났을 때 지금까지 경험했던 그 어떤 경험보다도 더 큰 감격을 체험합니다.

> 우리 주 예수 그리스도로 말미암아 하나님께 감사하리로다 그런즉 내 자신이 마음으로는 하나님의 법을 육신으로는 죄의 법을 섬기노라(25절).

진정 예수님을 만난 감격의 고백입니다. "예수님이 구원자이십니다. 예수님이 나의 생명이십니다. 예수님이 나의 기쁨입니다." "이제 내가 사는 것은 내가 아니요 내 안에 계신 그리스도십니다." "예수님을 보내 주신 성부 하나님, 정말 감사합니다. 정말 감사합니다. 예수님을 보내 주신 성부 하나님을 찬양합니다."

아직 완전히 죄에서 벗어나지 못했을지라도 예수님이 계시니 두려움이 없습니다. 이제는 안심입니다. 마음으로는 하나님 앞에 거룩하게 살고자 하는 소원을 가지고 하나님의 법을 향해 나아가고 아직도 타락한 본성이 남아 있어서 죄의 유혹이 일어나지만 이제는 염려 없습니다. 주님이 계시니 염려 없습니다.

하나님께서 예수 그리스도를 믿는 자를 의롭다고 여겨 주셨습니다. 죄를 사해 주시고 하나님의 자녀라는 지위를 주셨습니다. 하나님께서 주신 그 의를 믿음으로 받게 되었습니다. 이제 그 의가 나의 인격과 삶에 성취되는 과정이 성화입니다.

성화는 예수 그리스도와의 연합을 통해 이루어집니다. 또한 성화는 율법을 통해 이루어집니다. 그런데 이 과정이 매우 어렵습니다. 어떤 이는 율법에 얽매여 율법주의로 전락해 버립니다. 어떤 이는 율법을 도외시하다 다시 방탕한 삶으로 돌아가 하나님의 구원을 무색하게 만들어 버립니다.

그렇다면 어떻게 해야 합니까? 바로 율법에 얽매이지 않으면서 율법의 요구를 이루는 것입니다. 성령님의 도우심을 받으면 할 수 있습니다. 율법을 나침판 삼아 하나님의 뜻을 알아 기쁘게 순종하는 것입니다. 그리하여 예수님처럼 거룩하게 변화되는 삶을 사는 것입니다. 그렇다면 성령님의 인도하심을 받아 거룩하게 사는 방법이 중요합니다. 성화의 절정은 성령님의 인도하심을 받아 거룩함을 이루는 것입니다.

Chapter 15 성령으로 인도함 받는 삶

로마서 8:1-30

1 그러므로 이제 그리스도 예수 안에 있는 자에게는 결코 정죄함이 없나니

2 이는 그리스도 예수 안에 있는 생명의 성령의 법이 죄와 사망의 법에서 너를 해방하였음이라

3 율법이 육신으로 말미암아 연약하여 할 수 없는 그것을 하나님은 하시나니 곧 죄로 말미암아 자기 아들을 죄 있는 육신의 모양으로 보내어 육신에 죄를 정하사

4 육신을 따르지 않고 그 영을 따라 행하는 우리에게 율법의 요구가 이루어지게 하려 하심이니라

5 육신을 따르는 자는 육신의 일을, 영을 따르는 자는 영의 일을 생각하나니

6 육신의 생각은 사망이요 영의 생각은 생명과 평안이니라

7 육신의 생각은 하나님과 원수가 되나니 이는 하나님의 법에 굴복하지 아니할 뿐 아니라 할 수도 없음이라

8 육신에 있는 자들은 하나님을 기쁘시게 할 수 없느니라

9 만일 너희 속에 하나님의 영이 거하시면 너희가 육신에 있지 아니하고 영에 있나니 누구든지 그리스도의 영이 없으면 그리스도의 사람이 아니라

10 또 그리스도께서 너희 안에 계시면 몸은 죄로 말미암아 죽은 것이나 영은 의로 말미암아 살아 있는 것이니라

11 예수를 죽은 자 가운데서 살리신 이의 영이 너희 안에 거하시면 그리스도 예수를 죽은 자 가운데서 살리신 이가 너희 안에 거하시는 그의 영으로 말미암아 너희 죽을 몸도 살리시리라

12 그러므로 형제들아 우리가 빚진 자로되 육신에게 져서 육신대로 살 것이 아니니라

13 너희가 육신대로 살면 반드시 죽을 것이로되 영으로써 몸의 행실을 죽이면 살리니

14 무릇 하나님의 영으로 인도함을 받는 사람은 곧 하나님의 아들이라

15 너희는 다시 무서워하는 종의 영을 받지 아니하고 양자의 영을 받았으므로 우리가 아빠 아버지라고 부르짖느니라

16 성령이 친히 우리의 영과 더불어 우리가 하나님의 자녀인 것을 증언하시나니

17 자녀이면 또한 상속자 곧 하나님의 상속자요 그리스도와 함께한 상속자니 우리가 그와 함께 영광을 받기 위하여 고난도 함께 받아야 할 것이니라

18 생각하건대 현재의 고난은 장차 우리에게 나타날 영광과 비교할 수 없도다

19 피조물이 고대하는 바는 하나님의 아들들이 나타나는 것이니

20 피조물이 허무한 데 굴복하는 것은 자기 뜻이 아니요 오직 굴복하게 하시는 이로 말미
암음이라

21 그 바라는 것은 피조물도 썩어짐의 종노릇 한 데서 해방되어 하나님의 자녀들의 영광의
자유에 이르는 것이니라

22 피조물이 다 이제까지 함께 탄식하며 함께 고통을 겪고 있는 것을 우리가 아느니라

23 그뿐 아니라 또한 우리 곧 성령의 처음 익은 열매를 받은 우리까지도 속으로 탄식하여
양자 될 것 곧 우리 몸의 속량을 기다리느니라

24 우리가 소망으로 구원을 얻었으매 보이는 소망이 소망이 아니니 보는 것을 누가 바라리요

25 만일 우리가 보지 못하는 것을 바라면 참음으로 기다릴지니라

26 이와 같이 성령도 우리의 연약함을 도우시나니 우리는 마땅히 기도할 바를 알지 못하나
오직 성령이 말할 수 없는 탄식으로 우리를 위하여 친히 간구하시느니라

27 마음을 살피시는 이가 성령의 생각을 아시나니 이는 성령이 하나님의 뜻대로 성도를 위
하여 간구하심이니라

28 우리가 알거니와 하나님을 사랑하는 자 곧 그의 뜻대로 부르심을 입은 자들에게는 모든
것이 합력하여 선을 이루느니라

29 하나님이 미리 아신 자들을 또한 그 아들의 형상을 본받게 하기 위하여 미리 정하셨으
니 이는 그로 많은 형제 중에서 맏아들이 되게 하려 하심이니라

30 또 미리 정하신 그들을 또한 부르시고 부르신 그들을 또한 의롭다 하시고 의롭다 하신
그들을 또한 영화롭게 하셨느니라

주해 (註解)

'생명의 성령의 법, 죄와 사망의 법' (2절)

로마서의 비밀을 푸는 열쇠가 되는 말씀입니다. 구원에 이르고자 하는 인간의 모습은 크게 두 가지로 요약됩니다. 자기 노력으로 완전한 선에 도달하려는 자력구원의 체계와 하나님의 구원에 전적으로 의지하고 순종하는 은혜구원의 체계입니다.

그런데 전자에는 큰 모순이 있습니다. 자기 안에 구원이 없어서 구원받고자 하는데 스스로 노력해서 구원받으려 하니 말입니다. 즉 근본적으로 이룰 수 없는 일을 끊임없이 반복하고 있는 것입니다. 율법의 가르침이 선하고 좋지만 그것을 다 지킬 수 없는 근본적인 문제점을 가지고 계속해서 시도하고 있는 것입니다. 그 결과 죄와 사망의 지배를 받는 것입니다. 죄와 사망의 법이란 자력 구원체계를 말합니다. 그 속에서는 죄의 굴레를 벗지 못하고 계속 죄를 지으며 고통을 당하며 사망에 이르게 되는 것입니다.

은혜 구원체계는 전혀 다릅니다. 인간 안에는 구원이 없다는 것을 깨끗이 시인하고 '인간 밖' 곧 하나님에게서 구원을 찾습니다. 이미 하나님께서는 예수 그리스도를 통해 인류 구원을 만들어 놓으셨습니다. 그 놀라운 하나님의 구원을 감사함으로 겸손히 믿고 순종하며 나아갈 때 하나님께서 완전한 구원의 길로 인도해 주십니다. 하나님께서는 예수 그리스도를 믿고 순종하는 하나님의 자녀들을 위해 그리스도의 영, 곧 성령을 보내 주십니다. 성령님은 그리스도의 생명을 주시며 신자로 하여금 그리스도를 닮아 가도록 도와주십니다. 그래서 자기를 버리고 하나님을 절대적으로 의지하는 신자들을 성령님께서 그리스도의 생명으로 넘치도록 도와주십니다.

그러므로 2절은 이렇게 해석할 수 있습니다. 그리스도를 믿고 성령을 받아 그리스도의 생명을 누리게 된 믿음은, 그리스도 은혜 밖에서 자기 노력으로 구원받고자 부단히 힘쓰나 죄와 사망 속에서 허덕일 수밖에 없었던 지긋지긋한 삶에서 신자들을 해방시켜 주었다고 말입니다.

'자기 아들을 죄 있는 육신의 모양을 보내어'(3절)

그리스도의 성육신을 가리키는 말씀입니다. 율법이 해결할 수 없는 죄인 구원의 문제를 그리스도의 성육신을 통해 이루었다는 말씀입니다. 율법은 선하고 의롭고 거룩한 하나님의 계명이지만 연약한 죄인을 구원하지 못한다는 단점을 가지고 있습니다. 그런데 성육신하신 예수님께서 그 일을 가능케 하십니다. 대표적인 예가 요한복음 4장에 나오는 사마리아 여인 구원 사건입니다. 사마리아 여인에게 율법이란 고통과 사망만 안겨 주는 두려운 것일 뿐이었습니다. 율법이 나빠서가 아니라 여인의 죄 때문입니다. 예수님께서는 그러한 여인에게 사랑으로 다가가 마침내 구원에 이르도록 만드십니다. 예수님의 성육신은 인격화된 진리의 모습, 은혜의 모습을 보여 줍니다.

성육신하신 예수님은 모든 율법의 요구를 다 감당하시어 신자들로 하여금 율법의 요구에서 해방되게 해주십니다. 그리고 한 영혼에 대한 지극한 사랑으로 감동케 하사 그가 예수님을 사랑하고 본받아 마침내 율법이 요구하는 것을 다 지키도록 만드십니다. 예수님을 믿고 순종하고 사랑하다 보면 어느새 율법을 다 지키는 성화된 인간으로 바뀌어 있는 것입니다. 여기에서 중요한 것은 믿음과 순종입니다. 그리스도를 믿는 사람은, 그리스도를 사랑하는 사람은 그리스도에게 순종합니다. 그리스도를 사랑하고 순종하다 보면 성령님께서 어느덧 그리스도를 닮아가게 하십니다.

'육신의 생각, 영의 생각' (6절)

성화에 가장 중요한 것은 성령의 인도하심입니다. 성령의 인도하심을 받는 데 있어 중요한 것은 생각(5-8절), 인격(9-11절), 삶(12-17절)입니다. 특히 생각이 가장 중요합니다. 생각은 사상을 낳고, 사상은 인격으로 굳어지고, 사상과 인격은 곧 삶으로 나타납니다. 그러므로 성령의 인도하심을 받는 데 생각이 가장 중요합니다. 신자는 육신의 생각과 영의 생각 사이에 서게 됩니다. 인간은 육체와 영혼을 가지고 있습니다. 신자 안에는 타락한 죄의 본성인 육신의 생각과 예수님의 은혜인 성령의 생각이 모두 존재합니다. 신자의 자아는 이 두 세력, 혹은 두 요구에 부딪칩니다.

그런데 어느 요구를 선택하는가에 따라 엄청나게 다른 결과를 초래합니다. 육신의 생각, 곧 타락한 죄의 본성을 따르면 다시금 죄의 지배를 받아 구원의 은혜를 상실하고 구원받지 못한 사람과 다를 바 없게 됩니다. 그러나 주님의 구원의 은혜를 생각하며 성령의 인도하심을 받으면 더욱 놀라운 하나님의 은혜를 누리게 되고 거룩하게 변화됩니다. 성령으로 변화된 새사람이 됩니다. 그러므로 신자는 구원받은 후부터 무슨 책을 읽고 무엇을 보며, 무엇을 들으며, 무엇을 생각하고 사는가가 매우 중요합니다. "이전 것은 지나갔으니 보라 새 것이 되었도다"(고후 5:17). 새로운 피조물로서 새로운 생각, 새로운 사고방식, 새로운 삶이 있을 때 그야말로 새사람이 되는 것입니다. 그런데 그 큰 은혜를 입고서도 여전히 악한 생각의 지배를 따른다면 하나님의 구원의 은혜를 배척하는 결과가 됩니다. 그러므로 영의 생각이 중요합니다. 성령님께서 내 생각, 인격, 삶을 인도하시도록 육신의 생각을 멀리하고 영의 생각을 해야 합니다.

'영으로써 몸의 행실을 죽이면 살리니' (13절)

성화의 마지막 단계는 행동, 곧 삶입니다. 신자의 성화를 가로막고 있는 것은 죄악된 생활 습관입니다. 악한 옛 생활 습관을 고치지 않고 있으면 하나님의 은혜가 삶 속에 뿌리를 박지 못해 성령의 열매를 맺지 못합니다. 위선자와 같이 이중적으로 살게 됩니다.

그렇다면 수 년 혹은 수십 년 굳어 있는 옛 생활 습관을 어떻게 고칠 수 있습니까? 망치로 때려 부수듯 부숴야 합니다. 영으로써 몸의 행실을 죽여야 합니다. 하나님의 은혜, 하나님의 말씀, 하나님의 성령을 붙들고 옛 생활 습관을 고쳐 나가야 합니다. 아니 죽여야 합니다. 타락한 본성, 육신대로 살면 내가 죽습니다. 내가 살려면 죄로 오염된 옛 생활 습관, 몸의 행실을 죽여야 합니다.

'고난도 함께 받아야' (17절)

성령의 인도함을 받는 삶 마지막 부분에서 바울은 고난의 문제를 언급합니다. 바울 사도는 뛰어난 이론가일 뿐 아니라 진지한 실천가입니다. 현학적인 이론에 치우치지 않고 삶 속에서 일어날 수 있는 문제를 다룹니다. 신자가 성령의 인도하심을 받으며 살아갈 때 외적 고난, 내적 고난을 겪게 됩니다. 이 고난의 장벽 앞에 쓰러지는 신자가 부지기수입니다. 그런데 이 고난은 오히려 성화의 촉매제이자 성화의 연단장(鍊鍛場)입니다. 그러므로 믿음으로 고난을 잘 받으면 성화에 큰 도움이 됩니다.

노예의 영을 갖는가, 아들의 영을 갖는가에 따라 고난에 대한 태도가 달라집니다. 노예는 무조건 고난을 싫어하고 회피합니다. 우선 편하고 보자는 태도로 행동합니다. 조금만 수고하면 큰 즐거움이 오는데 그것을 바라보지 못하고 고난을 회피함으로 결국 큰 화를 당합니다. 그러나 아들은 다릅니다. 큰일을 이루기 위해서는 반드시 고난의 대가를 치러야 함을 깨닫고 고난을 달게 받습니다. 고난을 원수처럼 대하지 않고 '고난은 축복의 통로'라는 마음을 가지고 기쁘게 고난을 받습니다. 성화되는 데 따르는 외적 고난, 내적 고난 모두를 달게 받습니다. 그러므로 날마다 성장하며 큰 은혜를 누리게 됩니다. 특히 장차 나타날 영광을 바라보며 기쁘게 고난을 받습니다. 하나님의 후사가 되어 영광을 누릴 소망을 가지고 즐거이 고난을 받습니다. 그래서 아들의 영을 가지고 자진해 즐거이 고난을 감당하는 신자는 크게 성장하고 성화됩니다.

'모든 것이 합력하여 선을 이루느니라'(28절)

모든 것이란 인생의 모든 과정을 말합니다. 즐거운 일, 괴로운 일이나 영광스러운 일, 극심한 고난 등 모든 일이 합력하여 선한 하나님의 뜻을 이루게 된다는 말입니다. 다시 말해 하나님께서 고난을 복으로 바꿔 주신다는 말입니다. 창세기에 요셉이 형들에 의해 노예로 팔리는 이야기가 나옵니다. 그런데 나중에 총리가 된 요셉은 형들에게 이렇게 말합니다. "당신들은 나를 해하려 하였으나 하나님은 그것을 선으로 바꾸사 오늘과 같이 많은 백성의 생명을 구원하게 하시려 하셨나니"(창 50:20) 형들에 의해 노예로 팔려 가는 엄청난 고난을 하나님께서 합력하여 선이 되게 하셨습니다.

그와 같이 하나님께서는 '하나님을 사랑하는 자', '그 뜻대로 부르심을 입은 자'에게 합력하여 선을 이루게 하십니다. 하나님께서는 하나님을 사랑하는 자의 운명을 바꿔 주십니다. 지옥에 갈 운명을 천국에 갈 운명으로 바꿔 주십니다. 하나님의 품안에 있으면 기적이 일어납니다. 내가 스스로 노력해서 이룬 것하고는 비교되지 않을 정도로 엄청난 일을 이루어 주십니다. 그래서 자기 꾀와 노력으로 사는 사람들은 감히 상상도 못할 은혜와 축복을 받게 됩니다.

'미리 정하셨으니'(29절)

하나님의 예정하심은 성경이 가르치는 명백한 진리입니다. 또한 우리가 이성적으로 생각해 볼 때 전지전능한 하나님께서 미리 알고 예정하실 것이라는 사실은 쉽게 깨달을 수 있습니다. 또한 각자의 과거를 돌아보면 내가 믿기 전에 믿지 않으면 안 될 만큼 모든 조건을 준비해 주셨음을 알 수 있습니다. 이로 보건대 하나님의 예정하심은 아주 명백한 진리입니다.

예정 신앙은 신자들을 겸손하게 합니다. 내가 나의 구원을 이룬 것이 아니라 하나님께서 은혜로 나를 택하고 부르셨음을 깨달을 때 겸손하지 않을 수 없습니다.

예정의 신앙은 구원의 강한 확신을 줍니다. 하나님의 예정 없이 내가 믿어 구원받았다고 하면 구원은 나의 믿음에 달려 있는 것이 됩니다. 그런데 나는 얼마나 불확실한 존재인지 모릅니다. 나의 생각, 나의 감정, 나의 행동이란 것이 언제 어떻게 바뀔지 모르게 불확실합니다. 그러므로 나의 구원이 나의 믿음에 달려 있다고 한다면 나의 구원은 매우 불안한 것입니다. 그런데 나의 구원이 나에게 달려 있는 것이 아니라 하나님께서 만세 전에 나를 예정하고 선택하셔서 내가 구원받게 된 것이라고 한다면 그 구원은 확실한 것입니다. 영원히 변치 않으시는 하나님께서 보증하여 나를 구원하신 것이라면 나의 구원은 어떤 일이 일어난다 할지라도 확실한 것입니다.

또한 예정의 신앙은 신자들로 헌신하게 합니다. 하나님께서 창세 전에 나를 그처럼 사랑하신 것을 깨달을 때 감동해 나의 생명을 바쳐 헌신하게 됩니다. 나를 확실히 구원하셨음을 생각하니 아무런 두려움 없이 담대히 온전하게 헌신하게 됩니다. 이 모든 것을 생각할 때 하나님의 예정 신앙은 참으로 귀합니다.

성령으로 인도함 받는 삶 (로마서 8:1-30)

"무릇 하나님의 영으로 인도함을 받는 사람은
곧 하나님의 아들이라"(14절).

흉악한 죄인이 용서받아 하나님의 자녀라는 신분을 받게 됨은 얼마나 큰 축복입니까? 그런데 흉악한 죄인이 실제로 거룩하게 변화된다면 그것처럼 큰 영광도 없습니다. 어떻게 거룩한 하나님의 자녀로 변화될 수 있습니까? 먼저 그리스도와 연합한 삶, 곧 그리스도를 믿고 순종함으로 거룩하게 변화될 수 있습니다(6장). 또한 율법에 얽매이지 않으면서 율법의 가르침을 나침판 삼아 살아가면 거룩하게 변화될 수 있습니다(7장). 그리고 성령님의 인도하심에 순종해 거룩하게 변화될 수 있습니다(8장). 성화되는 이 세 가지 방법은 독립적으로 이루어지는 것이 아니라 동시에 이루어집니다.

로마서 8장은 성화의 최고 비밀을 밝혀 줍니다. 고데트(Godet)는 스페너(Spener)의 말을 인용합니다. "성경이 반지라면 로마서는 보석이며 8장은 광채다." 로마서 8장은 너무나 귀한 영적 진리를 가르쳐 줍니다. 로마서 8장을 암송하면 큰 은혜가 임합니다. 할 수 있는 대로 암송하시기 바랍니다. 로마서 8장은 성화의 결정적인 비밀들을 밝혀 줍니다. 성화의 기초(1절), 생명의 성령의 법과 성육신을 통한 성화(2-4절), 성령님의 인도함을 받는 생각(5-8절), 감정(9-11절), 의지(12-13절), 고난을 통한 성화(14-17절), 고난 속에서 맛본 영광과 소망(18-25절), 성령님의 도우심으로 선을 이룸(26-28절), 하나님의 완전한 구원(29-30절), 승리의 확신과 감격의 찬양(31-39절) 등 주옥 같은 진리가 아름답게 결합되어 빛을 발하고 있습니다.

하나님께서 인류를 구원하신 목적이 무엇입니까? 하나님의 형상 회복입니다. 의의 회복입니다. 하나님 나라의 완성입니다. 죄인을 의로운 하나님 자녀로 만들어 우주 창조의 목적인 하나님 영광에 이르게 하는 것입니다. 어떻게 죄인이 거룩한 하나님 자녀로 변화될 수 있습니까? 인간은 하지 못합니다. 근본적으로 타락해 자기중심적으로 되어 버렸기 때문에 하지 못합니다. 그러나 하나님은 하실 수 있습니다. 하나님께서 성령을 보내어 놀라운 새사람을 만들어 가십니다.

성화의 기초(1절)

로마서 7장이 끝나면서 8장 1절에 위대한 선언이 나옵니다. 어둡고 긴 터널을 빠져 나오면 환한 새 세계가 펼쳐지듯이 성화의 서광을 비춰 주고 있습니다. 하나님을 찾지 못하고 어둠 속에서 방황하며 갈등하던 삶을 종식하고 영광의 새 삶을 살 수 있는 영광의 길이 선포됩니다.

> 그러므로 이제 그리스도 예수 안에 있는 자에게는 결코 정죄함이 없나니(1절).

이 선언은 신앙인의 마그나 카르타(자유대헌장)[176]입니다. 예수 그리스도의 십자가 죽음은 영원한 하나님의 속죄 사건입니다. 영원한 속죄의 사건임을 증명하는 증거가 그리스도의 부활입니다. 그러므로 그리스도의 속죄는 절대적[177]입니다. 그리스도 안에 있으면 용서받지 못할 죄가 없습니다. 그리스도의 생명을 소유하고 있으면 어떤 죄도 용서받고 새출발할 수 있습니다. 그래서 로마서 8장 1절 말씀은 중요한 성화의 기초가 됩니다.

여기서 중요한 것은 '그리스도 안' 입니다. 지금까지 인간이 하나님의 의에 도달하려는 노력이 실패할 수밖에 없었던 이유는 '그리스도 밖' 에서 노력했기 때문입니다. 홍수 심판이 내려졌을 때 방주 밖에서 살려고 온갖 노력을 다해도 물속에 빠져 죽을 수밖에 없었습니다. 그러나 방주 안에 들어가면 아무리 노도광풍이 몰아쳐도 구원을 얻을 수 있었습니다.

'그리스도 안' 에 있는가와 '그리스도 밖' 에 있는가는 엄청난 차이입니다. '그리스도 안' 에 있으면 비록 죄가 있을지라도 용서를 받으며 의롭다함을 받습니다. 하나님의 자녀라는 새로운 신분을 받습니다. 이 새로운 신분이 성화의 기초가 됩니다. 하나님과의 새로운 관계가 성화의 기초가 됩니다. 성화도 '그리스도 안' 에서 이루어집니다. '그리스도 밖' 에서 성화하려다가 심한 갈등과 절망을 겪

---

176) 마그나 카르타(Magna Carta, the Great Charter of Freedom, 자유대헌장) : 1215년 6월 15일 영국 왕 존이 신하들에게 준 문서. 군주의 권한을 제한하고 신하의 법적 권한을 보장하는 자유의 대헌장 문서로 민주주의 시발점으로 본다.

177) 그리스도 속죄의 절대성은 성경이 가장 강력하게 주장하는 바다. 하나님께서 직접 개입하신 사건이므로 그리스도 속죄 사건은 절대적 사건이다. 그리스도 속죄의 절대성을 깨닫고 붙잡을 때 큰 은혜가 임한다.

으며 탄식하던 모습은 이미 7장에서 살펴보았습니다. '그리스도 밖' 에서 성화되려고 몸부림을 치다가 '그리스도 안' 으로 들어 왔을 때 감사와 큰 평안을 누리게 됩니다. '그리스도 안' 에서 하나님과 바른 관계를 갖고 성화되고자 노력할 때 성화될 수 있습니다. 칭의도 '그리스도 안' 에서, 성화도 '그리스도 안' 에서입니다.

성화의 발목을 잡는 것은 과거에 지은 죄의 짐입니다. 그런데 그리스도 안에 있으면 결코 정죄함이 없습니다. 과거의 문제가 청산됩니다. 과거의 무거운 짐을 벗어 버렸기 때문에 새출발을 할 수 있습니다. 범죄자들이 교도소에서 죄 값을 치르고 출옥한 뒤에 새출발하려 해도 과거 죄의 세력들의 방해로 인해 새출발을 하지 못하는 수가 있습니다. 죄의 세력들을 과감히 끊어 버려야 앞으로 전진할 수 있습니다. 그리스도의 십자가는 그것을 가능하게 해줍니다. '그리스도 안' 에 있으면 결코 정죄함이 없습니다. 죄 사함의 은혜는 큰 기쁨을 줍니다. 하나님의 한없는 사랑을 깨닫게 해줍니다. 이 죄 사함의 은혜와 하나님 사랑에 대한 감사가 성화의 원동력이 됩니다. 그리스도의 십자가는 은혜의 샘입니다.

예수 그리스도를 믿으면 하나님의 자녀라는 신분을 받습니다. 예수 그리스도를 믿으면 죄 사함의 은혜를 받습니다. 새 신분과 죄 사함의 은혜가 변화된 새 인생을 살 수 있는 기초가 됩니다. 하나님과의 사랑의 관계와 하나님 사랑에 대한 감사가 거룩한 새 삶의 기초가 됩니다. 그리스도의 십자가 아래서 하나님과의 관계를 새롭게 하고 과거의 죄를 못박아 버릴 때 거룩한 새출발을 할 수 있습니다. 죄 사함의 은총을 확신하고 하나님의 사랑에 한없는 감사와 기쁨을 가질 때 힘차게 성화의 길을 걸을 수 있습니다.

'그리스도 안' 에 있게 되는 것이 얼마나 큰 하나님의 은혜인지요? 그리스도 안에 있으면 결코 정죄함이 없습니다. 그리스도가 영원한 속죄의 제사를 지냈기 때문에 과거의 죄가 다 도말되었습니다. '그리스도 안' 에 있으면 성부 하나님과 새로운 관계를 갖게 됩니다. 성부 하나님을 아버지라 부르게 됩니다. 하나님이 공포와 두려움의 대상이 아니라 사랑과 은혜의 대상으로 바뀝니다. 과거에 지은 죄의 해결과 하나님과의 새로운 관계, 새로운 신분이 거룩한 새 삶을 살 수 있는 기초가 됩니다.

"오, 하나님! 감사합니다. 그리스도 밖에서 멸망할 수밖에 없던 저를 그리스도 안으로 부르시어 구원받게 해주시니 감사, 감사합니다. 죽어 마땅한 죄인을 구원해 주시고 새 신분을 주시니 몸 둘 바를 모르겠나이다. 하나님을 아버지로 모셨으니 이 은혜를 평생 잊지 않고 위대한 새 삶을 시작하겠습니다."

생명의 성령의 법으로 해방(2절)

'그리스도 안' 에 무엇이 있어서 결코 정죄함이 없는 것입니까? '그리스도 안' 에 생명의 성령의 법이 있습니다. 그리스도 안에 있는 생명의 성령의 법이 죄와 사망의 법에서 신자들을 해방시켜 줍니다. 2절 말씀은 로마서를 푸는 열쇠와 같습니다.

> 이는 그리스도 예수 안에 있는 생명의 성령의 법이 죄와 사망의 법에서 너를 해방하였음이라(2절).

생명의 성령의 법은 무엇이며 죄와 사망의 법은 무엇입니까? '법' 은 일반적으로 율법을 가리킵니다. 또한 원리(principle)나 원칙, 체계(system)를 가리킵니다. 2절의 '법' 은 율법이라기보다는 원리라는 뜻으로 쓰였습니다.

그리스도 안에 있는 생명의 성령의 법을 이해하려면 '그리스도', '생명', '성령' 이란 단어에 주목해야 합니다. 그리스도의 인류 사역을 인간이 믿도록 성령님께서 도와주셔서 생명(영생)을 얻게 하셨기 때문입니다. 그래서 예수님을 믿어 구원 얻는 체계를 생명의 성령의 법이라 부릅니다. 즉 복음이 생명의 성령의 법입니다.

죄와 사망의 법은 마찬가지로 '죄', '사망' 이라는 단어에 주목해야 합니다. 사탄이 사람으로 하여금 율법을 어기는 '죄' 를 짓게 하여 '사망' 에 이르도록 했습니다. 그리스도 밖에서 구원을 얻으려고 노력하는 구원체계를 죄와 사망의 법이라 부르는 것입니다. 자기 의지를 가지고 율법을 지켜 구원받고자 하는 체계를 죄와 사망의 법이라 부릅니다. 즉 하나님의 은혜로 구원받는 진리, 곧 은혜 구원체계는 생명의 성령의 법이라 하고, 자기 노력으로 구원받고자 하는 구원체계, 곧 자력 구원체계는 죄와 사망의 법이라 부릅니다. '그리스도 밖' 에서 거룩하게 살려고 노력하면 할수록 죄의식이 더 심해지고 사망의 세력이 나를 더욱 강하게 지배해 죽음에 이르게 만들기 때문입니다. 반대로 '그리스도 안' 에서 믿음으로 살면 성령의 인도하심을 받아 생명을 얻습니다.

구원에 이르고자 하는 인간의 모습은 크게 두 가지로 요약됩니다. 자기 노력으로 완전한 선에 도달하려는 모습과 전적으로 하나님께 맡기고 순종하는 모습입니다. 즉 자력구원의 체계와 은혜구원의 체계입니다. 그런데 전자에는 큰 모순이 있습니다. 자기 안에 구원이 없어서 구원받고자 하는데 스스로의 힘으로 구원받으려고 노력하니 말입니다. 근본적으로 이룰 수 없는 일을 끊임없이 반복하고 있는 셈입니다. 율법의 가르침이 선하고 좋지만 그것을 지킬 수 없다는 근본적인 문제점을 안고 계속해서 시도하고 있는 것입니다. 그 결과 죄와 사망의 지배를 받게 됩니다. 죄와 사망의 법이란 자력구원체계를 말합니다. 그 속에서는 죄의 굴레를 벗지 못하고 계속 죄를 지으며 고통을 당하다 사망에 이르게 됩니다.

한편 은혜 구원체계는 이와 전혀 다릅니다. 인간 안에는 구원이 없음을 깨끗이 시인하고 '인간 밖에서' 곧 '하나님' 에게서 구원을 찾습니다. 이미 하나님께서는 예수 그리스도를 통해 인류 구원을 만들어 놓으셨습니다. 그 놀라운 하나님의 구원을 감사함으로 겸손히 믿고 순종할 때 하나님께서 우리를 완전한 구원의 길로 인도해 주십니다. 하나님께서는 예수 그리스도를 믿고 순종하는 하나님의 자녀들을 위해 그리스도의 영 곧 성령을 보내 주십니다. 성령님은 그리스도의 생명을 주시며 신자로 하여금 그리스도를 닮아 가도록 도와주십니다. 그래서 자기를 버리고 하나님을 절대적으로 의지하는 신자들에게 성령님께서는 그리스도의 생명이 넘치도록 도와주십니다.

그러므로 2절은 이렇게 해석할 수 있습니다. "그리스도를 믿고 성령을 받아 그리스도의 생명을 누리게 된 이 믿음과 삶이 그리스도 은혜 밖에서 자기 노력으로 구원받고자 부단히 노력하나 죄와 사망 속에서 허덕일 수밖에 없던 지긋지긋한 삶에서 신자들을 해방시켜 주었습니다."

그리스도 밖에서 율법대로 살려고 발버둥쳐 보았지만 로마서 7장 24절처럼 절망의 탄식을 할 수밖에 없었습니다. "오호라 나는 곤고한 사람이로다. 이 사망의 몸에서 누가 나를 건져내랴!" 선하게 살려고 노력하면 할수록 더욱 죄 속에 빠져 들어가게 됩니다. 죽음의 고통을 겪어야 하는 절망의 늪에서 빠져나올 도리가 없습니다. 그런데 그리스도가 당신의 생명을 바쳐 우리를 구원해 주셨습니다. 예수님을 믿기만 하면 당신 자신의 공로로 우리를 구원해 주십니다. 아무 공로 없는 우리를 구원해 주시는 것입니다.

놀라운 은혜입니다. 하나님의 은혜를 믿기만 하면 성령님께서 거듭나게 해주시고 영생을 선물로 주십니다. 이 생명의 성령의 법이 우리를 지긋지긋한 죄와 사망의 법에서 해방되도록 만들어 주신 것입니다. 우리는 성령의 도우심을 받아 그리스도를 믿어 영생을 얻게 하는 은혜로 거룩하게 성화되어 갑니다.

"할렐루야! 그리스도를 보내 주신 성부 하나님을 찬양합니다. 독생자 예수 그리스도를 보내 주셔서 죄인을 구원해 주시니 감사합니다. 죄의 굴레를 쓰고 일생 동안 죄의 종노릇을 할 죄인을 구원해 주시니 감사합니다. 또한 성령을 보내 예수님을 믿게 하시고 주로 모시게 하여 영생을 얻게 하신 하나님을 찬양합니다. 생명의 성령의 법을 따르게 해주셔서 죄와 사망의 법을 벗어나게 하심을 찬양합니다. 하나님, 이제는 오직 그리스도 안에서 생명의 성령의 법을 따름으로 거룩한 새 인생을 살겠습니다. 아멘."

성화와 성육신(3-4절)

생명의 성령의 법은 성령을 통해 성화되는 원리이며 죄와 사망의 법은 율법을 지킴으로 성화되는 원리인데 이 차이를 이해하려면 예수님과 율법의 차이를 생각하면 쉽습니다. 은혜 구원체계의 핵심은 예수님이며 자력 구원체계의 핵심은 율법입니다.

	생명의 성령의 법	죄와 사망의 법
그리스도와의 관계	그리스도 안	그리스도 밖
주 내용	하나님의 은혜	자기 노력
구원의 근거	그리스도의 공로	자기 공로
구원의 방법	믿음	노력
신앙의 대상	예수님	율법
신앙 대상자의 태도	인격적	비인격적
돕는 태도	눈높이 조절	일방적 요구
돕는 과정	융통성 발휘	융통성 없음
결과	생명(살았다)	사망(죽었다)
또다른 명칭	은혜 구원체계	자력 구원체계

[표 10] '생명의 성령의 법'과 '죄와 사망의 법' 비교

율법은 거룩하고 의로우며 선합니다. 하나님의 거룩한 요구가 담겨 있습니다. 그런데 율법에는 약점이 있습니다. 연약한 인간을

돕지 못합니다. 일방적으로 요구합니다. 융통성 있게 눈높이를 조절해 그 사람에게 맞게 돕지 못합니다. 점진적으로, 혹은 단계적으로 돕지 못합니다. 비인격적입니다. 일방적인 요구만 있을 뿐입니다. 그래서 죄성을 가진 인간이 율법 앞에 서면 한없이 작아지고 자신이 없어집니다. 그래서 율법을 피하게 되고 율법 앞에 주눅이 들어 아무것도 할 수 없는 지경에 이르게 됩니다. 율법이 나빠서가 아니라 죄인이 율법의 요구를 따를 수가 없기 때문입니다. 율법의 요구는 옳고 선하지만 그것을 따를 수 없기 때문에 죽고 싶은 생각만 드는 것입니다.

예수님은 율법과 다릅니다. 예수님도 율법과 마찬가지로 거룩한 요구를 가지고 있지만 이루시는 방법이 다릅니다. 성육신하여 죄인들을 도우십니다. 죄인의 세계 속으로 들어갑니다. 죄인들을 인격적으로 돌보십니다. 죄인인 사람들의 눈높이에 맞춰서 그들을 이해하고 설득합니다.[178] 그래서 약점을 가진 죄인들도 용기와 희망을 가지고 주님을 따릅니다. 예수님께서는 융통성을 발휘해 죄인들의 입장과 형편에 맞게 도와주십니다. 그리하여 어떤 죄인이라도 희망을 가지게 되고 주님의 도우심을 받아 거룩하게 변화되어 갑니다.

> 율법이 육신으로 말미암아 연약하여 할 수 없는 그것을 하나님은 하시나니 곧 죄로 말미암아 자기 아들을 죄 있는 육신의 모양으로 보내어 육신에 죄를 정하사 육신을 따르지 않고 그 영을 따라 행하는 우리에게 율

178) 마가복음 2:17. "건강한 자에게는 의사가 쓸 데 없고 병든 자에게라야 쓸 데 있느니라 나는 의인을 부르러 온 것이 아니요 죄인을 부르러 왔노라."

법의 요구가 이루어지게 하려 하심이라(3-4절).

신자는 어떻게 성화됩니까? 성육신의 은혜로 성화됩니다. 그리스도의 성육신의 은혜를 덧입고 성육신의 삶을 살 때 거룩하게 변화됩니다. 그렇게 되기 위해서는 먼저 성육신의 은혜를 깨달아야 합니다.

영광스러운 성자 하나님께서 나 같이 미천한 죄인을 구원하기 위해 한없이 낮아지신 그 놀라운 은혜와 사랑을 생각할 때 감사 또 감사하게 됩니다. 하나님을 향해 마음 문을 열게 됩니다. 나를 사랑하신 하나님의 진실한 사랑에 감동하게 됩니다. 주님의 사랑에 감동해 주님께 기쁨으로 나아갑니다. 지금까지는 나의 의를 세우느라 하나님께 나아가지 못하고 나의 불의 때문에 하나님께 나아가지 못했는데 이젠 그 모습을 벗어 버리게 됩니다. 나의 누더기와 같은 의를 벗어 버리고 "내 모습 이대로 주 받으옵소서!" 라고 외치며 나아가게 됩니다. 주님의 거룩한 사랑에 감동되어 감히 주님께 나아가게 됩니다.

또한 나도 주님의 성육신의 사랑에 감동되어 죄인을 섬기는 일을 하게 됩니다. 예수님을 본받아 죄인을 섬기면서 나 자신도 깜짝 놀라게 됩니다. "나 같은 죄인이 주님처럼 성육신의 삶을 살다니…" 하며 또 한 번 감사하게 됩니다.

성육신하신 예수님께서 나를 받아 주고 사랑해 주시므로 내가 '하나님 앞의 삶' 을 시작하게 되었습니다. 주님의 성육신의 사랑으로 내가 살아갑니다. 주님의 사랑에 감동되어 나도 주님의 성육신의 사랑을 가지고 다른 영혼을 섬기게 됩니다. 교만한 인간을 참고 기다리며 섬깁니다. 약속을 하고도 어기기를 밥 먹듯 하는 사람을 참으며 기도하고 도와줍니다. 내 영광, 나의 유익을 뒤로하고 어린 양의 유익을 위해 희생하며 겸손히 섬깁니다.

그때 내가 성화되어 감을 실감하게 됩니다. 참기 어려운 사람을 참고, 용서하기 어려운 사람을 용서하고, 사랑하기 어려운 사람을 사랑하는 과정에서 성령님께서 역사하십니다. 참을 수 있는 인내를 주시고, 용서할 수 있는 넓은 마음을 주시고, 사랑할 수 있는 사랑을 부어 주십니다. 예수님께서 엉터리인 나를 받아 주시고 주님께 순종하는 나에게 어느덧 율법의 요구를 다 이루게 만들어 주십니다. 예수님을 사랑하고 예수님께 순종하고 예수님을 본받아 성육신의 삶을 사는 동안 어느덧 거룩한 삶의 경지에 올라서 있는 자신을 발견하게 됩니다. 은혜로다. 은혜로다!

"왜 나는 변화되지 못하고 성장이 멈추어 있을까?" 라고 고민하는 사람이 있습니다. 성육신의 은혜를 온전히 깨닫지 못하고 성육신의 은혜를 소유하지 못했기 때문입니다. 변화된 새 삶을 원한다면 지금 이 시간 성육신하신 주님을 바라보십시오. 이 죄인을 구원하기 위해 천국의 영광을 버리고 낮아지신 주님을 바라보십시오. 주님의 성육신의 사랑을 영접하고 감사하십시오. 그리고 그 사랑을 가지고 내가 도와야 할 사람에게 겸손히 다가가 주님께서 나를 도와주시는 것처럼 그 영혼을 도와주십시오. 성육신의 삶을 살게 될 때 성령님께서 변화된 새 삶을 살도록 도와주십니다.

주님께서는 우리를 깊은 산속에서 수도하게 함으로써 변화시키는 것이 아니라 죄인들을 사랑하고 섬기는 삶을 통해 변화시키십니다. 그러므로 예수님 안에 있는 영적 보화를 갖고 있는 사람은 다른 영혼을 섬기는 삶을 살아야 합니다. "네가 나를 사랑하느냐?" "내 어린 양을 먹이라!"는 주님의 음성을 듣고 주님을 본받아 다른 영혼을 사랑할 때 큰 은혜를 체험하게 됩니다. 주님을 사랑하고 내가 섬기는 영혼을 주님 대하듯 대하며 사랑할 때 천국을 체험하게 됩니다. 그리스도의 3중직인 선지자직, 제사장직, 왕직을 체험하며 '왕 같은 제사장'의 삶을 살게 됩니다.

성육신의 사랑을 좀더 깊이 이해하려면 성부 하나님의 마음을 헤아려야 합니다. 성부 하나님께서 죄인들을 구원하려고 당신의 아들을 죄 있는 육신의 모양으로 보내셨습니다. 율법으로는 도저히 의롭게 할 수 없으므로 예수님을 믿고 따르는 자들로 율법의 요구를 이루게 하려고 아들을 보내신 것입니다. 인간을 지극히 사랑하신 성부 하나님께서 이렇게도 섬세한 사랑으로 우리를 사랑하신 것입니다. 성육신의 은혜 속에는 성자 예수님의 지극한 사랑도 있지만 동시에 성부 하나님의 하늘같이 높은 사랑이 담겨 있습니다.

"오 사랑의 하나님, 성자 예수님의 겸손한 섬김의 사랑에 감격합니다. 동시에 성부 하나님의 하늘같이 높고 높은 사랑에 감격해 눈물로 감사합니다. 이 쓸모 없는 죄인을 그다지도 사랑하셨나이까? 이 보잘것없는 죄인을 의롭게 하시려고 그 엄청난 희생을 하셨나이까? 성부, 성자 하나님의 사랑에 감동해 이 죄인도 제정신이 돌아왔나이다.

주님의 겸손함을 배우겠습니다. 스스로 낮아져 섬기는 주님의 성육신 사랑을 배우겠습니다. 주님의 거룩한 사랑을 가슴에 담고 주님께서 맡겨 주신 영혼들을 섬기겠습니다. 주님을 본받아 섬기는 삶을 통해 진정으로 주님의 위대하심을 깨닫게 되었습니다. 성육신의 삶을 통해 조금씩 변화된 새 삶을 배우게 해주시니 감사합니다. 성령님, 저와 동행해 주서서 더욱 예수님을 배우도록 깨달음을 주시고 사랑하게 해주시고 실천하게 해주옵소서! 성육신의 비밀을 깨닫게 해주신 하나님께 감사하며 영광돌립니다. 아멘."

성령의 인도함을 받는 길(5-14절)

성화 과정에서 가장 주목할 점은 성령님의 역할입니다. 성령님의 도우심으로 믿음을 갖습니다. 성령님의 도우심으로 죄를 깨닫고 회개하게 됩니다. 성령님의 도우심으로 예수님의 귀한 사역을 알게 되고 예수님을 배우게 됩니다. 성령님의 도우심으로 성경진리를 깨닫고 믿게 됩니다. 그러므로 성령님의 도우심 없이 성화를 생각할 수 없습니다. 성령님은 어떤 분이십니까?

첫째, 성령님은 '하나님의 영', '예수 그리스도의 영'이라 부릅니다.[179] 성령님은 성부 하나님과 성자 예수님과 따로 떼놓고 생각할 수 없습니다.[180] 성령님은 오직 성부 하나님, 성자 예수님의 인류 구원사역을 위해 일하시는 분입니다. 성령님은 삼위일체 하나님 제

179) 로마서 8:9, 11, 14.

180) 한국의 많은 사람들이 성령을 그리스도와 그의 사역과 분리하여 생각해 잘못된 성령론을 가지고 있다. 성령을 인격체로 생각하는 것이 아니라 '신비한 힘'이나 '감화력'으로 생각한다. 이는 샤머니즘의 영향이다.

3위의 하나님이십니다. 성령님은 하나님이십니다.

둘째, 예수님께서는 성령님을 다른 보혜사라고 부르셨습니다. 성령님을 부를 때 '그'라고 불렀습니다.[181] 즉 인격을 가진 존재임을 밝히는 것이었습니다. 성령님은 어떤 감화력이나 능력이 아니라 인격체이십니다. 독자적으로 생각하고, 감정을 가지고 계시며, 의지를 가지고 행동하는 인격체이십니다. 성령님은 성부, 성자, 성령 곧 삼위일체 하나님의 제3위의 하나님이십니다. 지, 정, 의 인격을 갖고 계신 분입니다.

셋째, 특히 성령님은 성부 하나님께서 예수 그리스도를 통해 인류 구원 사역을 이루시는 일을 계시하고(reveal to), 믿게 하고(to believe), 적용하도록(to apply) 돕는(help to) 영이십니다. 즉 성령님은 예수님이 누구시며, 무슨 일을 하시는가를 밝혀 예수님의 사역을 알게 하고, 믿게 하는 일을 합니다. 한국교회에 성령론에 대한 신학이 어지러운 까닭은 성령을 그리스도의 구원 사역과 분리해서 생각하는 접근 방법의 오류와 샤머니즘(shamanism)의 영향 때문입니다.

성화에서 성령님의 인도함을 받는 일이 매우 중요하다고 했는데 어떻게 성령님의 인도함을 받을 수 있습니까?

생각 : 영의 생각을 함으로써(5-8절)

사람이 무슨 일을 할 때 생각이 중요합니다. 모든 행동은 생각으로부터 시작됩니다. 그러므로 성경은 생각의 근원이 되는 마음을 지키라고 말합니다.[182] 어떤 생각을 해야 합니까? 영의 생각을 해야

181) 요한복음 14:17, 26, 15:26, 16:13, 14.

합니다. 영의 생각을 할 때 성령님께서 그 생각을 통해 도움을 주십니다.

성령님은 매우 인격적인 분이십니다. 강제적으로 일하지 않습니다. 우리의 생각을 존중해 주십니다. 그렇기에 성령님과 자아가 일치할 때 성령님께서 내 안에서 강하게 역사하십니다. 내가 성령님의 존재를 인정하고 성령님과 상의하며 성령님께 순종하면 성령님께서 나를 도와주십니다. 그러나 내가 성령님의 존재를 무시하고 내 마음대로 해버리면 성령님께서는 나를 도우실 수 없습니다. 그러므로 성령님을 존중하고 그 뜻을 따르는 것이 매우 중요합니다. 영의 생각을 함으로써 성령님의 인도함을 받으면 거룩하게 성화될 수 있습니다.

> 육신을 따르는 자는 육신의 일을, 영을 따르는 자는 영의 일을 생각하나니 육신의 생각은 사망이요 영의 생각은 생명과 평안이니라(5-6절).

육신의 생각이 무엇입니까? 육체의 욕망에 뿌리를 둔 죄의 생각입니다. 타락한 죄의 생각을 하게 되면 내 안에 죄의 세력이 커지게 됩니다. 그리하여 죄가 기회를 만나면 여지없이 나를 죄의 구렁텅이에 빠뜨립니다. 그때 영혼은 탄식합니다. "내 지체 속에서 한 다른 법(세력)이 내 마음의 법(세력)과 싸워 내 지체 속에 있는 죄의 법으로 나를 사로잡는 것을 보는도다 오호라 나는 곤고한 사람이로

---

182) 잠언 4:23. "모든 지킬 만한 것 중에 더욱 네 마음을 지키라 생명의 근원이 이에서 남이니라."

다 이 사망의 몸에서 누가 나를 건져내랴."[183]

육신의 생각을 하면 거의 필연적으로 육신을 따르게 되고 육신을 따르다 보면 원치 않는 죄를 짓게 되어 괴로운 탄식을 하게 됩니다. 죽고 싶은 생각이 들 정도로 괴로움을 당하며 죄의 값으로 사망에 이르게 됩니다. 그러나 반대로 영의 생각을 하면 전혀 다른 결과가 나타납니다.

영의 생각은 무엇입니까? 영의 생각은 하나님 생각, 예수님 생각, 성경 말씀 등 거룩한 생각입니다. 하나님과 예수님 생각을 하면 하나님께 가까이 나아가게 되고 하나님께서 기뻐하시는 삶으로 나아가게 됩니다. "여호와는 나의 목자시니 내게 부족함이 없으리로다."[184] 주님께 감사하며 주님과 사랑의 교제를 나누게 됩니다. 주님의 사랑과 도우심을 받게 됩니다. 은혜가 충만해 더욱 주님을 사랑하게 됩니다. "영의 생각은 생명과 평안이니라"(6절). 살맛이 납니다. 기쁨이 충만합니다. 자기 존재 의미와 가치를 깨닫게 됩니다. 그러므로 어떤 생각을 하느냐가 매우 중요합니다[표 11].

생각의 선택은 나의 의지 속에 있습니다. 그러나 내가 어떤 선택을 하느냐에 그 결과는 매우 다르게 나타납니다. 내가 하루 종일 누군가를 미워하며 어떻게 해를 입힐까를 생각하고 있으면 결국 그런 말이 나오고 그런 행동을 하게 됩니다. 그러나 속상한 일이 있어도 참고 주님을 생각하고 주님의 말씀을 묵상하며 주님과 교제하면 성령님께서 내 맘을 위로해 주시고 용서할 마음도 주시고 더욱 주님

---

183) 로마서 7:23-24.
184) 시편 23:1.

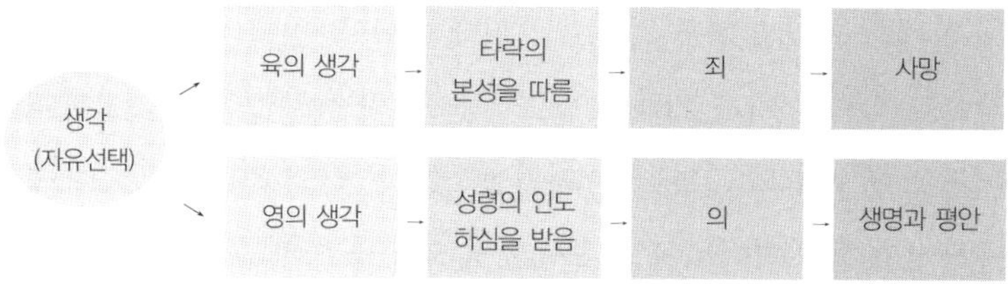

[표 11] 생각과 성령

을 사랑하게 되어 의로운 사람이 됩니다.

음란한 생각을 많이 하게 되면 나도 모르는 사이에 그런 방향으로 나아가게 되어 기회를 만나면 여지없이 죄의 나락에 빠지게 됩니다. 그러나 음란한 생각이 머리 속을 스쳐 지나갈지라도 주님을 생각하며 주님을 찬양하고 주님 일을 열심히 하다 보면 음란한 생각은 떠나고 주님을 닮게 되어 거룩하게 변화되어 갑니다. 그러므로 의지적으로 영의 생각을 하도록 힘써야 합니다.

영의 생각이란 하나님께서 기뻐하시는 생각입니다. 그리스도의 생애와 사역, 주님의 말씀입니다. 성경말씀을 통해 주님의 구속사역의 은혜를 생각하며 주님이 기뻐하시는 생각에 몰입하면 성령님께서 말씀을 통해 나를 도우시고 인도해 주십니다. 그러므로 말씀에 사로잡히고 깊이 묵상함이 매우 중요합니다. 잡생각이 들어오면 크게 찬양을 하고 성경을 읽고 소리 내어 기도함이 중요합니다. 하나님께서 우리의 생각을 통해 성화를 이루신다는 점에서 큐티(QT)가 매우 중요합니다.

바쁠수록 큐티를 하여 말씀을 묵상하십시오. 그래야 타락한 세상에 살면서 죄의 오염을 피하고 경건에 이를 수 있습니다. 육신의 생각으로 타락한 죄의 지배를 받고 사는 사람들은 결국 하나님과 멀어지고 원수가 되고 맙니다. 타락한 생각을 하면 하나님 말씀에 순종하지 못하고 하나님을 기쁘시게 하지 못하기 때문입니다. 타락한 생각을 물리쳐야 합니다. 타락한 생각이 들어올 틈이 없이 부지런히 주님의 일에 힘써야 합니다. 바쁘게 사는 사람은 타락할 시간이 없어 타락하지 않습니다.

그러나 바쁘게만 산다고 해서 성화가 되지는 않습니다. 주님을 닮아 가야 성화됩니다. 주님을 닮아 가려면 예수님 생각을 많이 해야 합니다. 늘 복음서를 읽고 묵상함이 정말로 중요합니다. 그러므로 내 마음의 생각을 붙잡아 성령님께 의지적으로 순종하는 것이 중요합니다.

감정 : 예수님을 왕으로 모시고 순종함으로써(9–11절)

9-11절에 '너희 속' (9절) '너희 안' (10절) '너희 안' (11절) '너희 안' (11절)이라는 말이 4번 나옵니다. 인간의 마음은 하나님을 모시는 자리입니다. 인간의 마음속에는 생각과 함께 감정, 의지가 자리 잡고 있습니다. 그 종교의 자리에 하나님의 영, 곧 성령님을 모시라는 것입니다. 그런데 여기서 성령을 여러 가지 이름으로 부르고 있다는 것을 주의 깊게 볼 필요가 있습니다.

성령을 가리켜 '하나님의 영' (9절), '그리스도의 영' (9절), '그리스도' (10절), '예수를 죽은 자 가운데서 살리신 이의 영' (11절), '너희 안에 거하시는 그의 영' (11절)이라 하고 있습니다. 성령님은 성부 하나님의 뜻을 알리고 성부 하나님의 인류구속 역사를 수행하는 영이십니다. 또한 예수 그리스도를 대신해 각 사람 안에 거하는 그리스도의 계시자요, 그리스도를 믿게 하는 자요, 그리스도의 사역을 이루게 하는 그리스도의 영이십니다.

성령님은 성부 하나님과 예수 그리스도와 분리해서 생각할 수 없는 영이십니다. 성령님을 '그리스도' 라고까지 부르는 것은 성령님이 그리스도를 대신해 그리스도의 사역을 이루는 그리스도의 분신이면서 그리스도라고 불러도 무방할 정도로 그리스도와 같은 일을 하시기 때문입니다(10절). 또한 성부 하나님, 예수님과 같은 거룩한 분이요 인격을 가진 분이심을 강하게 각인시키려고 이러한 호칭을 사용하고 있습니다. 예수님을 마음속에 왕으로 모시고 그분의 통치를 받는 것이 매우 중요합니다. 바로 그런 사람이 진정한 크리스천입니다.

> 만일 너희 속에 하나님의 영이 거하시면 너희가 육신에 있지 아니하고 영에 있나니 누구든지 그리스도의 영이 없으면 그리스도의 사람이 아니라(9절).
>
> 무릇 하나님의 영으로 인도함을 받는 사람은 곧 하나님의 아들이라(14절).

성령님은 매우 인격적이어서 나의 협조를 구하고 있습니다. 내가 성령님을 환영하고 그리스도를 모시는 것과 같이 성령님을 내 마음에 모시면 성령님께서 내 안에서 그리스도의 일을 하십니다. 성령님을 내 마음의 지성소, 곧 마음 첫자리에 왕으로 모시고 성령님의 통치를 받으면 성령님은 예수님처럼 나를 사랑하시고 나를 하나님의 왕자로 대우해 주시며 나를 거룩한 하나님의 자녀로 변화시켜 주십니다.

특히 이 대목에서 성령님께서 나의 감정을 통치하도록 자리를 내드리는 것이 중요합니다. 성화에 있어 생각과 함께 감정이 중요합니다. 사람의 내면성을 지배하는 것 중에서도 감정이 매우 중요합니다. 사람들은 항상 논리적으로 행동하지는 않습니다. 사람들이 때때로 상식으로 납득할 수 없는 일을 하는 것은 감정의 지배를 받기 때문입니다. 그러므로 감정을 주님께서 통치하도록 내드림이 성화를 위한 길입니다.

성령 충만한 바울은 외쳤습니다. "그리스도의 사랑이 우리를 강권하시는도다."[185] 마음을 성령님께 맡기고 그분이 통치하시도록 내드렸을 때 그리스도의 사랑이 강물같이 흘러 넘쳤습니다. 황홀한 그리스도의 사랑이 흘러 넘쳐서 내가 몸 안에 있는지 몸 밖에 있는지 알 수 없는 황홀한 경지에 이른 것입니다.

성경공부를 많이 해 성경지식은 많으나 변화되지 않는 사람들이 더러 있습니다. 지식은 좀 있으나 하나님과 감동적인 교제에 이르지 못하고 메마른 신앙생활을 하는 사람들이 있습니다. 그들은 신앙에서 감정적인 부분을 소홀히 한 사람들입니다. 연인들 혹은 부부 사이에서 상식만 가지고 의무적으로 교제하는 사람과 같습니다. 그런 사람은 얼마나 삭막합니까? 상식과 예절도 있어야 하지만 사모하고 가슴 설레며 그리워하고, 자기 목숨까지도 아낌없이 내줄 만큼 기뻐하고 감사하는 사랑이 중요한 것 아닙니까?

---

185) 고린도후서 5:14.

신앙생활도 마찬가지입니다. 나의 소중한 깊은 내면에 주님을 모시고 참사랑 고백을 하십시오. 주님께 한없는 감사의 찬송을 올리십시오. 눈물로 감사 찬송을 올리십시오. 주님께 사랑 고백을 하고 감사 찬송을 올리고 그분의 사랑의 품에 안길 때 내 맘에 깊이 뿌리 박힌 쓴뿌리가 녹아 배출됩니다. 주님을 깊이 사랑하면서 찬송을 부를 때 성령님께서 내 마음에 큰 감동과 깨달음을 주십니다. "내가 너를 구속하였고 내가 너를 지명하여 불렀나니 너는 내 것이라"[186]는 주님의 음성을 듣게 됩니다. 그때 눈물로 기도하십시오. 감정을 터뜨려 기도하십시오. 감동을 체험합니다. 성령님의 어루만지심을 체험합니다.

이와 같은 때엔 난 노래하네.
사랑을 노래하네. 주님께
이와 같은 때엔 손 높이 드네.
손 높이 드네. 주님께
주님 사랑해요, 사랑해요.
사랑해요. 주님 사랑해요.
Sing I love you Lord. I love you Lord.
I love you Lord. Oh, I love you Lord.

우리는 언제 진정으로 주님의 사랑을 깨닫습니까? 이성적으로 진리를 알았을 때보다 인격적으로 주님의 사랑을 체험했을 때입니다.

---

186) 이사야 43:1.

감정적으로 주님의 사랑에 흠뻑 빠졌을 때입니다. 왕이신 주님 앞에 무릎 꿇고 주님의 한없는 사랑에 감격해 눈물의 기도를 드릴 때 우리는 더러운 옛사람을 벗어 버리고 주님의 거룩한 새사람을 덧입게 됩니다.

창조주 하나님의 구원을 받고서도 형식적인 감사밖에 하지 못하는 완악한 마음을 회개하십시오. 십자가 위에서 나 같은 죄인을 위해 지옥 고통을 다 당하시고 몸서리쳐지는 치욕을 다 당하시며 나를 구원하신 주님을 형식적으로밖에 대하지 못한 천박한 신앙을 회개하십시오. 그리고 주님의 감격적인 사랑을 흠뻑 받고 감격의 눈물을 흘리십시오. 눈물의 기도로 사랑을 고백하십시오. 진심에서 우러나오는 사랑의 찬양을 올리십시오. 성령님께서 우리의 영혼을 감싸 주시며 하나님의 형상을 회복하도록 도와주실 것입니다. 성령님을 모시고 감격적인 사랑을 체험했을 때 더러운 죄의 오염이 떨어져 나가며 우리는 성화됩니다. 그러므로 성화되기 위해서는 순수한 마음, 감격적인 찬양, 심령을 통하는 기도가 매우 중요합니다.

의지 : 영으로써 몸의 행실을 죽임으로(12, 13절)

성령님의 인도하심을 받아 성화되는 과정에서 생각과 감정이 중요하다는 사실을 앞서 살펴보았습니다. 이제 성령님의 인도하심을 받는 데 있어 의지의 역할에 대해 성경은 뭐라고 말하는지 살펴보겠습니다.

변화된 새사람이 되는 데 있어 가장 중요한 것은 행동의 변화가 아니겠습니까? 행동과 삶이 변화되어야 진정 변화되었다고 말할 수 있습니다. 물론 행동이 변화되기 위해서는 생각과 감정이 중요합니다. 그러나 진실로 가장 중요한 것은 행동입니다. 행동은 의지의 산물입니다. 의지의 표현이 곧 행동입니다.

그런데 의지는 하나님을 거역하는 데 많이 이용되었습니다. 하나님의 진리를 불의로 막는 것은 의지입니다. 여태껏 인간의 의지가 죄악의 도구로 사용되었기 때문에 성화의 길에서 '의지' 를 말하면 의아해하는 사람도 있습니다. 그러나 의지가 본질적으로 악한 것만은 아닙니다. 의지도 원래 하나님께서 만들어 주신 것입니다. 그러므로 원래의 용도대로 선용하면 의지도 신앙생활에 매우 유익한 도구가 될 수 있습니다. '하나님을 대적하는 의지' 가 아니라 '하나님께 순종하는 의지' 를 말합니다.

인간이 지닌 의지의 한계성을 인식하고 하나님의 말씀에 순종하고자 의지를 사용하면 이는 선한 것입니다. 성령님께서 내 안에서 나를 도우시려 할 때 나의 의지가 중요한 역할을 합니다. 어찌하든 하나님의 뜻에 순종해 하나님을 기쁘시게 하고자 한 의지는 필요합니다.

사탄이 내 육체의 연약함을 이용해 나를 죄악에 빠뜨리려 할 때 내가 의지를 발동해 사탄에게 몸을 맡기지 아니하고 성령님께 맡기면 성령님께서 내 안에서 일하시어 죄를 물리치고 의의 길을 걷게 해주십니다. 하나님께서는 바울 사도를 통해 말씀하십니다. 사탄이 나를 점령하려고 하는데 그것을 내버려 두면 나는 사탄의 지배에 들어가고 맙니다. 사탄의 세력, 곧 죄악의 세력을 물리쳐야 합니다.

영으로써 몸의 행실을 죽이면 살리니(13절).

여기서 영은 성령님을 말합니다. 성령님의 도우심을 받아 그분의 능력으로 내 몸의 행실을 죽여야 합니다. 영은 내 안에 계신 그리스도의 영입니다. 주님께서 주신 은혜입니다. 그 영으로 죄악의 세력을 몰아내고 죽여 없애야 합니다. 누가 죽여 주기를 바라지 말고 자기가 성령님의 도우심을 받아 몸의 행실을 죽여야 합니다.

'몸의 행실' 이 무엇입니까? '몸의 행실' 이란 몸에 뿌리를 박고 있는 죄입니다. "육체의 일은 분명하니 곧 음행과 더러운 것과 호색과 우상숭배와 주술과 원수 맺는 것과 분쟁과 시기와 분냄과 당 짓는 것과 분열함과 이단과 투기와 술 취함과 방탕함과 또 그와 같은 것들이라."[187] 도둑이 집 안에 들어와 물건 훔치는 것을 보고도 가만히 있으면 도둑은 자기 마음대로 물건들을 가져갈 것입니다. 그러나 "도둑이야!" 소리를 지르면 도망칠 것입니다. 사탄이 내 몸 안에 들어와주인처럼 행세하며 죄를 짓고 있는데도 가만히 있으면 내 마음은 사탄의 왕국이 되고 맙니다. 그러나 내가 성령님의 능력을 힘입어 "사탄아 물러가라!" 외치며 사탄을 몰아내면 내 마음은 하나님이 통치하시는 천국이 될 것입니다.

하나님께서는 몸의 행실을 죽이라고 말씀하십니다. 의지의 칼을 가지고 죽여 없애야 합니다. 로마서 7장에서 이미 언급한 대로 믿음 밖에서 내 의지만 가지고 하면 실패할 수밖에 없지만 성령님의 도우심을 받아 '영으로써' 즉 성령의 도우심을 받으면 의지적으로 죄를 물리칠 수 있습니다.

---

187) 갈라디아서 5:19-21a.

이 대목에서 생각할 점이 두 가지가 있습니다. 첫째, 우리는 빚진 자라는 것입니다. 누구에게 빚을 지었습니까? 당연히 하나님께 빚을 졌습니다. 예수님께 사랑의 빚을 졌습니다. 성령님께 빚을 졌습니다. 그러나 육신에게는 빚진 것이 없습니다. 성령님께 충성을 다할 의무는 있지만 육신에게 충성을 할 의무는 없습니다. 성령님께서 믿게 해주시고 그리스도의 구속의 은혜를 영접하고 누리게 해주셨으므로 성령님께 충성을 다할 의무가 있습니다. 그러므로 우리는 육신의 요구에 응할 필요가 없습니다. 만일 육신의 욕구에 사로잡혀 산다면 반드시 죽음에 이르고 말 것입니다. 그러므로 육신의 욕구에 이끌려 육신의 노예처럼 끌려 다니며 살 것이 아니라 성령의 검, 말씀으로 몸의 행실을 죽여 없애야 합니다.

둘째로 생각할 것은 육신(flesh)과 몸(body)이라는 단어입니다. 두 단어는 비슷한 것 같지만 신학적인 의미는 매우 다릅니다. 육신은 타락한 본성, 즉 죄의 세력으로 쓰였습니다. 인간의 타락한 죄의 세력이 육신에 뿌리를 박고 있기 때문에 붙은 이름입니다. 그러므로 육신은 '육체에 뿌리를 박고 있는 죄의 세력' 이라 말할 수 있습니다. 몸은 하나님께서 창조해 주신 몸입니다.

그러므로 몸 자체에는 죄가 없습니다. 죄의 세력에 몸을 맡기면 육신이 되는 것이요, 성령님께 몸을 맡기면 하나님 자녀의 몸이 되는 것입니다. 그러므로 우리의 몸을 누구에게 맡기는가가 매우 중요합니다. 몸을 사탄에게 맡길 것인가, 성령님께 맡길 것인가를 결정하는 것은 자기 의지입니다. 그러므로 성령님의 인도하심을 받는데 있어 의지의 역할은 매우 중요합니다.

성령님의 인도하심을 받기 위해서는 생각과 감정과 의지가 중요합니다. 성령님은 강제로 나를 굴복시키는 폭력적인 분이 아니십니다. 성령님은 보혜사(helper)이십니다. 성령님께서는 나의 협력을 필요로 하십니다. 영의 생각을 함으로써 성령님께서 내 생각을 이끄시도록 해야 합니다. 성령님께서 주시는 은혜를 감사하고 기뻐하여 내 마음에 성령의 은혜가 충만하도록 하는 것이 중요합니다. 사랑을 고백하고 감사 찬양을 드리며 감사 기도를 드릴 때 성령님께서 내 마음을 통치하십니다.

또한 선과 악을 선택하는 결정적인 순간에 성령님을 선택함으로써 성령님께서 내 행동을 선으로 이끄시도록 해야 합니다. 영의 생각을 하는 데 있어서도 말씀이 필요합니다. 말씀을 통해 하나님의 뜻을 알게 됩니다. 또한 성령의 기쁨이 충만함에 있어서도 말씀이 필요합니다. 말씀을 통해 예수 그리스도의 거룩한 사랑을 깨달을 수 있기 때문입니다. 선과 악을 분별하고 의지적으로 성령님을 선택하는 데에도 말씀이 필요합니다.

하나님 말씀인 성경의 원 저자가 성령님이십니다. 기록된 성경을 도구로 사용하는 분도 성령님이십니다. 사도행전을 주의 깊게 읽어보면 성령님과 말씀이 거의 동시에 일하심을 알 수 있습니다. 성령님이 말씀을 사용해 일하시고, 말씀이 선포되는 곳에 성령님께서 일하심을 곳곳에서 볼 수 있습니다. 성경 말씀을 읽고 묵상하고 지켜 행하며 살 때 영의 생각, 성령 충만, 거룩한 행실로 성령님의 인도하심을 받게 됩니다.

무릇 하나님의 영으로 인도함을 받는 사람은 곧 하나님의 아들이라(14절).

교회에 출석한다고 해서 하나님의 자녀라고 말할 수 없습니다. 성령님의 인도하심을 받아 사는 사람이라야 진정한 하나님의 자녀라고 말할 수 있습니다. 신자는 성령님의 인도하심을 받아 성화될 수 있습니다. 칭의는 전적인 하나님의 구원을 믿음으로 이루어지는데 성화는 신자가 성령님께 협력함으로써 이루어집니다. 영적인 생각, 성령님을 모시고 순종함, 영으로써 몸의 행실을 죽임으로 성화가 이루어집니다.

이 진리를 이해하기 가장 좋은 그림이 가룟 유다가 실패한 경우입니다. 가룟 유다에게 사탄이 나쁜 생각을 넣어 주었습니다(요 13:2). 이때 가룟 유다는 나쁜 생각을 물리쳐야 했습니다. 사탄이 그 생각을 틈타서 그의 마음을 점령하고 말았습니다(요 13:27). 그는 예수님을 팔아 군사들에게 밀고(密告)했습니다(요 18:3). 사람이 죄를 짓는 과정이 이러합니다. 생각, 마음(감정), 행동(의지) 순으로 죄가 점령해 들어갑니다. 마찬가지로 생각, 마음(감정), 행동(의지)의 단계마다 성령님의 인도함을 받아 거룩한 의의 열매를 맺을 수 있습니다.

육의 생각을 물리치고 영의 생각을 함으로써 성령님의 인도하심을 받을 수 있습니다. 사랑 고백을 하고, 감사 찬송을 하며, 눈물의 기도를 함으로써 성령 충만할 수 있습니다. 의지적으로 성령의 검으로 몸의 행실을 죽임으로써 성령님의 인도하심을 받을 수 있습니다. 예수님께서 메시아직을 수행하려고 40일 금식 기도를 하며 준비할 때 마귀가 '금강산도 식후경이라' "우선 먹어야 인류도 구원할 수 있지 않겠느냐?" "돌을 떡덩이가 되도록 만들어 먹으라"고 유혹했습니다. 그때 주님은 육의 생각을 차단하고 하나님의 말씀을 인용해 “사람이 떡으로만 살 것이 아니요 하나님의 입으로부터 나오는 모든 말씀으로 살 것이라”(마 4:4)며 유혹을 물리치셨습니다. 집요한 사탄의 공격에 “사탄아 물러가라”고 단호히 외치고 말씀을 묵상함으로써 성령님의 도우심을 받아 사탄을 물리치셨습니다. 그렇습니다. 성령님의 도우심을 받아 생각, 마음(감정), 행동(의지)의 단계에서 사탄을 물리치고 승리해야 성화됩니다.

이제 우리가 성화에 실패하는 이유가 명백해졌습니다. 육의 생각을 함으로써 성령님의 도우심을 받지 못한 것입니다. 성경을 읽지 아니하고 기도하지 아니하고 세속적인 일만 생각하니 마귀가 활동할 마당을 만들어 준 것입니다. 하나님 은혜를 붙잡지 아니하고 감사치 아니하며 세상일에 지칠 대로 지쳐 있으니 마귀가 콧김만 불어도 넘어가 버리는 연약한 자가 된 것입니다. 죄가 유혹할 때 도살장에 끌려가는 짐승처럼 하릴없이 끌려가는 허약한 자가 되어 있는 것입니다.

하나님의 자녀들이여! 그리스도의 고귀한 구원을 어이하여 이다지도 쉽게 상실해 버린단 말입니까? 그리스도의 은혜가 얼마나 큰데 그 은혜를 받고서도 허망하게 쓰러져 버린단 말입니까? ‘주님께서 주신 은혜가 얼마나 큰데 내가 이래서야 되겠나?’ 하는 마음으로 은혜를 단단히 붙들고 죄를 물리쳐야 합니다. 성령님의 도우심을 받아 사탄의 세력과 죄의 세력을 단호하게 물리쳐야 합니다.

어떻게 성령님의 인도하심을 받을 수 있습니까?

첫째, 성령님의 임재를 깨달아야 합니다. 성령님은 매우 인격적인 분이시므로 내가 그분을 무시하고 행동하면 성령님께서 나를 도우실 수 없습니다.

둘째, 성령님과 상의해야 합니다. 성령님은 인격적인 분이시므로 상의하는 것을 매우 좋아하십니다. 즉 어떤 일이 있을 때 그 일을 가지고 기도해야 합니다. "성령님, 제가 어떻게 하면 좋을까요?" 구체적으로 기도해야 합니다.

셋째, 말씀을 알아야 합니다. 성령님은 말씀을 통해 도와주십니다. 말씀을 통해 사랑과 위로를 주시고 지혜와 능력을 공급해 주십니다. 말씀을 통해 용기와 희망을 주시고 기쁨을 주십니다. 그러므로 말씀 암송을 하면 성령님과 대화하는 데 도움이 됩니다.

넷째, 성령님께서 내 안에서 일하시도록 협력해야 합니다. 영의 생각을 하고 찬양과 기도를 함으로써 주님이 내 감정을 다스리도록 해야 합니다. 그리고 영으로써 몸의 행실을 죽여 내 삶을 성령님께서 인도하시는 방향으로 나아가도록 해야 합니다.

다섯째, 성령님께 구체적으로 도움을 청해야 합니다.

여섯째, 성령님의 인도하심을 관찰해야 합니다.

일곱째, 성령님의 인도하심에 감사해야 합니다. 작은 일에도 감사하면 성령님께서 더 큰일에도 도움을 주실 것입니다. 성령님의 도우심을 받아 하나님의 큰 은혜를 붙들고 살면 어떤 고난도 이길 수 있습니다.

양자의 영을 가지고 고난을 극복함

인생의 문제를 한마디로 요약하라고 한다면 '고난' 이라고 할 수 있습니다. 고난 문제만 극복한다면 속된 말로 '도통했다', '득도했다' 고 말할 수 있습니다. 그러므로 고난 문제 해결은 모든 종교, 모든 철학에서 심도 있게 다루는 문제입니다. 그러나 여기에 분명한 해결책이 없습니다. 그런데 이 어려운 고난의 문제가 복음 안에서 쉽게 해결됩니다. 고난의 문제를 해결해 주신 하나님을 찬양합니다. 어떻게 고난의 문제를 해결합니까? 첫째는 양자의 영을 받음으로(15절), 둘째는 하나님의 상속자의 비전을 가짐으로(16, 17절)입니다.

아들 정신으로 고난을 극복함(15절)

우리는 성령을 받아서 성령님으로 말미암아 하나님을 아빠 아버지[188]라고 부를 수 있습니다. 우리는 하나님의 자녀가 되었습니다. 하나님의 자녀가 되었다는 확신은 성령님께서 주시는 것입니다. 성령 받은 증거는 우리가 성부 하나님을 아빠 아버지라 부르고 있다는 것입니다. 하나님을 아버지로 모신 우리는 하나님의 자녀입니다. 하나님의 자녀는 아들의 영, 곧 아들 정신을 가지고 하나님 앞에서 자발적인 헌신을 하며 살아갑니다. 그 아들의 영으로 어떤 고난도 기쁘게 감당하며 극복합니다.

15절에서는 '종의 영'과 '양자의 영'을 대조하고 있습니다. '종의 영'으로는 절대로 고난을 극복할 수 없습니다. 그러나 '양자의

188) '아빠 아버지(Abba Father)'는 어린아이가 아버지를 친밀하게 부르는 용어. 종들은 하나님을 공포의 대상으로 여긴다. 그래서 하나님은 항상 무섭기만 하고 멀리 느껴지기만 하다. 그러나 아들은 하나님이 무섭지 않다. 어린아이가 자기 아버지를 아빠라고 부르듯이 하나님을 친밀하게 아빠 아버지라고 부른다.

영', 곧 아들의 영으로는 고난을 극복할 수 있습니다. 종은 주인을 두려워합니다. 무서워합니다. 항상 주인의 눈치를 보며 삽니다. 감사함이 없고 끌려 다니는 인생을 삽니다. 자발성이 없습니다. 주인의식이 없습니다. 무책임합니다. 창조성이 없습니다. 불평을 잘하고 원망을 잘합니다. 노예근성에서 벗어나지 못합니다. 고난을 죽을 만큼 싫어합니다.

그러나 아들은 다릅니다. 아들은 곧 주인입니다. 그래서 언제나 주인의식을 가지고 삽니다. 감사함이 있습니다. 기쁨이 있습니다. 어려운 일을 당하면 불평하기보다 해결하려고 애씁니다. 자유로움이 있습니다. 자발적으로 일합니다. 책임감을 가지고 일합니다. 창조적으로 일합니다. 앞장서서 일합니다. 즐거이 고난을 감당합니다. 창세기에서 요셉은 노예로 팔려 갔지만 보디발의 집에서 아들의 영을 가지고 일함으로써 사람들에게 인정을 받았습니다. 심지어 감옥에 가서도 아들의 영을 가지고 일함으로써 사람들을 감동시켰습니다.

종의 영을 가지고는 고난의 문제를 해결할 수 없습니다. 가치 있는 일을 이루기 위해서는 반드시 고난이라는 대가를 치러야 하는데, 종의 영을 가진 자는 작은 고난 앞에서도 쓰러져 버리기 때문입니다. 고난의 고개를 넘지 못하고 주저앉아 버립니다. 그러나 아들의 영을 가진 자는 고난을 축복으로 여깁니다. 가치 있는 일을 이루기 위해서는 고난의 대가를 치러야 함을 알기 때문에 고난을 당연한 것으로 여기고 감당합니다. 더 나아가 고난을 축복의 통로로 여기며 기쁘게 감당합니다.

신앙생활하다가 핍박이 올 때 종의 영을 가진 사람은 너무나 무서워합니다. 이제까지 신앙생활한 것을 후회합니다. "내가 괜히 신앙생활했구나. 어쩌다 그 말에 속아서 내가 이 고생을 하는가?" 하며 고난 앞에 쓰러지고 맙니다. 그러나 아들의 영을 가진 사람은 다릅니다. "주님은 나 같은 쓸모 없는 죄인을 구하려고 십자가 고난도 감당하셨는데 나 같은 것이 이까짓 고난받음은 당연한 일이 아닌가? 믿음의 선진들은 그 무서운 핍박도 달게 받았는데 내가 어찌 이 핍박을 피하겠는가? 십자가 후에는 부활의 영광이 있사오니 이 고난을 달게 받겠습니다. 나 같은 자도 핍박받는 대열에 끼워 주심을 감사합니다."

종	아들
두려워함 ◀---▶	감사함
눈치를 봄 ◀---▶	자신감
억눌림 ◀---▶	자유
노예근성 ◀---▶	주인의식
고난을 죽도록 싫어함 ◀---▶	고난을 기쁘게 감당함

[표 12] 종과 아들 비교

양자의 영을 가지고 있을 때는 고난을 두려워하지 않고 적극적으로 감당하게 됩니다. 아들의 정신, 곧 하나님 자녀의 정신이 살아 있을 때 고난을 두려워하지 않고 오히려 기쁘게 감당하게 됩니다. '종의 영' 을 가지고 살겠습니까, 아니면 '아들의 영' 을 가지고 살겠습니까? 당연히 '아들의 영'을 가지고 살아야겠지요. 하나님은 우리를 하나님의 자녀로 삼아 주셨습니다. "너는 내 아들이라." "너는 내 딸이라." 하나님 아버지 음성을 듣고 위대한 새 인생을 출발하시기 바랍니다. 지금까지 사탄에 속아서 억울하게 종의 영을 가지고 살면서 인생을 유린당하고 살아 왔더라도 더 이상 그렇게 사탄의 노예가 되어 살 수 없습니다. "사탄아 물러가라!" "나는 이제 그리스도 안에서 하나님의 자녀가 되었노라." 이제 하나님의 자녀임을 선포하고 하나님의 자녀로 당당히 살아가시기 바랍니다.

하나님의 상속자 비전으로 고난을 극복함(16, 17절)

종은 상속을 받지 못합니다. 그러나 자녀는 상속을 받습니다. 예수님을 구주로 모신 크리스천들은 하나님으로부터 무엇을 상속 받습니까? 영원한 하나님 나라를 상속받습니다. 그리스도와 함께 영원한 천국에서 영생복락을 누리며 성부 하나님을 섬깁니다. 나 같은 죄인이 하나님의 나라를 상속받다니 믿기지 않는 꿈만 같은 일입니다. 그러나 이 꿈 같은 일은 사실입니다.

이 놀라운 소망으로 인해 크리스천들은 고난을 극복할 수 있습니다. 어떤 사람은 아파트를 마련하기 위해 열심히 일합니다. 자기 능력에 버거운 일을 하면서도 인내합니다. 이 고생을 조금만 더 감당하면 꿈에 그리던 아파트에 입주할 수 있다는 소망이 있기 때문입니다. 소망은 고난을 참고 견딜 수 있게 만듭니다. 소망은 삶의 견인차입니다. 꿈을 가진 학생은 놀고 싶은 욕망을 절제하며 공부합니다. 장차 이루어질 꿈을 생각하며 어떤 난관도 극복하며 열심히 공부합니다.

크리스천들은 영원한 천국을 상속으로 받을 꿈이 있습니다. 그 꿈은 산 소망입니다.[189] 그래서 신자는 이 세상에서 어떤 고난을 당할지라도 그 산 소망으로 인해 다시 일어섭니다. 소망은 고난을 극복하게 합니다. 그러므로 신앙생활에 활력을 불어넣는 것은 소망입니다. 신자의 가슴속에 소망을 깨닫게 하신 분이 바로 성령님이십니다. 성령님으로 말미암아 우리가 하나님의 상속자인 것을 확신할 수 있습니다. 그 산 소망으로 인해 크리스천들은 많은 고난의 산을 거뜬히 넘습니다. 고난 문제를 해결한다는 것은 인생의 근본문제를 푼 것입니다.

> 자녀이면 또한 상속자 곧 하나님의 상속자요 그리스도와 함께한 상속자니 우리가 그와 함께 영광을 받기 위하여 고난도 함께 받아야 할 것이니라 생각하건대 현재의 고난은 장차 나타날 영광과 족히 비교할 수 없도다(17-18절).

"현재의 고난은 장차 나타날 영광과 족히 비교할 수 없도다!" 그 놀라운 영광을 누리기 위하여 현재의 고난을 어찌 감당하지 않겠습니까? 신자는 천국의 상속자로서 소망을 가지고 있기 때문에 고난을 기쁘게 감당하며 이를 극복하게 됩니다.

고난의 문제를 해결할 수 있다니 놀라운 일입니다. 유명한 철학

---

189) 베드로전서 1:3, 4. "우리 주 예수 그리스도의 아버지 하나님을 찬송하리로다 그의 많으신 긍휼대로 예수 그리스도를 죽은 자 가운데서 부활하게 하심으로 말미암아 우리를 거듭나게 하사 산 소망이 있게 하시며 썩지 않고 더럽지 않고 쇠하지 아니하는 유업을 잇게 하시나니 곧 너희를 위하여 하늘에 간직하신 것이라."

자들도 해결하지 못한 것을 내가 해결했다니 놀랍습니다. 그것도 자포자기식으로 회피하는 해결이 아니라 적극적으로 해결할 수 있다니 참으로 놀랍습니다. 고난의 문제는 이미 로마서 5장 3, 4절에서 잠시 다루었습니다. 크리스천들은 하나님의 은혜로 고난이 닥쳐도 두려워하지 않고 즐거이 감당함으로써 성숙한 크리스천으로 연단됨을 공부했습니다. 복음으로 인생의 고난 문제를 해결함은 큰 복입니다. 고난의 문제를 어떻게 해결할 수 있는지 다시 한 번 정리해 봅시다.

첫째, 하나님의 큰 사랑과 은혜로 인해 고난을 즐거이 감당함으로써 해결할 수 있습니다.

둘째, 고난의 유익(성화됨, 기도를 배움, 그리스도를 배움)을 경험함으로 고난을 기쁘게 감당할 수 있습니다.

셋째, 현재의 고난은 장차 나타날 영광의 통로인 것을 생각하고 영광의 소망으로 인해 고난을 참고 견디며 극복할 수 있습니다.

넷째, '양자의 영', 곧 아들의 정신을 가지고 적극적으로 고난을 감당할 수 있습니다.

다섯째, 천국에 가서 주님과 함께 영광을 누릴 것을 소망하며 고난을 적극적으로 감당할 수 있습니다.

여섯째, 성령님의 위로와 도우심으로 고난을 극복할 수 있습니다.

일곱째, 십자가를 지신 주님을 바라보고 고난을 감당할 수 있습니다.

"오, 하나님! 철학자들도 해결하지 못한 인생의 숙제인 고난 문제를 복음으로 풀 수 있게 해주시니 무한 영광입니다. 과거 믿음이 없을 때에는 작은 고난 앞에서도 눈물을 흘리며 운명을 한탄하고 살았습니다. 모든 것이 너무도 슬프고 한스러웠습니다. '어쩌다가 이런 나라에 태어났는가?' '어쩌다가 이런 가정에 태어났는가?' 하며 운명을 한탄했습니다. 조상을 원망하고 부모님을 원망하며 살아 왔습니다.

그런데 그것은 하나님 없는 어둠의 생각이었습니다. 회개합니다. 부끄럽게 생각합니다. 하나님께서 주신 귀한 생명을, 자랑스러운 조국을 그렇게 생각했음을 회개합니다. 부모님을 원망했음을 회개합니다. 예수님을 통해 제 인생이 완전히 변화되었습니다.

저는 사랑받는 하나님의 자녀임을 확신합니다. 예수님께서 미천한 저를 위해 귀한 생명을 바쳤음을 깨닫고 감격의 눈물을 흘립니다. 참으로 주님의 사랑은 놀랍고 놀랍습니다. 그 귀한 사랑으로 운명론적인 저의 생각이 연기처럼 사라져 버렸습니다. 다시는 슬픈 운명을 탄식하며 눈물을 흘리지 않겠습니다. 저를 영광스러운 하나님의 자녀로 삼아 주셨으니 주님의 기대에 부응해 살겠습니다.

주님, 정말 감사합니다. 아들의 영을 주셔서 참 자유를 누리며 사명인으로 살게 하심을 감사합니다. 어떤 고난이 닥쳐와도 주님을 바라보며 하나님의 자녀답게 살겠습니다. 고난의 문제를 해결해 주신 하나님, 세세무궁토록 영광받으옵소서! 아멘"

"운명아, 사라져라! 나는 자랑스러운 하나님의 자녀가 되었다. 내 인생에 운명은 없다. 사탄이 운명적인 생각을 집어넣어 처량한 마음으로 살게 했으나 그 굴욕적인 삶은 이제 끝났다. 이제 나는 하나님의 자녀로 영광스러운 삶을 살리라. 고난은 나를 성숙시키는 훈련장이요, 고난은 나를 성화시키는 과정이며, 고난은 장차 나타날 영광을 받기 위한 잠깐의 과정이다.

고난이여 오거라. 기쁘게 맞아 주리라! 나는 고난 속에서 더욱 성숙한 사람으로 성장할 것이다. 나는 고난 속에서 더욱 예수님을 사랑하고, 예수님을 배우며 닮아갈 것이다. 나는 고난 속에서 더욱 예수님을 닮아 성화될 것이다."

영광을 바라보고 고난을 감당하라(18-27절)

성경은 성화의 절정에서 고난의 문제를 다룹니다. 그것은 성화의 최종 단계가 고난 속에서의 연단이기 때문입니다. 신자가 믿음으로 고난을 잘 감당하면 놀랍게 성장합니다. 때로는 고난 앞에 쓰러지기도 합니다. 고난은 신앙의 방해물이 될 때도 있고, 신앙의 촉진제가 될 수도 있습니다. 인간 내면에 깊이 박혀 있는 죄의 세력은 쉽게 뽑히지 않습니다. 그러나 고난 속에서 죄의 세력이 뿌리 뽑힙니다. 인간의 죄성이 보통 방법으로는 쉽게 해결되지 않습니다. 온갖 방법을 다 써도 해결되지 않는 죄성이 고난 속에서의 연단으로 해결됩니다. 그러므로 고난은 성화되어야 할 신자에게 필수적인 과정입니다.

고난을 믿음으로 감당하면 신앙과 인격이 성장할 뿐 아니라 죄의 세력에서 벗어나게 됩니다. 그러므로 죄와 싸워 이겨야 할 신자들로서는 고난을 피하기만 해서는 안 됩니다. 오히려 반가워해야 합니다. 그런데 고난을 믿음으로 감당하기가 쉽지 않습니다. 고난을 믿음으로 감당하면 큰 유익이 있는데 연단 과정이 힘들기 때문에 쉽지 않습니다. 그러나 고난을 잘 감당하도록 힘을 주는 것이 있으니 바로 영광의 소망입니다.

> 생각하건대 현재의 고난은 장차 우리에게 나타날 영광과 비교할 수 없도다(18절).

고난을 믿음으로 싸워 승리하도록 이끄는 것은 영광의 소망입니다. 그래서 고난과 영광의 소망을 자세히 다루고 있는 것입니다. 피조물의 고난과 영광(19-22절), 하나님 자녀의 고난과 영광(23-25절), 성령님의 고난과 영광(26, 27절), 하나님의 섭리(28-30절)를 설명하고 있습니다.

피조물의 고난과 영광(19–22절)

피조물의 '현재 고난'과 '장차 나타날 영광'은 무엇입니까?

● **피조물의 현재 고난** — 피조물이란 무엇입니까? 피조물은 하나님께서 창조하신 만물입니다. 육축(소, 말, 돼지, 개, 닭), 짐승들, 새, 물고기, 곤충입니다. 뿐만 아니라 곡식, 채소, 과수, 식물, 산, 강, 바다, 하늘, 태양, 달, 별, 바위, 돌, 모래 등 모든 만물입니다. 이 모든 것들이 하나님의 영광을 위해 창조되었습니다. 그런데 하나님의 대리자요, 만물의 대표인 인간이 범죄함으로 만물은 하나님의 영광에 이르지 못하고 '허무한 데 굴복'(20절)하고 있습니다. 또한 '썩어짐의 종노릇'(21절)하고 있습니다. 하나님의 영광을 나타내는 일

에 쓰임 받지 못하고 우상 숭배나 죄악된 일에 사용되고 있습니다.

● **피조물에게 장차 나타날 영광** — 피조물이 고대하고 있는 것은 무엇입니까? 창조 질서의 회복입니다. 창조 질서를 회복할 하나님의 아들들이 나타나는 것입니다(19절). 어서 속히 사람들이 회개하고 예수님을 믿어 제자리에 서는 것입니다. 그래서 하나님을 올바로 섬기며 창조질서를 회복해 피조물도 하나님 영광을 나타내는 본연의 사명을 감당하기를 바라고 있습니다. 또한 피조물들이 고대하는 바는 썩어짐의 종노릇에서 벗어나 하나님 자녀들의 영광의 자유에 이르는 것입니다(21절).

피조물들은 하나님의 영광을 위해 창조되었습니다. 하나님의 자녀들이 하나님께 영광 돌리는 일에 쓰임받기 위해 창조되었습니다. 피조물들은 그날을 고대하고 있습니다. 불신자들이 동물을 잡아먹는 것은 동물의 입장에서는 억울한 일입니다. 불법을 행하는 이들이 불법적으로 자기들을 잡아먹고 있는 것입니다. 자격 없는 죄인들이 불법적으로 자기들을 억압하고 이용하고 있는 것입니다. 그래서 그들은 탄식하고 고통을 겪고 있습니다. 어서 속히 하나님의 아들들이 나타나 이 억울한 지배를 종식시키고 창조 질서를 회복해 자신들을 하나님의 자녀들이 누리는 영광의 자유에 이르게 해주기를 고대하고 있습니다.

하나님의 자녀들이 나타나 제자리에 설 때 우주에 퍼져 있는 저주가 걷힐 것입니다. 지구 온난화, 오존층 파괴, 생태계 파괴로 더럽혀진 우주가 깨끗하게 될 것입니다. 영광스러운 우주의 본래 모습을 되찾게 될 것입니다. 아름다운 우주, 하나님 영광을 나타내는 우주, 하나님의 위대하심과 장엄을 나타내는 우주의 모습을 보일 것입니다.[190] "현재의 고난은 장차 우리에게 나타날 영광과 비교할 수 없도다" (18절).

신자들의 고난과 영광(23-25절)

신자들이 겪고 있는 '현재의 고난' 은 무엇입니까? 또한 신자에게 '장차 나타날 영광' 은 무엇입니까?

● **신자들의 현재 고난** — 피조물과 마찬가지로 우리, 곧 성령의 처음 익은 열매,[191] 즉 구원을 받은 신자들까지도 고난 속에서 탄식하고 있습니다. 우주에 퍼져 있는 악으로 말미암아 하나님의 자녀들도 많은 고통을 겪고 있습니다. 불신자들 틈에서 사느라고 고생을 많이 합니다. 악한 세상 속에서 사느라고 불편한 점이 많습니다. 사탄의 방해로 많은 고통을 치르고 있습니다. 그래서 구원받은 신자들도 어서 속히 악의 세상이 끝나고 완전한 하나님의 통치가 이 땅에 이루어지기를 탄식하고 있습니다. 피조물이 창조 질서의 회복을 기다리듯 하나님의 자녀들도 완전한 하나님의 구원을 기다리며 탄식하고 있습니다. 하나님의 완전한 구원이 이루어질 때까지 하나님의 자녀들도 고난을 겪습니다.

● **신자들에게 장차 나타날 영광** — 신자들이 많은 고난을 감당

---

190) 지금도 하나님의 위엄과 장엄함을 보이고 있지만 인간의 마음이 어두워져 볼 수 없다.
191) "성령을 하나님의 첫 선물로 받은 우리" 로 번역할 수도 있다.

하고 나서 장차 어떤 영광이 나타납니까? '양자 될 것', 곧 우리 '몸의 속량'이 이루어집니다. 크리스천들은 예수 그리스도를 믿음으로 이미 양자(養子)가 되었습니다.[192] 그런데 양자될 것을 왜 기다립니까? 그 질문에 대한 대답이 '몸의 속량'입니다. 크리스천들은 예수 그리스도를 믿음으로 양자가 되었지만 아직 몸은 아닙니다. 육체에 뿌리를 박고 있는 죄의 세력이 아직 남아 있어 죄의 영향권을 완전히 벗어나지 못하고 있는 것입니다. 그러나 장차 그리스도의 재림시에 영체(spiritual body)를 덧입어 죄의 영향권에서 완전히 벗어나게 됩니다.[193]

병들고 피곤한 몸을 벗어 버리고 영체를 덧입으므로 다시는 아프지 않고 건강한 몸의 속량을 간절히 사모하고 있는 것입니다. 그뿐만 아니라 이 땅에서 겪는 온갖 박해와 고통과 불편함을 완전히 벗어 버리게 될 것입니다.[194] 그 영광스러운 날을 사모하며 현재에 고난이 있을지라도 꾹 참고 견디는 것입니다.

우리는 믿음으로 구원받았습니다. 그 구원 속에는 장차 나타날 큰 소망이 내포되어 있습니다. 구원받은 우리는 장차 영원한 천국에 가서 살 소망을 가지고 있습니다. 이런 소망 가운데 구원을 받았으므로 신자의 삶은 소망을 바라며 기다리는 것입니다. 이미 이루어진 것을 소망할 필요는 없습니다. 이미 이루어져 보이는 것을 누가 이루어 달라고 바라겠습니까? 아직 이루어지지 않은 것을 바라는 것이 소망입니다. 소망이 있다면 인내심을 가지고 기다려야 합

192) 로마서 8:15.
193) 고린도전서 15:49-53.
194) 요한계시록 21:4.

니다. 크리스천들은 완전한 구원을 기다리고 있습니다. '몸의 속량' 까지 이루어지고 모든 악이 종식되고 하나님의 완전한 통치가 이루어지는 그날을 간절히 기다리고 있습니다. 그날에 크리스천들은 크게 기뻐하고 춤출 것입니다. 그래서 그날이 오기까지 어떤 고난과 역경 속에서도 참고 기다리는 것입니다. "현재의 고난은 장차 우리에게 나타날 영광과 비교할 수 없도다" (18절).

성령님의 고난과 영광(26, 27절)

성령님도 고난을 받습니까? 네, 성령님도 하나님의 인류 구속이 완성될 때까지 고난을 받습니다. 성령님이 받는 '현재의 고난' 은 무엇이며 '장차 나타날 영광' 은 무엇입니까?

● **성령님의 현재 고난** — 성령님께서 받는 고난이란 피조물의 고난이나 크리스천들의 고난과는 다릅니다. 어머니가 아이를 기르는 것과 같은 고난입니다. 거듭난 크리스천들이라지만 말하는 것이나 깨닫는 것이나 생각하는 것이 아직 어린아이와 같습니다.[195] 분별력이 없습니다. 자주 쓰러집니다. 심히 연약합니다.

성령님께서 연약한 성도들을 일일이 살펴 주시고 넘어져 있으면 일으켜 세워 주십니다. 붙잡아 주십니다. 도와주십니다. 신자들이 철부지 어린아이같이 실수를 반복할 때, 기도할 줄 모를 때, 무엇을 구해야 할지, 어떻게 구해야 할지 모를 때 성령님은 속이 탑니다. 성령님께서는 말할 수 없는 탄식으로 어린아이와 같은 신자들을 위해

195) 고린도전서 13:11.

친히 간구해 주십니다. 성령님의 중보의 사역이 얼마나 크고 중한 것인가는 천국에 가면 알게 될 것입니다. 오늘도 성령님은 어린아이와 같은 신자들을 위해 많은 수고를 아끼지 않고 있습니다.

"오, 자비롭고 은혜로운 성령님! 이 못난 죄인을 위해 그처럼 애쓰고 계시니 참으로 감사합니다. 오늘 제가 믿음을 가지고 복을 누림이 성령님의 은덕인 줄 모르고 철부지처럼 교만하게 굴었음을 회개합니다. 이 시간 겸손히 성령님의 중보 사역을 생각하며 깊이 감사드립니다. 성령님 사랑합니다. 아멘."

● **성령님으로 말미암아 장차 나타날 영광** — 성령님의 중보 사역으로 말미암아 사람들이 구원받습니다. 성령님의 중보 사역으로 성도들이 하나님을 알아 갑니다. 우리 주 예수 그리스도의 위대한 사역을 깨닫게 됩니다. 성령님의 중보 사역으로 말미암아 성도들이 성화되어 갑니다. 신앙이 성장합니다. 힘을 얻습니다. 회개합니다. 위로를 받습니다. 천국의 소망을 붙들고 일어섭니다. 성숙한 신앙인으로 성장해 갑니다. 성령님의 도우심으로 힘써 복음을 전파합니다. 성령님의 도우심으로 교회가 든든히 서갑니다. 성령님의 능력 주심으로 하나님의 나라가 완성되어 갑니다.

그리하여 마침내 하나님의 뜻이 하늘에서 이루어짐과 같이 땅에서도 이루어집니다. 인류 구속이 완성됩니다. 하나님을 아는 지식이 물이 바다를 덮음 같이 세상에 충만하게 될 것입니다.[196] 모든 악의 통치가 끝나고 하나님의 완전한 통치가 이루어집니다. 하나님의

---

196) 이사야 11:9.

완전한 구원이 이루어집니다. 그날이 오면 성부 하나님께서 얼마나 기뻐하실까요? 우리 주 예수 그리스도의 영광이 얼마나 장엄하게 펼쳐질까요? 그날이 오면 하나님의 자녀들이 얼마나 큰 승리의 기쁨을 만끽할까요? 성령님도 얼마나 기뻐하실까요? "현재의 고난은 장차 우리에게 나타날 영광과 비교할 수 없도다"(18절).

하나님의 놀라운 섭리(28-30절)

성령님의 중보 사역 뒤에는 주 예수 그리스도가 계십니다. 그 뒤에는 성부 하나님이 계십니다. 인류 구속을 총 지휘하고 계신 분은 성부 하나님입니다. 성부 하나님께서 주관하시기에 인류 구원은 반드시 완성됩니다.

> 우리가 알거니와 하나님을 사랑하는 자 곧 그의 뜻대로 부르심을 입은 자들에게는 모든 것이 합력하여 선을 이루느니라(28절).

'우리가 알거니와'(28절)가 '우리는… 알지 못하나'(26절)와 대조되고 있습니다. 우리가 영적으로 둔하고 무지해 알지 못하는 것이 많더라도 확실히 아는 것이 하나 있습니다. 하나님은 전능하신 분이기에 당신이 계획하신 인류 구원을 완성시킬 것이라는 사실입니다. 비록 이 세상에 이해 안 되는 일이 많고, 고난이 많으며, 사탄의 방해가 많을지라도 그 모든 방해와 역경을 다 뛰어 넘어 전능하신 하나님께서 반드시 인류 구원을 완성시키실 것이라는 사실입니다

다. 무식한 사람이라도 이 한 가지 사실만은 확실히 알고 있습니다. '우리가 알거니와.' 그렇습니다. 많은 지식이 없어도 하나님께서 인류 구원을 완성시키실 것은 확실히 알고 있습니다.

여기서 '우리'는 누구입니까? 예수 그리스도를 구주로 믿은 사람들입니다. 아무에게나 합력해 선을 이루어 주신다는 말이 아닙니다. 그것은 하나님을 사랑하는 자, 곧 하나님 뜻대로 부르심을 입은 자에게 베풀어 주시는 특권입니다. '우리' 즉 '크리스천들'은 인간 편에서는 하나님을 사랑하는 자요, 하나님 편에서는 하나님의 뜻대로 부르심을 받은 자들입니다.

크리스천들은 성령님의 도우심으로 성부 하나님의 지극한 사랑을 깨닫고 성부 하나님을 지극히 사랑하는 사람입니다. 독생자까지 아끼지 아니하고 나를 구원하신 하나님께서 많은 역경과 고난이 있을지라도 그 모든 것을 초월하여 구원을 완성시킬 것을 확신하게 됩니다. 사랑하는 자는 사랑하는 사람의 마음과 통합니다. 그리스도 안에서 거룩한 사랑을 깊이 맛본 사람은 그 사랑의 결말을 깨닫게 됩니다. 사랑의 결말이란 구원의 완성, 즉 하나님 통치의 완전한 회복입니다.

하나님의 뜻이 무엇입니까? 하나님께서는 인류 구원이라는 원대한 뜻을 가지고 계십니다. 그것은 우주를 창조하기 전부터 가지고 계신 계획이었습니다.[197] 창세로부터 인류 구원의 원대한 계획을 가지신 하나님께서 구원하시기로 작정한 사람들을 도중에 포기하실

197) 에베소서 1:4, 5.

리 없습니다. 그 뜻대로 부르심을 입은 사람들은 반드시 구원하실 것입니다. 고난과 역경 속에서도 반드시 구원해 영광의 자리에 오르게 하실 것입니다. 전능하신 하나님의 뜻을 생각할 때도 구원의 완성은 필연적인 사실입니다.

하나님은 인류 구원을 계획한 분이십니다. 사랑하는 독생자를 희생시켜 인류를 구원하고자 작정하신 분입니다. 하나님께서는 인류 구원 사역을 시작하셨기 때문에 끝내 인류 구원을 완성시킬 것입니다. 하나님은 전능하신 분입니다. 전능하신 하나님께서 모든 것을 합력해 선을 이루십니다. 이 놀라운 진리는 로마서 9-11장에서 상세하게 다루게 됩니다. 하나님은 전능하신 분이기 때문에 모든 것을 합력해 선이 되게 만드십니다.

하나님은 영광스럽게 우주를 창조하셨습니다. 그리고 하나님의 대리자로 인간을 세우셨습니다. 그런데 사람의 죄로 말미암아 하나님의 영광이 가리게 되었습니다. 그러면 인간의 실패로 인해 우주는 끝내 죄 속에 묻혀 버리는 것입니까? 아닙니다. 하나님은 전능하신 분입니다. 인간은 실패했을지라도 하나님은 인간의 실패를 선으로 바꾸어 더 큰일을 이루어 내십니다. 합력해 선을 이루십니다. 합력해 선을 이루심은 창세기 요셉의 삶 속에 잘 나타나 있습니다.

모든 것이 합력하여 선을 이루느니라(28절).

모든 것이 저절로 합력해 선을 이루는 것이 아닙니다. 하나님께서 모든 것을 합력해 선이 되도록 만드시는 것입니다. 창세기에 나오는 요셉을 이복형들이 노예로 팔아 버렸습니다. 요셉의 이복형들은 분명히 죄를 지었습니다. 그런데 나중에 총리가 된 요셉은 형들에게 말합니다. "당신들은 나를 해하려 했으나 하나님은 그것을 선으로 바꾸사 오늘과 같이 많은 백성의 생명을 구원하게 하시려 하셨나니"(창 50:20). 형들이 요셉을 노예로 팔아 버린 것은 매우 악한 죄였습니다. 천인공노할 죄였습니다. 요셉에게는 감당할 수 없는 엄청난 고통이었습니다. 그러나 하나님께서는 그 엄청난 고난을 합력해 선이 되게 하셨습니다.

그와 같이 하나님께서는 '하나님을 사랑하는 자', '그 뜻대로 부르심을 입은 자'에게 합력해서 선을 이루게 하십니다. 하나님께서는 하나님을 사랑하는 자의 운명을 바꿔 주십니다. 지옥에 갈 운명을 천국에 갈 운명으로 바꿔 주십니다. 하나님의 품안에 있으면 기적이 일어납니다. 내가 나를 위해 노력해 이룬 것하고는 비교가 되지 않을 정도로 엄청난 일을 이루어 주십니다. 그러므로 하나님의 사랑을 입은 신자들은 자기 꾀와 노력으로 사는 사람들이 상상도 못할 은혜와 축복을 받습니다.

로마서 8장 28절은 로마서 8장 1-27절의 결론인 동시에 지금까지 전개해 온 하나님 인류 구원의 결론입니다. 하나님의 인류 구원 사역 중에 많은 일들이 일어나고 사탄의 방해와 신자들의 고난이 많이 있지만 결국 전능하신 하나님의 사역으로 말미암아 결국 그 좋으신 뜻대로 완성된다는 것입니다. 그러므로 신자는 어떤 어려운 역경 속에서도 최후 승리를 확신할 수 있습니다. 내가 그리스도를 떠나지 않는 한 하나님께서는 반드시 내 영혼을 구원하시고 하나님 나라를 완성시키실 것입니다. 우주에 퍼져 있는 모든 악을 종식시키시고 하나님의 완전한 통치를 실현시키실 것입니다. 이에 대한 자세한 내용은 로마서 9-11장에서 상세히 다루게 됩니다.

인류 구원을 완성시키는 하나님의 섭리는 어떻게 이루어집니까? 하나님께서 인류를 구원하시는 5가지 순서가 나옵니다. 이 5대 서정을 통해 하나님께서 우리에게 가르쳐 주시고자 하는 핵심내용은 "택한 자를 끝까지 지키고 영화롭게 하신다"는 것입니다.

1단계 : 예지(미리 아심)

하나님은 전지전능하신 분입니다. 하나님께서는 예지의 능력을 가지고 계십니다. 우주를 창조하실 때 사람이 선악과 명령에 순종한 결과와 불순종한 결과를 모두 미리 아셨습니다. 사람이 불순종했을 경우 일어날 일들과 장차 그리스도를 믿고 구원받을 사람들을 미리 아셨습니다. 하나님께서는 리브가의 태중에 있는 아이가 어찌 될 것을 미리 아셨습니다.[198] 하나님은 예레미야 선지자에게 예지의 능력에 대해 말씀하셨습니다.[199] 하나님은 우리를 미리 알고 선택하신 것입니다.

2단계 : 예정(미리 정하심)[200]

미리 아신 하나님께서는 미리 정하셨습니다. 즉 예정하셨습니다.

---

198) 창세기 25:23.

199) 예레미야 1:4, 5. "여호와의 말씀이 내게 임하니라 이르시되 내가 너를 모태에 짓기 전에 너를 알았고 네가 배에서 나오기 전에 너를 성별하였고 너를 여러 나라의 선지자로 세웠노라 하시기로."

예지의 능력을 가지고 계신 하나님께서 당신의 깊은 뜻 가운데 구원할 사람들을 예정하신 것입니다. 예정은 하나님의 주권적인 사역입니다. 예정은 인간의 의지 밖에 있는 것으로서 전적으로 하나님의 주권적인 영역입니다. 하나님의 예정을 입은 사람은 큰 영광이 아닐 수 없습니다.

하나님께서 우리를 예정하신 목적은 무엇입니까? "그 아들의 형상을 본받게 하기 위하여"입니다. 전능하신 하나님께서 나를 아신 것만으로도 감사한데 나를 하나님의 백성으로 선택하여 예정해 주셨으니 감격스러운 일이 아닐 수 없습니다. 예수 그리스도의 아름다운 형상을 본받아 하나님을 사랑하고 하나님을 섬기도록 길을 열어 주신 것입니다. 예수님을 맏아들로 세워서 하나님의 자녀들로 하여금 예수 그리스도를 뒤따르게 하신 것입니다. 피조물인 인간의 입장에서 볼 때 형언할 수 없는 은혜입니다. 하나님의 예정하심은 신자에게 구원의 확신과 감격을 선사합니다.

3단계 : 소명(부르심)

하나님께서 예정하신 사람들은 반드시 부르심을 받게 되어 있습니다. 하나님의 부르심에는 내적 부르심과 외적 부르심이 있습니다. 하나님께서 이미 오래 전에 나를 선택해 주셔서 예수 그리스도

200) 예정의 진리 : 성경은 분명히 예정의 진리를 선포하고 있다. 그러나 이 예정의 진리는 성숙한 신앙에서 깨달을 수 있는 진리요 주관적인 관점에서 깨달을 수 있는 진리다. 특히 하나님의 절대 주권을 알지 못한 자는 알 수 없는 진리다. 예정 진리는 숙명론과 구별된다. 숙명론은 비인격적인 알 수 없는 막연한 운명이라는 것에 자신을 맡김으로 체념 자포자기 결과를 가져오나 예정 진리는 인격적이신 하나님께서 나를 선택하심으로 말미암아 큰 희망과 확신과 감사와 기쁨에 가득 차게 만든다.

를 주로 믿도록 부르신 것이 내적 부르심이요, 하나님의 부르심에 따라 어떤 사람 혹은 어떤 사건이나 유인물을 통해 복음을 믿도록 하심이 외적 부르심입니다. 하나님은 구원받을 사람을 예정하시고 그를 부르십니다. 예수 그리스도를 믿도록 우리를 불러 주신 분은 하나님이십니다.

4단계 : 칭의(의롭다하심)

하나님께서는 구원받을 사람들을 부르시고 부름 받은 사람들을 의롭다고 하십니다. 즉 부름 받아 예수 그리스도를 믿은 사람들의 죄를 사하시고 '의롭다' 고 그리스도의 의를 덧입혀 주십니다. 여기서 칭의는 무죄 석방, 천국의 시민권 부여, 즉 하나님 백성의 자격 부여, 하나님의 양자됨을 말합니다.

5단계 : 영화(영화롭게 하심)

하나님께서는 당신의 백성으로 삼으신 자를 성화시키며 마침내 영화롭게 하십니다. 부족하고 연약한 것을 온전하게 해 영화롭게 하십니다. 구원의 완성을 이루십니다. 그런데 여기서 "영화롭게 하실 것이다" 라고 하지 않고 "영화롭게 하셨느니라" 고 과거형으로 표현한 데는 큰 의미가 있습니다. 전능하신 하나님께서 행하실 일은 이미 이루어진 것이나 다름없이 확실하기 때문에 과거형으로 표현한 것입니다. 이 표현법을 예언적 과거형(prophetic past)이라고 부릅니다.

하나님의 예지, 예정, 소명, 칭의, 영화 사역은 믿는 자들에게 구원의 확신을 심어 줍니다. 하나님의 인류 구원은 완전한 구원이라는 구원의 확신을 심어 줍니다. 전능하신 하나님께서 친히 계획하고 시작하신 복음이기 때문에 하나님께서 친히 완성하실 것입니다. 하나님의 결연한 의지는 독생자를 보내심에 있습니다. 독생자를 이 땅에 보내 희생시키신 것은 인류를 구원하고자 하시는 하나님의 의지가 얼마나 확고한가를 단적으로 보여 줍니다. 전능하신 하나님은 복음 사역의 모든 방해와 역경과 고난을 극복하실 것입니다. 심지어 인간들이 저질러 놓은 나쁜 결과들도 요셉의 생애에서 보듯이 선한 것으로 바꾸고 합력하여 선을 이루실 것입니다.

복음 사역을 하다가 쉽게 이해할 수 없는 고통스런 일을 만날 때 답답하지만 전능하신 하나님께서 당신의 뜻대로 인류 구원을 완성시키실 것을 생각하면 가슴이 확 뚫립니다. 전능한 하나님께서 모든 악의 통치를 종식시키고 의의 통치를 완성하실 것입니다. 할렐루야! 인류 구원을 완성시키실 하나님을 찬양합니다.

또한 하나님의 예지, 예정, 소명, 칭의, 영화는 믿는 자들에게 큰 기쁨과 감동을 줍니다. 우주를 창조하신 전능하신 하나님께서 예지의 능력을 가지고 나 같은 자를 미리 아셨다니 신비롭습니다. 그렇게도 위대한 하나님께서 나 같이 미천한 자를 미리 아시고 나를 선택하셨다니 몸둘 바를 모르겠습니다. 내가 그동안 잘한 것도 없고 앞으로 잘할 가능성도 별로 없는데 나를 미리 알고 하나님의 자녀로 예정하셨다니 일단 고맙고도 고마운 일입니다. 참으로 은혜입니다. 창조주 하나님께서 나를 예정하셨다는 것은 감격스러운 일이 아닐 수 없습니다.

"영광의 하나님, 정말 고맙습니다. 하나님께 영광을 돌립니다. 하나님의 예정을 입은 은혜를 무엇으로 감사하오리까? 그저 감사할 뿐입니다. 눈물로 감사드립니다.

오묘한 하나님의 섭리 속에서 이 죄인을 성경공부 모임에, 교회에 불러 주셔서 빛이신 예수님을 믿게 하시니 진실로 감사합니다. 수천 년 감추어 오던 복음의 비밀을 이 미약한 자에게 알리시고 영원한 생명이신 그리스도를 모시게 하시니 영광, 영광입니다. 그리스도의 대속 죽음을 통해 하나님과 막혀 있는 담을 허시고, 죄를 사하시며, 하나님의 자녀로 영접해 주시며, 의롭다고 의를 덧입혀 주시니 이 죄인은 몸둘 바를 모르겠나이다. 하나님과의 관계를 회복케 하시고 성령님을 통해 그리스도의 형상을 닮도록 말씀을 주시며 인도해 주시니 그 귀한 사랑에 감사드립니다. 그리스도의 장성한 분량에 이르도록 이 죄인을 거룩한 의의 사람으로 인도하시니 아버지의 크신 뜻이 이루어지길 소원합니다. 마침내 영과 육의 추한 모습을 다 벗어 버리고 영화롭게 되어 영원한 하나님의 나라에서 영생복락을 누릴 것을 생각하니 황홀하기만 합니다.

영광의 하나님, 위대하신 하나님 아버지께 영광 돌립니다. 사랑하는 아버지 하나님, 세세무궁토록 영광 받으옵소서! 전능하신 아버지 하나님께서 시작하신 인류 구원, 독생자를 희생시켜 이루신 인류 구원에서 하나님 아버지의 결연한 의지를 봅니다. 인류 구원이 반드시 완성되리라고 확신합니다.

우주를 창조하신 영광의 하나님, 인류를 구원하신 사랑의 하나님, 모든 것을 합력하여 선이 되게 하신 신비로운 하나님, 영광의 하나님을 찬양합니다. 은혜의 하나님을 찬양합니다. 세세 무궁토록 영광 받으옵소서! 아멘."

Chapter 16 감격의 찬양

로마서 8:31-39

31 그런즉 이 일에 대하여 우리가 무슨 말 하리요 만일 하나님이 우리를 위하시면 누가 우
리를 대적하리요
32 자기 아들을 아끼지 아니하시고 우리 모든 사람을 위하여 내주신 이가 어찌 그 아들과
함께 모든 것을 우리에게 주시지 아니하겠느냐
33 누가 능히 하나님께서 택하신 자들을 고발하리요 의롭다하신 이는 하나님이시니
34 누가 정죄하리요 죽으실 뿐 아니라 다시 살아나신 이는 그리스도 예수시니 그는 하나님
우편에 계신 자요 우리를 위하여 간구하시는 자시니라
35 누가 우리를 그리스도의 사랑에서 끊으리요 환난이나 곤고나 박해나 기근이나 적신이나
위험이나 칼이랴
36 기록된 바 우리가 종일 주를 위하여 죽임을 당하게 되며 도살 당할 양 같이 여김을 받
았나이다 함과 같으니라
37 그러나 이 모든 일에 우리를 사랑하시는 이로 말미암아 우리가 넉넉히 이기느니라
38 내가 확신하노니 사망이나 생명이나 천사들이나 권세자들이나 현재 일이나 장래 일이나
능력이나
39 높음이나 깊음이나 다른 어떤 피조물이라도 우리를 우리 주 그리스도 예수 안에 있는
하나님의 사랑에서 끊을 수 없으리라

Exegesis

주해 (註解)

'환난이나 곤고나 핍박이나' (35절)

초신자들이 그리스도의 사랑을 의심하게 할 만한 것들이 있습니다. 환난, 곤고, 핍박, 기근, 적신, 위험, 칼 등입니다. 환난(患難)은 외적인 고난, 곤고(困苦)는 내적인 고난, 핍박(逼迫)은 신자에게 고통을 주고 신앙을 방해하는 고의적인 행동, 기근(饑饉)은 경제적인 어려움과 배고픔, 적신(赤身)은 헐벗음, 위험(危險)은 하나님의 일, 특히 전도하는 과정에서 겪는 수많은 어려움, 칼(刀)은 신자들을 죽이며 해치는 무력을 가리킵니다.

이러한 고난이 닥쳐 오더라도 우리는 하나님의 놀라운 사랑과 은혜로 말미암아 넉넉히 이기고 남습니다. 고난에서 오는 고통은 크지만 그리스도의 사랑은 그보다 수천 배, 수만 배 크기 때문에 고통이 고통으로 느껴지지 않습니다. 주님의 사랑 속에서 고난을 감당하고 나면 그 고난은 도리어 성장의 밑거름이 됩니다. 고난이 도리어 성장과 성화의 유익한 수단이 됩니다. 그러므로 진실한 신앙을 가진 크리스천은 고난도 기쁘게 감당할 수 있습니다.

감격의 찬양 (로마서 8:31-39)

"누가 우리를 그리스도의 사랑에서 끊으리요
환난이나 곤고나 박해나 기근이나 적신이나 위험이나 칼이랴"(35절).

인류를 구원하신 하나님을 생각하면 저절로 찬양이 터져 나옵니다. 인간의 죄와 부족함에도 불구하고 그것조차 선으로 바꾸어 온전한 구원을 이루시는 하나님을 찬양합니다. 고난을 영광의 통로로 쓰시는 하나님을 찬양합니다. 구제불능의 인간을 기적적으로 구원하신 하나님을 찬양합니다. 죄인에게 의롭다함을 받게 하시고 마침내 의로운 사람으로 변화시키시는 영광의 하나님을 찬양합니다. 절대자 하나님께서 하시는 일은 그 누구도 거역할 수 없는 절대적인 일입니다. 하나님의 구원은 그 누구도 거역할 수 없는 절대적인 구원입니다. 절대적인 구원을 이루신 하나님을 소리 높여 찬양합니다.

31절에서 39절까지 이어지는 감격의 찬양은 28-30절의 합력하여 선을 이루시는 하나님의 신비로운 섭리에 대한 찬양이요, 죄인을 선택하셔서 의롭다하시고 성화를 이루어 마침내 영화롭게 하시는 하나님의 구원 사역에 대한 찬양입니다. 좀 더 크게 바라보면 1-8장까지의 하나님의 인류 구원에 대한 찬양입니다. 즉 하나님의 절대적인 구원에 감격해 부르짖는 감격의 찬양입니다.

하나님께서는 그리스도의 보혈을 믿는 사람들의 죄를 사하시고 의롭다고 여겨 주셨습니다. 또한 신자들에게 성령을 보내셔서 하나님의 형상을 회복하고 성화를 이루어 가도록 하고 계십니다. 그리고 마침내 믿는 자를 하나님 나라에 인도하시고 영화롭게 하실 것입니다. 이 모든 일은 하나님께서 계획하시고 추진하시는 일이기 때문에 반드시 이루어질 일입니다. 그러므로 하나님의 완전한 구원을 생각하면 참으로 감격하게 되며 찬양 드리지 않을 수 없습니다. 하나님의 자녀들이 감격의 찬양을 드리는 이유는 첫째, 완전한 하나님의 구원을 깨달았기 때문이고, 둘째, 그 누구도 훼방할 수 없는 하나님의 구원임을 깨달았기 때문이며, 셋째, 그 무엇도 끊을 수 없는 하나님의 사랑을 깨달았기 때문입니다.

하나님의 완전한 구원(28-30절)

하나님의 인류 구원은 완전한 구원입니다. 전지전능하신 하나님께서 친히 이루신 구원이기 때문입니다. 인간이 이룩한 구원은 불완전합니다. 인간은 불완전하기 때문입니다. 인간의 지식은 완전하지 못하며 인간의 능력도 한계가 있습니다. 그러나 하나님의 인류 구원은 전지전능하신 분께서 친히 이루신 일이므로 완전할 수밖에 없습니다.

구원이 완전한 또 한 가지 이유는 하나님이 영원하시기 때문입니다. 일시적으로 한 시대에만 구원이 이루어지다가 새 시대가 되어 구원이 효력을 상실한다면 그것은 완전한 것이 될 수 없습니다. 유한한 인간이 연구하고 얻어낼 수 있는 구원은 그래서 불완전하지만 영원하신 하나님께서 이루신 구원은 영원토록 완전합니다. 하나님의 구원은 공간적으로도 완전한 속성을 갖습니다. 인간은 공간적으로 제약을 받기 때문에 한 공간에서는 신뢰를 얻다가도 다른 공간에서는 신뢰를 잃는 경우가 많습니다. 그러나 무소부재하신 하나님은 공간을 초월해 계시므로 모든 공간에서 동일한 효력을 발하는 구원을 이루실 수 있습니다. 무엇보다 하나님은 인간의 부족함과 실수가 있을지라도 그것까지 선으로 바꾸어 뜻을 성취하는 분이시기 때문에 하나님의 구원은 완전합니다.

> 우리가 알거니와 하나님을 사랑하는 자 곧 그의 뜻대로 부르심을 입은 자들에게는 모든 것이 합력하여 선을 이루느니라(28절).

모든 것을 미리 아시는 하나님께서 구원하기로 택하신 자들을 예정하셨습니다. 그들을 예정하시고 구원하신 목적은 그 아들의 형상을 본받게 하기 위함이었습니다. 하나님은 인간의 죄를 용서하시는 것으로 끝나지 않으십니다. 인간을 신의 경지에까지 끌어올리려는 계획을 갖고 계셨습니다. 즉 하나님의 아들의 형상을 본받게 하려는 거룩한 목적을 갖고 인류를 구원하신 것입니다. 이 얼마나 놀라운 일입니까? 진흙덩이에 불과한 나를 하나님의 자녀로 삼으시고 하나님 아들의 형상을 본받아 영원토록 하나님 곁에 살게 하려 하셨다니 감격스럽습니다.

하나님께서는 미리 택하신 자들을 부르시고, 부르신 그들이 예수님을 믿도록 하셔서 죄사함을 받고 의롭다함을 받게 하셨습니다. 그리스도의 보혈을 믿고 죄 사함을 받은 그들과 화목을 이루셨습니다. 하나님과의 관계를 회복한 그들을 거룩한 하나님 자녀로 변화되도록 성화의 길을 걷게 하셨습니다. 그리하여 마침내 그리스도의 거룩한 형상에 온전히 이르도록(영화) 이끄실 것입니다.

이 모든 하나님의 인류 계획은 창조주 하나님께서 친히 이루십니다. 예지 → 예정 → 부르심 → 의롭다 하심(칭의) → 영화(성화, 영화). 이 구원의 과정을 통해 죄인인 인간을 온전히 의로운 새 인간(New Human Race)으로 빚어 내십니다. 하나님께서는 이런 계획 속에서 우리를 부르시고 최종 목적지까지 인도하십니다. 얼마나 놀라운 일입니까? 이 완전한 하나님의 구원을 생각할 때 바울 사도의 입에서 찬양이 터져 나온 것입니다.

누구도 훼방할 수 없는 하나님의 구원(31-37절)

우주를 창조하신 하나님께서 나를 구원하셨다니 믿을 수 없는 꿈만 같은 사실입니다. 그러나 그것은 너무도 분명한 하나님의 계시입니다. 그리스도의 성육신, 십자가, 부활로 이루어진 사건입니다. 즉 시간과 공간, 역사 속에서 이루어진 역사적인 구원입니다. 인류를 구원하시고 이 죄인을 구원하신 하나님을 찬양합니다. 구제불능의 인간을 그리스도의 보혈로 구원하시고 새인간으로 새롭게 창조하시는 하나님을 찬양합니다.

"지금까지 나를 비참하게 만들던 사탄아, 물러갈지어다. 항상 나를 패배케 하던 죄의 세력아 떠나갈지어다. 전능하신 하나님께서 나를 구원하셨도다. 나는 이제 하나님의 자녀가 되었도다. 새롭게 창조된 새 피조물이로다!"

바울 사도는 이 구원의 감격을 5개의 질문으로 표현합니다. 이 다섯 가지 질문에 크리스천의 참 자유와 해방, 환희와 감격, 승리의 찬가가 들어 있습니다.

질문 1 : 누가 우리를 대적하리요?

이것은 원수 문제를 해결한 사람에게서 나오는 승리의 외침입니다. 하나님께서 창조하신 영광스러운 우주가 어쩌다가 죄로 가득한 사탄의 왕국이 되어 버리고 말았습니까? 하나님의 형상대로 지음 받은 영광스러운 인간이 어쩌다가 썩어질 사람과 새와 짐승과 기어 다니는 동물을 숭배하고 그들에게 절하는 천한 존재로 전락하고 말았습니까? 하나님을 섬기는 거룩한 제사장인 인간이 어쩌다가 악한 마귀의 형상을 하고 온갖 불의를 저지르며 하나님의 진노를 받을 악한 일을 도모하는 죄인이 되고 말았습니까? 이 모두가 원수 때문입니다. 우주를 죄로 오염시키고 인간을 천한 존재로 전락시킨 원수는 누구입니까?

인간의 원수는 사탄입니다. 타락한 세상입니다. 인간 내면의 죄입니다. 이 원수들로 말미암아 인간은 하나님과 분리되고, 하나님과의 관계가 단절된 채로 살아야 했습니다. 하나님의 사랑과 지혜와 능력을 공급받지 못하며 하나님의 원수로 살아야 했습니다. 그리하여 비참한 삶을 살며 마침내 멸망 받을 운명에 처했습니다.

그런데 하나님의 구원으로 말미암아 이 원수의 문제가 해결되었습니다. 철천지원수 사탄을 무력화시킬 방법이 생겼습니다. 악의 통치는 끝나고 영광스러운 하나님의 통치가 시작되는 길이 열린 것입니다. "때가 찼고 하나님의 나라가 가까이 왔으니"(막 1:15). 하나님의 통치가 시작되었습니다. 하나님 나라의 왕자가 멸망의 구렁텅이에서 비참한 삶을 살다가 다시 영광을 되찾고 하나님의 보좌 앞에 나아가 영광스러운 삶을 살게 되었습니다. 이 놀라운 은혜를 받고 보니 감사와 찬양이 저절로 터져 나옵니다.

"영광의 하나님, 찬양을 드립니다. 구원의 하나님, 감사를 드립니다. 사랑의 하나님, 사랑을 드립니다. 내 영혼아 주를 찬양하라! 내 속에 있는 모든 것들아 주를 소리 높여 찬양하라!" 이와 같은 감격에 잠겨 바울 사도는 성령 충만한 음성으로 외칩니다.

> 그런즉 이 일에 대하여 우리가 무슨 말 하리요 만일 하나님이 우리를 위하시면 누가 우리를 대적하리요(31절).

"누가 우리를 대적하리요?" 이는 원수를 물리치고 원수 문제를 해결한 승리자의 외침입니다. 지긋지긋하게 괴롭혀 온 원수를 통쾌하게 물리친 사람의 환희에 찬 고백입니다. 수천 년간 조상대대로 괴롭혀 온 운명의 굴레를 단숨에 벗고 원수의 목을 짓밟은 개선장군의 통렬한 외침입니다.

이러한 승리의 감격은 어디서 옵니까? "만일 하나님이 우리를 위하시면." 이 짧은 구절 속에 들어 있습니다. 하나님께서 우리 편이 되어 주셔서 우리를 위해 구원을 이루시기 때문입니다. 여기서 '만일'을 잘 해석해야 합니다. 보통 '만일'은 부정적 조건절에 사용합니다. 그러나 여기서 '만일'은 확정적 조건절에서 사용되었습니다. 이미 하나님께서 우리 편이 되어 주시고 우리를 위해 일하심은 확실히 밝혀졌습니다.

그러므로 31절은 이런 뜻입니다. "하나님께서 우리 편이시며 우리를 위해 독생자까지 희생하여 우리를 구원하셨다면, 어느 누가 감히 우리를 대적하겠습니까?" 그렇습니다. 전능하신 창조주 하나님께서 당신의 독생자를 희생하여 우리를 구원하셨습니다. 이렇게 전능하신 하나님께서 우리를 위해 일하시니 어떤 대적도 우리를 더 이상 해칠 수 없습니다. 매튜 헨리는 아무도 우리의 행복을 방해할 수 없음을 강조합니다.[201)]

원수 문제를 해결한 사람의 마음에는 불안이 사라집니다. 두려움이 사라집니다. 말로 다할 수 없는 승리의 기쁨이 물밀 듯 몰려옵니다. 바울 사도는 어떻게 왕과 총독 앞에서도 겁 없이 담대하게 복음을 전할 수 있었습니까? 복음을 통해 원수 문제를 해결했기 때문입니다.

어떤 형제는 예수님을 믿기 전 성범죄를 저지른 일로 인해 죄의식과 부끄럼 속에서 살았습니다. 사람들 앞에 나설 수 없었습니다. 사탄 마귀는 그 형제의 약점을 이용해 영혼을 유린했습니다. 그 형제는 영혼의 자유와 기쁨을 빼앗긴 채 사탄의 노예로 끌려 다니며 살았습니다. 그러다가 로마서를 공부하면서 그리스도의 보혈의 은혜를 받고 나서 참 해방의 기쁨을 맛보았습니다. 그는 사탄을 향해

---

201) 매튜 헨리(Matthew Henry)는 주석에서 다음과 같이 쓰고 있다. "제아무리 그들이 위대하고 힘센들 , 제아무리 수효가 많고 막강한들, 제아무리 악독한 들, 저들이 뭘 할 것인가? 하나님이 우리를 위하시고 우리가 그의 사랑 안에 머무는 한 우리는 담대하게 저 모든 흑암의 세력을 무찌를 수 있다. 사탄에게 재량껏 죄악을 퍼부어 보라지. 그는 쇠고랑을 차고 있지 않은가? 세상더러 할 짓을 다 해보라지. 이미 정복된 세상이 아닌가? 권세자들이나 능력은 약탈당하고 무장 해제되고 항복하고 말았으니 이 모두가 그리스도의 십자가 때문이다. 그렇다면 하나님께서 친히 우리를 위해 싸우시는데 누가 감히 우리를 상대로 싸우려 할 것인가?"

외쳤습니다. "사탄아, 나를 지긋지긋하게 괴롭혀 온 사탄아, 나는 이제 죄 사함을 받은 하나님의 자녀다. 하나님께서 이 죄인의 죄를 용서하시고 참 자유를 주셨다. 나는 참 자유인이다." 그 형제의 환한 얼굴을 지금도 잊을 수 없습니다. 원수 사탄으로부터 승리를 거둔 그 감격의 외침 속에는 복음의 능력에 대한 감격적인 고백이 담겨 있었습니다.

바울 사도를 따라다니며 괴롭혀 온 원수들이 있었습니다. 율법주의자 유대인들이었습니다. 그들은 바울 사도를 쫓아다니며 훼방을 놓았습니다. 심지어 죽이려고 돌을 던지기도 했습니다. 그러나 바울 사도는 그 원수들이 두렵지 않았습니다. 전능하신 하나님께서 내 편이 되어 나를 구원하시고 나를 사랑하시고 나를 도와주시는데 어느 누가 감히 대적하겠습니까?

창세기 3장의 에덴동산에서 잃어 버린 참 자유와 기쁨을 하나님께서 예수 그리스도 안에서 되찾아 주셨습니다. 사탄, 세상, 죄에서 승리하며 참 평화를 누리고 하나님을 섬기며 살게 해주셨습니다. 하나님의 자녀들이여, 이 은혜와 평화를 빼앗기지 말고 주 안에서 평화를 누리시기 바랍니다. "그러므로 우리가 믿음으로 의롭다하심을 받았으니 우리 주 예수 그리스도로 말미암아 하나님과 화평을 누리자."[202] 누리자! 누리자! 누립시다!

질문 2 : 어찌 모든 것을 우리에게 주시지 않겠느냐?

우리를 힘들게 하는 또 다른 문제는 인간의 제한성입니다. 지식

---

202) 로마서 5:1.

의 제한, 시간의 제한, 물질의 제한, 능력의 제한입니다. 이 제한성으로 말미암아 낙심하고 초라해진 자신의 모습에 삶의 기쁨을 빼앗기기 일쑤였습니다. 이 제한성 때문에 불평이 생기고 하나님을 제대로 섬길 수 없었습니다.

그런데 예수 그리스도 안에서 참 구원을 경험한 사람은 이 제한성을 초월합니다. 인간을 그처럼 초라하게 만들던 인간의 제한성을 어떻게 단숨에 해결할 수 있다는 말입니까? 수천 년 동안 많은 철학자들이 찾지 못하던 그 길을 어떻게 적은 지식을 가진 내가 단숨에 찾아낼 수 있었을까요? 다시 말해, 어떻게 인간의 제한성을 초월해 살 수 있다는 말입니까? 그 답이 다음의 짧은 말씀 속에 들어 있습니다.

> 자기 아들을 아끼지 아니하시고 우리 모든 사람을 위하여 내주신 이가 어찌 그 아들과 함께 모든 것을 우리에게 주시지 아니하겠느냐(32절).

인간의 제한성은 하나님의 무한한 사랑으로 해결됩니다. 예수님의 참 사랑에 감동한 사람은 동시에 성부 하나님의 참 사랑에 감동합니다. 성부 하나님께서 그렇게도 사랑하고 아끼시던 독생자를 어떻게 내주실 수 있었을까요? 신비입니다. 우리 같은 인간들이 감히 상상할 수 없는 신비한 사랑입니다. 그 신비로운 사랑으로 나 같이 쓸모없는 죄인을 구원하신 것입니다. 성령을 받아 거듭난 영혼은 하나님의 거룩한 사랑에 전율합니다. "창조주 하나님께서 나 같은 죄인에게 그처럼 엄청난 사랑을 베풀어 주셨단 말인가?" 믿을 수 없는 꿈만 같은 사실입니다. 그러나 꿈만 같은 사실이 바로 역사 속에서 일어났습니다. 그 꿈만 같은 사실이 바로 나에게 임했습니다.

오 놀라운 구세주 예수 내 주 참 능력의 주시로다
큰 바위 밑 안전한 그곳으로 내 영혼을 숨기시네
메마른 땅을 종일 걸어가도 나 피곤치 아니하며
저 위험한 곳 내가 이를 때면 큰 바위에 숨기시고
주 손으로 덮으시네
측량 못할 은혜로 채우시며 늘 성령의 감화 주사
큰 기쁨 중 주님을 찬양토록 내 믿음을 도우시네
메마른 땅을 종일 걸어가도 나 피곤치 아니하며
저 위험한 곳 내가 이를 때면 큰 바위에 숨기시고
주 손으로 덮으시네[203)]

창조주 하나님께서 나를 구원하시기 위해 당신의 독생자를 아끼지 않고 내주셨습니다. 이 놀라운 사랑이 우리를 감동시킵니다. 그 하나님의 사랑이 우리의 제한성으로 인하여 생긴 문제들을 봄눈 녹듯 사라지게 합니다.

우리는 지식이 제한되어 있습니다. 장래 일을 알지 못합니다. 그러나 이제는 문제가 되지 않습니다. 전지하신 하나님께서 다 알아서 인도하실 것을 확신하기 때문입니다. 우리는 능력이 없어서 항상 고민해 왔습니다. 이제는 고민하지 않습니다. 전능하신 하나님께서 친히 일하시고 해결해 주시기 때문입니다. 성화하는 과정에서

203) 찬송가 391장 '오 놀라운 구세주'.

늘 부족함을 느끼고 고민해 왔습니다. 이제는 고민하지 않습니다. 부족함이 결코 없으신 하나님께서 보호하고 인도해 주시기 때문입니다. 우리의 일생이 너무 짧고 허전해 고독했습니다. 그러나 이제는 오히려 소망을 품고 살아갑니다. 영원하신 하나님을 만나 그분의 품에 안길 것이기 때문입니다. 과거에는 나의 제한성이 불만 공장이었는데 이제는 오히려 하나님을 더욱 의지하고 도움 받는 길이 되므로 그것조차 감사 제목이 됩니다.

지금까지 물질적 궁핍함이 삶 속에 고통을 가져다 주었습니다. 돈 문제, 생계 문제가 항상 나를 초라하게 만들었습니다. 그 고통이 나를 비참한 개처럼 굴욕적으로 살게 했습니다. 그러나 이제는 궁핍함의 문제에서 자유함을 누리고 있습니다. 옥죄던 목줄이 끊어져 버리듯 돈 문제가 나에게서 떨어져 나갔습니다. 물질로부터의 자유, 가난의 공포로부터의 자유, 배고픔과 배부름으로부터의 자유, 궁핍과 풍부로부터의 자유를 얻게 되었습니다. 그 자유를 맛보는 순간 한없는 행복감을 누립니다. 앞날에 대한 소망을 갖습니다. "자기 아들조차 아끼지 않고 내주신 하나님께서 어찌 그 아들과 함께 모든 것을 은사(恩賜, 선물, gift)로 주시지 아니하겠느냐?" 그렇습니다. 아들도 주셨는데 그까짓 물질을 어찌 주시지 않겠습니까? 주실 줄 믿습니다. 아멘.

그래서 우리는 또 찬양합니다.

주와 함께라면 가난해도 좋아
참된 부요함이 내 맘에 가득하니까

인간의 궁핍 문제는 궁핍 그 자체보다도 더 갖고 싶은 욕망이 문제였습니다. 그런데 하나님께서 내 마음에 들어오신 후부터는 그 헐떡임이 사라졌습니다. 만족이 찾아왔습니다. 지독한 갈증이 사라졌습니다. 부족한 속에서도 이제는 감사할 수 있게 되었습니다. 부족한 조건을 바라보고 사는 것이 아니라 나를 지극히 사랑하시는 하나님을 바라보고 살기 때문입니다. 나의 부족함을 아시고 시시때때로 공급해 주시는 하나님이 나의 아버지가 되시기 때문에 나는 가난해도 만족할 수 있게 되었습니다. 하나님을 나의 아버지로 인식하고 모시게 된 때부터 나는 한없이 부요한 자가 되었습니다. "온 우주가 우리 아버지 것이다." "저 산도, 강도, 해도, 달도, 별도, 다 우리 아빠 거야!" 어린아이처럼 마냥 감사하고 즐겁습니다. 이제 장래 문제 때문에 고민하지 않게 되었습니다. 하나님께서 결혼 문제도 해결해 주실 것을 믿습니다. 나에게 가장 적합한 배우자를 만나 믿음의 가정을 이루게 해주실 것을 믿습니다. 나의 노후 문제도 걱정하지 않습니다. 사랑의 하나님께서 지혜를 주셔서 해결하도록 하실 것을 믿습니다.

복음이 없을 때에는 많은 것을 갖고도 텅 빈 우주 공간에 던져진 고아처럼 살았는데 복음을 영접한 후에는 비록 아무것 없어도 모든 것을 소유한 왕자처럼 만족하고 기쁨으로 살 수 있게 되었습니다. "어떠한 형편에든지 나는 자족하기를 배웠노니 나는 비천에 처할 줄도 알고 풍부에 처할 줄도 알아 모든 일 곧 배부름과 배고픔과 풍부와 궁핍에도 처할 줄 아는 일체의 비결을 배웠노라 내게 능력 주시는 자 안에서 내가 모든 것을 할 수 있느니라."[204] 나도 이제 바울 사도처럼 감히 말할 수 있게 되었습니다.

"온 우주의 주인이시며 참으로 부요하신 하나님, 나의 아버지! 아버지 품속에 안긴 이 시간, 무한한 감사와 만족을 누립니다. 늘 궁핍에 찌들어 쩨쩨하게 살던 이 죄인이 은혜를 받아 한없는 풍요와 만족을 누리나이다. 하나님이 인생 모든 문제의 궁극적인 해답이십니다. 수많은 철학자들과 종교인들이 간절히 찾았으나 찾지 못하던 만족의 길을 이 죄인이 찾다니 그저 감사드립니다. 하나님 아버지, 이제 진실로 하나님을 사랑하며 즐거이 아버지를 섬기겠나이다. 아멘."

질문 3 : 누가 우리를 고발하리요?

죄책감은 사람들을 괴롭히는 문제입니다. 인간은 끊임없이 양심의 고발, 사탄의 고발, 사람들의 비난에 시달립니다. 죄책감에 시달리다 자살하는 사람들도 상당수입니다. 내면세계의 부조화로 인해 오는 갈등, 양심의 자책감, 이 약점을 이용한 사탄의 고발로 고통을 당합니다. 어떤 사람은 말합니다. "외부에서 오는 고통은 참을 수 있다. 그러나 내면에서 오는 고통은 견딜 수 없다. 내면의 고통이 밀려오면 미칠 것만 같다."

외부 고통도 크지만 내면의 고통도 만만한 것이 아닙니다. 복음은 이 내면의 죄책감도 이미 해결해 주었음을 밝혔습니다. 어떻게 내면의 고통으로부터 해방되어 참 자유를 누리게 됩니까? 정말 내면의 고통에서 벗어날 수만 있다면 덩실덩실 춤이라도 추겠습니다. 내면 깊숙이 숨어 있는 죄책감은 의롭다고 선포하시는 하나님의 말

---

204) 빌립보서 4:11-13.

씀으로 해결됩니다. 이 말씀을 수십 번 계속 외치십시오. 신기하게 고질적인 두통이 사라질 것입니다.

> 누가 능히 하나님께서 택하신 자들을 고발하리요 의롭다하신 이는 하나님이시니(33절).

우리를 고발하는 자가 누구입니까? 사탄입니다. 마귀는 헬라어로 디아볼로스로서 '비방자', '중상자' 라는 뜻입니다. 사탄은 신자들을 중상 모략해 비난하고 참소합니다.[205] 사탄은 하나님과 신자를 이간시키려고 비난의 화살을 쏘아 댑니다. 그러나 사탄이 쏘아 대는 비난의 화살이 하나님의 방패에 맞고 튕겨 나가 버리고 맙니다.

누가 고발하면 법정에 가서 해결합니다. 그런데 법정에 가보니 재판장이 바로 나를 택하신 하나님이십니다. 그 재판장께서 나를 의롭다고 무죄 석방을 하셨습니다. 그러므로 감히 누가 우리를 고발하겠습니까? 오히려 고발하는 그들이 고발당할 것입니다.

내면의 문제가 심각하면 사람은 모든 것이 정지됩니다. 아무 일도 할 수 없게 됩니다. 우수한 성적을 내던 학생이 내면에 심각한 고민이 있으면 성적이 곤두박질칩니다. 반대로 내면의 고민을 깨끗이 해결하면 고속엔진을 단 것처럼 신나게 일할 수 있습니다. 우리 내면에서 우리를 고발하는 자가 누구입니까? 사탄입니다. 사탄이 우리의 약점을 찾아내 끊임없이 고발합니다. 미숙한 신자들은 사탄의 고발 소리에 미칠 것 같은 고뇌를 겪습니다. 과거에 받은 은혜를 모

---

205) 요한계시록 12:10.

조리 상실하고 맙니다.

그러므로 신자는 사탄에게 약점 잡힐 빌미를 주어서는 안 됩니다. 사전에 주의해 깨끗이 신변 정리를 잘 하면 당당하게 일할 수 있습니다. 그러나 우리는 완전히 성화되지 못했기에 약점이 있기 마련입니다. 그러면 사탄에게 약점 잡힐 일이 있는데 어떻게 해야 합니까? 진실이 최선입니다. 하나님 앞에 나아가 나의 약점을 진실하게 고하고 회개해야 합니다. 그리스도의 십자가 보혈을 영접하고 다시 한 번 죄 사함의 은총을 확인해야 합니다. 그리고 하나님의 음성을 들어야 합니다. "내가 너를 택했노라. 너는 택함 받은 나의 자녀라. 너는 내 것이라. 내가 너를 의롭다하노라." 나를 택하신 나의 하나님, 죄인이지만 예수님을 믿는 나를 의롭다고 선포하시는 나의 하나님을 바라보면 사탄의 고발 소리는 온데간데없어집니다.

신자는 내면의 관리를 잘 해야 합니다. "모든 지킬 만한 것 중에 더욱 네 마음을 지키라 생명의 근원이 이에서 남이니라."[206] 마음 첫자리에 항상 하나님을 모시고 하나님과 생명의 관계를 유지해야 합니다. 하나님의 사랑이 내 마음에 가득할 때 우리는 사탄을 향해 외칠 수 있습니다. "사탄아 물러가라!" "나를 의롭다하시는 이가 가까이 계시니 나와 다툴 자가 누구냐 나와 함께 설지어다 나의 대적이 누구냐 내게 가까이 나아올지어다 보라 주 여호와께서 나를 도우시리니 나를 정죄할 자 누구냐 보라 그들은 다 옷과 같이 해어지며 좀이 그들을 먹으리라."[207]

---

206) 잠언 4:23.
207) 이사야 50:8, 9.

나를 선택하신 나의 하나님을 붙들고 나아갈 때 나의 마음에 참 자유가 찾아옵니다. 예수 그리스도의 십자가 보혈을 붙들고 나갈 때 나를 의롭다 하시는 하나님의 음성이 들립니다. 나를 의롭다 하시는 하나님의 음성을 들을 때 나는 사탄 마귀의 올무에서 벗어난 참 자유인임을 확신하게 됩니다. 내가 참 자유인임을 확신하면 성령님께서 능력을 부어 주십니다. 능력 있게 하나님의 일을 할 수 있습니다. 창조주 하나님께서 나를 선택해 주셨습니다. 재판장이신 하나님께서 나를 의롭다고 선포하셨습니다. 감히 누가 나를 고발하겠습니까? 하나님을 의지하고 왕자답게, 공주답게 당당하게 사시기 바랍니다.

질문 4 : 누가 우리를 정죄하리요?

인간이 과거에 저질러 놓은 죄와 현재 내면에 안고 있는 죄의 세력은 잠재적인 폭탄입니다. 이 연약함으로 인해 기를 펴지 못하는 사람들이 많습니다. 그러나 이것도 우리를 괴롭힐 수 없습니다. 하나님께서 모두 해결해 주셨기 때문입니다. 하나님께서 놀라운 구원을 이루어 주셨는데 우리의 연약함과 부족함으로 인해 구원을 누릴 수 없음은 심히 안타까운 일입니다. 하나님의 율법은 완전하지만 인간이 구원을 이루지 못한 것은 바로 이 인간의 연약함 때문이었습니다. 예수 그리스도의 구원도 인간의 부족함 때문에 무용지물이 되고 마는 것입니까? 아닙니다. 인간의 연약함 문제까지 하나님께서 해결해 주셨습니다. 어떻게 그 어려운 문제를 해결해 주셨습니까?

누가 정죄하리요 죽으실 뿐 아니라 다시 살아나신 이는 그리스도 예수시니 그는 하나님 우편에 계신 자요 우리를 위하여 간구하시는 자시니라(34절).

예수님의 4대 사역을 통해 그 큰일을 이루셨습니다. 그리스도의 십자가 죽음, 그리스도의 부활, 그리스도의 하나님 우편에 앉으심, 그리스도의 중보기도로 인간의 부족함을 다 해결해 주신 것입니다.

예수님은 우리의 죄 값을 치르시려고 우리 대신 십자가에 죽으셨습니다. 그리스도의 십자가 죽음으로 우리는 하늘에 올라가 위대한 공로를 쌓지 않아도 되고 지옥까지 내려가 죄 값을 다 치르지 않아도 됩니다. 주님께서 내 죄 값을 대신 치르셨기 때문입니다. 죄의 문제를 다 해결했다고 공적으로 만천하에 알리는 선언이 그리스도의 부활입니다. 그리스도의 부활은 죽음의 장벽을 헐고 영원한 천국을 보여 주는 사건이기도 하지만, 그리스도의 십자가 대속의 사건을 하나님께서 받으시고 인 치신 사건이기도 합니다. 그리스도가 승천하시고 하나님 우편에 앉으신 것은 그리스도의 승리이자 신자의 승리에 대한 선포입니다. 그리스도께서 온 우주의 통치권을 받아 하나님 우편에 앉으셔서 온 우주를 통치하고 계십니다. 그 주님께서 우리를 도우시며 우리에게 유리하도록 통치하고 계시니 두려워할 것이 없습니다. 더구나 그 주님께서 우리를 위해 간구하시며 우리를 중보하고 계십니다.

그러므로 우리는 우리의 연약함이나 부족함 때문에 고민하지 않아도 됩니다. 그저 주님의 은혜에 감사하며 주님께서 인도하시는 대로 순종하며 살면 됩니다. 어린아이는 심히 연약합니다. 부모가 돌봐 주지 않으면 곧 죽고 말 것입니다. 그러나 어린아이는 걱정하지 않습니다. 부모가 있기 때문입니다. 나의 연약함을 아시고 나의 부족함을 다 채워 주시는 부모가 있기에 매우 부족함을 알면서도 고민하지 않고 즐거이 뛰놀며 지내는 것입니다.

마찬가지로 신자들도 심히 연약합니다. 그러나 사랑과 권능으로 우리를 지키고 인도하시는 하나님이 계시므로 아무 염려가 없습니다. "누가 우리를 정죄하리요?" 누가 우리의 허물과 부족함을 탓할 수 있습니까? 예수님께서 우리를 위해 죽으시고 부활하시고 하나님 우편에 앉으시고 우리를 위해 간구하고 계시므로 우리는 비록 연약할지라도 강한 자처럼 활동할 수 있습니다.

우리는 우리의 약점 때문에 너무 크게 염려하지 않아도 됩니다. 물론 우리 자신도 노력해서 단점을 보완해야겠지만 우리 주 예수 그리스도께서 책임져 주시고 중보해 주시기 때문에 염려하지 않아도 됩니다. 부족해도 감사하며 살 수 있다니, 허물투성이면서도 완전한 자처럼 당당하게 살 수 있다니 신기하고 놀랍습니다. "예수님 때문에" 우리는 그렇게 살 수 있습니다.

여기서 우리는 한 가지 짚고 넘어가야 할 점이 있습니다. 로마서 8장 31-39절의 말씀은 철저히 자기를 버리고 주님을 절대적으로 믿고 순종하는 자의 찬양인 점을 잊어서는 안 됩니다. 자기를 버리지 않고 주님을 절대적으로 의지하지 않으면서 이 말씀으로 자기 방어막을 쌓는다면, 로마서 2장 1절에서 3장 8절에 등장하는 특종 죄인들보다 훨씬 더 악독한 사람들이 되고 말 것입니다. 정말 구제할 수 없는 사람이 되고 말 것입니다.

그러므로 이 말씀은 참으로 겸손히 받아야 합니다. 자기를 철저히 버리고 주님을 절대적으로 의지하면서 받아야 합니다. 이러한 대전제 속에서 이 말씀이 선포되고 있습니다. 겸손히 믿음으로 나오는 자에게 복이 있습니다.

질문 5 : 누가 우리를 그리스도의 사랑에서 끊으리요?

마지막 다섯 번째 질문 찬양은 다른 질문에 비해 더 긴 문장으로 되어 있습니다. 이 질문이 더 중요하고 결론적인 것임을 나타내려는 의도가 있습니다. 하나님께서 우리를 이렇게 사랑하시고 구원하셨거늘 누가 감히 우리를 그리스도의 사랑에서 끊을 수 있단 말입니까? 그 어느 것도 우리를 그리스도의 사랑에서 끊을 수 없습니다.

"누가 우리를 그리스도의 사랑에서 끊으리요?" 사랑은 좋은 관계를 말합니다. 신앙생활의 핵심은 하나님과의 관계입니다. 일보다 관계가 더 중요합니다. 교회에서 충성스럽게 일하지만 하나님과의 관계가 좋지 못한 사람이 있습니다. 열정은 많으나 하나님과 관계가 좋지 못한 사람은 언젠가 큰 문제를 일으키고 맙니다. 교회 일을 열심히 하지만 목사와 관계가 좋지 못한 사람은 언젠가 교회에 불미스런 일을 일으키고 맙니다. 신앙생활에서는 관계가 중요합니다. 하나님과의 관계가 중요합니다. 대인관계가 중요합니다. 하나님과 깊은 생명의 관계를 갖고 있는 사람은 지금은 부족할지라도 반드시 성숙한 신앙인으로 성장합니다.

하나님과의 관계를 해치는 요소는 무엇입니까? 사탄입니다. 사탄은 나쁜 환경을 가지고 하나님과 우리 사이를 이간질합니다. 관계를 끊어 버리려고 합니다. 나쁜 환경은 무엇입니까? "환난이나 곤고

나 박해나 기근이나 적신이나 위험이나 칼이랴"(35절). 신자를 괴롭히는 나쁜 환경 7가지를 예로 들고 있습니다. 그 나쁜 환경은 박해를 제외하면 환난과 곤고, 기근과 적신, 위험과 칼 이렇게 둘씩 짝을 이루고 있습니다.

환난은 신자가 겪는 모든 어려움을 총칭하는 말이기도 하지만 특히 외부로부터 닥치는 고난이나 고통을 가리킵니다.

곤고는 본래 좁은 방을 가리키는 말인데 감옥에 갇힌 것처럼 답답한 내면의 고통을 가리킵니다. 복음을 받기 전에는 환난과 곤고가 닥치면 죽을 맛이었습니다. 신앙이 약할 때에는 이것 때문에 신앙을 포기하기도 합니다. 그러나 하나님의 놀라운 은혜를 체험한 후에는 하나님의 깊은 사랑을 확신하기 때문에 환난이나 곤고가 닥지더라도 흔들리지 않습니다. 오히려 고난 속에서 더 연단을 받기 때문에 고난 중에도 즐거워합니다. 고난이 우리를 하나님과 멀어지게 하지 못합니다.

박해도 마찬가지입니다. 박해는 종교나 사상 때문에 받는 피해를 말합니다. 기근이나 적신은 물질적 어려움을 말합니다. 기근은 먹을 것이 없어 겪는 고통이며, 적신은 입을 옷이 없어 겪는 고통을 말합니다. 먹을 것과 입을 것은 인간의 기본적인 욕구입니다. 먹지 못하고 굶주리는 일은 견디기 힘든 고통입니다. 날도 추운데 입을 옷이 없어 얼어 죽게 된 상황도 참기 힘든 고통입니다. 이웃집 아이들은 잘 먹고 잘 입는데 내 자식들은 굶주리고 헐벗고 있음은 참기 힘든 고통입니다. 그러나 그러한 고통이 우리를 하나님의 사랑에서 멀어지게 할 수 없습니다. "누가 우리를 그리스도의 사랑에서 끊으리요?" 경제적인 궁핍함이 견디기 힘든 고통이지만 그것이 우리를 하나님의 사랑에서 멀어지게 할 수 없습니다.

위험과 칼은 신변상의 위협을 말합니다. 바울 사도는 많은 위험을 당했습니다. 여러 번 죽을 고비를 넘겼고 여러 여행길에서 강의 위험과 강도의 위험과 동족의 위험과 이방인의 위험과 시내의 위험과 광야의 위험과 바다의 위험과 거짓형제 중의 위험을 당했습니다.[208] 그러나 그것이 그리스도의 사랑에서 바울을 멀어지게 하지 못했습니다. 오히려 더욱 주님을 사랑하고 충성하게 만들었습니다.

때로는 질병의 위험이 그리스도와의 관계를 위협하기도 합니다. 불치의 병에 걸려 죽게 된 처지에 이르러서도 그것이 우리를 그리스도의 사랑에서 멀어지게 하지 못합니다. 질병의 고통이 혹독하지만 그것도 마찬가지로 우리를 그리스도의 사랑에서 끊어지게 할 수 없습니다. '칼' 은 칼로 찌르거나 베는 생명의 위협을 말합니다. 칼은 무자비한 폭력의 상징입니다. 칼 앞에서 두렵지 않은 사람이 어디 있겠습니까? 그러나 하나님의 사랑은 더 크고 위대합니다. 우리 주 예수님은 하나님의 아들이라는 고귀한 신분이면서 그 귀한 목숨을 우리를 위해 바치셨습니다. 어떤 사람은 묻습니다. "우주를 창조하는 것과 독생자를 희생하는 것 중에 어느 것이 더 어렵겠습니까?" 후자가 더 어렵습니다. 창조주 하나님께서 당신의 친아들을 희생해 우리를 구원해 주셨습니다. 그 큰 사랑을 어떻게 표현하겠습니까?

> 누가 우리를 그리스도의 사랑에서 끊으리요 환난이나 곤고나 박해나 기근이나 적신이나 위험이나 칼이랴(35절).

---

208) 고린도후서 11:23, 26.

인간의 약점 중 하나는 고난에 약하다는 것입니다. 고난은 인간을 약하게 만듭니다. 고난 때문에 인간은 신의를 저버리고 배신하기도 합니다. 고난 때문에 죄를 짓고 추한 존재로 전락합니다. 그러나 그리스도의 위대한 사랑은 이 모든 고난을 초월해 살게 합니다. 극심한 고난 속에서도 신앙을 버리지 않고 신의를 지킵니다. 뼈아픈 고난 속에서 배신의 유혹을 받지만 그리스도의 사랑으로 단호하게 물리칩니다. 때때로 신자는 신자라는 이유만으로 심한 고난을 받습니다. 엄청난 불이익을 당하기도 합니다. 그 모습이 도살장에 끌려가는 짐승 같기도 합니다.

> 기록된 바 우리가 종일 주를 위하여 죽임을 당하게 되며 도살 당할 양같이 여김을 받았나이다 함과 같으니라(36절).

이 말씀은 십자가를 지고 가는 주님의 모습입니다. 신자들도 도살장에 끌려가는 양처럼 고난을 받을 때가 있습니다. 그러나 그 무서운 고난을 견디고 이겨냅니다. 어디서 그런 힘이 나왔습니까? 어디서 그런 용기가 나왔습니까? 어디서 그런 정신이 나왔습니까? 신기하고 놀랍습니다. 이전에는 약간의 고난만 닥쳐도 어린아이처럼 징징대며 울었던 내가 어떻게 그런 엄청난 고난을 견딜 수 있었을까요? 설명이 안 됩니다. 이전에는 약간의 경제적 고통도 이기지 못해 인생을 비관하고 조상 탓을 하던 내가 궁핍에도 풍부에도 자유롭게 살 수 있는 이 힘은 어디서 온 것입니까? 바로 하나님의 사랑에서 나왔습니다.

나는 이제 주님을 진실로 사랑합니다. 성부 하나님을 정말 사랑합니다. 그 귀한 사랑을 믿게 하시고 깨닫게 하시고 누리게 하시는 성령님을 사랑합니다. 나를 변화시키고 성숙하게 하는 것은 하나님의 거룩한 사랑이었습니다. 어떤 환경에서도 굴하지 않고 주님을 신뢰하며 주님의 이름을 높일 수 있는 것은 바로 그리스도의 거룩한 사랑 때문입니다. 주님에 대한 절대적 신뢰, 주님과의 절대적 관계는 바로 주님의 사랑에서 비롯되었습니다.

> 그러나 이 모든 일에 우리를 사랑하시는 이로 말미암아 우리가 넉넉히 이기느니라(37절).

"우리가 넉넉히 이기느니라." 크리스천의 승리를 선포합니다. 겨우 승리하는 것이 아니라 압도적인 승리를 말합니다. "넉넉히 이기느니라." 환난, 곤고, 박해, 기근, 적신, 위험, 칼 등 모든 고난과 역경을 겨우 버티며 이기는 것이 아니라 넉넉히 이깁니다. 진정한 승리는 원수를 누르고 제압하는 정도가 아니라 대적하는 원수를 협력자로 만들어 버리는 것입니다. 7가지 고난과 역경이 신앙생활을 방해하고 신자들을 괴롭히는 것들이지만 그것들을 신앙의 협력자로 만들어 버리는 것이 진정한 승리입니다. "하나님을 사랑하는 자 곧 그의 뜻대로 부르심을 입은 자들에게는 모든 것이 합력하여 선을 이루느니라"(28절). 고난과 역경까지도 합력해 선을 이루는 하나님의 은총으로 신자는 압도적인 승리를 거둡니다. 또한 종말에 가서야 궁극적으로만 승리하는 것이 아니라 현재에도 승리합니다. "우리가 넉넉히 이기느니라." 아멘.

우리 신자들은 약해 보이지만 강한 자입니다. 무명한 자 같으나 유명한 자입니다. 늘 쓰러지는 것 같으나 항상 일어서고, 아무것도 가진 것 같지 않으나 모든 것을 가진 사람처럼 만족하며 부요하게 사는 자입니다.[209)]

어떻게 그 엄청난 고난을 넉넉히 이깁니까? "이 모든 일에 우리를 사랑하시는 이로 말미암아" 입니다. 나를 사랑하시는 우리 주 예수님, 나를 위해 목숨조차 아끼지 아니하고 내주신 사랑의 예수님, 그분의 사랑으로 넉넉히 이깁니다. 독생자를 아끼지 않고 선뜻 내주신 성부 하나님의 크신 사랑으로 엄청난 고난을 넉넉히 이깁니다. 우리 주님이 보내신 성령님, 성부 하나님께서 보내신 보혜사 성령님의 사랑과 보호로 나 같이 연약한 자가 큰 고난을 넉넉히 이깁니다.

"주님, 사랑의 주 예수님! 그 귀한 생명을 주신 주님! 그 은혜를 무엇으로 감사하오리이까? 그저 감사드립니다. 주님을 알지 못한 제 인생은 헛것이었고 주님을 모신 그날부터 진짜 인생이 시작되었습니다. 하나님께서 친히 시작하셨기에 저의 구원은 영원토록 확실한 구원임을 믿습니다. 전능하신 하나님께서 이루신 일이기에 완전한 구원임을 믿습니다. 창조주 하나님께서 당신의 아들을 희생해 이루신 구원이기에 절대적인 구원임을 믿습니다. 성부 하나님, 찬양합니다. 소리 높여 찬양합니다. 세세무궁토록 영광을 받으옵소서!"

209) 고린도후서 6:8-10. "우리는 속이는 자 같으나 참되고 무명한 자 같으나 유명한 자요 죽은 자 같으나 보라 우리가 살아 있고 징계를 받는 자 같으나 죽임을 당하지 아니하고 근심하는 자 같으나 항상 기뻐하고 가난한 자 같으나 많은 사람을 부요하게 하고 아무 것도 없는 자 같으나 모든 것을 가진 자로다."

그 무엇도 끊을 수 없는 하나님의 사랑(38-39절)

하나님의 절대적인 사랑, 완전한 구원은 믿는 자를 환희의 절정에 다다르게 만듭니다. "와, 이런 세계가 다 있구나!" 무한한 영의 세계에 눈을 뜨고 탄성을 지릅니다. 그 감격은 백두산 천지를 보았을 때의 감격과는 다릅니다. 그 감격은 아르키메데스가 유레카(나는 찾았다!)라고 외치며 목욕탕에서 벌거벗은 채로 뛰쳐나갔던 것과 비교할 수 없는 차원의 지고한 감격입니다. 송충이 같은 내가 나비가 되어 창공을 훨훨 나는 것 같은 감격, 아니 피조물이 하나님의 세계에 눈을 뜨고 영원 세계를 활공하는 황홀한 감격입니다.

내가 확신하노니(38절).

'우리가 알거니와' (28절)에서 한 단계 올라섭니다. '내가 확신하노니' (38절). 이 확신의 단계는 어떤 상태입니까? 반석 같은 진리 위에 확고히 서 있는 확신입니다. 모든 불 시험을 통과하고 그 무엇으로도 부인할 수 없는 절대적 신념을 가진 확신입니다.

믿음은 두 가지 요소를 갖춰야 온전한 믿음이 됩니다. 객관적인 요소와 주관적인 요소를 모두 갖춘 믿음이 살아 있는 믿음입니다. 객관적인 요소는 갖추었으나 주관적인 요소가 결여된 믿음은 열정이 식은 신학교 교수, 교리만 부르짖고 변화되지 않는 율법주의자, 인간 이성에 치우쳐 인본주의 신앙의 틀을 벗어나지 못하는 사람에게서 찾아볼 수 있습니다.

그런 신앙은 기쁨이 없습니다. 능력이 없습니다. 열매가 없습니다. 말만 무성합니다. 메마르고 건조한 신앙생활을 할 뿐입니다. 반대로 객관적인 요소는 결여되고 주관적 요소만 강한 믿음은 위험하기 짝이 없는 신앙으로 변질됩니다. 기도원에서 신비주의를 추구하는 사람들, 광신의 모습을 띤 사람들, 이단 성향을 갖고 있는 사람이나 이단자들에게서 발견됩니다. 그들은 대단한 종교적 열심을 갖고 있으나 진리를 벗어나서 행동하며 심각한 문제를 야기합니다. 대단한 열심을 가지고 기적 같은 일을 이루지만 아무 소용이 없고 암 덩어리 같은 존재가 되고 맙니다.

그러므로 신앙은 개관적인 진리에 확실한 기초를 놓고 그 위에 온몸을 바쳐 헌신하는 열정이 있어야 합니다. 로고스(logos, 진리)와 파토스(pathos, 열정)가 결합된 신앙을 가져야 합니다. 그러한 신앙은 선한 영향력이 있습니다. 모든 세대의 사람에게 존경과 사랑을 받습니다. 기쁨이 충만합니다. 하나님의 생명이 살아 움직입니다. 기적을 만들어 냅니다. 변화된 새사람이 됩니다. 진정한 열매를 맺습니다. 하나님께 영광을 돌립니다.

"내가 확신하노니"

하나님의 진리, 절대적인 하나님의 계시 위에 세워진 확신입니다. 영원부터 감추어 오다가 이제 계시된 하나님의 진리 위에 세워진 확고부동한 신앙입니다. 하나님의 영원한 사랑에 감동되어 그 무엇으로도 끊을 수 없는 하나님의 사랑을 경험한 자의 심령에서 터져 나오는 확신입니다. 이제 그 놀라운 진리를 알았으니 "이 생명을 즐거이 바치겠습니다"라는 결단을 내린 확신입니다. 초자연적인 진리에 사로잡혀 초자연적인 세계를 경험한 사람의 온 생애를 바치고자 하는 확신입니다. 그렇다면 그가 확신하는 바가 무엇입니까? 하나님의 절대적인 사랑입니다. 이 세상 그 무엇으로도 끊을 수 없는 하나님의 절대적인 사랑입니다.

> 내가 확신하노니 사망이나 생명이나 천사들이나 권세자들이나 현재 일이나 장래 일이나 능력이나 높음이나 깊음이나 다른 어떤 피조물이라도 우리를 우리 주 그리스도 예수 안에 있는 하나님의 사랑에서 끊을 수 없으리라(38-39절).

"어떤 피조물이라도 우리를 하나님의 사랑에서 끊을 수 없으리라." 바울 사도는 이 장엄한 선포로 로마서 8장, 즉 구원 장을 끝맺고 있습니다. 여기서 '어떤 피조물'을 10가지로 요약하고 있는데, 대부분 짝이 지어져 있습니다.

"사망이나 생명이나"

사망이나 생명도 우리를 하나님의 사랑에서 끊을 수 없습니다. 하나님의 사랑은 영원하고 완전하고 절대적이기 때문입니다. 사망이나 생명은 인간의 삶 속에서 일어난 모든 일이라고 볼 수 있습니다. '사망'은 인류에게 최대의 적입니다. 그 사망조차도 하나님의 사랑에서 우리를 끊을 수 없습니다. '생명'은 그 어떤 생명체 혹은 삶의 모든 과정을 가리킵니다. 그 어떤 삶 속에서 일어난 일도 우리를 하나님의 사랑에서 끊을 수 없습니다.

"천사들이나 권세자들이나"

천사들이나 권세자들[210]은 영계(靈界)의 존재들입니다. 그 영적 세계의 어떤 존재들도 우리를 하나님의 사랑에서 끊을 수 없습니다. '권세자' 란 악한 정사를 가진 천사를 지칭합니다. 사망과 생명이 대비되어 있듯이 천사와 대비되어 있는 악한 천사를 말합니다. 천사는 신자를 도와주는 존재인데 설사 그가 가진 능력으로도 우리에 대한 하나님의 절대적인 사랑을 끊을 수 없다는 말입니다. 왜냐하면 천사가 하나님보다 클 수 없기 때문입니다. 전능하신 하나님, 절대자 하나님께서 독생자를 통해 이루신 구원을 피조물에 불과한 영적 존재들이 어떻게 할 수 없다는 말씀입니다.

"현재 일이나 장래 일이나"

시간 속에서 발생할 수 있는 어떤 일들을 말합니다. 인간은 시간의 지배를 받습니다. 시간이 지나면서 새로운 사상이 생겨나고 시간이 흐르면서 사상이 변질되기도 합니다. 그러나 시간을 초월하시고 시간을 창조하신 영원한 하나님께서 독생자 예수 그리스도를 통해 이루신 일이기 때문에 시간이 흘러도 하나님의 우리에 대한 사랑은 변함이 없습니다. 현재 일어나는 여러 일들도 장래에 일어날 그 어떤 일도 하나님의 사랑을 바꿀 수는 없습니다. 시간을 창조하신 하나님께서 독생자 예수님을 통해 우리에 대한 사랑을 확정지으셨기 때문입니다.

---

210) 에베소서 1:21, 6:12, 골로새서 2:10, 15절 참조.

"높음이나 깊음이나"

공간을 가리키는 말씀입니다. 사람은 시간의 지배를 받을 뿐만 아니라 공간이라는 제한 속에서 살고 있습니다. 공간의 제한에서 오는 그 무엇이 우리를 하나님의 사랑에서 끊을 수 있을까요? 그럴 일은 결단코 없습니다. 왜냐하면 공간을 창조하신 분이 바로 하나님이시기 때문입니다. 그 창조주 하나님께서 당신의 독생자를 통해 결연한 의지로 우리를 구원하셨기 때문에 공간에서 발생하는 어떤 일도 그 사랑을 변개(變改)할 수 없습니다.

"능력이나"

보통 성경에서 '능력' 은 영적 존재 중의 하나, 곧 천사의 한 종류로 분류되기도 합니다. 그렇다면 '천사들이나 권세자들이나 능력이나' , 이런 식으로 한 그룹에 넣어야 마땅합니다. 그런데 '능력' 은 시간과 공간 사이에 배치되어 있습니다. 많은 주석가들이 왜 이렇게 배열하고 있는지 그 이유를 알지 못해 애를 먹고 있습니다. 시간과 공간 사이에 무엇이 있습니까? 우주에서 시간과 공간 외에 무엇을 생각할 수 있습니까? 피조물이 있습니다. 그 피조물은 다음에 나옵니다.

그렇다면 이 능력은 무엇입니까? 우주에 있는 물리적인 힘과 영적인 힘을 가리킨다고 봅니다. 폭풍, 지진, 폭우, 천둥번개와 같은 자연의 물리적인 힘 또는 초자연적인 어떤 힘, 어떤 기운 같은 것이 존재한다 할지라도 그것이 하나님의 사랑을 변질시키거나 끊을 수 없습니다. 왜냐하면 창조주 하나님은 전능하시고 그것을 창조하신 분이며 그것을 멸하실 수도 있는 분이기 때문입니다.

"다른 어떤 피조물이라도"

우주에 있는 모든 것을 다 생각해 보고 그래도 이 범주에 들지 않은 그 어떤 것이 있다면, 그것도 우리 크리스천에 대한 하나님의 사랑에서 끊을 수 없습니다. 하나님이 창조주이시기 때문입니다. 그 전능하신 분이 당신의 독생자를 희생해 우리를 구원하셨기 때문에 그 사랑을 바꿀 수 있는 자는 하나님 외에 아무도 없습니다. 그런데 하나님께서 결연한 의지로 독생자 예수 그리스도를 희생해 우리를 구원하셨으니 그 어떤 피조물이 그 사랑을 끊을 수 있겠습니까? 없습니다. '다른 어떤 피조물' 은 우주의 모든 것을 통칭하는 말이기도 합니다.

이 대목의 결론입니다. 우주에 있는 그 어떤 피조물도 우리를 사랑하시는 하나님의 사랑에서 결단코 끊을 수 없습니다. 하나님의 사랑은 완전합니다. 하나님의 사랑은 영원합니다. 하나님의 사랑은 온 우주 공간에 울려퍼집니다. 영원하고 절대적인 하나님의 사랑에 그저 감격할 따름입니다. 하나님께 영광, 우리 하나님께 영광, 영원토록 하나님께 영광! 모든 존귀와 찬양과 감사를 창조주 하나님께 바칩니다.

"우리 주 그리스도 예수"

이 부분에서 결코 지나갈 수 없는 대목입니다. 하나님의 구원을 다루는 로마서 5-8장이 모두 '우리 주 예수 그리스도' 로 시작하고 끝맺습니다. 로마서 5장 1절이 '우리 주 예수 그리스도' 로 시작합니다.[211] 로마서 8장 39절이 '우리 주 예수 그리스도' 로 끝납니다.[212] 그리스도로 시작하고 그리스도로 끝맺습니다. 하나님의 영원하고 완전한 구원의 찬양이 '우리 주 예수 그리스도'로 정점을 이룹니다. 예수 그리스도가 누구십니까? 성부, 성자, 성령 성삼위 하나님의 제2위의 하나님이십니다. 예수님은 성부 하나님의 아들 하나님이십니다.

예수님은 성부 하나님과 함께 우주를 창조하신 분입니다. 그 영광의 하나님의 아드님께서 인간의 몸을 입고 인간 세상에 오셔서 하나님의 구원의 뜻을 전하셨습니다. 그리고 자신이 하나님께서 보내신 메시아라는 것을 말씀과 기적, 인격, 그리고 삶으로 보여 주셨습니다. 마침내 자기 몸을 바쳐 인류구원의 길을 여셨습니다. 부활하여 영원한 생명의 문을 여셨습니다. 하나님 우편에 계셔서 우주를 통치하시면서 믿는 자를 돌보십니다. 재림하여 모든 원수를 멸하시고 영원한 하나님 나라를 이루어 구원을 완성하십니다.

그 사랑의 왕 예수 그리스도가 바로 우리의 주가 되십니다. 우리 편이 되십니다. 우리의 보호자가 되시며 우리를 인도하십니다. 그 위대하신 분이 나의 편이 되십니다. 나의 편이 되어 나를 사랑하시고 나를 변호하시고 나를 인도하신다니 감격스럽습니다. 사랑의 왕 우리 주 예수 그리스도의 희생과 사랑으로 하나님께서 우리를 구원하셨으니 이것은 완전한 구원입니다. 이 세상 그 무엇도 이 구원을 방해하거나 변질시킬 수 없습니다.

---

211) 로마서 5:1. "그러므로 우리가 믿음으로 의롭다 하심을 받았으니 우리 주 예수 그리스도로 말미암아 하나님과 화평을 누리자."

212) 로마서 8:39. "높음이나 깊음이나 다른 어떤 피조물이라도 우리를 우리 주 그리스도 예수 안에 있는 하나님의 사랑에서 끊을 수 없으리라."

내가 확신하노니 사망이나 생명이나 천사들이나 권세자들이나 현재 일이나 장래 일이나 능력이나 높음이나 깊음이나 다른 어떤 피조물이라도 우리를 우리 주 그리스도 예수 안에 있는 하나님의 사랑에서 끊을 수 없으리라(38-39절).

이것은 하나님으로부터 복음의 계시를 받은 위대한 사도 바울의 찬양입니다. 또한 복음을 받고 예수 그리스도를 나의 주로 모시고 구원의 감격을 체험한 모든 신자들의 찬양입니다. 죄 사함과 영생을 얻고 영원한 천국에서 주와 함께 영생복락을 누릴 모든 신자들의 찬양입니다.

우리는 확신합니다. 이 세상 그 어느 것도 우리를 우리 주 예수 그리스도 안에 있는 하나님의 사랑에서 끊을 수 없습니다. 예수님이 누구십니까? 하나님의 아드님이십니다. 그 귀한 하나님의 아드님이 목숨을 바쳐 이루신 구원을 어느 무엇이 훼손할 수 있겠습니까? 창조주 하나님께서 당신의 아들을 희생하면서까지 결연한 의지로 이루신 구원을 어느 누가 감히 방해할 수 있겠습니까?

"인류 구원을 이루신 창조주 하나님, 우주를 창조하신 그 이상으로 하나님께서는 더 큰일을 이루셨나이다. 우주를 창조하신 하나님, 인간을 구원하신 하나님, 참으로 우리 하나님은 사랑의 하나님, 영광의 하나님이십니다.

전능하신 창조주 하나님께서 친히 이루신 구원을 어느 누가 감히 방해할 수 있겠나이까? 영원토록 완전한 구원임을 믿습니다. 영광의 하나님께서 미천한 이 죄인을 위해 그처럼 엄청난 일을 하셨다니 몸 둘 바를 모르겠나이다. 이 쓸모없는 죄인을 하나님의 자녀로 삼아 주시고 영광의 하나님을 섬기게 해주시니 감사합니다. 저 영원한 천국에서 영원무궁토록 영생복락을 누리게 해주시니 참으로 영광입니다.

하나님 고맙습니다. 사랑의 하나님, 감사합니다. 영광의 하나님, 영원토록 하나님만 섬기겠나이다. 하나님, 이 은혜 받은 자의 찬양을 받으소서!"

나의 맘속에 온전히 주님만 모셔 놓고
나의 정성을 다해 주를 섬기리!
나 기쁠 때나 또 슬플 때나 늘 오직 한 맘 주 위해
한평생 주만 모시고 찬송하며 살리라
주는 나의 큰 능력 주는 나의 큰 소망
내가 항상 영원히 주님만을 섬기리!

항상 나 함께 계셔서 떠나지 마옵소서
주를 섬기는 내 정성 받으옵소서!
나 기쁠 때나 또 슬플 때나 늘 오직 한 맘 주 위해
한평생 주만 모시고 찬송하며 살리라
주는 나의 큰 능력 주는 나의 큰 소망
내가 항상 영원히 주님만을 섬기리!

주만 섬기고 사는 것 더없는 기쁨이요
주가 내 안에 계셔서 동거함이라

나 기쁠 때나 또 슬플 때나 늘 오직 한 맘 주 위해
한평생 주만 모시고 찬송하며 살리라
주는 나의 큰 능력 주는 나의 큰 소망
내가 항상 영원히 주님만을 섬기리!

참고문헌

우리말 저서

박근용.「바울의 로마서 이해」서울: 도서출판 두란노, 1993.

박윤선.「성경주석 로마서」서울: 영음사, 1975.

옥한흠.「내가 얻은 황홀한 구원」서울: 도서출판 두란노, 2001.

옥한흠.「구원받은 자는 이렇게 산다」서울: 도서출판 두란노, 2001.

이동원.「쉽게 풀어 쓴 로마서 이야기」서울: 두란노서원, 2012.

이상근.「신약성서주해 로마서」서울: 대한예수교장로회 총회교육부, 1979.

홍인규.「로마서 어떻게 읽을 것인가」서울: 한국성서유니온선교회, 2001.

그랜드종합주석/ 로마서, 제자원 편집, 서울: 성서아카데미, 2000.

번역 저서

매튜 헨리.「로마서」이종태 역. 서울: 기독교문사, 1988.

로저 보우웬.「로마서」이희숙 역. 서울: 컨콜디아사, 1992.

윌리엄 헨드릭슨.「헨드릭슨주석 로마서 상」황영철 역, 서울: 아가페출판사, 1984.

윌리엄 헨드릭슨.「헨드릭슨주석 로마서 하」황영철 역, 서울: 아가페출판사, 1984.

존 머레이.「뉴인터내셔널성경주석 로마서(상권)」권혁봉 역, 서울: 생명의말씀사, 1979.

존 머레이.「뉴인터내셔널성경주석 로마서(하권)」권혁봉 역, 서울: 생명의말씀사, 1979.

존 스토트.「로마서 강해」정옥배 역. 서울: 한국기독학생회출판부, 2002.

크리소스톰,「크리소스톰 로마서강해」송종섭 역, 서울: 지평서원, 1990.

헨드릭슨,「헨드릭슨 주석 로마서 상」손종국 역, 서울: 아가페출판사, 1991.

헨드릭슨,「헨드릭슨 주석 로마서 하」손종국 역, 서울: 아가페출판사, 1991.

외국말 저서

Barrett C. K.「The Epistle to the Romans」New York: Haper & Row, Publishers, 1957.

Calvin, J.「Calvin's Commentaries/ The Epistle of Paul to the Romans」Translator Ross Mackenzie, Grand Rapids: Eerdmans Publishing Company 1973.

Dodd, C. H,「The Epistle of Paul to the Romans」London: Hodder & Stoughton 1941.

Dunn, James D. G. 「Word Biblical Commentary/ Romans 1-8」 Dallas: Word Books, 1988.
Dunn, James D. G. 「Word Biblical Commentary/ Romans 9-16」 Dallas: Word Books, 1988.
Godet, Frederic L. 「Commentary on Romans」 Grand Rapids: Kregel Publication, 1995.
Gore, Charles. 「St. Paul's Epistle to the Romans I」 London: JMAS, 1900.
Gore, Charles. 「St. Paul's Epistle to the Romans II」 London: JMAS, 1900.
Griffith Thomas, W. H. 「St. Paul's Epistle to the Romans」 Grand Rapids: Eerdmans Publishing Company 1976.
Lloyd-Jones, D. Martyn. 「Romans」 Grand Rapids: Zondervan, 1975.
McClain, Alva J. 「Romans: The Gospel of God's Grace」 Winona Lake: BMH Books, 1989.
Moo, Douglas J. 「The NIV Application Commentary/ Romans」 Grand Rapids: Zondervan, 2000.
Plumer, William S. 「Commentary on Romans」 Grand Rapids: Kregel Publication, 1997.
Stibbs, Alan M. General Editor. 「Search the Scriptures」 Downers Grove: IVP, 1976.
Stott, John. 「Romans, God's Good News for the World」 Downers Grove: IVP, 2003.
Wiersbe, W. W. 「Be Right」 Wheaton: Victor Books, 1977.

모든 크리스천들을 위한 로마서

구원의 감격

초판 1쇄 발행 | 2013년 6월 5일
초판 2쇄 발행 | 2014년 6월 11일

지은이 | 한의수
펴낸이 | 신은철
펴낸곳 | 좋은씨앗
출판등록 | 제4-385호(1999. 12. 21)
주소 | (137-860) 서울시 서초구 효령로 77길 20, 212호
주문전화 | (02)2057-3041 주문팩스 | (02)2057-3042
홈페이지 | www.gsbooks.org
페이스북 | facebook.com/goodseedbook

ISBN 978-89-5874-208-1 03230

Printed in Korea

■
〈좋은씨앗〉은 하나님의 말씀입니다. 이 말씀이 좋은 마음밭에 떨어져 하나님의 나라가 땅끝까지 확장되고 예수 그리스도를 본받아 그 향기를 품은 성령의 사람들이 세상에 넘쳐나길 기대합니다. 그래서 백 배, 육십 배, 삼십 배의 결실을 맺길 소망합니다(마 13:18). 천국은 좋은 씨를 제 밭에 뿌린 사람과 같기 때문입니다. 〈좋은 씨앗〉은 이와 같은 소망과 기대를 품고 하나님께 출판 사역으로 쓰임 받기를 기도합니다.

기독대학인회(ESF: Evangelical Student Fellowship)는
사도행전 1장 8절에서 선포되고 있는 예수님의 지상명령에 근거하여
캠퍼스복음화를 통한 통일성서한국, 세계선교를 주요목표로 삼고 있는
초교파적 선교단체입니다.

ESP는
Evangelical Student Fellowship Press의 약어로
기독대학인회(ESF)의 출판부입니다.

ESP(기독대학인회 출판부)는 다음과 같은 마음을 품고
기도하면서 일하고 있습니다.

첫째, 청년 대학생은 이 시대의 희망입니다.
둘째, 하나님 말씀인 성경을 사랑합니다.
셋째, 문서사역을 통하여 성경적 세계관을 정립해 나갑니다.
넷째, 문서선교를 통하여 총체적 선교에 도움을 주고자 합니다.

기독대학인회(ESF)
142-815 서울시 강북구 송천 8동 317-8
전화 02) 989-3494 팩스 02) 989-3385
홈페이지 www.esf21.com 이메일 esfhq@hanmail.net

기독대학인회 출판부(ESP)
전화 02) 989-3476, 3477 팩스 02) 989-3385
이메일 esfpress@hanmail.net